나
무
아
미
타
불

—개정증보판—

나무아미타불

야나기 무네요시 지음·김호성 옮김

조계종
출판사

가마쿠라鎌倉의 대불大佛, 아미타불

일러두기(개정증보판)

1. 이 책은 야나기 무네요시(柳宗悅, 1889-1961)의 『나무아미타불』(東京: 岩波書店, 2006)을 완역한 초판본 『나무아미타불』(모과나무, 2017)을 개정하고 증보한 것이다. 오역과 오해, 오류, 오자 등을 바로잡고 역자 주를 대폭 늘렸다.

2. '정토삼부경' 중에서 『무량수경』을 인용할 때는 원본에서 번역하지 않고, 역자의 직접 번역으로 대체한다. 이 책의 저자(뿐 아니라, 대부분의 정토 저술에서)는 '강승개 역본 『무량수경』'(이하 『무량수경』이라 약칭함)만을 저본으로 번역하고 있다. 그러나 역자는 산스크리트본(범본)과 이 역본(異譯本) 4종을 함께 대조하여 고찰, 번역하는 중이다. 그 대조 번역 작업은 장차 완성하여 공간(公刊)하겠지만, 우선 작업 과정에서 얻은 정보를 이 책에서 아낌없이 공개한다.

3. 원본에는 각주가 일체 없다. 그러므로 이 책에 있는 주(註)는 모두 역자가 붙인 것이다. 초판본의 각주를 삭제, 수정, 보완한 것도 있으며, 개정증보판에서 새로 첨부한 것도 많다. 종래에는 언젠가 논문으로 먼저 발표한 뒤 단행본으로 출판하는 형식을 취할 생각으로 '모든 것'을 다 제시하기를 주저한 예도 없지 않았으나, 개정판에서는 그런 것이 없다. 역자에게 남은 시간이 얼마나 될지 알 수 없어서이다. 이 책의 '역주'를 통해 현 단계에서 역자가 가진 정토불교에 대한 이해를 모두 담아내고자 노력했다.

4. 원본에는 이 책에 대한 이마이 마사하루(今井雅晴)의 「해설」이 붙어 있다. 이를 번역하는 대신, 우리의 시선으로 본 역자의 해설 「야나기 무네요시(柳宗悅)의 눈」을 게재한다. 『나무아미타불』의 이해를 위하여 도움이 될 것으로 생각해서다. 원래 역자가 『『나무아미타불』에 나타난 야나기 무네요시의 해석학적 안목」(『한국불교학』 제74집, 한국불교학회, 2015)이라는 제목으로 발표한 논문인데, 논문의 각주는 생략하고, '해설'에 맞게 가능한 평이한 문체로 바꾸어 실었다. 다만 개정증보판이 나오기까지 8년 세월의 변화를 각주를 통해서 반영하였다.

5. 인명, 지명, 산명(山名), 사명(寺名), 서명(書名) 등의 고유명사는 나올 때마다 중복하여 설명하는 번거로움을 피하고자 「고유명사 소사전」으로 정리하여 뒤에 덧보태었다. 물론 완벽한 것은 아니지만, 개정판에서 좀 더 보충하였다.

6. 인명은 일본어 음을 살려 쓰는 것을 원칙으로 했다. 지명이나 산명, 사명은 많이 알려졌거나 중요한 것은 일본어 음으로 쓰고, 그렇지 않은 것은 한글 음으로 쓴다. 서명은 한글 음 표기를 원칙으로 했다.

7. 보통명사 중에서도 일본에서 출현한 중요한 개념어(예를 들어 '묘코닌'이나 '히지리')는 일본어 음으로 표기한다. 그에 상응하는 우리말 풀이가 마땅찮기 때문이다.

8. '조사이(ちょうさい)'는 '쵸사이(長西)'로, '고묘지(こうみょうじ)'는 '코묘지(光明寺)'로, '쓰(つ)'는 '츠'로 표기하는 등 일부 어휘는 외래어표기법을 따르지 않은 경우도 있다.

9. 이 책에 실은 몇 장의 사진은, 출처에 대한 특별한 언급이 없는 경우 모두 역자가 촬영한 것이다. 그 결과 일본어판 원본의 사진들과 달라졌다.

사진/일본민예관日本民藝館 제공

야나기 무네요시

서문

1

일본의 마을을 다니다 보면 '나무아미타불(南無阿彌陀佛)' 여섯 글자가 새겨진 비석을 흔히 만나게 된다. 눈에 띄지 않는 곳이 없을 정도다. 염불종(念佛宗)의 절은 물론이거니와 길가나 숲속에서도 이런 비석들을 쉽게 볼 수 있다. 교토 히가시야마(東山)의 구로다니(黑谷)[1]에 가면, 이 육자(六字)를 새긴 비석 무리들이 마치 숲처럼 우뚝 서 있는 모습을 볼 수 있다. 일본 전역을 통틀어 그 수가 얼마나 되는지 짐작조차 할 수 없다. 아마 어떤 비석[2]도 육자를 새긴 비석의 수에는 크게

1 　여기서는 정토종 4대 본산 중 하나인 교토 금계광명사(金戒光明寺, 콘카이코묘지)를 가리킨다. 절을 둘러싼 사찰묘역에 '나무아미타불'이라고 새긴 석비(石碑)들이 말 그대로 숲을 이루고 있다. 금계광명사를 '구로다니상(くろ谷さん)'이라는 애칭으로 부르는데, 일본 정토종의 개조인 호넨이 25년간 은둔하여 수행하였던 히에이잔(比叡山) 서탑(西塔)의 구로다니(현 青龍寺)를 생각하여 명명하였다. 2015년 구로다니를 방문해보니, 왜 흑곡(黑谷)이라 했는지 이해가 되었다. 너무나 깊숙한 골짜기에 작은 암자가 있어서, 하루 종일 햇볕이 드는 시간이 얼마나 될까 싶을 정도로, 말 그대로 '검은 골짜기'였다. 히에이잔의 흑곡을 '본구로다니(本黑谷)'로, 금계광명사의 흑곡을 '신구로다니(新黑谷)'로 통칭하기도 한다. 또한 이러한 인연으로 호넨을 '구로다니 스님(黑谷上人)'으로 부르기도 한다.

8　　2 　'나무아미타불'의 육자를 새긴 비묘(碑墓)들도 많지만, 진언종에서는 범자(梵

미치지 못할 것이다.

'나무아미타불'은 전적으로 산스크리트(범어)지만, 지금은 일본말에 녹아들어 어느 한 사람도 모르는 이가 없을 정도다. 오히려 이 말이 "무량수(無量壽) 부처님께 귀의합니다"라는 의미임을 모를 정도로 범어 '나무아미타불'이 일본어로 그대로 통하고[3] 있다.

'햐쿠만벤(百萬遍)'[4]이라는 절에서는 예로부터 하루에 백만 번의 염불을 외우는 사람들이 적지 않았다. 길이가 3~4간(間)[5]이나 되는 큰 염주가 있어서 종종 여러 신도들이 둥글게 둘러앉아 염주 알을 하나씩 돌리면서 명호를 외웠다. 일념(一念)이니, 다념(多念)이니 하는 다툼[6]이 있더라도, 결국 염불행자(念佛行者)에게는 모든 일상생활이 염불이었다.

무릇 신자의 입에서, 아니 신자가 아닌 사람의 입에서조차 얼마나 많은 '나무아미타불'이라는 목소리가 터져 나왔을지, 천문학적인 숫자로도 헤아리지 못할 것이다. 상행삼매(常行三昧)[7]라고 할 때 '행'은 칭

字)로 '옴 마니 반메 훔'의 육자진언을 새기고, 일련종 계통에서는 한자로 '나무묘법연화경'을 새기기도 한다.

3 이러한 사정은 한국 역시 마찬가지다.

4 교토에 있는 정토종 4대 본산 중 하나인 치온지(知恩寺)를 가리킨다. 백만편(百萬遍)은 백만 번이라는 말로, 곧 백만 번 염불한다는 의미다.

5 1간(間)은 여섯 자(6尺)로 1.8182미터이다. 3~4간이면 5~7미터 이상의 길이에 해당한다. 실제 치온지에 가면 엄청난 크기의 염주 알을 꿴 염주가 법당 벽에 걸쳐져 있는 것을 볼 수 있다.

6 극락에 왕생하기 위해서는 수없이 많은 염불을 해야 하는가, 그렇지 않고 단한 번의 염불로도 왕생이 가능한가에 관한 논쟁을 가리킨다. 전자가 다념의(多念義), 후자가 일념의(一念義)의 입장이다. 이 책 11장에서 자세히 다룬다.

7 천태지자(天台智者, 538-597) 대사가 말한 네 가지 삼매[四種三昧] 중 하나로,

명(稱名, 부처의 이름을 부르는 일)의 행으로, "육자를 부르는 소리 속에 생활이 있다"[8]고 할 수 있겠다. '나무아미타불'이 일본어로 변모한 것도 그런 이유다. 잊으려 해도 이미 잊을 수 없는 말이 되어버렸다. 지금도 몇몇 지방에서는 아침저녁으로 칭명의 소리가 끊이지 않는다. 오늘날에도 사람들의 마음을 따스하게 하며, 수많은 묘코닌(妙好人)[9]

7~90일 동안 아미타불을 모신 법당[常行堂] 안을 돌면서 '나무아미타불'을 염불하는 수행법이다. 이는 곧 천태종의 정토신앙을 말하는 것인데, 일본에서 가마쿠라 시대 정토종의 독립이 이루어지기 전까지는 천태종의 입장에서 정토신앙이 널리 퍼졌다.

8   전자(상행삼매로서의 염불)는 생활 속의 염불이고, 후자(오직 칭명으로서의 염불)는 염불 속의 생활이다. 이는 각기 천태종의 염불과 가마쿠라 시대 이후의 염불을 구별 짓는 특징이기도 하다.

9   이 말의 유래는 『관무량수경』과 관련이 있다. "만약 염불하는 사람이 (있다면), 마땅히 알아라. 이 사람은 사람 중의 연꽃[芬陀利華, puṇḍarīka]이다. 관세음보살과 대세지보살이 그를 위하여 좋은 벗[勝友]이 되어주실 것이니, (이 사람은) 정히 도량에 앉아서 모든 부처님 집에 태어난다." 이는 『관무량수경』 말미의 유통분(流通分)에 나오는 말씀인데, 염불자를 칭찬하는 뜻을 담고 있다. 이에 대하여, 당나라 선도는 그의 『관무량수경소』 제4권(散善義)에서 이렇게 주석한 바 있다. "(염불자) 이 사람은 대단히 드문 사람이니 가히 그에 견줄 만한 것이 없다. 그렇기에 연꽃[分陀利]으로써 비유를 삼은 것이다. '분타리'라 말하는 것은 사람 중의 좋은 꽃[好華]이라 이름하며, 또한 희유한 꽃[希有華]이라 이름하고, 또한 사람 중에서 최상의 꽃[上上華]이라 이름하며, 또한 사람 중의 묘호화(妙好華)라 이름한다. 이 꽃은 서로 전하여 채화(蔡華)라 이름하는 것이 그것이다. 만약 염불하는 사람이 있다면, 그는 사람 중의 호인(好人)이며, 사람 중의 묘호인(妙好人)이고, 사람 중의 상상인(上上人)이며, 사람 중의 희유인(希有人)이고, 사람 중의 최승인(最勝人)이다." 선도의 해석에 따르면, '나무아미타불' 염불을 하는 사람은 다 '묘호인'이라 할 수 있다. 하지만 일본의 용례는 다르다. 일본에서는 정토진종의 독실한 신자를 일컫는 말이다. 그들은 다만 염불하는 사람이 아니라, 내세에 극락왕생할 것을 스스로 확신하고 있는 사람들이다. 그렇기에 현세에서부터 스스로는 행복하며 이웃을 위해서 봉사하는 삶을 살아갔던 사람들이다. 에도시대에는 이들의 삶과 신앙을 기록한 전기를 모은 책이 많이 나왔다. '묘호인'과 '묘코닌'

을 낳는 불가사의한 힘이 되고 있다.

　그러나 변화가 극심한 세상이다. 특히 지식 위주의 교육은, 많은 사람들을 진리의 절대성을 의심[懷疑]하는 쪽으로 이끌고 말았다. 그래서 육자의 불가사의에 마음을 기울이는 사람들이 날로 줄어들고 있다. 정말 이대로 내버려두어도 괜찮을까? 몇천만억의 영혼이 이 육자로 인해서 마음이 편안해졌다는 사실만큼은 외면할 수 없다. 믿지 않고 의심해서 사람들이 좀 더 편안해진다면 그것으로 좋겠지만, 주지하다시피 인간의 삶은 나날이 불안으로 잠식되고 있다. 뭔가 크게 잘못됐기 때문이다. 그러므로 다시 한번 육자의 의미를 되새겨보아야 한다. 설령 옛날과 같은 형태로 칭명이 성행하지는 못하더라도, 어떤 식으로든 되살아났으면 좋겠다.

　"무엇을 위해 염불을 하느냐"고 묻는 사람도 있지만, 그것은 좌선하는 사람들에게도 자주 던져지는 물음이다. 그런데 "무엇을 위해서" 행하는 염불에 어떤 값어치가 있을까.[10] 도겐(道元, 1200-1253) 선사는 "좌선이 좌선을 좌선한다"는 취지의 답을 내놓으셨는데, 마땅히 그러해야 할 것이다. 염불 또한 공덕을 위해 하는 염불이 아닌, 염불 그 자체의 염불이 된다면, 오히려 그보다 더 나은 공덕은 없을 것이다. 잇펜(一遍, 1239-1289) 스님은 "염불이 염불한다"[11]라고 하셨는데, 실로 금

　　의 개념에 차이가 있다는 점에서, 이 책에서는 '묘코닌'이라 부른다. 한편, 야나기는 묘코닌에 대해서도 높이 평가하면서 많은 연구 성과를 남겼다. 대표적으로 『묘코닌 이나바(因幡)의 겐자(源左)』(白華苑, 1960)가 있다.

10　어떤 목적을 따로 설정해놓고 하는 행위는 이미 수단으로서의 행위가 되어버리는 것이므로, '그렇게 수단이 된 행위에 무슨 가치가 있겠는가'라는 말이다.

11　여기서 조동종의 도겐과 시종의 잇펜을 함께 말하고 있는 것은, 이들의 경지

쪽같은 말씀이다. 어떤 일에 임하더라도, "일이 일하는" 그런 경지까지 이르러야 할 것이다. 그것이 결국 염불의 지극한 경지[12]임을 알 수 있을 것이다.

그런 의미에서 '진실한 자세로 임하는 일은 모두 염불이 아닐 수 없다[13]고 할 수 있다. 이러한 비의(祕義)를 가장 단순하고 쉽게 우리에게 가르쳐주는 것이 칭명의 한 길[一道]이다. 그러므로 칭명에 철저한

가 같음을 의미함과 동시에 자력문인 선과 타력문인 정토신앙의 궁극적 경지가 다르지 않음을 나타내고 있다. 그런데 저자 야나기는 도겐과 잇펜을 대조하면서, 둘 다 선적인 차원에서 하나임을 말한다. 염불에서 선적인 차원을 볼 수 있는 것은 "염불이 염불을 한다"고 말할 수 있기 때문이다. 이러한 이치가 잇펜에게서 나타나는 것은 사실이다. 하지만 그런 점은 신란에게서 이미 찾을 수 있지 않겠는가 생각한다. 『탄이초』 제10장에서는 "염불은 의(義)가 없음을 그 뜻으로 한다[無義爲義]"라고 말하고 있기 때문이다. 이에 대한 해석에서 역자는 '의'라는 글자에 '의미'라는 뜻도 있지만 '목적'이라는 뜻도 있음('의미'에 해당하는 산스크리트 'artha'에도 '목적'이라는 뜻이 있다)에 주목하고자 한다. '목적'이라는 말로 해석해보면, "염불은 목적이 없음을 목적으로 삼는다"는 것이 된다. 염불은 달리 염불 밖의 어떤 목적을 이루기 위한 수단이 아니라는 이야기다(『탄이초』 제5장에 따르면, 신란은 "돌아가신 부모의 천도를 위해서도 단 한 번의 염불을 한 적이 없다"고 하였다). 염불 그 자체를 목적으로 삼는 염불, 다시 말하면 아무 목적도 없고, 아무 의미도 없는 염불을 하라는 것이다. 이는 신란이 믿음의 정토신앙을 갖고 있었기에 가능한 일이라 생각된다. 이렇게 목적 없는 염불, 즉 염불을 자기 목적으로 하는 염불이야말로 그 공덕은 "헤아릴 수 없으며, 말할 수도 없고, 생각해볼 수도 없는 것이리라"라고, 『탄이초』 제10장에서 말하고 있다. 자력의 불교이든, 타력의 불교이든 이렇게 모든 일상의 삶 속에서 순간순간 그 행위들을 그 자체의 목적으로 삼으라는 가르침은 가히 종교가 할 수 있는 극치의 말씀이라 역자는 평가한다.

12 일상사를 "일이 일하는" 경지에서 행할 수 있다면, 그런 경지는 곧 "염불이 염불하는" 경지와 둘이 아니라는 말이다.

13 진실하게 일/직업생활 그 자체를 목적으로 삼아서 몰두하는 것은 곧 염불이라는 뜻이다. 이는 곧 선(禪)과 치환할 수 있는 말이기도 하다. 야나기의 염불관이 매우 선적(禪的)임을 엿볼 수 있는 대목이다.

것이 인생에 철저할 수 있는 이유가 된다. 특히 칭명이 범부에게 주어진 유일한 길[14]임은, 모든 성인(聖人)이 몸소 맛보았으며, 모든 묘코닌들이 목숨을 걸고 보여준 사실이다. 이 사실 앞에서는 누구라도 경건한 마음을 더욱 돈독히 하지 않을 수 없을 것이다.

2

보잘것없지만 이 책은, 후술하는 「취지」 편에서도 밝히겠지만 다음과 같은 세 가지 소망을 담아 썼다.

첫째는, 어느 정도 지식이나 교양이 있는 젊은이들―아마 '나무아미타불'이라는 말과 가장 인연이 먼 사람들―에게 육자의 의미를 알리고자 붓을 들었다. 그러므로 이 책은 전문적인 종학자(宗學者)[15]에게 보여주기 위해서 쓴 책이 아니다.

둘째는, 일본의 정토사상에 마음을 쏟는 분들이 잇펜의 역사적 위치를 좀 더 자세히 알아주었으면 하는 바람에서다. 지금까지의 저자

---

14 칭명의 길 이외의 길은, 범부의 근기로 감당하기 어려운 난행도(難行道)라는 말이다.

15 어느 특정한 종파를 선양하기 위해서, 그 교리나 역사를 연구하는 학문적 태도를 종학이라 하고, 그러한 종학에 종사하는 학자를 종학자라고 한다. 근대의 불교학은 종학을 극복함으로써 성립할 수 있었다. 그렇다고 해서 야나기가 객관적인 이야기만 하고 있다고는 할 수 없다. 오히려 야나기에게서도 주관적인 자기 철학의 제시가 행해지고 있음을 확인할 수 있다(종학에는 객관성은 결여될 수 있지만 자기 철학은 오히려 담길 수 있다. 그것이 종학의 현대적 의미라고 역자는 본다). 다만 특정한 종파, 즉 일본 정토교의 3대 종파의 어느 한 입장에만 얽매이지는 않는다는 것이다. 그 3대 종파를 하나로 보는 관점에서 서술하겠다는 것이다.

들은 호넨(法然, 1133-1212) 스님에서 신란(親鸞, 1173-1262) 스님에
이르는 전개[16]에 그쳤다. 그러나 나는 잇펜을 이해할 때 비로소 염불
의 사상이 완성된다고 생각한다. 실제로 많은 종학자들이 이 점을 인
식하고 있겠지만, 종파에 얽매인 탓인지 발언하는 사람이 없다. 그중
에서도 시종(時宗)[17]의 학자들로부터 나오지 않고 있는 까닭은, 오늘
날 종풍(宗風)이 쇠퇴했기 때문이기도 하겠지만, 또한 스님의 가르침
이 육자에 대해 말이 많아지는 것을 삼갔기[18] 때문이기도 하다. 거기
다가 "나의 교화는 나의 일생에 그칠 뿐이다"[19]라고 말씀하신 고고함
이, 쉽사리 접근하기 어렵게 만들었는지도 모른다. 그래서 그동안 빛
을 보지 못한 스님에게 올바른 역사적 위치를 찾아드리는 것이 이 책
의 염원이기도 하다. 이 세 분 스님들에 의해 일본의 정토교라는 대가
람이 마침내 조성될 수 있었다.

---

16 종래에 일본의 정토사상을 논술하는 저자들이 '호넨→ 신란'의 정토사상만
을 서술하는 것으로 그치고, 잇펜에 대해서 외면하였다는 것이다. 이는 주로
신란의 후예들인 정토진종의 저술가/종학자들에 대한 비판으로 보인다.

17 잇펜의 제자들이 세운 종파로, 한때 번창하였으나 현재는 세력이 미미하다.
총본산은 가마쿠라 인근 후지사와(藤澤)에 있는 유교지(遊行寺, 淸淨光寺)다.

18 잇펜은 왕생 7일 전에 평소의 저술이나 문서들을 모두 모아서 불태워 없앴
다고 한다. '나무아미타불' 육자만 있으면 그것으로 충분하다는 이유에서
였다.

19 "我が化導は一期ばかりぞ." 『일편성회(一遍聖繪)』제11권. 이 말의 진의는 파
악하기 쉽지 않다. 이 말의 의미를 역자는 "내가 죽고 난 뒤에는 나를 말하면
서 중생을 교화하지 말라. 그때는 여러분 자신의 법(가르침, 수행, 신앙)으로
중생을 교화하라"라는 의미로 파악한다. 잇펜의 이름을 대면서, 잇펜에게 기
대면서 교화하지 말라는 것이다. 이는 "나는 잇펜의 몇 대 법손(法孫)이다"라
는 등의 법통설(法統說)에 기대지 말라는 의미다. 잇펜의 고독하고도 엄격한
가풍이 잘 드러나는 법문이다.

셋째는, 타력문(他力門)과 자력문(自力門)의 만남에 관한 문제다. 지금까지는 각자의 입장에서 서로 우위를 주장했지만, 그것은 상하가 따로 있는 것도 아니요, 좌우가 따로 있는 것도 아닐뿐더러, 심지어 끝까지 오르다 보면 산 정상에서 서로 만나게 된다. 이는 무조건 처음부터 개념적으로 자타불이(自他不二)의 입장에서 이들 둘 사이를 타협시키고자 하는 것이 아니라, 어느 쪽이라도 각자의 길에 철저함으로써 오히려 하나로 연결되는 사실을 밝히고 싶은 것이다. 정토 계통의 경우, 이러한 진리를 가장 잘 보여주는 것이 잇펜의 사상과 행적이다. 자력과 타력이 서로 다투는 것은 아직 그 발걸음이 길 위에 있기[20] 때문이다. 두 길 가운데 어느 한쪽을 선택해야만 하고, 선택한 그 길을 끝까지 걸어가는 것으로 자타의 대립은 없어질 것이다. 그저 그 길을 끝까지 가는 것만이 자타의 대립을 없애준다. 나는 여기서 진리에 깃들어 있는 위대한 묘미를 느낀다.

3

이 책은 1951년부터 1952년, 그리고 1954년 사이에 『대법륜(大法輪)』에 21회 동안 게재했던 논문을 수록한 것이다. 한 권으로 정리하면서 다시 순서를 잡고, 여러 곳에 가필하여 면목을 새로이 했다. 그러나 아직 더 논의해야 할 제목, 검토해야 할 문제가 여러 가지다. 게다가 종학에 어두운 몸인지라 부적절한 용어나 술어(術語)의 잘못된 해석

---

20   산 정상에 이르게 되면, 자력과 타력은 서로 통하므로 다투지 않는다는 이야기다.

등도 적지 않을 것이다. 여러분의 가르침을 부탁드린다.

권두의 그림과 사진[21]은 독자들이 시각적으로 한층 더 (일본의) 정토신앙에 친밀함을 느끼길 바라는 마음에서 첨부했다. 여러 그림은 니시토바 타이지(西鳥羽泰治) 씨의 솜씨다. 교정은 주로 아사카와 사치코(浅川咲子), 아사카와 엔에이(淺川園繪), 다나카 레이코(田中玲子) 세 자매[22]께 신세를 졌다. 출판은 처음부터 대법륜각(大法輪閣)의 후의(厚意)를 입었다. 모든 분들께 깊이 감사드린다.

1955년 4월 15일
야나기 무네요시

---

21   원서에 실린 판화나 사진들은 이 책에서는 모두 제외하였다. 그 대신 몇 장의 사진을 역자가 직접 촬영하여 실었다.

22   세 자매의 성이 같지 않은 것은, 결혼하여 남편의 성을 따르는 일본 문화 때문인 듯하다.

후세에 왕생하기를 바라지만 이 세상살이와 같을지니

오늘도 날이 저물고 말았다네

세상살이는 하는 일 없이 잘도 가네

올 한 해도 얼떨결에 지나가고

일생도 서두르지 않아도 지나간다네

저녁에 자리에 누워 탄식하고

오늘 하루 아무 일도 하지 못한 것을 울어야 하고,

새벽에 눈 뜨면

오늘 하루 수행해야 할 것을 생각해야 할 것이다.

마음이 나태해질 때는 생사의 무상함을 생각하라.

나쁜 생각이 들 때는 소리를 높여 염불하라.

귀신이나 악마에 대해서는 자비의 마음으로 이익케 하고,

항복시키려는 생각을 일으키지 말지어다.

가난은 보리(菩提)의 씨앗이니 날마다 불도(佛道)[*]로 나아가게 하며,

부는 윤회의 굴레, 밤이면 밤마다 악업을 더해간다.

_『일언방담(一言芳談)』 중에서

---

*   가난이 불도를 닦게 한다는 것은 역으로 불도를 닦으려면 가난해야 한다는
말씀이다. 옛사람들의 글에서 이렇게 말하는 경우를 종종 볼 수 있다. 그러면서 부
유함을 경계한다.

차례

호넨 스님

신란 스님

잇펜 스님

카코(賀古)의 교신(敎信)[*]은

걸리적거리는 것 없이 극락과 마주하도록

서쪽으로는 담장도 치지 않았다.

게다가 본존불도 모시지 않고,

경전도 읽지 않고,

스님도 아니고 속인도 아닌 모습으로

언제나 서쪽을 향하여 염불하였는데,

염불 외의 모든 것은 완전히 잊어버린 듯하였다.

_『일언방담』 중에서

---

* 　교신(敎信, 786-866)은 나라, 헤이안 시대를 살았던 정토신앙의 선구자다. 일
　　본에 정토종계 종파가 개창하기 3백~4백 년 전에 구칭염불을 권면했다. 어
　　렸을 때 출가하여 나라 흥복사에서 유식(唯識) 등을 수학한 학승으로, 나중
　　에 전국을 행각하다가 하리마국(播磨國, 지금의 효고현) 카코 북쪽에 초암을
　　짓고 은둔해 살았다. 농사를 지으며 빈한하게 살면서도 지역 사람들에게 법
　　을 설하고 특히 염불을 권진했다. 오로지 서방 극락정토를 생각하며 밤낮으
　　로 구칭염불하며 정토왕생을 간구했다. 대처하고 자식까지 두어 비승비속
　　으로 살았는데, '카코의 사미'라는 별칭으로도 불렸다. 특히 신란은 스스로
　　를 "나는 카코 교신 사미의 판박이(われはこの賀古の教信沙弥の定まり)"(『改邪鈔』)라
　　고 했을 정도로 귀감으로 삼았으며, 잇펜은 교신사(敎信寺, 836년에 교신이 창
　　건한 절로, 카코에 있는 교신사미의 유적)에서 임종을 맞이하고 싶다고 했을 정
　　도로 흠모했다. 임종을 예감한 잇펜은 교신사로 향하던 도중(효고현 셋츠)에
　　왕생하고 말았는데, 그 때문에 소망은 이루어지지 못했다.

南無阿彌陀佛

취지

이 책의 취지는 '나무아미타불'이 무슨 의미인지 알기 쉽게 이야기하는 데 있다. 이 육자는 요즘의 젊은 사람들에게는 인연이 먼 주문쯤으로 받아들여질지도 모르겠다. 또는 시대에 안 어울리는 낡아빠진 신앙의 형태로 생각될 수도 있다. 그러나 절대로 그렇지 않다. 이 말의 발견이야말로 인류 사상사에서 가장 놀랄 만한 사건의 하나라고 할 수 있다. 더 나아가 인간이 생각할 수 있는 종교사상의 극치[1]를 발견할 수 있다.

사유와 사색에 밝은 인도에서 출발하여 중국에 와서 염불은 실제 신앙으로 성숙되었지만, 그 신앙 위에 제대로 하나의 종파가 세워진 것은 일본에서였다. 일본에 와서 육자의 의의가 깊어졌으며, 지극히 독창적인 내용으로 발전하였다. 불가사의하게도 한국에서는 크게 발달한 흔적이 없는데,[2] 일본에 와서 더할 수 없을 정도까지 사색이 심오

---

1   자력과 타력이 둘이 아니라는 잇펜의 입장을 염두에 두고 한 이야기로 보인다.

2   우리나라 독자로서는 불편하게 들릴 수도 있는 내용이다. 어떻게 받아들여야 할까? 첫째는 우리나라 정토불교에 대한 야나기의 무지에서 비롯되었다고 볼 수 있다. 둘째는 우리나라에서도 신라시대의 예와 같이 정토신앙이 성행한 일은 있지만, 이 책에서 논의되는 바와 같이 세밀한 '정토의 주제들'에 대한 발전까지 이르지 않았다는 점에서 그러한 시선으로도 볼 수 있겠다는

해졌다. 더구나 일본에서 배양되고 성장하여 무르익은 몇 가지 사상 중에서 가장 깊고 따스했던 부분이 이 '나무아미타불' 육자를 둘러싼 종교사상이다. 역사를 되돌아보면 무수한 생명들이 이 육자로 인해 구원받았으며, 지금도 구원받고 있다. 이 육자에 어떻게 그리 신비한 힘이 있을까? 무엇을 의미하는 걸까? 당연히 도(道)를 구하는 모든 이들에게 그 진실이 알려져야 할 것이다.

행인지 불행인지, 나는 종문(宗門)에서 자란 사람이 아니다.[3] 그래서 아마도 몇몇 문제들에 대해서는 기존 종학(宗學)의 해석과 다른 견해를 제시하게 될지도 모른다. 또 어떤 것은 종문의 사람들에게 너무나 자명한 문제임에도, 새삼스럽게 서술하는 일도 아마 있을 것이다. 그렇더라도 거기에는 뭔가 그 나름의 의미가 있을 것이다. 내가 종문의 교양을 갖추지 못한 것은 약점일 수 있는 동시에, 종학에 사로잡히지 않으리라는 측면에서는 장점이 될 수도 있지 않을까 한다. 오늘날 종학자에 대한 일반인들의 신뢰는 그리 두텁다고 할 수 없는데, 그런 점에서 많은 독자는 내가 종문의 사람이 아니라는 점에 오히려 신뢰를 보내줄지도 모르겠다. 왜냐하면 나 같은 사람이 말한다면 딱히 '아전인수(我田引水)'라고 생각하지는 않을 것이기 때문이다.

물론 이러한 소재는 당연히 종학을 하는 사람이 취급할 만하고, 또 실제로 많은 저작물이 출판되었지만, 애석하게도 일반인들에게 그다지 친밀감을 불러일으키지 못하고 있다. 두 가지 이유가 있는데, 하나

점이다. 이 둘 중 어느 쪽이 맞을지 판단 여부는 독자들께 맡긴다.

3 어느 특정한 종파의 사찰에서 태어난 사람도 아니고, 특정 종파가 세운 대학에서 종학을 공부하거나 재직하고 있는 처지가 아니라는 의미다.

는 번잡한 교학에 치우치는 경우가 많고, 다른 하나는 난해한 술어가 너무 많이 나오기 때문이다.

첫째, 종문의 사람, 특히 학식 있는 승려가 쓴 글을 보면 교학에 깊이 천착해 들어감으로써 지나치게 전문화되어 문외한에게는 소원한 느낌을 불러일으키기 십상이다. 게다가 지엽적인 문제를 세밀하게 다루다 보니 자칫 본질을 간과하기가 쉽고, 혹은 학문을 위한 종론(宗論)으로 변질되어 살아 있는 신앙과는 동떨어지게 되고 만다. 종학이 그 자체로 훌륭한 존재 이유가 있다 하더라도, 자칫 지식의 나열에 빠질 위험이 커지게 된다. 또한 전문가들에게나 관련 있는 특수한 문제에 그치기 쉽고, 그런 번쇄한 종론이 젊은이들과 불교 사이에 얼마나 깊은 골을 만들게 하는지 모른다.

하기야 학문과는 별개로 포교를 위해 평이하게 만든 책도 수없이 많이 나와 있기는 하지만, 어투가 대개 설교풍으로 감상적이거나 독단으로 기울어진 것이 많기 때문에, 그 호소가 젊은 지성들에게 잘 받아들여지지 않는 것 같다. 도리어 경멸을 불러일으킬 씨앗을 뿌리지나 않을까 우려스럽다.

둘째, 불교 서적의 결점은 한자 숙어나 전문 술어가 너무 많다는 점이다. 물론 대부분의 경문(經文)이 한역(漢譯)이기 때문에, 한문 표현을 사용하지 않고 불교를 말하기가 쉽지는 않다. 더군다나 오랜 역사를 거치면서 수많은 특수한 용어들도 생겨났다. 그래서 교학에 정통하게 되면 전문 어휘가 넘쳐나게 되고, 그것을 과시하는 듯한 폐단마저 엿보인다. 배우지 않은 사람은 불교 서적에 접근하기 어려워지게 된다. 요즘 학생들은 대체로 한학(漢學)에 대한 소양이 부족한 데다, 최근에는 자발적으로 한자를 제한적으로 사용하는 추세라 점점 더

불교책 읽기가 힘들어지게 되었다.[4]

원래 한자어 표현은 간결하고 함축적이다. 그러한 장점을 간과해서는 안 된다. 그리고 전통적인 불교 용어는 그 자체로 특수한 울림이나 맛을 지니고 있어서, 종교적 진리의 내용에 온기와 깊이를 더해주는 경우도 있다. 그러나 시대는 변한다. 난해한 어휘들이 연이어 나오면, 자칫 독자는 권태로운 마음을 일으키지 않을 수 없게 된다. 어떤 용어는 불가사의해서 몹시 생경한 느낌을 불러일으키고, 일일이 사전을 찾아야 하는 번거로움은 독서 의욕까지 감퇴시킨다.

예를 들어 '의정이보(依正二報)'[5]라고 써놓거나, "화토(化土)에는 두 가지가 있다. 하나는 의성태궁(疑城胎宮)이며, 다른 하나는 해만변지(懈慢辺地)이다"[6]라고 하면, 젊은 독자들은 무슨 말인지 전혀 알 수 없다. 설령 사전이나 해설에 의지하더라도, '왜 이런 말을 쓰지?', '이런 말로 표현하지 않으면 진리를 전할 수 없나?' 하는 반감만 불러일으키게 된다. 현대의 관점에서 보면, 위에서 예로 든 표현들은 죽은 말에

4　이러한 상황은 야나기 생전의 일본보다 지금 우리나라의 현실이 더 심각한 상태가 아닐까? 일본은 그나마 초·중등 교육과정에서 의무적으로 필수 한자 교육이 이루어지고 있기 때문이다.

5　정보(正報)는 과거의 행위에 대한 결과를 받는 그 당사자를 말하고, 의보(依報)는 그 정보가 의지하면서 살아가는 세계나 환경을 말한다. 예를 들어 '신토불이(身土不二)'라고 할 때, '신'은 정보, '토'는 의보가 된다.

6　'의성태궁'과 '변지'는 『무량수경』 하권에 나오는 말이며, '해만'은 『보살처태경(菩薩處胎經)』 제3권에 나오는 말이다. 신란 스님은 이러한 말들을 자주 인용했다. 예를 들면, 신란의 저술 『정상말화찬(正像末和讚)』에 "죄와 복을 믿는 수행자는 부처님 지혜[佛智]의 부사의함을 의심하게 되고, 의심의 성과 자궁에 머물게 되면 삼보와는 멀어지고 만다"라는 구절이 있고, 『탄이초』 제11장에서도 언급되고 있다. 지금 야나기가 인용하고 있는 바로 그 문장은 신란의 저술 『우독초(愚禿抄)』 상권에 나온다.

지나지 않고, 이러한 말들을 받아들일 수 있는 사람은 극히 소수의 종문의 사람들 정도일 것이다. 무엇 때문에 왕생의 문제를 그러한 말을 사용해서 논하지 않으면 안 되는 것일까. 좀 더 신선하고 알기 쉽고 명료한 표현이 나왔으면 좋겠다. 지금까지도 불교책에는 상당히 인습적(因襲的)인 용어의 잔재가 들러붙어 있다. 난해한 용어로 인해 불교가 얼마나 큰 손실을 보고 있는지 모른다.

다만 어떤 용어는 역사적인 훈습(薰習)에 의해 오랜 시간이 지나면서 사람들에게 친숙해진 것들도 있다. 그래서 모든 술어를 완전히 내버릴 필요는 없고, 그중에는 오히려 앞으로도 친숙하게 쓰고 싶은 것도 있다. 그런 까닭에 나도 어느 정도의 불교 용어는 기꺼이 사용할 테지만 기이하고 난해한 것은 장래를 위해서라도 내버리고 싶다. 이러한 용어의 문제는 불교의 운명에 중대한 영향을 미칠 수 있다. 요즘처럼 종문의 특수한 표현에 얽매여 있어서는 불교를 현대적이고 미래적인 것으로 만드는 일이 불가능하다.

그러나 관습이란 그렇게 간단하게 깨지지 않는다. 종문에 속한 사람들에게는 이것이 쉽지 않은 문제인 듯하다. 습관이란 게 그리 쉽게 고칠 수 있는 게 아니기 때문이다. 그러므로 종문의 사람들을 대신하여 이 한 권의 책을 쓰는 것도 내게 주어진 사명(使命)일 것이다.

여기서 말하는 종문은 주로 종파적인 갈래를 뜻한다. 나는 그러한 갈래에 속하지 않는 불교도의 한 사람이다. 말하자면 종파의 입장으로부터 자유로운 위치에 있다. 그러나 종문에 속한 사람들이 볼 때는, 특정 종파에 소속되어 있지 않다는 점이 미심쩍을지도 모른다. 하지만 바꾸어 생각해보면, 종파에 얽매여 있다면 그 역시 뭔가 산뜻하지 않고 못 미더운 구석이 있다고 하지 않을 수 없을 것이다. 그래서 나는 종파의 다툼과는 무관하게 불교의 진면목을 밝히고자 한다.

다시 말해, 나는 어느 특정 종파의 비구, 비구니, 재가신자를 위해서 이 글을 쓰는 것이 아니다. 그보다는 더 폭넓게 도를 구하는 사람들, 그리고 구도의 길에 나설 젊은이들을 위해서 길잡이가 되는 책을 쓰고 싶다. 그러자면 필연적으로, 새로운 어법과 사고방식, 설명 방법으로 써나갈 수밖에 없다. 여기서 나는, 종문 밖의 사람이 가지는 특권을 충분히 잘 활용하고자 한다.

불교를 알기 쉽게 설명하는 이유는 민중에게 가까이 다가가기 위해서다. 물론 알기 쉽다는 말이 저급하거나 비속하다는 의미여서는 안 된다. 그리고 그 평이함은 반드시 깊이가 뒷받침되어야 한다. (일본 불교의) 역사를 되돌아보면 가급적 한문체를 피하고, 일본어로 부처님의 가르침을 설명하고자 하는 노력은 일찍이 시도되었다.[7] 이미 많은 종조들이 일본어로 법어나 편지 또는 화찬[8]을 쓰는 등 여러 가지 방식으로 시행했다. 그러나 한자어로 사상을 익혔던 그 시대에, 한문을 줄줄 꿰고 있던 학승들의 주요 저서는 대부분 한문체였다. 예를 들면 『흥선호국론(興禪護國論)』(榮西, 1141-1215), 『입정안국론(立正安國論)』(日蓮, 1222-1282), 『교행신증(教行信證)』(親鸞, 1173-1263) 등의 저작물이 그렇다. 호넨 스님의 『선택본원염불집(選擇本願念佛集)』은

---

7   이러한 시도에 대해서 야나기는 높이 평가하고 있는데, 이 책 '제18장 가나 법어'에서 다루고 있다.

8   화찬(和讚)은 7·5조의 4구로 한 절을 이루어, 한시의 절구(絶句)와 형식이 같다. 문자는 한자와 일본어(가나)를 섞어서 썼다. 내용은 불보살이나 고승들의 덕을 기리거나, 경전이나 교의, 고승들의 사상을 요약하여 설명하거나, 작자의 신심을 표명하는 것이다. 범어로 쓰면 범찬(梵讚), 한문으로 지으면 한찬(漢讚), 일본말로 지으면 화찬(和讚)이다.

원래 일본어[和文]였을 것이라고 하는데, 오늘날 남아 있는 것은 한문본이다. 이 중에서 『정법안장(正法眼藏)』(道元, 1200-1253)은 유일하게 한자와 가나[假名, 일본어]를 섞어 쓴 것이지만, 난해한 한자 숙어가 굉장히 많은 데다 표현이 매우 독창적이기 때문에 누구든 주석서에 의지하지 않을 수 없는 형편이다.

한문은 워낙 오랜 세월에 걸쳐 숭상되어왔고, 도쿠가와(德川) 시대에는 필요 이상의 한문 사용으로 자신의 학식을 뽐내는 듯한 풍조까지 횡행했다. 예를 들면, 잇펜 스님의 『파주법어집(播州法語集)』에 편집된 설법은 원래 일본어로 쓴 것인데, 이를 굳이 한역해서 제목마저 『파주문답집(播州問答集)』으로 바꾸었다. 결국 후자만 알려지고, 종문의 사람들조차 원본의 존재를 깜빡 잊어버리고 마는 어이없는 일도 있다. 아무튼 도쿠가와 시대에 반케이(盤珪, 1622-1693) 선사가 선을 설하면서 이른바 '보통 사용하는 일상어[平話/平語]' 사용을 시도했는데, 이는 한자 숙어가 초래하는 폐습에 대항하는 용감한 개혁이었다. 이른바 '풀어쓰기[延書]'[9] 또한 민중들을 위해 마땅해 마련해야 할, 한자의 일본식 읽기였다고 할 수 있다. 근래의 『국역대장경』 편찬이나 구어체로 『신역불교성전』 같은 출판도 주목할 만하다.

국민들의 자각 덕분일까, 아니면 한학에 대한 지식이 쇠퇴했기 때문일까. 메이지(明治, 1868-1912) 이후 점차 불교를 일본어로 설명하기에 이른다. 그러나 인습은 무서운 것이어서 한문은 버렸어도 여전히 한자 숙어를 번거롭게 쓰고 있다. 앞서 지적했듯이, 이는 오늘날까지도 일반 독자와 불교 사이에 큰 간극을 만들고 있다.

---

32   9   한문을 가나가 섞인 풀이 문장으로 옮긴 것.

그러므로 좀 더 알기 쉽고 새로운 표현으로 불교를 설명하는 사람들이 많이 나타나야 할 것이다. 어려운 용어를 늘어놓지 않으면 글을 못 쓰는 현학적 태도에서 빨리 벗어나야 한다. 하기야 나 같은 사람은 워낙 내놓을 학식이 모자라서 평이하게 쓸 수밖에 없는 몸인데, 이러한 결점을 오히려 장점으로 활용하여 이 책을 써나가려 한다.

이쯤에서 내 입장을 대강 밝히는 편이 좋겠다. 독자들은 이 책에서 몇 가지 종래의 저자들과 다른 점을 발견하게 될 것이다. 지금부터 '나무아미타불'의 의미를 이야기하기 위해서는 필연적으로 이 육자 염불에 기반한 여러 종파에 대해 언급하게 될 것이다. 이러한 종파들을 총칭해 염불종(念佛宗)이나 정토문(淨土門)[10]으로 부르고자 한다.

나는 이 책에서 불교의 여러 흐름 가운데 정토문, 즉 염불에 의한 정토왕생을 설하는 종파에 대해 이야기할 것이다. 인도나 중국에서 출현했던 염불종에 대해서도 다소 언급하겠지만, 말할 나위 없이 주된 대상은 일본의 염불종에 대해서다. 따라서 일본의 정토사상을 가장 철저하게 사유한 세 분의 조사(祖師), 즉 호넨·신란·잇펜의 이야기가 중요한 소재가 된다. 따라서 호넨이 세운 정토종(淨土宗), 신란이 세운 정토진종(淨土眞宗, 약칭은 진종), 잇펜에서 시작된 시종(時宗)에 대해 서술할 것이다. 이 세 종파야말로 일본의 염불종을 가장 잘 대표하기 때문이다.

따로 정토종 서산파(西山派)가 있으나, 이는 필경 정토종에 속하는 것으로, 서산파가 발전하는 과정에서 시종이 등장한 것으로 볼 수도

---

10 염불종, 염불문, 정토종, 정토문 등으로 다양하게 부르고 있는데 다 같은 뜻이다. 역자는 '정토불교'라는 말도 쓴다.

있으므로[11] 세 종파에 포함시켜 생각하고자 한다.

　나는 세 종파 어디에도 속하지 않은 사람이다. 오히려 이들 세 종파를 떼어놓고 생각하지 않는 입장이다. 무슨 까닭인지 정토종 사람들은 지금까지 진종에 대해 잘 말하려 하지 않는다. 아마도 질투의 업(業) 때문이리라. 진종 사람들은 자신들이 정토종보다 앞서 있다는 식으로 생각하는 경우가 많다. 어쩌면 아만(我慢)의 업일 것이다. 그러나 호넨 없는 신란이 있을 수 없고, 신란 없이 호넨의 도(道)가 발전될 수 없었다. 따라서 두 분은 오히려 한몸이나 마찬가지라고 봐야 할 것이다. 종파에 얽매이면 아무래도 그러한 관점이 가려질 수밖에 없는데, 그것은 종조들의 참뜻을 거스르는 일이다.

　호넨이 "오직 선도(善導, 613-681)에 의지한다"라고 하면서 당나라 선도 대사를 존경했듯이, 신란은 오로지 호넨에 의지했다. 스승에 대한 신란의 경건한 태도가 『구전초(口傳抄)』와 『탄이초(歎異抄)』[12]에 잘 나타나 있다. 호넨에서 신란에 이르기까지 실로 맥맥이 서로 전하는 바가 있다. 진종은 정토종의 이파(異派)나 별파(別派)가 아니다. 원래 신란은 정토종의 본질을 충실히 전승하여 발전시키고 싶은 생각[13]뿐이었을 것이다. 똑같이 하나의 염불종이라 이해해야 할 텐데, 두 종파가 서로 다투는 것은 본의를 벗어난 사태라고 할 것이다.

11　뒤에서 나오겠지만, 잇펜의 법맥이 정토종 서산파의 스승들에게 이어져 있으므로 이렇게 말하는 것이다.

12　"설사 스승 호넨 스님에게 속아 염불을 하였다고 해서, 지옥에 떨어진다고 하더라도 나는 결코 후회하지 않을 것입니다."

13　신란은 「정신게(正信偈)」 중 호넨을 찬탄하는 맥락에서 '진종의 교(敎)에서부터 증(證)까지를 일본에서 넓히셨다'고 하여, 호넨의 불교를 '진종'이라 일컬었다.

앞서 서술한 바와 같이, 일본의 정토문은 호넨·신란·잇펜 세 분 스님의 힘에 의해 지탱되어왔다. 그중에서 아주 불우했던 분이 잇펜으로, 관련 저술도 극소수에 지나지 않는다. 물론 시종 자체가 예전의 힘을 잃어 사원의 수[14]가 줄고 승려의 활동이 쇠락한 까닭도 있겠지만, "나의 교화는 내 일생에 그칠 뿐이다"라는 스님 자신의 종풍(宗風)에서도 그 이유를 찾을 수 있을 것이다. 그러나 정토사상사에서 스님의 위치는 아주 높이 평가되어야 한다. "그분 없이 일본 정토사상의 결론은 없다"고까지 말할 수 있다. 그는 호넨의 뛰어난 제자 세이잔 쇼쿠 (西山證空, 1177-1247)의 흐름을 이어받은 염불의 히지리(聖)[15]로, 호넨에서 신란으로 이어지는 과정에서 한 단계 더 진일보시킨 위대한 조사라는 사실을 앞으로 이어지는 몇 개의 장(章)에서 명확하게 밝혀 나갈 것이다. 따라서 지금까지 거의 등한시해온 잇펜의 언행에 대해서 나는 많은 이야기를 하고자 한다. 독자들도 틀림없이 그 이유를 납득하게 될 것이다. 세 분 스님의 법맥은 다음과 같다.

```
                      ┌─ 신란(진종 개조)
호넨(정토종 종조)─┤
                      └─ 쇼쿠(서산파 개조) → 쇼타츠 → 잇펜(시종 개조)
```

14　현재 시종의 사원 수는 겨우 400여 개 정도다.

15　히지리는 저잣거리에서 민중들에게 봉사하면서 염불을 넓힌 스님들로, 저잣거리의 성인[市聖]의 줄임말이다. 우리의 원효 스님 같은 분들을 일컫는 말이다. 이들은 대개 공무원 신분인 관승(官僧)이 아니라 사적으로 출가한 사도승(私度僧)이거나 관승에서 다시 이탈/둔세(遁世)한 스님들이다. 잇펜은 가마쿠라 후기에 출가하였으므로 관승이 된 일은 없었고, 처음부터 둔세승 교단에 들어간 히지리다.

법맥의 흐름에서 알 수 있듯이, 잇펜의 시종은 정토종 서산파의 맥을 이은 것이다. 한편 쇼타츠(聖達)의 문하에는 스님과 같이 공부한 겐이/겐니(顯意, 1238-1304)가 있다. 서산파 심초의(深草義)[16]의 대성자다. 서산파와 시종은 후대의 진종에 여러 가지로 영향을 끼쳤다고 생각되지만, 이에 대해서는 역사학자들의 작업에 맡기고자 한다.

호넨·신란·잇펜 세 분의 스님을 세 가지 서로 다른 위치에 두고 보는 것이 아니라, 나는 오히려 한 분의 내면적 발전의 과정으로 보려고 한다. 이 점에 대해서는 독자들의 이해를 구하고 싶다. 즉, 세 분이되 동일한 인격의 서로 다른 표현으로 보려는 것이다. 이러한 발전이 얼마나 필연적이며 유기적인지를 서술하고자 한다.

그러니까 정토종보다 진종이 우월하다거나 진종보다 시종이 우월하다는 식으로 이야기하는 것이 아니다. 세 분 가운데 한 분만 없더라도 서로 그 역사적 의의를 잃어버린다는 점을 서술하고자 한다. 호넨이라는 초석 위에, 신란이라는 기둥과 잇펜이라는 대들보가 세워져 있다. 그러므로 호넨 없이 신란이나 잇펜이 있을 수 없고, 또한 신란이나 잇펜 없이는 호넨의 존재 의미 역시 약해지게 된다. 하나의 진리가 호넨에서 신란으로 나아가고, 신란에서 잇펜으로 나아갔던 과정이 시대적 전개인 동시에 내면적 흐름이다. 호넨은 신란에 이르러 무르익고, 잇펜에 이르러 더욱 고양되었다고 할 수 있다. 이렇게 이 세 분은, 분리가 불가능할 정도다.

근래 신란 스님에 관한 저술은 도겐 선사에 필적할 만큼 그 수가

---

16 일본불교에는 종(宗) 아래에 파(派)가 있고, 파는 다시 의(義)로 나누어진다.
    후카쿠사(深草)는 교토 남부의 지명이다.

늘어나면서 꽃을 활짝 피우고 있는데 그 씨앗으로서 호넨, 그 열매로
서 잇펜에도 똑같이 관심을 기울여야 할 것이다. 일본 정토사상사에
서 특별히 신란 스님만 이야기할 수는 없다. 이 세 분을 함께 살피지
못하는 까닭은 아무래도 각 파가 종파의 업[17]에 얽매여 있기 때문일
것이다. 오히려 세 분 조사가 차례로 나타난 과정을 역사적 섭리로서
의미 깊게 받아들여야 하지 않을까.

　세 분 조사가 있음으로 해서 일본 정토사상은 절대적 가치를 지닐
수 있었다고 할 수 있다. 정토종·진종·시종은 서로 다른 종파이면서
도 유기적으로 일체를 이루고 있다는 데에 일본 염불문의 무게와 깊
이가 있다. 그래서 나는 쓸데없이 종파의 우월을 다투는 입장을 취하
지 않을 생각이다.

　마찬가지로 내가 정토문의 가르침에 마음이 끌린 까닭은 정토문
이 성도문(聖道門)[18]을 부정해서가 아니다. 흔히 정토문을 타력문, 성
도문을 자력문이라 하지만, 그것은 단지 성불에 이르는 코스의 차이
에 지나지 않는다. 지금까지 자력문 사람들은 타력문을 이러쿵저러쿵
비방하고, 마찬가지로 타력문의 길을 걷는 사람들은 자력문의 결점을
헐뜯었다. 서로 길이 다르므로 각각의 특색과 장단점이 드러나는 것

17　야나기는 여기까지 일본의 종파불교 내지 종학이 지어온 세 가지 업을 말해
　　왔다. 질투의 업, 아만의 업, 그리고 종파의 업이다. 이를 지적하는 데서 야
　　나기의 회통불교적 지향성을 확인하게 된다. 이러한 회통불교적 지향성 역
　　시 그의 불교관 안에서 볼 수 있는 한국불교적 특성이다. 한국불교의 영향이
　　라 말하는 것이 아니라, 그가 일본불교의 종파주의적 한계를 비판하는 데서
　　한국불교와의 친연성(親緣性)을 볼 수 있다는 것이다. 이에 대해서는 부록한
　　'역자 해설: 야나기 무네요시의 눈'에서 좀 더 자세히 논의한다.

18　정토교에서 불교를 크게 둘로 나눌 때, 정토문 이외의 불교를 성도문이라 부
　　른다. 스스로의 힘으로 수행하여 성불하는 입장을 말한다.

은 당연하다. 어느 쪽 길을 선택하는가는 믿는 사람의 성품과 환경[19]에 따라 다를 뿐, 그 우열을 논하는 것은 초보 수준에 지나지 않는다. 궁극에 이르면 똑같은 하나의 산봉우리에서 만나게 될 것이다.

그런 까닭에 염불이라는 길을 바라볼 때 두 가지 측면에 마음이 끌리지 않을 수 없다. 그 하나는 정토문 자체가 가진 독특한 성질인데, 자력문에서는 찾아볼 수 없는 모습이다. 이것이 있기에 염불문의 존재 의의가 있다고 할 수 있다. 특히 일반 민중들에게 이 염불의 길이 있다는 사실은 더없이 큰 은총이었다. 만약 이 염불의 길이 없었다면, 중생에게 어떻게 제도의 길이 가능했겠는가? 대부분의 사람들은 자력문의 어려운 길[難行][20]을 감당하기 힘들어하기 때문이다.

그러나 염불문의 존재 의의를 강조하는 것만으로는, 길을 타력문과 자력문의 둘로 나누는 것에 지나지 않는다. 시야를 여기서 멈추고 만다면 자력과 타력은 서로 대립하고, 서로 다투고, 서로 유리(遊離)되어 있는 상태로 끝나고 말 것이다. 실제로 이것 때문에 그동안 두 길은 다툼과 반목을 계속해왔다. 그러나 자타 두 길이 각각 궁극에 이를 때 어찌 서로 접점이 없겠는가? 단지 오르는 코스가 다를 뿐, 동일한 정상에서 만나게 될 것이다. 두 개의 길이 높은 산봉우리에서 하나[21]로 만나지 않던가? 나의 두 번째 경탄은 여기에 있다.

서로 다른 종문의 묘미는 마침내 모두 궁극에 이르게 된다는 사

19　'근기'를 의미한다.

20　정토교에서 불교를 크게 둘로 나눌 때, 정토문을 이행도(易行道)라 말하고 그 밖의 자력적인 수행의 길을 난행도(難行道)라고 말한다.

21　야나기의 회통론(會通論)은 '원리적 동일성'이 아닌, '목표/도달점의 동일성'에 초점을 맞추고 있음을 알 수 있다.

실이다. 정토문이 호넨에서 신란으로, 그리고 잇펜으로 나아갈 때 마침내 성도문, 특히 선(禪)에 저절로 연결된다는 사실을 어떻게 간과할 수 있겠는가? 마찬가지로 잇펜 스님과 시대를 같이한 도겐 선사가 『정법안장(正法眼藏)』의 「생사(生死)」권에서 서술한 사상[22]은 또 어떠한가? 놀랍게도 저절로 타력문으로 돌아가고[23] 있지 않은가?

나는 이러한 귀결에 감탄을 금할 수 없다. 자칫 놓치기 쉬운 잇펜을 내가 특별히 조술(祖述)[24]하려는 까닭은 그에게서 정토문의 귀결점을 보았기 때문이다. 아니, 정토문 자체가 그의 출현을 요청하지 않을 수 없었기 때문이다. 잇펜에 이르러 자력과 타력의 두 문이 해후(邂逅)한 것이다. 잇펜이 처음부터 개념적으로 양자가 동일하다고 주장했던 것은 아니다. 어디까지나 타력문을 관철함으로써 자타일여(自他一如)의 경지에 이르렀던 것이다. 여기서 얻을 수 있는 가르침은 무엇인가? 믿고 있는 길이 무엇이든, 그 길을 향해서 나아가라고 명령한다. 중도에 멈추지 말라는 것이다. 누구든 주어진 근기에 맞게 어느 쪽을 택해도 좋다. 그러나 그 선택한 길에 얽매이면 길을 끝까지 갈 수

---

22 도겐의 『정법안장』 「생사」권은 다음과 같은 말씀으로 시작된다. "생사 가운데 부처가 있으면 생사는 없다. 또 말하기를, 생사 가운데 부처가 없으면 생사에 미혹되지 않는다. 이는 협산(夾山), 정산(定山), 두 분 선사의 말씀이다. 도를 얻은 사람이라 정히 헛되지 않은 말씀이다." 이 「생사」권에 대한 번역 전체와 해설은 김호성, 「정법안장 생사: 옮김과 풀이」, 『일본불교사공부방』 제15호(일본불교사독서회, 2016), pp. 45-52 참조.

23 도겐이 말한 "하물며 생사까지도 부처님께 맡기자"는 것이 곧 타력문의 입장과 같음을 지적한 것이다. 역자의 판단으로는 『정법안장』 중 '현성공안(現成公案)'은 그대로 타력의 철학을 풀어놓은 것으로 생각된다. 그래서인지 실제 정토진종의 사원에서 『정법안장』 강의가 행해지기도 한다.

24 스승이나 조상들의 고귀한 말씀을 풀어서 다시 쓰는 것을 말한다.

없다. 길의 끝에 이르렀을 때 비로소 나누어질 수 없는 세계를 보게 될 것이다.

내가 정토문에 매력을 느끼는 것은 그 고유성 때문이 아니라, 그 고유성에 투철했을 때 보편성에 닿을 수 있다는 데 있다. 종문의 차이만 보고 그 같음을 간파하지 못한다면, 차이를 제대로 이해했다고 할 수 없다. 차이를 이해하는 것은 상즉(相卽)을 이해하는 기초가 되어야 한다. 이러한 진리를 파악할 수 있다면 쓸데없이 종문 간의 다툼에 빠져드는 어리석음에서 벗어날 수 있다. 내가 일본에서 발전한 정토문에 대해 느끼는 경이로움은, 우리를 정토문 안에만 가두어버리지 않는다는 것이다. 이보다 더 위대한 정토문을 생각해낼 수 있을까. 바로 이 놀라운 정토문을 세우기 위해 세 분 조사께서 일본에 출현하신 것이다.

지금까지 서술한 것을 좀 더 개괄하여 다시 정리하면, 정토종·진종·시종은 서로 다름에 의의가 있는 것이 아니라, 서로 다르면서도 궁극적으로는 하나라는 사실에 더 큰 의미가 있다. 또는 원래 하나였는데 세 가지 측면으로 발현했다고 볼 수도 있다. 앞에서 비유한 것처럼, 주춧돌과 기둥과 들보는 서로 다르지만 그 하나하나가 없이는 온전한 건물이 이루어질 수 없다. 그렇게 완성된 건물이 부분보다 더욱 의미가 있는 것처럼, 세 종파는 서로 다른 존재이면서도 굳게 결합해 일본의 염불문이라는 큰 가람을 이루고 있다. 장관(壯觀)이 아닐 수 없다. 즉 다르면서 같다는 데 더 큰 의의가 있다. 다름만 보고 우열을 다투는 견해나 감정에는 개입하고 싶지 않다. 왜 우리는, 다르면서 하나임을 보는 데서 더 큰 기쁨을 느낄 수 없는 걸까.

마찬가지로 자력의 길과 타력의 길은 서로 다름에도 의미가 있겠으나 서로 다른 채로 하나라는 데 더 큰 의미가 있지 않을까. 만약 하나로 상즉하지 못하게 된다면 두 길은 도중에 멈춰버린 것이라고, 호되게 비판받아야 마땅하다.[25] 나는 결코 자타의 두 길이 애초부터 동일하다고 주장하는 것이 아니라, 오히려 다름에 의해 하나가 된다는 사실에 놀라움을 금치 못하는 것이다. 오히려 하나가 되기 위한 분화(分化)라고 보아야 할 것이다. 남녀가 남녀로 나뉜 것은, 단순히 남자와 여자로 나뉜 그대로가 좋아서가 아니라, 하나가 되기 위한 차이일 뿐 분화 그 자체가 목적은 아니다. 더구나 대립하고 반목하는 데 의미가 있는 것은 더더욱 아니다. 분화함으로써 결합이 있고, 또 결합할 수 있는 것은 분화가 있었기 때문이라고 해야 할 것이다. 한쪽을 긍정하는 것이 다른 한쪽을 부정하는 것이 아니라, 서로 하나가 되기 위해서는 다름이 요청되는 것이다. 정토문에 큰 의의가 있다는 뜻은 그러한 요청 때문이다.

지금까지 정토문의 특정 종파에 소속된 사람들은 무슨 까닭인지 이러한 견해[26]를 피력하지 않았다. 차이에 대해서는 곧잘 이야기하면

---

25 철저하게, 끝까지 갔다면 다른 방향에서 오는 길과 만나지 않을 수 없다는 것이다.

26 정토문의 특정 종파에 소속된 사람도 아니고, 불교학자도 아닌 야나기 무네요시 자신이 왜 일본 정토사상사라 할 수 있는 『나무아미타불』을 썼는가를 밝힌 것이 이 '취지' 부분이다. 크게 두 가지를 말할 수 있다. 하나는 일본 염불문의 세 갈래라고 할 수 있는 정토종(호넨), 진종(신란), 그리고 시종(잇펜)의 세 흐름이 서로 제각기 차별성을 부각하면서 그 우월함을 주장하고 있으나, 사실 그 세 종파는 서로 하나의 유기체로서 한 몸을 이루고 있다는 것이다. 다른 하나는 타력의 염불종과 자력의 선종이 사실은 서로 다른 것이 아니라 그 어느 것이든 철저히 밀고 가면, 마지막 도달점에서는 상즉하여 하나가 된다는 점이다. 이렇게 야나기는 세 종파를 하나로 아우르는 것과 마찬가지로 자력과 타력을 하나로 아우른다. 이러한 그의 사상적 입장은 종파불교

41

서도 서로가 같다는 측면에 대해서는 말하지 않는다. 이것이 우리 문
화의 발걸음을 얼마나 더디게 만들고 있는가.

(일본불교)적이기보다는 회통불교(한국불교)적이라 할 수 있다. 우리를 사로
잡는 매력의 하나다.

인연

이렇게 붓을 들게 된 것은 오래전부터 정토사상으로부터 큰 은혜를 입었기에, 그 감사의 뜻을 표하고 싶어서다. 한 사람이라도 더 많은 이들에게 이 사상의 깊이를 맛보게 하고 싶다. 특히 지금까지 불교와 인연이 멀었던 젊은이들을 대상으로 이야기를 나누고 싶다. 서론이 다소 길어졌으나, 왜 내가 구태여 정토사상에 마음이 끌렸는지, 그 인연에 대해서 말해두고자 한다. 그 인연은 지금까지 아무도 경험하지 못한 것일 테니 이해하는 데 다소 보탬이 되지 않을까. 그러니 한번 들어봐주었으면 한다.

젊은 시절에 쓴 몇 권의 저서[1]가 보여주듯이, 나는 종교적 진리를 찾는 일에 일찍부터 마음을 두었다. 그러고 보면 타력문 사상과 생판 인연이 없었던 것도 아니다. 기독교를 먼저 접한 나[2]로서는 타력의 종

---

1 『종교와 그 진리』(1919), 『종교의 기적』(1921), 『종교의 이해』(1922), 『신에 대하여』(1923) 등을 가리키는 것 같다.

2 1901년(12세)에 하토리 다노스케(服部他之助) 선생의 영향으로 기독교에 대한 관심이 싹텄다고 한다. 기독교 신학에 흥미를 가졌던 야나기는 1910년 4월, 문예와 미술 동인지 『시라카바(白樺)』 창간에 동참했다. 야나기가 이 잡지에 투고한 첫 논문은 「근세 기독교신학의 특색(近世における基督教神学の特色)」(1910년 6월호)이었다. 종교와 신학에 대한 관심으로 같은 해 9월, 동경대 문과대학에 진학한다.

교에 오히려 친밀감을 더 많이 느꼈다. 그러다가 근래 간절한 소망이 일어나서 타력문에 더욱 마음이 끌렸다. 타력문이라 하면 응당 일본에서 고도의 발전을 이룬 정토사상을 들지 않을 수 없다. '나무아미타불'이라는 여섯 글자의 염불이 나를 위해 그 의미를 열어주는 시절인연[時機][3]이 자연스럽게 다가왔다.

아마 독자들 중에는 알고 있는 분도 있겠지만, 나는 절친한 친구 몇 명과 함께 '일본민예관(日本民藝館)'[4]의 설립에 힘써왔는데, 마침내 실현되어 오랜 시간 '민예운동'에 관계해왔다. 이 일의 의의와 사명에 대해서는 다른 저술로 미루기로 한다. 다만 민예의 미(美)는 어떤 것일까 궁구하는 과정에서 다음과 같은 의문들에 직면하게 되었고, 그 답을 찾지 않을 수 없었다. 바로 이것이 내가 정토사상에 한층 더 깊이, 그리고 가까이 다가갈 수 있는 인연이 되었다. 내가 품었던 의문들은 아마 타력문을 알고자 하는 사람들에게도 여러 가지로 시사하는 바가 있을 테니, 여기서 그 개략을 말하기로 한다.

첫째, 민예(民藝)란 일반 민중의 손으로 만들어져 민중의 생활에 쓰이는 물건을 말한다. 특별히 이름난 유명 예술가가 만든 것이 아니라, 이른바 범부(凡夫)의 손으로 만들어진 것이다. 그 물건 또한 일상

---

3   어떤 특정한 때에, 특정한 사람에게, 특정한 가르침이, 서로 응하게 되는 것을 시기상응(時機相應)이라 한다. '야나기'라고 하는 사람과 '정토사상'이라는 법이 서로 만나서 부합하게 되었다는 의미다.

4   1934년 6월 일본민예협회를 발족하고, 1935년에 실업가인 오하라 마고사부로(大原孫三郎)로부터 일본민예관 건설자금 10만 엔의 기금을 출연받아, 1936년 1월 일본민예관의 상량식을 올렸다. 도쿄 메구로구 고마바(目黒區, 駒場)에 위치한 이 일본민예관은 17,000여 점의 공예품을 소장, 현재도 활발한 민예활동을 펼치고 있다. 현재는 공익재단법인으로 운영.

의 생활용품으로, 다량으로 만들어지고 값도 싸기 때문에 물건으로 서는 하품(下品)[5]에 속한다.

그런데 그러한 물건들에서 극히 아름답고 건강한 것을 수없이 많이 발견할 수 있다. 이른바 놀랍게도 왕생을 해서 성불에 이른 물건이 있다. 이들 물건의 아름다움은 결코 자력에서 나온 것이 아니다. 범부가 만든 하품의 그릇에서 구원이 이루어진 것은 아무래도 다른 어떤 힘이 더해져 있음을 의미한다. 타력이란 무엇인가? 그렇게 묻지 않을 수 없다. 이러한 질문에 답하고 있는 것이 정토문의 가르침이 아닌가.

둘째, 우리는 어떻게든 미(美)의 나라를 건설하고자 한다. 그것은 억제할 수 없는 인간의 바람인 것이다. 그러기 위해서는 무엇이 필요한가? 보통 사람들의 일상생활 속에 아름다움이 스며들어 있어야 한다. 몇몇 물건이 우수하다고 해서 미의 왕국이 실현되지는 않는다. 그렇기 때문에 수많은 민중들의 그릇[民器]에도 골고루 구원이 미쳐야 한다. 말하자면 물건에 대한 중생제도가 이루어져야 한다.

중생을 어떻게 제도할 것인가? 정토문의 고승들은 이를 진지하게 고민해왔다. 염불종은 무엇보다도 민중을 대상으로 한 종교다. 더구나 염불종은 재가불교를 표방하고 있지 않은가. 그렇다면 미의 왕국을 건설하기 위해서는 우선 염불종에서 가르침을 받아야 할 것이다. 왜냐하면 문제는 민중적인 물건의 제도에 있기 때문이다.[6]

---

5   상품의 가치로는 상품(上品)이 아니라 하품(下品)에 속한다는 의미인데, 이러한 표현에는 『관무량수경』에서 말하는 구품왕생(九品往生) 중에서 하품왕생(下品往生)의 의미를 겹쳐서 쓰고 있다. 하품중생이라도 '나무아미타불' 칭명염불을 통해서 왕생할 수 있다는 가르침을 상기시키고 있다.

6   민중들이 만들고, 민중들이 쓰는 이름 없는 물품은 마치 정토신앙이 구제의 대상으로 삼은 하품(下品)의 하근기 중생에 비유할 수 있다. 그런 물건에서

셋째, 궁벽한 시골에 사는 배우지 못한 사람들 중에도 돈독하게 안심(安心)[7]을 얻은 사람이 있다. 특히 염불종에서 그런 훌륭한 신자가 나타난다. 그들을 '묘코닌(妙好人)'[8]이라 높여 부른다. 이에 견주어, 아름다운 민예품을 '묘코힌(妙好品)'이라 부를 수도 있지 않을까. 그 성질이나 사정이 비슷하기 때문이다. 그러한 민예품은 주로 배우지 못한 직인(職人)들의 손으로 만들어졌는데, 물건은 대부분 소박하고 꾸밈이 없다. 애초에 예술품을 만들겠다는 생각으로 만든 것과는 다르다.

오히려 이러한 점 때문에 더 아름다울 수도 있다. 무심한 사람이 신앙을 받아들이기에 가장 적합한 상태인 것과 마찬가지다. 평범한 민중 속에서 수많은 '묘코닌'이 배출되었다는 사실이야말로 염불문의 자랑이자 뛰어난 안목이다. 그러니 우수한 민예품이 나타날 수 있는 정황을 염불문의 가르침에서 시사받을 수 있을 것이다. 이는 곧 민예품에 보이는 수많은 불가사의(不可思議)를 해명해줄 수도 있는 것이다.

넷째, 민예의 세계에서는 여러 불가사의를 만나게 되는데, 가장 마음이 끌리는 것은 누가 무엇을 어떻게 만들어도 그 자체로 모두 아름답다는 점이다. 서툴면 서툰 대로 아름답게 만들어버리는 그런 불가사의한 일이 일어난다. 즉 추한 흉물 따위가 나타날 기연(機緣)이 없

어떻게 예술적 가치를 발견할 수 있는가 하는 것이 핵심적 문제라는 의미다. 민예는 바로 여기서 성립된다.

7   왕생에의 확신으로 얻어지는 마음. 선에서는 견성(見性)을 말하지만, 정토종에서는 안심이라는 말로써 궁극적 종교 체험을 나타낸다.

8   현세에서 안심을 얻은 염불문(특히 정토진종)의 재가신자를 일컫는 용어다. 에도시대가 되면, 이들의 생애를 전하는 『묘호인전(妙好人傳)』이 많이 편찬된다. 현대에 이르러 묘코닌 연구의 선편(先鞭)을 잡은 사람들이 바로 야나기와 그의 스승 스즈키 다이세츠(鈴木大拙)다.

어지는 때가 있다.

그런데 어떻게 된 일인지, 요즘은 오히려 추한 것이 만연하고, 아름다운 것은 얼마 되지 않는다. 원래는 어떤 것이나 구원받도록 되어 있는데, 지금은 그것을 방해하는 무엇이 있는 것 같다. 자력문에서도 '본래 청정심'을 설하기는 하지만, 모든 중생에게 구원이 약속되어 있음을 설하는 것은 정토문의 가르침이 아니었던가. 아득한 옛날 아미타불이 깨달음을 이룬 그때(이러한 의미에 대해서는 뒤의 장에서 서술하겠다) 이미 모든 사람에게 성불이 준비되었다는 것이다. 얼핏 생각하면 불가사의한 사고방식 같지만, 민예에 숨어 있는 여러 가지 수수께끼를 풀어주는 열쇠가 여기에 있지 않나 싶다.

다섯째, 공예에서는 자력의 길을 걷는 작품 중에 정말로 아름다운 것은 극히 드물다. 아름다운 작품은 오히려 이름 없는 이가 타력에 의해 만든 것 가운데 많다. 이것은 전자가 난행(難行)의 길을 걷기 때문이고, 후자는 이행(易行)의 길을 걷기 때문이라 생각할 수밖에 없다. 일찍이 정토계(淨土系) 사상은 이 점을 피력해왔다. 실제 작가 이름이 새겨진 작품보다 이름 없는 작자의 작품에서 구원받는[9] 사람이 훨씬 많다. 진종(眞宗)에는 '악인정기(惡人正機)'의 가르침이 있어서, "선인 (善人)이 구원된다면 악인 또한 구원된다"[10]라고 말한다. 이를 민예품에 응용해서, 자력문의 천재로부터도 좋은 작품이 나온다면 타력문의

---

9 아름다움을 발견한다는 의미다.

10 『탄이초』 제3조에 나오는 구절을 풀어서 해설한 것이다. 그 원문을 직역하면, "선인도 왕생을 이룬다. 하물며, 악인이겠는가"이다. 원래 호넨의 가르침이었다고 하나, 정토진종에서 널리 받아들여졌다. 죄악이 깊은 범부에게도 구원의 길을 열어준 것으로 평가되는 한편으로, 윤리적인 논란을 낳기도 했다.

범인(凡人)에게 더욱더 가능한 일이라고 바꾸어 말하더라도 결코 무리가 아닐 것이다. 왜일까?

염불종의 말을 빌리면, '부처님의 서원에 편승하는' 기연(機緣)이 범부에게 줄곧 성숙되어왔기 때문이리라. 부처님의 서원이란, 시방세계 모든 중생을 구하겠다는 아미타불의 서원이다. 중생은 그 원력에 편승하기만 하면 된다는 가르침이다. 이러한 가르침이야말로 민예미(民藝美)의 성질을 잘 해명해주고 있지 않은가.

여섯째, 위대한 예술가만 아름다운 것을 만들 수 있다면, 이름 없는 도공(陶工)[11]에게는 어떤 기대도 할 수 없다. 그렇다면 민예품에 아름다움이 나타날 기연은 사라져버린다. 그런데 사실은 그렇지 않다. 도공들은 특별히 위대한 예술가가 되지 못하더라도, 되지 못한 채로 종종 볼 만한 것을 만들어낸다. 그뿐인가. 예술가조차 쉽게 표현하기 힘든 아름다움을 빚어내기도 한다. 이는 무엇을 말하는가? (아미타불로부터) 도움을 받을 자격이 있어서 도와주시는 것이 아니라, 그런 자격이 없음에도 도와주시는 것이다.[12]

염불종은 이런 불가사의에 관해 설하고 있다. 아미타불은 중생에게 왕생의 자격을 요구한 일이 없다. 반드시 지옥에 떨어질 사람이더라도 그대로 왕생하는 데 아무런 지장이 없다고 속삭인다. 이런 소리야말로 민예의 아름다움에 담겨 있는 불가사의를 해명해준다. 염불문의

11 반드시 도자기를 만드는 도공만을 가리키는 것은 아니다. 원어는 '공인(工人)'인데, 적절한 번역어는 장인(匠人)에 해당하겠으나, 여기서는 문맥상 그 의미를 조금 좁혀서 '도공'으로 옮겨둔다.
12 지금 야나기는 정토문의 구원과 민예의 창작을 서로 유비(類譬, analogy)하면서 서술하고 있다.

가르침 외에 누가 이것을 확실하게 설명해줄 수 있을까.

일곱째, 염불은 행주좌와, 일상 속의 염불이어야 할 것이다. 염불로 날이 새며 염불로 날이 저무는 것이 신자(信者)[13]의 일생이다. 이러한 의미에서 다념(多念)이 아닌 염불은 없다. 설령 단 한 번 염불[一念][14]을 한다 치자. 그 한 번의 염불에 다시 새로운 일념을 더하면서 끊임없이 쌓여가게 되고,[15] 그렇게 염불은 한순간도 쉬지 않는 염념칭명(念念稱名)[16]이 되지 않을 수 없는 것이다.

범부인 도공들에게서 어떻게 성불(成佛)한 물건이 생겨나는가. 작업하는 모습을 보고 있으면 마음과 손의 끊임없는 반복이 있음을 알 수 있다. 고맙게도 이렇게 반복되는 작업은 재능의 차이를 소멸시킨다. 미숙하거나 재능이 없더라도 반복 작업에 의해 극복할 수 있게 된다. 반복하면서 물건은 정토로 나아가게 된다. 이러한 반복 작업이야말로 끊임없이 염불하는 것과 같은 불가사의를 낳는다. 왜냐하면 반복 작업에 의해 자기를 떠나 자신의 능력과 한계를 초월하기 때문이다. 또

---

13 초판에서 '염불행자'라고 옮긴 것은 잘못된 표현이다. 우리나라에서는 흔히 '염불행자'나 '정토행자'라고 말하지만, 신심도 아미타불로부터 주어진 것이고 구원 역시 아미타불의 구원이기에 '행자'보다는 '신자'라고 해야 옳다. 원본 역시 '信者'라고 했기 때문이다.

14 "나무아미타불"을 단 한 번만 염불하더라도 극락에 왕생할 수 있다는 입장을 일념의(一念義)라 하고, 여러 번 지속적으로 염불해야 한다는 입장을 다념의(多念義)라 한다.

15 그러므로 결국 다념이 된다는 것이다.

16 염(念)은 아주 짧은 찰나를 말한다. 염념(念念)은 극히 짧은 찰나조차 잊지 않고 마음을 집중하는 것이다. 염념칭명은 한결같이 마음을 집중해서 끊임없이 아미타불의 명호를 소리 내어 부르는 염불을 말한다. 일본 정토 계통 종파에서 쓰는 술어다.

는 작업 그 자체에 빙의(憑依)했다고 볼 수도 있다. 자기이면서 자기가 아니게 된다. 반복 작업은 염념칭명과 닮지 않은 듯하면서도 매우 흡사하다. 칭명에 '나[我]'가 들어가서는 안 되듯, 도공의 작업에도 '나'가 남아 있어서는 안 된다. 이렇게 '나'가 사라져 없어지게 하는 것이 다념(多念)이며 반복이다.

도공들은 자신도 모르는 사이에 이렇게 칭명하면서 일한다고 할 수 있다. 도공이 녹로(轆轤)를 몇 번이고 몇 번이고 돌리는 소리는 '나무아미타불, 나무아미타불'이라 염불하는 소리와 다름없다. 반복이라는 칭명이 없다면 도공들은 원래의 범부에 머물고 말 것이다. 뭔가를 아름답게 만들 수 없다. 여기서 정토문의 가르침이 빈말이 아님을 알 수 있다. 정말 불가사의한 인연이 민예품,[17] 즉 하품(下品)의 그릇이 범부성불(凡夫成佛)을 설하는 정토교에 나를 더욱 가까이 데려다준 것이다. 불교의 가르침에도 여러 가지가 있지만 가장 따스하며 고마운 것은 범부가 성불할 수 있다는 가르침이다. 상품(上品)의 사람만이 성불할 수 있다면 중생의 생활은 암울할 것이다. 대부분의 사람들은 범부에 지나지 않기 때문이다. 그러한 범부가 성불할 수 있다는 진리를 설하는 것이 정토문의 특징이다. 아름다운 민예품은 하품성불(下品成佛)의 살아 있는 증거다.

여기서 나는 다음과 같은 점을 말하고 싶다. 지금까지 종교는, 인간의 마음을 대상으로 설했다. 신심(信心)[18]은 인간이 가지고 있는 신심

---

17 민예라는 개념은 야나기가 만든 말이다. 그러한 민예품 안에는 반드시 도자기만 있는 것은 아니지만, 이 문맥에서는 아무래도 도자기를 중심으로 서술하고 있는 것으로 봐야 할 것이다.

18 신란은 신심을 아미타불로부터 부여받는 신심이라 말하였다. 그러므로 구

이며, 구원은 인간에 대한 구원이었다. 종교는 인간을 질곡에서 해방하기 위해 필요한 것이며, 종교의 철리(哲理)는 인간 생활을 지배하는 원리를 말하는 데 그 존재 의의가 있다. 인간은 언제나 종교의 대상이었다. 가령 자연을 종교의 대상으로 삼더라도, 그 자연은 인간에 의거한 자연이며, 자연 속에 살고 있는 인간에 대한 것이었다. 인간의 마음을 떠난 자연 같은 것은 설하지 않는다.

그러나 실로 정토교의 진리는 훨씬 보편적인 것이다. 제도(濟度)는 인간계에만 적용되는 원리가 아니라 모든 것에 다 적용된다. 또한 믿음의 영역에만 적용되는 가르침이 아니라, 아름다움의 영역에도 딱 들어맞는 원리다. 인간만이 아니라 실로 '사물'에도 적용되는 진리다. 물건 또한 하품 중의 하품[下之下]이라면 그 구원은 온전히 정토교가 설한 진리에 의지해야 함을 알 수 있다. 이렇게 사람에서 사물에 이르기까지 두루 적용 가능한 것이 정토의 가르침이다. 그것은 광대한 종교의 철리다. 결코 인간에게만 해당되는 법칙이 아닌 것이다. 정토교는 믿음에서 아름다움으로 더욱 확장되어야 할 것이다. 그것이 미학의 원리가 되어야 한다. 지금까지 미학자나 미술사가들이 대체로 그것을 간과해버린 까닭은 그들이 아름다움을 천재들의 표현물에서만 찾았기 때문이다. 말하자면 자력문에서만 아름다움을 보려고 했던 것이다. 미의 세계에서는 범부에게도 큰 사명이 부여되었음을 인정하지 않았다. 오늘날 타력적인 아름다움에 대해 제대로 이야기하는 사람이 누가 있던가.

원 역시 아미타불의 구원이 된다. 이에 대해서는 '제15장 행과 믿음'에서 자세히 다룬다.

모든 염불종의 소의경전인 『대무량수경(大無量壽經)』[19]을 읽으면, 미에 관한 가르침을 발견할 수 있다. 사십팔원 가운데 제4원이 바로 그에 해당한다.

가령 내가 부처가 된다고 하더라도
내 국토의 사람이나 하늘신이
(현실적으로는) 형색이 같지 않다 하더라도[20]
(본질적으로까지) 아름답고 추한 것이 있다면
정각을 이루지 않으리라.
設我得佛 國中人天 形色不同 有好醜者 不取正覺

이는 '무유호추(無有好醜, 호추가 없음)의 원'으로 불리는데, 염불의

---

19 신란은 『무량수경』을 『대무량수경』이라 하였다. 『대경』이라 약칭되기도 하는데, 양적으로 2권 분량이라서가 아니다. 질적으로 '위대한 무량수경'이라는 의미에서 『대무량수경』이라 한 것이다.

20 종래 『무량수경』의 우리말 번역들은 대개 '형색이 같지 않아서'로 하였던 것 같다(원본의 번역 역시 그렇게 되어 있다). 그러나 그렇게 하면 극락의 모든 인간과 하늘신들은 다 동일한 모습(형색)의 존재들이 되고 만다. 일체 개성은 없고, 개성 없는 기성품과 같은 존재들로 극락은 가득 차고 말 것이다. 그러나 범본을 살펴보면, 그런 뜻이 아님을 알 수 있다. 범본을 옮겨본다. "세존이시여, 만약 저 불국토에서 단지 세속의 언어적 관습으로 인해 이름과 가설(假設)로서 '신들이, (또는) 사람들이 (어떻다)'라고 헤아려지는 것은 예외로 하고서, 신들이나 사람들이 다름이 있다고 인식된다면, 저는 위없이 높고 올바른 깨달음을 깨닫지 않겠습니다." 밑줄 친 부분에 해당하는 부분이 바로 '형색부동'이다. 범본의 의미를 반영해서 본다면, 토는 '형색부동 하여'가 아니라 '형색부동 하더라도'로 붙여야 한다. '형색부동 하더라도 유호추자 하면'으로 해야 한다는 말이다.

52

종문에서 이 원의 의의를 언급한 것을 나는 아직 보지 못하였다.[21] 그러나 이 서원이야말로 미의 법문(法門)[22]이 의지해야 할 경문이라고 할 수 있다. 호추는 아름다움과 추함을 나타내는 말로, 미추(美醜)의 다른 이름이다. 이렇게 아름다움과 추함에 대한 차별이 있는 곳은 부처님 나라가 아니라는 뜻이다. 선과 악, (지혜와) 어리석음의 차별[23]을 넘어선 피안에 염불의 일문(一門)이 서 있다면, 마찬가지로 미추의 피안에 예술의 정토가 서야 할 것이다. 참으로 아름다운 작품이라면 틀림없이, 이러한 진리를 나타내 보일 것이다. 추함에 대해 상대적인 아름다움이라면 아직 충분히 아름답다고 할 수 없다. 제4원은 바로 미추 이전, 즉 미추의 분별이 없는 상태를 나타낸다. 이보다 예술의 정토를 더 잘 표현하는 말은 없다. 아름다운 정토가 있다면, 거기에 '아름다움과 추함의 분별'이 있어서는 안 되는 것이다.

그러므로 정토교는 특정한 한 종교로 그치지 않는다. 염불종이라는 불교 안의 일개 종파로 국한되는 것이 아니라, 모든 문화에서 폭넓게 발견할 수 있는 가르침을 가진 종문이다. 이 무유호추의 원(願)

---

21 염불의 종문에서 주로 논의해온 원은 48원 중에서 제18, 19, 20원이다. 그중에서도 가장 많이 논의된 것은 제18원이다. 이 책의 5장 제목이 '제18원'인 것도 그래서다.

22 종래 정토교 안에 특별히 제4원, 즉 무유호추의 원에 주목한 사람이 없었다. 그런데 이제 저자 야나기 무네요시는 이 원에서 그가 추구했던 민예(民藝) 미학의 원리를 발견하게 되었다는 것이다. 그래서 『미의 법문』이라는 책을 쓰기도 하였다. 2006년 최재목·기정희가 번역한 것이 이학사에서 출판되었다.

23 이 부분의 원문은 '善惡, 凡愚의 差別의 彼岸'이다. 이를 '선과 악, 모든 어리석음의 차별의 피안'이라 옮길 수도 있을 것이다. 물론 역자는 '선악'을 대립으로 보고, '범우'도 그와 같이 대립 개념의 한 짝이 되는 것으로 보았다. 단, 문맥상 '범우'의 반대편 개념을 야나기가 쓰지 않은 것으로 보았다. 그래서 '(지혜와)'를 넣어주었다.

으로 인해 정토교의 무게와 깊이와 크기가 더해질 수 있었던 것 아니겠는가. 이 가르침이 많은 사람들의 마음에 보다 가까이 다가가 친숙해졌으면 좋겠다. 실은 '사물'의 세계에서도 정토문이 세워져 있음을 알게 된다. 내가 주로 종문(宗門) 밖의 사람들[24]을 대상으로 이 책을 쓰고 있는 이유를 여기서도 찾을 수 있다. 염불의 종지를 좁은 염불의 교단에서 해방시켜 일반 사람들도 공유할 수 있었으면 하는 것이 나의 염원이다. 그로써 염불종의 새로운 발전을 기대할 수 있지 않을까.[25]

다음으로, 내가 잇펜 스님에게 어떻게 마음이 이끌리게 되었는지, 그 인연에 대해서 기록해두고자 한다.

스님을 알고 마음에 새기게 된 계기는 책을 통해서도, 시종(時宗) 사람들과의 교류를 통해서도, 스님에 대한 가르침을 들어서도 아니다. 전적으로 한 장의 그림에 빠져들게 된 것이 인연이 되었다. 나중에 자세히 알고 보니, 그 그림은 교토 로쿠죠(六條)의 간키코지(歡喜光寺)에 전하는 『일편성회(一遍聖繪)』[26]였다. 그 12권을 모두 본 것도 아니고, 다만 그림 한 장일 뿐이었다. 그것도 원화(原畵)가 아니라 허술한

---

24 정토종이나 정토진종, 혹은 시종과 같은 정토교 관련 종파에 소속된 스님이나 신자는 '종문 안의 사람들'이다. 따라서 그렇지 않은 사람들을 '종문 밖의 사람들'이라 한다.

25 염불종의 가르침이 불교 밖으로까지 널리 펼쳐지기를 바라는 야나기의 비원이 담겨 있다. 즉 사람들을 염불종의 신도로 만들려는 차원이 아니라 그것을 더 넘어서 있다.

26 현재 이 그림전기는 일본의 국보로 지정되어 있다. 시종 총본산 유교지와 간키코지의 공동소유. 2018년 봄, 역자가 교토의 로쿠죠를 찾아갔으나 '간키코지가 있던 곳'임을 나타내는 돌비석이 서 있을 뿐이었다. 현재는 교토 동쪽 교외인 야마시나(山科)에 있다.

사진/유교지遊行寺 제공

망판(網版)²⁷의 복제품이었다.

그림은, 대자연을 배경으로 넓게 흐르는 강 너머 멀리 산들이 흐릿하고 기러기 무리가 저녁 무렵의 허공을 날아가는 장면이다. 가까이는 모래사장처럼 보이는데, 거기 몇 그루 노송이 서 있다. 그곳을 서너 명의 제자를 데리고 터벅터벅 걸음을 옮기는 잇펜의 모습이 그려져 있다.²⁸

유구한 대자연 속, 지극히 작은 인간의 존재가 눈에 비친다. 정말 불가사의하다. 바로 대자연에 몸을 맡겨온 인간에게 자연의 뜻이 모여져 있는 것 같다. 끝이 없는 편력의 길을 게으름 피우지 않고 계속 걸

---

27   사진이나 회화의 복제 인쇄로 원화의 농담(濃淡)을 그물코 모양의 점 크기로
     재현하는 제판 방법. 사진 동판, 그물판이라고도 한다.

28   쇼카이(聖戒, 속가의 동생)와 함께 재출가하는 잇펜의 모습을 그린 것이다. 잇
     펜은 출가하였으나, 아버지의 죽음을 인연으로 환속한 뒤 다시 출가한 것이
     다. 고향 이요(伊豫, 지금의 에히메현)에서의 생활도 반승반속의 그것이었다.

55

어온 스님의 모습이야말로 인간 그 자체의 모습이 아닌가. 적막한 이 광경이야말로 동양의 지혜를 남김없이 묘사하고 있다. 이 그림의 주인공 잇펜은 어떤 사람일까? 유행(遊行)이란 무엇을 의미하는가? 지금 생각하면 이 한 장의 그림이야말로 스님을 사모하게 만든 기연(機緣)이다. 그 장면은 『육조연기(六條緣起)』 1권에 나오는 것으로, 가마쿠라 시대 말기에 화가 엔이(圓伊, 생몰 미상)가 그린 것이다. 일본의 두루마리 그림[繪卷]²⁹ 가운데 백미라고 할 만하다.

이러한 인연들이 나를 정토교에 한층 더 가깝게 했다. 그러나 구하고자 한 문헌을 쉽게 손에 넣을 수는 없었다. 그만큼 잇펜에 대한 책이 부족했다.³⁰ 이 또한 내가 이렇게 붓을 들어 여기까지 오게 된 이유이기도 하다. 스님에 대해서 알고 싶어 하는 사람들이 세상에 나타날 것이 틀림없을 것이기에. 이런 정도(취지와 인연)를 서론으로 삼고, 이제 본문으로 들어가보자.

---

29 두루마리 그림(에마키)을 통해서 어떤 사람의 전기나 이야기를 재현한 것들을 말한다. 호넨의 삶과 사상을 그린 에마키는 매우 많은데, 시기적으로 뒤늦게 성립한 것이라 한다. 신란의 경우에도 다수의 에마키가 있으며, 잇펜의 『일편성회』는 비교적 이른 시기에 성립된 것으로 그 당시의 사회상을 전하고 있어서 불교사 이외의 분야에서도 사료적 가치가 높다.

30 부록으로 '시종의 문헌들'을 정리함으로써, 야나기는 독자들의 시종에 대한 연구와 지식이 더 넓고 깊어지기를 기대했다.

제1장

염／불／의 불／교

누구나 다 아는 상식이지만, 일단 사실부터 말해보자. 일본 문화사의 최고봉으로 무엇을 손꼽을 수 있을까? 대표적 예로 훌륭하고 심오한 몇몇 불교도들의 행적을 들 수 있다. 즉 불교가 키워낸 고승들의 말씀과 그 자취, 그리고 묘코닌(妙好人)과 같은 독실한 신자들의 삶이다. '묘코'는 흰 연꽃[白蓮華], 즉 청정한 마음을 의미한다. 아무리 둘러봐도 그분들보다 훌륭하게 일본인의 자세를 보여준 사례는 없는 것 같다. 그들을 생각하면 불교가 얼마나 깊이 있는 종교인지, 그리고 인간이 얼마나 높은 경지까지 도달할 수 있는지 알 수 있다. 일본 문화는 실로 그분들, 스님과 신도들로 인해 천 근의 무게가 더해졌다고 할 수 있다. 만약 그들이 없었더라면 일본이 나라 안팎으로 무엇을 자랑할 수 있었겠는가.

돌이켜보건대 종교보다 깊은 정신문화는 생각하기 어렵다. 예술 또한 그 심오한 것 중 하나이지만, 그 심오함은 종교적 깊이가 있음으로써 가능하다. 만약 현시대에 자랑할 만한 것이 별로 없다면, 그것은 종교에 부족한 점이 있기 때문이다. 그런 맥락에서 생각할 때, 일본에 불교가 전해지지 않았다면 과연 일본은 어느 정도의 정신적 깊이를 가질 수 있었을까?

불교는 처음 인도에서 발생했지만, 누가 뭐라 해도 순수한 동양[1]의 종교다. 마침내 동양 전체에 스며들어 민족의 피가 되고 살이 되었다. 우리의 성격이나 사물을 바라보는 관점, 또 생활 방식에도 뼛속까지 스며들어 있다. 그런 까닭에 불교는 이미 일본적인 불교가 되었다 생

---

1   이때 '동양'의 의미는 인도를 제외한 한자문화권의 한·중·일 동아시아를 가리키는 것으로 생각된다.

각해도 좋다. 불교를 떠나서 일본 역사는 성립될 수 없다. 도교, 유교, 신도(神道), 그 밖에 다양한 종교가 있었지만 불교 앞에서는 존재감이 미미할 뿐이었다. 실로 불교가 어느 만큼의 깊이와 청정함과 크기를 가졌는지는, 비구·비구니·거사(·보살)[2]들 가운데 얼마나 훌륭한 인물들이 많이 배출되었는가로 입증할 수 있다. 일본은 그러한 고승들이나 묘코닌의 위대함 이상으로 더 위대할 수는 없다. 왜냐하면 일본이 위대하다면, 그러한 불교인들의 위대함만큼 위대하다고 말할 수밖에 없기 때문이다. 일본의 위대함은 그들에 의해서 결정되었다고 해도 과언이 아니다. 만약 그분들이 없었다면 일본 문화의 존재 이유는 없을 것이다. 일본인들이 무한한 민족적 긍지를 가지게 된 것은, 역사 속에 새겨진 그들의 위대한 자취 덕분이다.

생각할수록, 스이코(推古) 왕조가 쇼토쿠(聖德)[3] 태자보다 위대할 수는 없다. 스이코 시대의 문화적 가치는 전적으로 현명한 태자의 존재로 인해 가능하지 않았던가. 당시 학문의 결정판은 태자의 저작 『삼경의소(三経義疏)』[4]이다. 쇼토쿠 태자는 왜 위대한가? 무엇보다 불자이기에 위대하다. 만일 태자가 불교를 알지 못하고 죽었다면, 우리는 스이코 시대라는 존경할 만한 한 시대를 잃어버리고 말았을 것이다.

---

2 야나기는 이렇게 재가의 여성 신도(우바이, 보살)를 말하지 않는 경우가 있다. 그래서 보충해 넣었다.

3 스이코 천황은 쇼토쿠 태자의 고모로, 쇼토쿠 태자에게 섭정을 맡겼다.

4 『법화경』, 『승만경』, 『유마경』에 대한 세 권의 주석서를 말한다. 이들 경전은 대승불교 중에서도 재가적 성격이 높은 경전이다. 일본불교에 재가적 특성이 높다는 데 쇼토쿠 태자의 『삼경의소』가 끼친 영향이 있을 것으로 생각된다. 다만 현대 학자들의 연구에 따르면, 이 『삼경의소』는 쇼토쿠 태자의 진저가 아닐 가능성도 있다 한다.

이어지는 텐표(天平)의 영화로운 시대[5] 또한 존재하지 못했을 것이다. 스이코 시대의 역사가 자랑스러운 것은 쇼토쿠 태자가 자랑스러운 것과 다름없다. 태자의 위대함은 태자를 통해 드러난 불교의 위대함이라고 해도 좋을 것이다.

헤이안(平安) 시대에 대해서도 똑같이 말할 수 있다. 이 시대의 문화적 깊이는 전적으로 구카이(空海, 774-835)와 사이쵸(最澄, 767-822)를 기반으로 존재한다. 주지하다시피 구카이는 일본 진언종의 개조이며, 사이쵸는 일본 천태종의 개조다. 이 두 스님이 출현함으로써 헤이안 시대는 찬란하게 빛날 수 있었다.[6] 물론 이 외에도 자랑할 만한 인물이나 저작물은 많지만, 이 두 분의 고승 속에 모두 포괄되는 느낌이 있다. 그렇다면 무엇이 두 스님을 그토록 훌륭하게 만들었을까? 그것은 바로 불교의 위대함이 두 분을 위대하게 만들었다고 말할 수 있다. 당시의 종교나 학문, 정치, 예술, 업적 등 모든 것이 불교를 중심축으로 삼았기 때문이다. 그리고 그 축을 움직이는 힘은 바로 두 스님의 존재였다.

이어지는 후지와라(藤原) 시대[7] 역시 마찬가지다. 그 시대의 정신문

---

5 나라(奈良)의 도다이지(東大寺)를 건립한 쇼무(聖武) 천황의 시대. 견당사가 수입해온 당나라의 문화를 적극적으로 받아들여서 문화의 수준을 한 단계 높였다.

6 헤이안 시대 역시 국가불교의 시대로, 스님들의 출가는 국가가 관장했다. 진언종과 천태종을 양대 산맥으로 불교가 융성했다. 이들 종파의 스님들은 말하자면 공무원 신분의 관승(官僧)이었다.

7 일본 문화사, 특히 미술사의 시대 구분으로 후지와라 가문이 섭정을 한 헤이안 중기, 후기를 가리킨다. 후지와라 가문이 정치의 실권을 잡고 귀족문화를 꽃피웠다. 견당사 파견 폐지(894) 이후 약 3백 년간으로, 국풍 문화가 융성했던 이 시기에 수많은 불상(佛像)과 사원들이 조성되었다.

화 역시 불교를 벗어나지 않는다. 그러한 불교를 살아 있게 한 것은 어떤 힘이었을까? 스님들을 떠나서는 말할 수 없다. 그중에서도 특히 에신(惠心, 942-1017) 승도와 같은 분이 계셨다는 사실에 시대적 가치가 있다. 예술 분야 역시 그의 존재에 많은 것을 의존하고 있다. 에신이라는 존재 자체가 시대의 최고봉으로, 그의 저서 『왕생요집(往生要集)』은 중국에서도 찬탄받았다.

그러나 많은 비평가의 일치된 의견처럼, 나라(奈良)와 헤이안 시대의 불교는 황실불교, 혹은 국가 중심의 불교였다. 더군다나 진호국가(鎭護國家)[8]의 불교였다. 따라서 『금광명경(金光明經)』과 같은 경전이 선호되었다. 사천왕이 국가를 지키도록 설한 경전이기 때문이다. 각 나라[國][9]에 건립된 고쿠분지(國分寺)[10]도 호국을 위한 것이었다. 이어지는 후지와라 시대는 귀족불교였다. 사원의 건립이 빈번하게 이루어졌던 것도 자신들의 평안을 기원하기 위함이었다. 정토사상조차 이 세상의 영화를 저세상으로까지 이어가기 위한 수단이었기 때문에, 신앙은 가지기도(加持祈禱)[11]로 흘렀다. 그러한 불교는 황실과 몇몇 호족

---

8   진호국가(鎭護國家)는 원래 밀교의 용어로서, 『법화경』이나 『인왕반야경』, 『금광명경』 등의 경전을 지니고 독송하여 재앙을 진압하고 나라를 지키고 보호하는 불교를 말한다. 호국불교라는 뜻이다.

9   옛날 일본의 지역 행정단위. 지금의 현에 해당. 예를 들면, '사누키 우동'으로 유명한 '사누키(讚岐)' 역시 하나의 나라 이름이다. 사누키는 현재 시코쿠에 있는 카가와현이다. 지금도 옛날의 행정단위였던 이 나라 이름을 병용(倂用)하고 있다.

10   한 나라[國]에 국립 사찰 하나를 건립하여, 이름을 고쿠분지(國分寺)라고 하였다. 나라(奈良)의 도다이지(東大寺)가 총국분사였다. 비구니 사찰인 고쿠분니지(國分尼寺)도 두었는데, 총국분니사는 나라의 홋케지(法華寺)다.

11   병이나 재난 등을 벗어나기 위하여 올리는 기도나 의식.

들의 생명을 지키는 역할에 그쳤다. 정토사상은 서민 사이에 골고루 퍼지지 못했다. 귀족불교가 국민의 불교로 드넓어지기 위해서는 시간이 필요했다. 더욱이 당시 삼론·율·법상·화엄[12]·천태·진언 등 모든 종파는 중국불교의 연장선에 있었다.

이 점에서 12세기 중반부터 14세기 초반 무렵의 가마쿠라 시대는 특별히 서술해야 할 필요가 있다. 첫째는 불교가 서민의 손에까지 닿았다는 것, 둘째는 수많은 위대한 고승들이 나타났다는 것, 셋째는 새로운 종파가 많이 생겨났다는 것, 넷째는 이 가마쿠라 시대에 들어 비로소 일본 나름의 불교로 숙성되었다는 사실 때문이다.

마침내 불교가 황실이나 귀족에 소속되던 시대가 지나가고, (가마쿠라 시대에 들어) 국민의 자각이 촉진되고, 문화가 서민층에서 성숙하기에 이르렀다. 계속되는 전란이나 눈앞에서 벌어지는 세상의 흥망성쇠는 사람들의 마음에 삶과 죽음의 문제에 대한 질문을 던졌다. 종교만이 그것을 풀어줄 열쇠였다. 가마쿠라 시대를 맞아 불교는 가장 절실한 종교[13]로서 환영받았다. 그중에서도 특히 대중의 마음을 사로잡은 것은 염불의 가르침이었다. 무엇보다도 그것은 재가불교였고, 민중의 불교였다.

그리고 시대의 요구에 부응해 많은 고승들이 출현했다. 위대한 고승들이 이토록 잇따라 많이 나타난 시대는 없을 것이다. 그들은 무엇보다도 지혜의 불교에 깊이를 더했고, 자비의 불교에 따스함을 더했다. 이 시기에 많은 새로운 흐름이 일어났다. 참고로 생년의 순으로 그분

12　여기에 성실종(成實宗)과 구사종(俱舍宗)을 더하면 남도육종(南都六宗)이 된다.

　13　원문은 '불교'인데, 문맥상 '종교'가 더 적절할 것으로 판단된다.

들의 이름을 나열해보자. 일본불교의 새로운 흐름은 이분들로부터 시
작된다.

　　호넨(法然, 1133-1212) - 정토종의 개조

　　에이사이(榮西, 1141-1215) - 임제종의 개조

　　신쿠(信空, 1146-1228) - 정토종

　　지엔(慈圓, 1155-1225) - 천태종

　　류칸(隆寬, 1148-1227) - 정토종

　　게다츠(解脫, 1155-1213) - 법상종

　　쇼코(聖光, 1162-1238) - 정토종(진서파鎭西派의 시조)

　　코사이(幸西, 1163-1247) - 정토종(일념의一念義를 설한 중심 인물)

　　슌죠(俊芿, 1166-1227) - 율종

　　세이카쿠(聖覺, 1167-1235) - 정토종

　　묘에(明慧, 1173-1232) - 화엄종

　　신란(親鸞, 1173-1262) - (정토)진종의 개조

　　쇼쿠(證空, 1177-1247) - 정토종(서산파西山派의 시조)

　　쵸사이(長西, 1184-1266) - 정토종(구품사파九品寺派의 시조)

　　에죠(懷奘, 1198-1280) - 조동종 2조

　　료츄(良忠, 1199-1287) - 정토종 진서파 2조

　　도겐(道元, 1200-1253) - 조동종 개조

　　엔니(圓爾/聖一, 1202-1280) - 임제종(동복사파東福寺派의 시조)

　　가쿠신(覺心/法燈 1207-1298) - 선종(보화종普化宗)

　　류신(立信, 1213-1284) - 정토종(서산파 심초의深草義의 시조)

　　니치렌(日蓮, 1222-1282) - 일련종의 개조

쇼묘(紹明, 1235-1309) - 임제종

타아(他阿, 1237-1319) - 시종의 2조

겐이/겐니(顯意, 1238-1304) - 정토종(서산파 심초의를 체계적으로 완성)

잇펜(一遍, 1239-1289) - 시종의 개조

교넨(凝然, 1240-1321) - 화엄종

가쿠뇨(覺如, 1270-1351) - 진종의 3조[14]

이와 같이 불과 1세기 남짓 사이에 온갖 꽃들이 피어나 그 아름 다움을 다투었다. 정토종·임제종·조동종·진종·일련종·시종까지 여섯 개의 새로운 종파가 생겨났다. 그중에서도 특히 정토종에 큰 유파가 나타났으니, 진서류(鎭西流)·서산류(西山流)·구품사류(九品寺流)·장락사류(長樂寺流)의 네 갈래[15] 큰 흐름이 있고, 별도로 일념의(一念義)가 있다. 남도(南都)[16]에 있던 옛날의 화엄·법상·율종도 모두 중흥기에 접어들었고, 에이잔(叡山)의 천태종(天台宗)과 고야산(高野山)의

---

14 진언율종의 에손(叡尊, 1201-1290)과 닌쇼(忍性, 1217-1303), 그리고 『사석집(沙石集)』의 저자 무쥬(無住, 1226-1312) 등을 더할 수도 있을 것 같다.

15 일념의를 함께 넣으면 다섯 갈래의 큰 흐름이 된다. 뒤에서는 그렇게 서술하고 있다. '진서'는 규슈 지역을 가리키는데, 쇼코가 규슈 지역 출신으로서 규슈에서 교화하였기에 '진서파'라 하였다. 지금의 교토역에서 서쪽으로 얼마 멀지 않은 곳에 현재 서산파의 세 갈래 중 하나인 '서산정토종'의 총본산 코묘지(光明寺)가 있다. 코묘지에는 호넨의 유골을 모신 '고묘(御墓)'가 있는데, 사방에 고압전류가 흐르고 있다. 호넨이 다른 구불교 교단으로부터 얼마나 많은 탄압을 받았는지 알 수 있다. 그 트라우마의 정도가 짐작된다.

16 나라(奈良)를 가리킨다. 헤이안(平安/京都) 천도 후 교토보다 남쪽에 위치한 나라의 옛 수도인 헤이죠쿄(平城京)를 이렇게 불렀다.

진언종(眞言宗)도 세력을 떨치고 있었다.

그러면 가마쿠라 시대에 나타난 새로운 불교 가운데 가장 일본적인 것은 무엇이었을까? 당시 무사계급과 밀접한 관계를 맺고 있던 선종은, 예부터 스승이 제자에 대대로 전하는 것[相傳]을 중요시하는 풍습이 있었는데, 일본의 선종이 중국의 선을 계승하였음은 두말할 나위가 없다. 란케이 도류(蘭溪道隆, 1213-1278), 곳탄 후네이(兀菴普寧, 1197-1276), 무가쿠 소겐(無學祖元, 1226-1286) 등 겐쵸지(建長寺)와 엔가쿠지(円覺寺)[17]를 개산(開山)한 스님들이 모두 중국인이었다. 한편 에이사이, 도겐, 엔니, 가쿠신, 쇼묘 등은 모두 송나라를 다녀온 승려들이다. 따라서 중국 선과 밀접한 관계일 수밖에 없음을 알 수 있다. 그중에서 도겐 선사는 가장 독자적 경지를 개척한 분으로, 일본어로 된 『정법안장』[18]이라는 대작을 남겼다.

고승으로 한 시대를 풍미했던 묘에와 게다츠 등은 어떤 행적을 남겼을까? 두 분 모두 "석가모니에게 귀의하라"고 외쳤다. 즉 새로운 시대의 인물이라기보다 엄격한 복고(復古) 정신으로 살았던 분들이다. 니치렌(日蓮)은 또 어떠했는가? 흔히 사람들은 그에게서 일본적인 것을 엿볼 수 있다고 말하는데, 그의 사상에서 어느 만큼 고유한 것을 찾을 수 있을까? 사가(史家)들이 분명히 밝히고 있는 것처럼, 법화(法華)를 설함에는 천태(天台)를 잇고, 기도를 중시함에는 진언(眞言)에 잇대어 있고, 제목(題目)[19]을 부르는 데는 칭명(稱名)의 영향이 있고, 그의

---

17 이 두 절은 가마쿠라의 대표적 선종 사찰이다.

18 우리나라에서는 보광 스님에 의해서 완역되었다. 『역주 정법안장 강의』(여래장)가 그것이다. 이는 95권 본을 완역한 것이다.

19 "남묘호렌게쿄(나무묘법연화경)"를 외우는 것을 제목봉창, 줄여서 창제(唱題)

말법사상(末法思想)은 '예토를 싫어해서 떠난다'[20]는 정토관과 연결된다. 또 안국(安國)을 말하는 데는 멀리 호국불교를 떠올리게 한다. 그가 다른 종파를 모두 매도했던 것은 어떻게 보면 타 종파에 대한 지대한 관심의 소산으로 해석할 수도 있다. 니치렌의 장점은 오히려 그의 흔들리지 않는 의지에 있다.

이런 와중에 진실로 자신의 종교적 체험에 입각하여 새로운 법문을 연 사람은 겐쿠 호넨(源空法然) 스님이다. 그는 가마쿠라 초엽에 등장했다. 원래 중국의 선도(善導, 613-681) 대사를 추앙했으나, 염불문이 한 종파로서 독립한 것은 호넨 자신의 위대함에 기인한다. 호넨 이전에 쿠야(空也, 903-972), 겐신(源信, 942-1017)이 있고, 또 료닌(良忍, 1072-1132)[21] 같은 분들이 있었다. 그러나 진리로 들어가는 문을 염불의 일승(一乘)[22] 위에 세운 인물은 호넨이었다. 그의 『선택본원염불집(選擇本願念佛集)』은 획기적인 저술이다. 일찍이 어떤 사람도 시도하지 않았던 해석[23]을 가해 염불의 한 길을 새로운 종파로 성립시켰다. 일찍이 중국에서도 시도된 적 없는 위대한 도전이었다. 무엇보

라고 부른다.

20 겐신의 『왕생요집』에 '예토를 싫어해서 떠나고 정토는 기꺼이 구한다[厭離穢土 欣求淨土]'는 말이 나온다.

21 쿠야는 교토 시내를 다니면서 '나무아미타불' 염불을 권진(勸進, 권유)하였고, 겐신은 곧 에신 승도인데 『왕생요집』을 저술하였으며, 료닌은 이론은 천태학을 택하고 수행은 '나무아미타불' 염불을 택하여 융통염불종(融通念佛宗)을 만들었다.

22 신란 역시 "오직 서원 일불승이 있을 뿐이다"라고 하였다.

23 호넨이 『선택본원염불집』에서 이루고자 한 것은 칭명염불 이외의 수행법은 아미타불의 본원으로 선택되지 못했으며, 칭명염불이 아미타불의 본원으로 선택되었음을 논증하는 것이었다.

다 이 한 종파의 개척으로 불교는 민중의 생활과 깊이 결속되었다. 실로 불교는 정토종에 와서야 민중불교로 뿌리내리게 되었다. 드디어 불교는 황실만의 전유물도 아니고 귀족이나 무사계급 등 특권층만 향유할 수 있는 대상이 아닌, 일자무식(一字無識)의 민중들에게까지 스며들게 된 것이다. 요컨대 불교는 나라를 지키는 호국불교를 벗어나 마침내 인간을 구원하는 길이 되었다.[24] 만약 정토종이 일어나지 않았다면 민중은 아직도 무지와 어리석음에 빠져 있었을지도 모른다. 일본에서 성립된 여러 종파 중에 이 정토종이야말로 가장 일본적인 것이라 할 수 있다.

특히 정토종은 '지혜'보다는 '자비'의 측면에서 불교를 빛냈다. 이는 이지(理智)보다도 정서가 풍부한 일본인의 마음에 호소하는 바가 더욱 컸음을 말해준다. 그런 뜻에서 정토종은 일본이라는 토대에서 흥할 수밖에 없는 종파였다.

게다가 호넨은 당대에 '지혜제일'로 칭송받던 학승이었다. 이것은 그가 정토종을 열어가는 데 더할 나위 없는 자격이 되어주었다. 호넨은 원만하고 온화하며 사리분별이 명확한 성격이었다. 당대에 수많은 고승들이 나타나 가르침을 펼쳤으나 호넨만큼 탁월한 제자들[25]을 많이 거느린 인물도 없다. 문하에 실로 수없이 많은 빛나는 별들이 있었

24 　나라(奈良)와 헤이안(平安) 시대 불교는 일반 민중을 위해 설법하거나 법사(法事)를 행하는 것이 법으로 금지되어 있었다. 중세시대는 가족이나 국가와 같은 공동체를 위하여 봉사하는 불교였음에 대하여, 근대에 이르러서는 '개인'의 구원이 문제되었다. 그런 의미에서 정토종이 일찍이 중세시대부터 개인의 구제에 관심을 가졌다는 점에서 시대를 앞선 면모를 보여준 것으로 평가할 수도 있겠다.

25 　출가한 제자들만 380명이었다고 한다.

다. 호넨의 일생을 그린 『칙수어전(勅修御傳)』에 실린 제자들만 해도 얼마나 많은가? 그중 특히 빛나는 이들이 쇼코, 쇼쿠, 류칸, 코사이, 쵸사이, 묘헨(明遍, 1142-1224), 세이카쿠, 신쿠, 신쟈쿠(心寂), 탄쿠 (湛空), 신쟈쿠(信寂), 소겐(宗源), 겐치(源智, 1183-1238), 젠쇼(禪勝), 쵸겐(重源, 1121-1206), 엔쇼(円照), 쿠아(空阿), 칸사이(感西), 넨부츠 보(念佛房) 등이다. 그리고 신란이 있다.

정토문에는 크게 다섯 유파가 있는데, 그중에 쵸사이의 '제행본원 의(諸行本願義, 구칭염불 이외의 다른 행업으로도 왕생할 수 있다는 주 장)'[26]와 코사이의 '일념의(一念義, 본원을 믿는다면 염불은 딱 한 번으 로 충분하며, 다념은 필요하지 않다는 설)'는 조사(祖師)[27]의 뜻에 어 긋나는 주장이라 하여 배척되었다. 그 외 류칸의 '다념의(多念義, 목숨 이 끝날 때까지 염불을 거듭거듭 외워야 한다는 설)', 쇼코의 진서파(鎭 西派), 쇼쿠의 서산파(西山派) 등의 세 유파가 있다. 이 가운데 류칸의 유파는 일찍이 명맥이 끊겼고 오늘날 남은 것은 두 파이다. 그 가운 데 진서가 본류(本流)를 계승하여, 오늘날 정토종이라고 하면 진서파 를 의미하는 것으로 통한다. 이는 아마도 진서의 흐름에서 유능한 중 흥조[28]가 배출됨에 따라 도쿠가와 집안의 보리종(菩提宗)[29]이 되면서

---

26   제행왕생의(諸行往生義)라고도 말한다. 『선택본원염불집』은 바로 제행본원 의를 비판·배제하기 위해서 저술되었다고 해도 과언이 아니다.

27   호넨을 가리킨다.

28   료츄(良忠)를 가리킨다. 정토종 제3조로서 진서류(鎭西流) 교학을 집대성하 였다. 정토종의 문헌들을 강의하고, 수많은 저작을 남겼다.

29   조상이나 가족들의 묘를 안치한 절을 보리사(菩提寺) 또는 보리원(菩提院)이 라고 한다. 이 보리사 내지 보리원이 속하는 종파를 보리종이라 할 뿐, '보리 종'이라는 이름의 종파가 있는 것은 아니다.

번영을 누려왔기 때문일 것이다. 그런데 이 진서파에서 설하는 '이류 왕생(二類往生)'의 관점(염불이 아닌 수행으로도 왕생이 가능함을 인정하는 입장)[30]은 어떠한가? 순수하게 교의적인 측면에서 보면, 진서파보다 오히려 서산파의 '일류왕생(一類往生, 오직 염불의 업만으로 왕생할 수 있음을 인정하는 입장)'의 관점이 조사의 원래 뜻에 좀 더 부합하며, 선양하는 것이라고 하겠다. 철학적으로도 서산파의 교학에 훨씬 깊이가 있다. 서산파의 역사에서, 류신(立信)이 입론(立論)하고 겐이(顯意)가 한층 더 고양시킨 심초의(深草義)는 한층 더 심오한 철학적 깊이를 더하게 된다.

그런데 정토종의 이류(異流)라 불리는 정토진종이 있다. 알다시피 신란을 종조로 한다. 신란 자신은 하나의 종파를 세울 의향[31]이 없었던 듯하다. 오직 스승 호넨의 가르침을 지키려고 했을 뿐, 거짓된 것을 버리고 참된 것을 더 빛내고자 했다. '정토진종'[32]이라 불린 까닭이다. 그는 타력문의 가르침을 더욱 순화하여 모든 자력적 요소를 내버리고, 오로지 미타의 자비에 모든 것을 맡겼다. 따라서 염불보다 신심

---

30 일류왕생(염불일류왕생)은 염불하는 사람만 왕생할 수 있다는 주장이다. 제 18원에 의거, 염불 외에는 다른 어떤 행을 하더라도 왕생할 수 없고, 오직 염불에 의해서만 왕생 가능하다고 본다. 이에 비해 이류왕생은 염불과 함께 염불 이외의 제행을 닦아도 왕생할 수 있다는 주장이다. 일류왕생을 주장하는 서산의 입장에서 진서의를 평하는 말이다. 교칸(行觀)의 『선택집비초(選擇集秘鈔)』에 일류왕생, 이류왕생이라는 개념 정의가 나온다.

31 암자 하나 없었던 신란에게, 종파 설립의 뜻이 있었다고 할 수는 없을 것 같다. 다만 저술을 살펴볼 때, 종파의 깃발만 올리면 될 정도로 종학을 이미 세웠다고 볼 수는 있다.

32 '정토진종'의 의미는 첫째는 『대무량수경』을 가리키는 것이고, 둘째는 호넨의 정토신앙을 가리키는 것이며, 셋째는 메이지 시대에 새롭게 종단을 등록할 때 종파의 이름으로 국가에 제출한 것이다.

을 중시하게 되는 것은 필연이었다. 믿음의 일념에서 염불이 행해져야 한다. 이런 의미에서 진종은 코사이의 일념의에 가깝다[33]고 하겠으나, 일념의와는 달리 굳이 다념을 배제하지도 않는다. 염불은 어디까지나 보은과 감사[34]의 표시로서 수용했다.

진종은 한때 쇠퇴하는 듯했으나, 아시카가(足利) 시대[35]에 렌뇨(蓮如, 1415-1499)의 출현과 함께 종문의 세력이 폭발적으로 번창하여 단월(檀越)의 수가 늘고, 사찰의 수도 증가하면서 거대한 종파[36]로 몸집을 불리면서 오늘날에 이르렀다.

이전까지 현세 이익을 좇으며 기도하느라 분주했던 불교는 가고,[37] 그 대신 민중들에게 불퇴전(不退轉, 물러섬이 없는)의 안심(安心)을 가져다주는 불교가 온 것이다. 이 종파(진종)에서 묘코닌들이 연달아 나타난 사실도 간과할 수 없다. 이런 의미에서 조사 호넨의 뜻을 가장 바르게 계승한 종파라고 말할 수 있겠다. 정토진종이라 부르는 까닭이다.

---

33 코사이는 부처님의 본원을 믿는다면 단 일념으로도 왕생할 수 있는데, 굳이 다념하는 것은 본원을 의심하기 때문이라며, 신심이 있다면 다념은 필요 없다고 했다. '제11장 일념 다념' 참조.

34 염불을 '보은과 감사의 표시'로 보았던 이는 렌뇨였다. 이에 대해서는 뒤에서 다시 언급할 것이다.

35 아시카가 다카우지(足利尊氏)가 정권을 잡아 교토 무로마치(室町)에 막부를 열었던 시기를 무로마치 시대라고 한다. 1392년에서 1573년까지의 약 180년간을 일컫는다.

36 그 배경에는 렌뇨의 활약이 있다. 신자들이 모여서 함께 읽을 수 있도록 '편지(御文/御文章)'를 써서 각지로 내려보내는 방식의 포교가 큰 성과를 거두었다.

37 정토진종의 종법(宗法)에서는 재가신도들에게 '현세 이익을 위한 기도를 하지 말라'고 금하고 있다. 2018년 봄, 역자는 교토 진종대곡파의 신란교류관(親鸞交流館)에 법문을 들으러 다녔다. 그때 바로 이러한 기복적인 기도나 각종 관습에 따르지 말라는 내용의 강의를 들었다.

호넨의 수많은 제자들 가운데 염불의 교의를 가장 깊이 사색했던 인물은 젠네보 쇼쿠(善慧房證空)다. 오늘날 서산파[38]로 불리는 일파를 이루고 있다. 흥미롭게도 이 서산파 사람의 손으로 이루어진 『안심결정초(安心決定鈔)』[39]가 진종의 성전 속에 들어 있다.

렌뇨는 책이 너덜너덜해질 때까지 애독[40]했다. 정토종과 진종은 서로 다른 두 개의 종파라고 하지만, 양쪽 모두 전적으로 염불만 하는 불교이다. 공통된 취지를 가지고 있다는 측면을 더욱 깊이 생각해봐야 할 것이다.

서산파 쇼쿠의 제자로는 쇼타츠가 있고, 그 쇼타츠에게 도를 배운 이가 잇펜이다. 그러므로 그는 호넨으로부터 치면 법으로 증손자에 해당하며, 쇼쿠의 법손에 해당한다. 잇펜이 태어난 1239년에 호넨은 이미 왕생하였고, 쇼쿠도 말년에 가까웠다. 신란은 이미 66세였다. 신란이 1262년에 왕생했을 때 잇펜은 23세였다. 잇펜이 활약한 시대는 도겐, 엔니, 니치렌, 료츄, 겐이 등이 한창 활약하던 바로 그 시기였다. 특히 겐이와는 쇼타츠 문하에서 함께 배운 사형사제 사이였다.

염불의 일문은 잇펜에 와서 최후의 꽃을 아름답게 피웠다. 잇펜은

---

38 현재 서산파는 다시 셋으로 나뉜다. 이 책에서 많이 이야기되는 심초의 외에도 서산선림사파(西山禪林寺派), 서산정토종 등이다.

39 정확히 누가 지은 것인지는 알 수 없지만, 야나기는 서산파 사람(특히 겐이/겐니)의 손에 의해서 지어진 것으로 보고 있다. 일본 정토문에서 나온 책들 가운데 가장 소중한 책으로 받든다.

40 원래 정토종 서산파의 저작으로 알려진 『안심결정초』가 정토진종에 받아들여진 것은 렌뇨에 의해서인데, 이는 곧 정토진종의 포용성을 나타낸다고 하겠다. 오늘날 정토진종이 일본불교 최대의 종파가 된 데는 그러한 포용성이 담당한 역할이 적지 않을 것이다.

염불의 의의를 궁극의 경지까지 끌어올렸다. 순화했다고 해도 좋고, 혹은 깊이를 더했다고 해도 좋을 것이다. '오직 하나인 염불'[41]의 법문에 도달했다. 유일무이하여 더 이상 올라갈 수 없는 경지까지 염불의 의미를 끌어올렸다. 그리하여 모든 것을 버리고서 육자(六字)만을 살렸다. 아니, 모든 것을 육자로 삼았다. 이것으로 염불의 도는 이를 수 있는 극한까지 이르렀다. 잇펜에 이르러 '나무아미타불' 육자는 그 의미가 가장 철저해졌다.

앞서 서술했듯이, 일본 문화사에서 정신적으로 가장 위대한 업적을 남긴 것은 불교였다. 그리고 그 활약상이 가장 빛났던 시기가 바로 가마쿠라 시대였다. 당시에 배출된 많은 위대한 고승들 가운데 가장 일본적인 종교 체험을 보여준 것은 정토가들이다. 호넨에서 출발하여 신란과 잇펜이 뒤를 이었다. 일찍이 인도에도 없었고 중국에서도 볼 수 없었던 전수염불(專修念佛),[42] 오직 염불 하나만을 의지한 법문이 일본에 세워진 것이다. 이 법문이야말로 일본 문화의 최고봉으로 추앙할 만하다. '민중'이라는 말의 의의가 재조명되고 있는 오늘날, '민중종교'나 '재가불교'는 특히 주목할 만하다. 그리고 여기서 '나무아미타불'의 의미를 잘 보아야 할 것이다. 염불의 법문을 설한 호넨이나 신란, 또 잇펜에 대해 제대로 공부해야 하는 까닭이다.

---

41 원본의 '獨一の名號'를 초판에서는 '홀로 하나인 염불'이라고 하였다. 개정 증보판에서 좀 더 보편적으로 이해될 수 있는 말로 수정한다.

42 "다른 모든 수행은 하지 않아도 된다. 오직 염불만 하라"는 입장으로, 호넨의 이러한 입장 위에 정토문이 하나의 종파로서 성립하기에 이른다.

제2장

삼 / 부 / 경

이제, 잠시 독자에게 인내를 부탁하면서 차근차근 말씀드려야겠다.[1] 아미타불은 모든 불전에 나오는 부처님 중 가장 친숙한 부처님이다. 아미타부처님을 찬탄한 경전은 2백 수십여 종에 이르며, 대승경전의 3분의 1 이상을 차지한다. 그 정도로 사람들의 입에 많이 오르내리는 부처님이다. 주된 경전은 대여섯 가지인데, 그중에서 가장 중요한 경전은 『무량수경』, 『관무량수경』, 『아미타경』이다. 호넨은 이를 '삼부경(三部經)'이라 부르고, 정토종이 의지할 근본 경전으로 삼았다. '무량수(無量壽)'는 아미타불의 본질이기 때문에, 이 삼부경은 모두 아미타불을 중심으로 한 경전임을 알 수 있다.

대체로 대승불교에서 종파가 나누어지는 과정을 보면, '수많은 경전 중 어느 경전을 가장 중요하게 고려할 것인가' 하는 관점[2]에서 나뉜다. 화엄종은 『화엄경』을, 천태종은 『묘법연화경』을, 법상종은 『해심밀경』과 『성유식론』을, 진언종은 『대일경』이라는 식으로, 제각기 가장 중요하게 받드는 경전이 있다. 선종과 같이 경전에 의지하지 않는 종파도 있지만, 선종에서도 『금강경』, 『유마경』, 『능가경』 등의 경전을 즐겨 읽는다. 그래서 염불의 길이 정토종이라는 독립된 한 종파를 형성할 때, 삼부경을 소의경전으로 삼기에 이른 것이다. 이에 의해서 한 종파의 특징을 분명히 하게 되었다. 물론 염불문의 승려들이 즐겨 인용한 경전들도 몇 가지 더 있다. 예를 들면 『반주삼매경(般舟三昧經)』이

---

1   이렇게 말하는 이유는 '일본의 불교'를 말한 뒤에, 바로 세 분 조사의 가르침을 대비하는 방식이 아니라 정토사상의 원류라 할 수 있는 삼부경으로 거슬러 올라가기 때문이다.

2   이러한 관점을 세우는 것을 교상판석(敎相判釋), 줄여서 교판이라 한다. 먼저 교판을 세운 뒤에 종파를 열었는데, 이를 입교개종(立敎開宗)이라 한다.

라든지 『고음성왕경(鼓音聲王經)』과 같은 것들이다. 하지만 주요 경전은 '삼부경'이면 족하다. 그렇다면 이들 세 정토 경전은 각기 어떠한 특색이 있을까?

우선 『무량수경』은 때로 『대무량수경』이라고 불리며, 약칭으로 『대경』이라 말한다. 삼부경 중에서 가장 길다. 상하 2권으로 되어 있기에 『쌍권경』[3]으로도 불린다. 범본(梵本)도 있다. 한역된 것은 후한 무렵부터인데, 12종의 이역본(異譯本)이 있을 정도로 많은 사람들이 즐겨 찾던 경전이다. 그 가운데 현존하고 있는 것은 다섯 종이다. 보통 정토종에서 사용하는 경전은 중국 조위(曹魏) 시대에 인도에서 온 강승개(康僧鎧) 삼장의 역본이다. 정확히 말하면 『불설무량수경』이라 한다. 그는 인도인[4]이었다.

이 경이 왜 중요한가? 다른 경전과 비교해서 어떤 특징이 있는가? 그것은 48가지[5]의 대원(大願)이 기록되어 있다는 점이다. 여기서 대원은 일체중생을 제도하겠다는 대비(大悲)의 원이다. 더욱이 원문(願文)의 강력함은, 만일 원이 성취되지 않는다면 '정각을 이루지 않겠다(不取正覺)'는 결연한 의지의 표명에 잘 나타나 있다. 정각은 위없는 깨달음을 말하는데, 이를 성취함으로써 비로소 부처의 지위를 얻는다

---

3   원효는 『양권경(兩卷經)』으로 불렀다.

4   '강승개'라는 이름으로 볼 때, 중앙아시아 지방의 '강거국(康居國)' 출신이었을 것으로 보인다. 그 당시에는 출신 국가의 이름을 성으로 삼는 풍습이 있었기 때문이다.

5   정확히는 52가지 대원이라 해야 옳다. 왜냐하면 48대원 바로 뒤에 이어지는 사서게(四誓偈)의 내용 역시 법장비구의 서원에 다름 아니기 때문이다. 종래에는 사서게를 그다지 중시하지 않았으나, 앞으로는 그 역시 함께 생각해보는 것이 옳으리라.

는 것이다.

중생을 모두 성불하도록 하겠다는 위없이 높은 자비심에 입각한 서원이기 때문에 홍원(弘願)이나 홍서(弘誓)의 대원이라 부른다. 이야말로 부처의 비원(悲願)이다. 부처님은 대비 그 자체다.

대원을 일으킨 부처님이 아미타불만은 아니다. 약사여래에게도 12가지 훌륭한 원이 있다. 비원을 품는 것이야말로 부처님이 부처님일 수 있는 까닭이다. 원래 불교에는 사홍서원(四弘誓願)이라 부르는 네 가지 서원이 있는데, 모든 보살이 발하지 않으면 안 되는 근본적인 서원이다.

첫째는 수없는 중생을 제도하겠다는 서원, 둘째는 가없는 번뇌를 끊겠다는 서원, 셋째는 끝없는 법문을 배우겠다는 서원, 넷째는 위없는 깨달음을 이루겠다는 서원이다. 하지만 이들은 모든 부처님이 가져야 할, 이른바 총원(總願)이다. 이에 비하여, 어떤 특정한 부처님이 발하는 특별한 원을 별원(別願)이라 부른다. 이 별원 중에 가장 위대한 것이 『대경』에 기록된 48원이다.

그런데 역본에 따라서 원의 수가 반드시 일치하는 것은 아니다. 현존 범본은 47원[6]으로 헤아릴 수 있지만, 그것은 한 가지를 두 가지로 나누거나, 두 가지를 하나로 합하는 데서 오는 차이에 지나지 않는다. 오늘날 48개의 원문을 살펴보면, 생략해도 무방한 것, 말을 바꾸면 나을 것, 또는 단어를 보충하고 싶은 것 등 여러 가지 문제가 있다. 거꾸로 지금까지 별로 중요시되지 않았던 원에서 큰 의미가 발견되는 경우도 있으리라 생각한다. 오늘날까지 정토문에서 가장 깊이 주목한 것

6   원서에는 '46원'이라 하였으나, 오류이므로 바로잡는다.

은 제11, 제17, 제18, 제19, 제20, 제22 등의 원[7]인데, 이미 수많은 문헌이 그 의미를 해석하는 데 바쳐졌다. 그중에서도 특히 중대한 의미를 지닌 것은 제18원으로, 일반적으로 '염불왕생원(念佛往生願)'[8]이라 부른다. 이 원에 대해서는 뒤에서 따로 한 장[9]을 설정하여 자세히 다룰

---

7 제18원은 뒤의 본문에 나오므로 다른 원들만 번역해보면 다음과 같다. 제11원: "가령 제가 부처가 된다 하더라도, (저의) 국토의 사람과 하늘신들이 반드시 열반에 이르게 되는 것이 결정된 지위에 머물지 않는다면, 위없이 높고 올바른 깨달음을 얻지 않겠습니다." 제17원: "가령 제가 부처가 된다 하더라도 시방세계의 헤아릴 수 없는 모든 부처님들이 (자유롭게) 저의 이름을 말하고 찬탄하며 칭찬하지 않는다면, 저는 위없이 높고 올바른 깨달음을 얻지 않겠습니다." 제19원: "가령 제가 부처가 된다 하더라도, 시방세계의 중생들이 (위없이 높고 올바른) 깨달음을 얻고자 하는 마음을 일으키고 모든 공덕을 닦으면서 지심(至心)으로 저의 나라에 태어나기를 발원한다면, (그들이) 목숨이 다할 때를 맞이하더라도 (저는) 대중들에게 둘러싸여서 그 사람들 앞에 나타나서 (저의 나라로 인도하지) 않는다면 위없이 높고 올바른 깨달음을 얻지 않겠습니다." 제20원: "가령 제가 부처가 된다 하더라도, 시방세계의 중생들이 저의 이름을 듣고 나서 저의 나라에 생각을 잡아매고, 모든 공덕을 심어서 지극한 마음으로 (그 공덕을) 회향하여 저의 나라에 태어나고자 했음에도, 그 결과를 이룰 수 없다고 한다면, 위없이 높고 올바른 깨달음을 얻지 않겠습니다." 제22원: "가령 제가 부처가 된다고 하더라도, 다른 불국토에 사는 모든 보살들이 저의 국토에 와서 태어나 마침내 반드시 일생보처(一生補處)에 이르게 될 것입니다. 다만 그의 본원이 자유롭게 (중생들을) 교화하는 것이어서, 중생을 위하는 까닭에 큰 서원의 갑옷을 입고, 공덕을 쌓으며, 일체중생을 제도하고, 모든 불국토를 다니면서 보살행을 닦으며, 시방세계의 모든 부처님 여래들을 공양하고, 갠지스강의 모래알만큼 (많은) 한량없는 중생을 교화하여 위없이 높고 올바른 깨달음에 머물게 하고, 더 높이 (보살이 닦아야 할) 지위(地位)의 행이 실현되도록 보현보살의 공덕을 닦고자 하는 경우에는 제외합니다. 만약 그렇지 않다면, 정각을 얻지 않겠습니다."

8 원 하나하나에 대해서 최초로 이름을 부여한 것은 신라의 법위(法位)였다. 원명을 어떻게 짓느냐 하는 데에도 그 스님의 해석학적 관점이 투영된다. 제18원을 '염불왕생원'으로 부른 것은 호넨이었다.

9 '제5장 제18원' 참고.

것이다.

그리고 삼부경의 둘째는 『불설관무량수경』이다. 줄여서 『관경(觀經)』이라고도 하며, 한 권으로 되어 있다. 아직 범본은 발견되지 않았으며, 중국에서 찬술된 경전으로 추정[10]된다. 본문에서 그 점을 시사하는 경문을 볼 수 있기 때문이다. 두 가지 번역이 있었다는데, 현재는 하나만 남아 있다. 북위 강량야사(畺良耶舍)의 번역이 그것이다. 앞서 서술한 한역 『대경』을 참조하고 있음이 분명해 보인다.

이 경전의 골자는 위제희(韋提希, Vaidehi) 부인에게 말씀하신 부처님의 설법이다. 여기에는 3복(三福), 16관(十六觀), 9품(九品)과 같이 숫자로 종합한 여러 가르침이 있지만, 정토문의 입장에서 중요한 것은 하품(下品)의 3생인 하품상생, 하품중생, 하품하생에 대한 구제의 길을 칭명(稱名)에서 찾았다는 점이다. 이는 『대경』 하권에 기록되어 있는 하열한 자[下輩][11]에 대한 구제의 입장과도 부합한다. 하품이나 하열한 사람은 죄가 깊은 범부를 가리키는 것으로, 그들의 구제야말로 정토문의 주안점이다. 즉 아미타불 명호를 입으로 부르는 이행(易行)을 가르쳐서 죄업이 있는 자, 파계한 자, 오역죄(五逆罪)와 십악업(十惡業)을 저지른 자들도 빠짐없이 구제받을 수 있다는 불가사의를 설하였다. 따라서 정토왕생을 이야기하는 종문(宗門)에서 이 경전(『관경』)을 얼마나 소중하게 여겼는지를 알 수 있다.

---

10 츠키노와 겐류(月輪賢隆)의 학설이다. 5세기 전반 중국에서 선관(禪觀), 즉 관법의 실천이 요구되면서 만들어진 경전으로 본다. 야나기 역시 츠키노와의 학설에 동의하고 있다. 근래의 연구는 '중앙아시아와 중국의 절충적 형태'로 보고 있다. 시모다 마사히로, 『붓다와 정토』(씨아이알, 2013), p. 37.

11 『대경』에서는 중생들을 삼배(三輩)로 분류하였는데, 『관경』에서는 구품(九品)으로 분류하였다.

셋째는 『불설아미타경』으로, 삼부경 가운데 가장 짧기 때문에 『소경(小經)』으로도 불린다. 현장(玄奘, 622-664)의 신역(新譯)도 있으나, 널리 사용된 것은 저 유명한 구마라집(鳩摩羅什, 343-413)의 고역(古譯)[12]이다. 구나발타라(求那跋陀羅, 393-468)의 번역이 따로 있었다고 하나 현재 전하지 않는다. 범본의 원전은 일찍이 입당승(入唐僧)들이 일본에도 가져왔다. 이 경전은 희귀하게도 묻는 사람이 없이 무문자설(無問自說)한 경전이다. 그러면 내용적으로는 어떤 특색이 있을까? 이 『소경』은 극락정토의 장엄을 노래하고 찬미하는데, 가장 유명한 부분은 '명호를 지니라[執持名號]'는 한 구절이다. '일심불란(一心不亂, 마음을 하나로 모아 어지럽히지 않음)'하게 칭명을 계속하는 사람은 임종에 이르러 아미타부처님의 내영(來迎)을 받아, 틀림없이 정토에 왕생한다는 것을 기술하고 있다. 짧기도 하고 친근하기도 해서 거의 모든 정토가에서 암송하고 있다.

이렇게 삼부경이 정토문의 소의경전임을 분명하게 밝힌 사람은 겐쿠 호넨이다. 그 후 모든 일본의 염불종은 호넨의 가르침을 따라 삼부경의 의의와 가치를 설하는 데 역점을 두었다. 정토종의 진서파, 서산파, 그 외 다른 파, 진종의 본파(本派), 대파(大派), 고전파(高田派)[13]

---

12 구마라집의 번역은 '구역(舊譯)'이라 하는 것이 옳다. 중국불교의 역경사(譯經史)에서는 구마라집 이전 안세고(安世高) 등의 번역을 '고역'이라 말하는 것이 일반적이기 때문이다.

13 본파는 본원사파, 대파는 대곡파를 가리킨다. 각기 서본원사(西本願寺)와 동본원사(東本願寺)를 본산으로 삼고 있다. 파의 정확한 명칭은 본파는 '정토진종 본원사파', 대파는 '진종 대곡파'다. 고전파는 신란의 제자인 신부츠(眞佛)에 의해서 비롯되는데, 오늘날 센쥬지(專修寺)파의 옛 명칭이다. 센쥬지는 미에(三重)현에 있다.

등, 그리고 시종 모두 삼부경에 기반을 둔 염불종이라는 점은 같다. 이 모든 종파들은 아미타불 염불을 외며, 정토를 설하고, 염불을 권하고, 이행도를 가르친다는 점에서 일치했다.

이 삼부경에는 놀라운 성구(聖句)들이 많이 있지만, 그중에서도 근본적인 것으로서 염불문의 각 종파가 공통적으로 가장 존귀하게 여기는 것은 제18원이다. 이 18원을 중심으로 정토사상은 발전의 여정을 보여준다. 그 문구는 이 책에서도 거듭 인용될 터이지만, 번역하면 다음과 같다.

> 가령 제가[14] 부처가 된다 하더라도, 시방세계의 중생들이 (저의 이름을 듣고 나서는) 지극한 마음으로 신요하며 저의 나라에 태어나고자 하여, 내지 십념하여도 만약 태어나지 못한다고 한다면, 정각을 얻지 않겠습니다. 다만 오역죄(五逆罪)와 정법을 비방하는 (죄를 범한 경우에는) 제외합니다.

> * '신요'는 믿음이 간절하다는 뜻이고, '저의 나라'는 정토를 가리키며, '태어나다'는 정토에 왕생한다는 뜻이고, '내지 십념하다'는 것은 열 번만 염불을 하는 것이며, '정각'은 부처가 된다는 의미다. '오역'은 다섯 가지의 죄를 저지르는 것이니, 곧 아버지를 죽이는

---

14 초판(혹은 대부분의 번역들)에서는 법장비구/법장보살이 스스로를 지칭할 때 '내가'라 하였다. 그러나 개정증보판에서는 '제가'로 고친다. 왜냐하면 이 서원이 발해지는 상황은 세자재왕여래라는 부처님 앞에서, 그 부처님을 '듣는 분'으로 모시고서 행하고 있기 때문이다. 그러므로 경어(敬語) 표현을 써서 번역하는 것이 옳다고 생각한다.

것, 어머니를 죽이는 것, 아라한을 죽이는 것, 부처님 몸에 피를
내는 것, 승단의 화합을 깨뜨리는 것이다. '정법'은 부처님의 올바
른 법이다.

모든 정토교가 제18원을 가장 중요시함에는 아무런 차이가 없다.
따라서 『대경』이 지닌 위치는 매우 중요하다. 그러나 정토종, 진종, 시
종의 세 종파가 삼부경 중에서 어떤 경전에 더 많은 인연을 갖는가 하
는 것은 전혀 다른 문제다. 흥미롭게도 정토종은 『관경』에, 진종은 『대
경』에, 시종은 『소경』에 가장 인연이 깊다. 왜 그럴까?

실로 『관경의소(觀經義疏)』의 「정종분산선의(正宗分散善義)」[15]에 나
오는 다음 글은 조사 호넨에게 나아갈 길을 결정해주었고, 새로이 정
토종을 건립케 하였다. 다음의 『소』는 중국 당대의 고승 선도 대사가
지은 것이다.

일심으로 오로지 아미타의 명호를 염하고, 행주좌와에서 시간의
오래됨과 오래되지 않음을 묻지 않고, 끊임없이 (하여) 버리지 않
는 것을 정정취(正定聚)의 업이라고 한다. 저 부처님의 원에 따르
기 때문이다.

---

15 선도의 『관무량수불경소(觀無量壽佛經疏)』 중 제4권의 제목이 「정종분산선
의」다. 선도는 『관경』에서 설하는 16관 중 1관에서 13관까지는 정선(定善)이
라 하고, 14관에서 16관까지와 16관을 설하기 전에 설한 삼복(三福)을 아울
러 산선(散善)이라 평가하였다. '정선'에서 '정'은 선정(禪定)의 의미이고, '산
선'에서 '산'은 선정에 들지 못한 산란한 상태를 의미한다. '선'은 모두 수행
의 뜻이다. '정선'은 관불(관상염불)이라는 삼매수행이고, '산선'은 칭명염불
을 가리킨다.

* '버리지 않는 것[不捨者]'은 칭명을 게을리하지 않는다는 의미로 종종 인용되는 구절이다. '정정취의 업'은 아미타의 서원에 의해, 반드시 정토왕생이 결정되는 업이라는 뜻이다. '부처님의 원'은 아미타의 대원으로, 특히 제18원을 가리킨다.

호넨 스님이 선도 대사의 이 말씀을 읽었을 때 지극히 감격하였는데, 세이카쿠가 편찬했다고 전하는 『십육문기(十六門記)』에는 다음과 같이 기록되어 있다.

어느 때 『관경산선의』의 '일심으로 오직 미타의 명호를 염하다'라는 글에 이르러, 선도 스님의 본의(本意)를 얻었다. 너무나 기쁜 나머지 아무도 듣는 사람이 없는데도 "나와 같은 하근기가 행해야 할 법은 저 옛날 아미타불이 법장으로 수행할 때, 진작 마련해 두셨던 것을…"이라고 크게 소리치면서, 감격에 겨워 기쁨이 골수에 사무쳐 흐르는 눈물이 끝이 없었다.

* '하근기가 행해야 할 법'은 하품의 인간이 행할 수 있는 방법이다. '법장으로 수행할 때'는 아미타여래가 아직 법장보살이라 이름할 때다.

이 글을 보면 얼마나 그 감격이 사무쳤는지를 알 수 있다(왜 그렇게 감격했는지는 뒤에서 말하겠다). 그런 까닭에 호넨의 정토종 출발이 『관경』과 떼려야 뗄 수 없는 관계에 있음을 알 수 있다. 그뿐만 아니라 선도 대사의 가르침은 죄 많은 하품의 사람조차 단지 입으로 명호를 부르기만 하면 구제될 수 있다는 사실을 설하고 있다. 『관경』에서는 다음과 같이 말하고 있다.

> 네가 만약 제대로 염(念)할 수 없다면,
> 마땅히 무량수불을 칭명할지어다.[16]

* '칭명'은 이름을 부른다는 뜻이다.

스스로를 하근기라고 깊이 성찰했던 호넨이 이 『관경』의 가르침을 얼마나 고맙게 생각했겠는가. 칭명이라는 이행(易行)의 길이 아니면, 평범하고 어리석은 중생이 구원받을 방법은 없다. 그런 까닭으로 (호넨은) 입으로 명호를 외는 염불 수행을 종파의 요체로 삼는다. 삼부경 중에서도 『관경』은 입으로 명호를 욈으로써 왕생할 수 있다고 보장하므로, 이 경이 정토종에서 중요한 위치를 차지하는 것은 당연하다. 그러므로 정토종의 중흥조인 쇼게이(聖冏, 1341-1420)의 저서 『삼십육통리서(三十六通裏書)』에서도 "통틀어서는 3경, 특별히는 1경에 의지한다"라고 분명하게 기술하고 있다. 여기서 1경이란 『관무량수경』을 가리킨다. 삼부경 중에서 특히 『관경』은 정토종이 의지하고 있는 중요한 불전임을 알 수 있다.

정토종을 진정한 정토종(정토진종)으로 만들고자 했던 신란은 이들 삼부경을 어떻게 보았을까? 그는 『관경』이나 『소경』보다 『대경』을

---

16 여기서 주의할 것은, 『관경』에서 '염불'은 '칭명'을 뜻하는 것이 아니었다는 점이다. 염불은 명상과 같은 것이었고, 칭명은 명상과는 달리 소리 내서 부처님의 명호를 일컫는 것이었다.

더욱 중요시하였다. 그의 주저인 『교행신증(教行信證)』의 본문 서두에 "『대무량수경』은 진실한 가르침이며 정토의 진정한 궁극이다"[17]라고 적고 있다. 또한 "대저 그 진실한 가르침을 나타낸 것이 바로 『대무량수경』이다"[18]라고도 하였다. 신란은 특별히 아미타불의 본원(本願)인 제18원을 정토진종의 주춧돌이라 보았다. 실제로 『대경』은 제18원에 대하여 전후 두 번에 걸쳐서 서술하고 있다. 상권에 있는 것을 인문(因文)이라 하고, 하권에 있는 것을 과문(果文) 또는 성취문(成就文)[19]이라 한다.

신란은 그의 가르침의 기조로 삼은 두 가지를 『무량수경』의 원문(願文)과 성취문에서 발견하였다. 하나는 '지심신요(至心信樂)'라는 구절로, "마음을 다하여 믿는다"라는 의미다. 이 구절을 제18원의 중핵으로 보았기에, 제18원을 호넨처럼 '염불왕생의 원'이라 부르지 않고 '지심신요의 원'[20]이라 바꾸어 불렀다. 신심을 바탕으로 하는 그의 진

---

17 "大無量壽經, 眞實之教, 淨土眞宗." 『교행신증』 제1 교권(教卷)에 들어가기 전에 있는 머리말, 즉 총서(總序)와 제1권의 교권이 시작되는 그 사이에 이 말이 자리하고 있다. 이런 말을 '표거(標擧)'라고 부른다. 총서, 표거, 제1권의 순서로 구성되어 있다.

18 "夫顯眞實教者, 則大無量壽經, 是也."

19 상권의 서원은 법장보살의 것으로, 아직 부처 되기 전 수행을 할 때 세운 것이기에 '인문'이라 하고, 하권의 서원은 석가모니불이 아미타불의 일을 서술하는 것으로서 이미 아미타불로 성불한 뒤의 일이기에 '과문' 혹은 '성취문'이라고 부른다.

20 신란은 제18원의 원명으로, '지심신요의 원' 외에도 '선택본원', '본원삼심의 원(삼심은 제18원에 나오는 '지심', '신요', '욕생'을 말함)', '왕상신심의 원(왕상은 왕생의 뜻이다)', '지심신요본원', '염불왕생의 원', '염불왕생의 비원' 등으로 다양하게 불렸다. 즉 신란 역시 '염불왕생원'으로도 불렸던 것이다. 다만 호넨 스님처럼 제18원을 오직 '염불왕생원'으로만 부른 것이 아니라는 점에서

종은 여기서 비롯되었다고 할 수 있다. 게다가 『대경』 하권에 나오는 제18원의 성취문에 대하여, 그는 감히 독자적인 독법(讀法)[21]을 시도한다. 우리가 흔히 '지극한 마음으로 회향하여'라고 읽는 것을, '부처님께서 지극한 마음으로 회향해주시니'라고 고쳐 읽었다. 이것은 그의 깊은 체험[22]에 근거한 것으로, 일체의 공덕을 미타의 서원으로 돌리고자 한 것이다. 그러한 서원의 경전으로 『대경』을 무엇보다 중요시한 것은 당연한 일이다.

다시 말해 『대경』을 첫 번째 자리에 놓는 것은, 그것이 전적으로 본원의 경전이기 때문이다. 정토에 왕생하는 것이 아미타불의 비원에 의해 가능하다고 보는 한, 이 경전을 근본으로 삼을 수밖에 없다. 앞서 서술한 것처럼, 정토종도 진종도 시종도 『대경』에 기술된 제18원을 중요하게 보는 것은 같지만, 절대 타력을 구했던 신란이 특히 『대경』을 중시한 것은, 거기에 미타의 큰 서원이 가장 강력하게 나타나 있기 때문이다. 그런 의미에서 신란은 호넨의 '선택본원' 사상을 더욱 철저히 구현하고자 했던 것으로 볼 수 있다.

그렇다면 시종은 어떤 입장일까? 흥미로운 것은 시종이 『대경』이나 『관경』보다 『아미타경』을 중심축으로 세웠다는 점이다. 그러면 『소경』의 특징은 무엇인가? 앞에서 서술한 바와 같이, (정토에 관한) 가르침을 폭 고우면 남는 것이 육자뿐임을 말하는 경이라 할 수 있다. 시종

─────────────

차이가 있다 하겠다.

21 뒤의 '제12장 회향 불회향'에서 자세히 다룬다.

22 문법적으로는 '지극한 마음으로 회향하여'가 옳지만, 신란이 아미타불의 마음을 관찰한 뒤에 이 문장을 해석했기 때문에 이렇게 옮겼다. 이 부분에 대해서는 뒤에서 다시 자세히 언급할 것이다.

의 조사인 잇펜도, 다른 종파의 개조들과 마찬가지로 제18원에서 종지(宗旨)의 기초를 구하였다. 그렇다면 제18원은 무엇을 설하였는가? 육자의 명호를 한 번 내지 열 번 칭명하라는 가르침이 아닌가. 정토법문에는 천만 가지 법어가 있다 해도, 일체의 언어가 이 육자로 귀결된다. 단적으로 '그 명호를 지니라'고 설하는 것이 『소경』이 아닌가. ('명호를 지니라'고 하는 가르침이) 가장 짧은 『소경』에 설해진 이유는 단지 육자만을 순수하게 설하면 되기 때문이다. 『소경』은 모든 정토사상의 경전을 딱 육자로 갈무리했다. '오직 하나인 명호[獨一名號]'만을 설한 잇펜이 무엇보다 『아미타경』을 정대(頂戴)해 마지않은 것은 당연한 일이다. 이렇게 시종은 삼부경 중 유독 『소경』을 소의경전으로 삼았다.

호넨이 일으키고, 신란이 잇고, 다시 잇펜으로 전해지는 역사는 정토종에서 정토진종으로, 그리고 시종으로 발전하였다. 이는 소의경전이 『관경』에서 『대경』으로, 다시 『대경』에서 『소경』으로 옮겨가는 과정이기도 하다. 호넨이 삼부경을 정했지만, 세 분 조사 각각이 지니는 특색을 살려나간 것은 흥미로운 섭리라고 말할 수 있겠다. 그 발전의 추이를 더듬는 것은 어느덧 일본 정토사상사를 살피는 일이기도 하다. 여기에서 이미 큰 의미를 찾았다고 볼 수도 있지 않을까.

더욱이 『소경』이 노래하는 육자는 『관경』이 알리고자 하는 이행(易行)의 도이며, 결국 또 『대경』이 전하고자 하는 홍원(弘願)의 문(門)이 아닌가. 순차적으로 전환하면서 원을 그리며 어우러지기에 이 삼부경을 분리하는 것은 불가능하다.

南 無 阿 彌 陀 佛

제3장

사
문
법
장

아미타불을 말하려니 저절로 법장(法藏)보살 이야기를 먼저 하지 않을 수 없다. 사실은 하나의 인격에 부여된 두 가지 서로 다른 이름으로, 하나는 여래이고 다른 하나는 아직 보살이다. 법장보살이 성불해서 아미타여래로 불리게 되는 것이다. 이는 『대무량수경』에 나오는 이야기로, 이른바 일종의 본생담(本生譚)[1]이다.

석가모니부처님에게도 본생담이 있다. 부처님 되기 이전의 전생 이야기로, 붓다가 된 것은 그렇게 될 수밖에 없는 깊은 원인이 있었기에 가능한 일이었음을 말하고 있다. 이러한 인연 이야기에는 대단히 깊은 의미가 있다.

『대무량수경』에 의하면, 어느 날 한 나라의 왕이 세자재왕불(世自在王佛)의 설법을 듣고 문득 깨달은 바가 있어서 왕위를 버리고 나라를 떠나서 사문의 몸이 되었는데, 이름을 '법장'이라고 개명했다. 뜻을 세워 수행에 힘썼고, 생사의 괴로움을 뿌리 뽑고자 붓다를 찬탄하며 깨달음을 구했다. 깨달음을 얻기 위해 오겁(五劫)이라는 긴 시간 동안 고뇌하고 사색하며 덕행에 힘써 마침내 여러 가지 대원(大願)을 세우기에 이르렀다.

원 하나하나가 중생을 제도해, 정토로 인도하려는 간절한 서원이었다. 그리하여 '이 원이 이루어지지 않으면 성불하지 않겠다'라는 맹세까지 했다. 이른바 '불취정각(不取正覺)'이라는 강한 결의가 담긴 말이었다. 정각을 얻는 것은 깨달은 자[覺者], 곧 부처가 된다는 말이다. 게다가 그 서원은 48개 조(條)에 이르는데, 오로지 불국토의 구현을 원

---

1 『무량수경』을 '아미타불의 본생담'으로 볼 수 있다는 이야기다. 부처가 되는 이야기를 담고 있기에 그렇게 말한 것이다.

했다.[2] 서원을 다 말하며 게송을 읊자마자 대지가 진동하고 하늘에서는 진귀한 꽃비가 내리고 허공은 묘한 음성으로 가득 찼다.

경전(『대무량수경』)에서 "법장보살은 이미 성불해서 지금 서방에 계신다. 여기서부터 십만억 국토 떨어져 있다. 그 부처의 세계를 이름하여 안락계(安樂界)라고 한다"라고 하였다. 안락계는 극락정토를 가리키는 말이다. 『아미타경』에서는 말씀하셨다. "여기서부터 서쪽으로 십만억의 불국토를 지나면 한 세계가 있는데, 이름하여 극락이라 부른다. 그 땅에 부처가 있는데 아미타라고 하며, 지금 실제로 계시면서 설법하신다." "그 국토를 무슨 이유에서 극락이라고 하는가. 그 나라의 중생에게는 어떤 고통도 없고, 오직 모든 즐거움을 누린다. 그러므로 극락이라 이름한다." 사문 법장이 보살의 지위로부터 "여래의 지위에 들어가신 이래로 십겁(十劫)이 지났다"[3]라고 경전은 기록하고 있다. 이를 '십겁정각(十劫正覺)'이라 한다. 잇펜의 게송에 "십겁정각 중생계(十劫正覺 衆生界, 십겁 전에 정각을 이루신 것은 중생계를 위해서다)"[4]라고 노래한 것이 있다.

이쯤에서 곧잘 이런 질문을 받는다. 법장보살은 가공의 인물이 아닌가? 그러한 보살을 말하는 것이 어떤 의미가 있는가? 단지 비유에 지나지 않는다면, 미타라 하거나 정토라 하는 것이 무슨 확실성이 있

---

2   『무량수경』을 주석한 중국의 정영사 혜원(慧遠, 523-592) 이후, 48원의 내용은 크게 세 부분으로 나누어서 생각한다. 첫째는 법장의 성불 이야기, 둘째는 극락정토 이야기, 셋째는 중생이 극락에 태어날 수 있는 방법에 관한 이야기다.

3   『무량수경』.

4   「십일불이송(十一不二頌)」의 첫째 구절이다. '부록: 시종의 문헌들'에서 그 전문이 다시 인용된다.

는가? 이 이야기를 어떻게 이해하면 좋을까? 수많은 질문이 쏟아질 것이다.

대승의 여러 불전은 불멸 후 오랜 시간이 지나면서 서서히 나타났기 때문에 붓다가 직접 설한 때로부터 멀리 떨어져 있다. 항상 '이와 같이 나는 들었다[如是我聞]'라는 말로 첫머리가 시작되지만, 사실 붓다의 설법을 직접 받아 적은 것일 수는 없다. 설화가 교묘할수록 인간의 상상력에 의해 창작된 것은 아닌지 의심을 사고, 신뢰를 얻지 못한다. 아미타여래의 이야기 역시 마찬가지로 창작이며 역사적인 사실이 아닐진대, 이러한 공상을 기반으로 해서 종교가 세워졌다는 것에 회의를 품는 사람이 나올 수도 있을 것이다. 확실한 증거를 좋아하는 새로운 시대에는 맞지 않는 가르침이라고 주장하는 사람[5]도 있을 것이다. 그리고 한역 정토삼부경은 어디까지가 원본의 올바른 번역인지 재고[6]해보는 것도 좋을 것이다. 다만 상식에 머무르지 말고 조금 더

---

5 대승경전에 대해서 이러한 관점을 갖는 사람이 오늘날 한국불교에서도 적지 않을 것이다. 여기서 야나기의 해석학이 그에 대한 좋은 대답이 될 것이다. 야나기의 관점에 의지하여 대승경전의 문제, 대승불교를 바라보는 관점의 문제를 논의한 것으로 김호성, 『정토불교 성립론』(조계종출판사, 2020), pp. 340-407 참조.

6 삼부경 중에서 애당초 한문으로 저술된 『관무량수경』은 해석상의 문제가 없다. 『아미타경』의 경우는, 현재 널리 독송되는 구마라집 역본과 현존 범본 사이를 대조해보면 역시 번역상의 문제가 발견되지 않는다. 현장 역본과 현존 범본 사이에는 차이가 많은데, 이는 어쩌면 현장이 번역할 때 선택한 저본(底本)과 현존 범본이 다르기 때문인지도 모른다. 문제는 『무량수경』이다. 현존 범본과 현존하는 한역 5본들 서로 간에 많은 차이가 있다. 이 중에는 역사적인 전개로 인한 차이도 있을 수 있고, 번역상의 문제가 있을 수도 있다. 그런 이유에서 범본과 한역 5종의 대조를 통해 그 의미를 확정해가는 작업을 행하지 않고서, 그저 강승개 역본 『무량수경』 하나만을 저본으로 해서 우리말로 번역하게 되면 수많은 오류가 발생할 수밖에 없다. 그것은 반드시 현재

깊게 파고들면 어떨까.

쇼토쿠 태자는 "이 세상의 일은 헛되고 덧없다, 오직 부처만이 참되다[世間虛假, 唯佛是眞]"라고 말했다. 사람들은 역사적 사실을 정말 확실한 것으로 받아들이지만, 생각해보면 역사는 세월 따라 변해가는 현상적인 겉모습에 지나지 않으며, 생사를 넘어설 수도 없고, 덧없이 끝나버리고 만다. 만일 변하지 않는 확실한 무엇이 있다면, 그렇게 표면적인 것에 그치지는 않을 것이다. 움직이지 않고 변하지 않는 것은 오히려 보이지 않는 막후에서 역사를 역사답게 하는 것이니, 그것을 '법'이라고 이름한다. 빛나는 역사는, 빛나는 법이 받쳐주었기 때문에 가능한 일이다. 역사에 의해서 법이 유지된다기보다, 법에 의해 역사가 지탱되는 것이다. 법은 참되고 세상은 헛된 것이다. '부처만이 참되다'라는 말은 부처가 법체(法體)이기 때문이다. 부처는 법과 한몸이고, 곧 법이라고 할 수 있다. (부처와) 법이 둘 아니기 때문에 부처는 진리를 나타내 보인 것이다.

모든 대승경전은 법의 깊은 진리를 전하기 위해서 존재한다. 설령 외면적인 역사로서는 가공의 것이라 하더라도, 내면적인 법의 역사로서는 이보다 더 진실한 이야기가 없다. 역사는 흘러가지만 설화는 흘

우리말로 번역한 역자들의 책임만은 아니지만, 현재 유통되고 있는『무량수경』의 우리말 번역(대개는『정토삼부경』속으로 편입되어서 전한다)은 수많은 오류를 내포하고 있는 역서들이다. 이 점을 분명히 재인식할 필요가 있다. 이에 역자는 개인적으로『무량수경』을 저본으로 삼아 번역하더라도, 범본과 나머지 한역 4종을 동시에 대조하여 의미를 확정하는 방식을 취할 필요가 있다고 본다. 현재 그런 번역 작업을 행하고 있다. 아직 미완성이지만, 이 책에서『무량수경』원문이 인용될 때 원서의 일본어에서 다시 중역(重譯)하는 대신, 필자가 대조 번역한 번역문을 제시하는 이유다.

러가지 않는다. 이러한 의미에서 대승경전은, 역사에 의거한 소승의 불전보다도 더 진실한 법계[7]를 나타낸다. 역사에는 과거·현재·미래의 시간이 있지만, 법의 이야기는 시간적으로 영원한 지금이다. 그래서 법장보살 이야기는 역사적 인물(에 대한 이야기)보다 훨씬 더한 진실을 나타낸다고 할 수 있다. 혹은 역사적인 인물을 푹 고아서 그 정수를 진하게 걸러내면 나오는 것이 법장보살의 모습이라고 할 수 있다.

설령 (법장보살이) 가공의 인물이라고 하더라도 이 가상의 인물보다 더 진실한 존재를 생각할 수 없다. 어쩌면 이는 인간의 근원적 구성요소[原素], 혹은 본유(本有)라고 해석할 수도 있겠다. 특수한 한 개인이 아니라 전 인간을 짊어진 원인(原人)이라고 할 수도 있겠다. 그런 까닭에 사실 법장이라는 이름은 개인의 이름, 고유명사가 아니다. 누구나 모두 본래는 법장이라는 이름이었다. 어떤 이름을 가졌더라도, 그 이름 속에는 법장이 포함되어 있다. 요컨대 법장이라고 하면 한 사람의 이름일 뿐이지만, 실은 모든 사람의 이름을 포섭한 것이며, 모든 이름에 (법장이) 들어 있다고 할 수 있다. 그러니까 이 세상 (사람들의) 이름들과 무관한 것이 결코 아니며, 세상 모든 이름과 인연을 맺고 있는 이름을 법장이라 부른 것에 지나지 않는다. 그러므로 법장 이야기는 우리와 동떨어진 가공의 이야기가 아니다.

비단 이름만 그런 것이 아니다. 법장보살 이야기는 사실 일체중생의 내면에서 움직이고 있는 이야기다. '일체중생'이라 하면 뭔가 막연하지만, 사실 이 책을 읽는 사람, 이 책을 쓰는 내 속에서 시시각각 일어나고 있는 실제 이야기다. 다른 말로 인간 본연의 이야기라고도 할 수

7   진리.

있지 않을까. 즉 누구든지 본래 가진 자신의 성품을 성찰하면, 그곳에 법장이 있음을 볼 수 있다. 그것을 떠나면 우리의 나날은 뿌리를 잃고 말 것이다.

법장이라는 말[8]은 법을 저장한다는 의미다. 법의 진실을 떠나서는 무엇이든 헛된 것이 되어버리고 만다. 그 때문에 어떤, 누구의 일생도 법장비구의 이야기만큼 절실한 것이 없을 터이다. 왜냐하면 만약 우리가 진실한 생활에 들어가면, 즉 법에 순응한 생활에 들어가면 법장보살과 하나되어 살고 있음을 느낄 수 있기 때문이다. 아니, 법장보살이 항상 우리로부터 떠나지 않는다는 것을 알 때, 제대로 사는 것 같은 삶이 시작될 것이다. 그 때문에 법장비구와 나는(여기서 말하는 '나'가 누구를 가리키든 상관없이) 끊으려야 끊을 수 없는 관계인 것이다.

토치히라 후지(栃平ふじ)라는 묘코닌의 입에서 이런 시가 탄생했다.

법장보살은
어디서
수행하실까
(그런) 장소가 있나
모두 나의
마음속에서

8　법장(法藏)은 범어로 dharmākara다. dharma(법)와 ākara(쌓임)가 복합된 말이다. 『대아미타경』에는 '담마가(曇摩迦)'로, 『평등각경』에는 '담마가류(曇摩迦留)'로 음사(音寫)하였으며, 『무량수여래회』에서는 '법처(法處)'로, 『장엄경』에서는 '작법(作法)' 등으로 다양하게 옮겼다.

나무아미타불

아미타불

    전통적 종의(宗義) 가운데 이런 해석이 일찍이 있었는지 모르겠지만, 법장보살이 존재하는 의미를 이만큼 단적으로 꿰뚫은 말도 없는 것 같다. 그녀는 궁벽한 시골의 배우지 못한 노파에 지나지 않았지만, 종학(자)도 가히 미치기 힘든 절창[一句]을 남겼다.

    이를 보면 법장을 가공의 인물이라고만 생각할 수도 없다. 법장을 떠나서는 인간으로서 디딜 땅을 잃게 되는 것이다. 따라서 진실한 모습이 곧 법장이다. 법장의 이야기가 없다면 인간의 진실한 이야기도 없을 것이다. 그런 까닭에 이렇게 말할 수도 있겠다. "만일 인간에게 진실한 것이 나타난다면, 그것은 모두 법장의 모습이 현현한 것이다." 인간이 인간으로 긍정될 수 있는 그 모습을 법장보살이라고 부르는 것이다.

    여기서 잠깐 보살이라는 말에 대해서 살펴보자. '보살'이라고 하면 뭔가 지상의 인간과는 거리가 멀다고 생각하는 사람도 있다. 그러나 보살은 '보리심'을 일으켜 구도에 신명을 바친 사람을 가리킨다. 보리심은 쉽게 말해 깨달음을 얻고자 하는 마음이다. 이를 '도심(道心)'이라고도 한다. 도를 구하는 마음이다. 이러한 보리심을 일으키는 것을 발심(發心)이라 한다. 그러므로 보살은 결코 다른 세상의 사람이 아니다. 이 세상에서 절실하게 구함을 일으키고 오로지 마음을 도에 쏟아 부으며 중생을 구제하고자 뜻을 세운 사람이 모두 보살이다. 그 때문에 보리심을 일으킨다는 것은 인간이 가장 인간다운 마음을 갖는 것을 의미한다. 그러므로 어떤 사람이라도 원래는 보살의 지위에 있어야 할 것이다. 우리는 저마다 이와 같은 보살성(菩薩性)[9]을 지니고 있으므로, 법장은 우리와 멀리 떨어져 있는 존재가 아니다.

그런 이유에서 법장의 모습에는 가장 이상적인 인간이 있다. 바로 순수한 인간이다. 그 때문에 법장은 법에 마음을 쏟는 거사로서 삶을 시작했다(이전에 국왕으로 살았던 경력이 있지만, 역사에 남을 가치는 별로 없다). 그렇게 법에 몸을 바치는 사문(沙門)이 되고, 마침내 정각을 얻어 부처가 되었다. 한평생 인간의 삶에서 이 이상의 경력이 있겠는가. 전형적인 인간의 역사 그 자체다. 거사는 속세에 있는 사람이고, 사문은 출가의 몸이며, 부처는 깨달은 자이다. 그래서 성불을 이룬 자들이 안주하는 나라를 정토라고 한다. 이를 거꾸로 보면, 정토에 머무는 여래도 옛날에는 사바세계에서 지내던 거사(와 보살)[10]이었다는 말이다. 여기서 범부와 부처, 예토와 정토를 연결하는 가르침이 바로 불법(佛法)임을 알 수 있다. 이것을 설명하는 경전이 삼부경이다.

우리는 삼부경에서 이야기하는 사문 법장에게서 모든 인간의 결정체를 볼 수 있다. 사문으로서 법장은 구도에 철저했다. 어디서 도를 얻을 수 있었을까? 생과 사의 대립, 나와 남의 대립을 넘어선 세계를 목

---

9   보살성은 불성과 다른 개념이 아니다. 다만, 법장보살의 이야기를 하는 맥락이기에 '불성' 대신 '보살성'이라는 말을 야나기는 만들어서 쓰고 있다.

10   역자가 괄호 속에 넣어서 보완한 '보살'의 의미는 우리 한국불교에서만 쓰이는 특이한 용법의 말이다. 곧 여성 불자를 가리킨다. 야나기의 서술에는 은연중 남성 중심적인 사고가 엿보인다. '비구, 비구니, 거사'라고만 말한다든지…. 이 문맥에서도 '여래'를 남성 출신자로만 생각하는 혐의가 없지 않다. 『무량수경』의 제35원에서는, 이 세상에서 여성이었던 존재도 극락왕생이 가능하다고 말하는 만큼, 극락에서 성불한 여래들 가운데 당연히 사바세계에서는 여성이었던 분들도 틀림없이 있을 것이다. 그런 이유로 역자는 보살을 추가하여 뜻을 바로잡았다.

표로 했다. 그가 흠모한 것은 불이(不二)의 나라였다. 그에 더하여 모든 수행에 힘써서 정토를 보았을 때, 일체중생을 성냄과 탐욕, 어리석음으로부터 자유롭게 하여 정토로 이끌려는 간절한 원을 세웠다. 스스로를 구제한다는 의미는 다른 사람들까지도 구제한다는 말이다. 법장은 오랜 시간에 걸친 사유(지혜)[11] 끝에 중생제도의 대원(자비)을 세우게 된다. 비(悲)는 큰 사랑이니, 이를 대비(大悲)라고 부른다. 법장은 중생을 구제하려는 서원에 목숨을 건다. 이를 높여서 대원(大願), 혹은 홍서(弘誓)라고 한다. 따로 세운 서원이기 때문에 별원(別願)이라 하고, 본원(本願)[12]이라고도 한다. 사문 법장의 어구는 단호하다.

저는 세상에 없는 서원들을 세웠으니

---

11 『무량수경』에 따르면 불국토를 건설하기 위한 보살행의 실천에 대하여 사유하는 맥락이지, 반가사유상(半跏思惟像)에서 보는 것과 같은 '사유', 즉 삼매나 선정의 의미는 아니다. 『탄이초』에서 신란이 아미타불의 '오겁에 걸친 사유'라고 하였을 때의 의미는 『무량수불』과 다른 것이다. 이런 차이점도 주목할 만하다. 야나기도 신란의 영향을 받았던 것으로 보인다.

12 '본원'에 해당하는 범어는 'pūrva-praṇidhāna'이다. 'pūrva'는 '이전의'라는 뜻이며, 'praṇidhāna'는 '서원'이라는 뜻이다. 그러므로 인도에서의 뜻은 '(아미타불이 성불하기) 전에 세운 서원'을 의미한다. 이를 한문으로 '본원'이라 옮겼는데, 꼭 오역이라고 할 수는 없다. 왜냐하면 한자 '本'의 뜻에 '본디'라는 뜻도 있기 때문이다. '본디'는 '원래'라는 의미다. 다만 표의문자인 한자의 성격상, 또 비록 '본디'라는 뜻이 있지만, 그보다 '근본 본'의 의미로 받아들이는 것이 일반적이다. 따라서 '본원'을 '(가장) 근본이 되는 원'이라고 받아들이는 데 익숙해졌다. 인도적인 의미에서 본다면, 법장보살이 세운 52개의 서원이 모두 다 '본원'이라 할 수 있고, 그렇게 해야 문법적으로 옳다. 그러나 신란의 경우, 제18원만을 '본원'이라 부른다. 지금 야나기가 쓰는 '홍서', '홍원', '별원'도 인도적인 의미에서 사용한 것으로 보인다. 즉 아미타불이 성불하기 전, 수행시대에 세운 원이라는 의미가 되겠다. 다만, 이 책에서는 '본원'이 제18원을 가리키는 경우도 있으니 주의할 필요가 있다.

(서원들이 이루어져) 반드시 위없이 높은 깨달음에 이르게 될 것입니다.

저 원들이 이루어지지 않는다면

맹세코 위없이 높고 올바른 깨달음을 이루지 않겠습니다.[13]

이 대원이야말로 법 그 자체의 요청이 아니겠는가. 법장이 정각을 얻었다는 것은 정각이 법장을 요구했다는 뜻이다. 원과 정각은 떼어 놓을 수 없다. 대원을 세운 법장은 정각을 얻은 여래라는 의미다. 여기서 필연적으로 법장보살은 아미타여래로 격상된다.

일반적으로는 거사에서 보살로, 보살에서 부처로 나아가는 순서를 밟는다. 그러나 실제로는 아미타불이 법장보살로 화현했다고 보는 쪽이 더 심오하지 않을까. 정각이 원을 부르는 것이다. 정각이 없는 원은 본원이 아니다. 법의 세계에서는 생각하는 것이 행하는 것이다. 행동을 약속하지 않는 원은 진정한 원이라 할 수 없다. 원을 세웠으므로 정각을 이루고, 여래의 지위에 오르는 것은 상식이다. 정각이 준비

---

13 역자가 '사서게(四誓偈)'라고 이름 붙인 게송은 48원이 설해진 바로 뒤에 이어진다. 형식은 원문(願文)이 아니라 시로 표현된다는 차이가 있지만, 법장보살의 서원임에 틀림없다. 네 가지 서원을 말하고 있어 '사서게'라고 명명한 것이다. 종래 48원이 끝난 뒤 거듭 서원한다고 해서 '중서게(重誓偈)'라고도 하였으며, 세 가지 서원이 발원되었다고 해서 '삼서게(三誓偈)'라고도 불렀다. 그러나 범본을 참조해보면, 세 가지가 아니라 네 가지 서원을 세운 것이 맞다. 지금 인용문은 사서게 중 제1서(誓)다. 종래 48원에 대해서는 원명을 붙이는 전통이 있었지만, '사서게'의 네 가지 서원에 대해서는 이름을 붙이지 않았다. 그만큼 소홀히 다룬 것이다. 그러나 역자는 이름을 부여하는 것이 옳다고 보고, 제1서를 '육팔만족원(六八滿足願)'이라 이름한다. 앞서 세운 48원이 다 이루어지기를 서원하는 내용이기 때문이다.

되지 않고서는 원 그 자체가 성립하지 않는다. 오히려 여래가 여래다웠기 때문에 비원(悲願)을 일으켰다. 그것이 바로 여래행(如來行)이다. 여래가 스스로에게 부가하는 행위 가운데 법장이 있음에 지나지 않는다. 그러므로 "원이 이루어지지 않는다면 정각을 얻지 않으리라'고 말한 법장의 원이 이루어지면서 비로소 아미타불이 되었던가'라고 묻는 것은 어리석은 질문이다.

법은 성불을 약속하지 않고서 별원을 허락하지 않는다. 부처가 부처답고자 하는 의지와 행위가 원이다. 법장이 아미타가 된 것이 아니라 아미타가 법장으로서 아미타를 완성한 것이다. 혹은 아미타가 아미타를 법장으로 나투었다고 봐도 좋을 것이며, 또는 아미타가 아미타다울 때가 법장의 모습이라고 해도 좋을 것이다. 그 때문에 '법장에서 아미타로'가 아니라 '아미타에서 아미타로'라는 관점으로 법장을 보아야겠다. 그러므로 실은 모든 인간이 다 '아미타에서 아미타로'의 과정에 있고, 그 밖으로 벗어나기는 불가능하다. 다만 인간들은 무명으로 인해 이러한 불가사의를 깨닫지 못할 뿐이다.

덧붙여 한두 가지 더 첨언해두기로 하겠다. 앞에서도 서술한 바와 같이, 『무량수경』에는 '오겁(五劫)의 사유'라든가 '십겁(十劫)의 정각'이라는 말이 나온다. 놀랍게도 대부분의 종학자는 이 숫자에서 헤맨다. 문자에 막혔기 때문이다. '겁'은 범어 '칼파(kalpa)'에서 유래했는데, 헤아릴 수 없는 시간을 가리킨다. 영겁이라고만 말해도 좋겠지만, 5라든가 10이라는 특정한 수를 거론한 것은 구체적으로 상상하는 인도인의 습성에 기인한다. 그들은 1겁이 어느 정도인지 비유로써 나타냈다. 예를 들면 사방 40리 되는 큰 바위가 있는데, 이것을 3년에 한 번씩 하늘 사람이 깃털 옷으로 스쳐서 다 마모되어 없어지는 세월의 시간을 1겁이라 한다. 단지 영겁이라고만 말하면 추상으로 끝나버리기 때문에, 5겁이나 10겁이라 하는 편이 훨씬 구체적이다. 따라서 그 숫자에 집착하면 새로운 오류를 범하게 된다.

상식적으로 생각해도 길고 긴 시간, 멀고 먼 옛날을 의미하기에, 이를 단지 생각으로 헤아릴 수 있는 시간 단위로 이해하면 안 된다. 즉 시작도 없고 끝도 없는 아득하게 먼[久遠] 시간을 의미한다. 겁은 시간의 연장 위에 있지 않다. 즉각 그 자리에서 관찰해야 한다. 그러므로 영겁은 영원한 과거라든가 요원한 미래가 아니라 실로 무한한 현재라는 의미다. 오히려 모든 시간을 찰나로 집중시키는 것이다. 그러므로 영겁의 모습은 영원한 지금, 지금의 지금이다.

경전[14]에서는 "아미타불이 지금 계시면서 설법하신다"라고 하는데, 실로 그렇지 않으면 안 된다. 법장의 이야기는 다만 과거의 이야기가 아니다. 시간 속에서 흐르는 역사가 아니라 바로 지금의 실화다. 누구에게나 가장 신선하고 가장 절실한 바로 지금의 이야기라는 말이다. 아주 먼 옛날이라 생각하는 이유는 우리의 근거 없는 상상력으로 구분하기 때문이다. 오히려 상상력 그 자체로 봐도 좋을 것이다. 법장은 가공의 인물도 아니고 먼 과거의 인물도 아니다. 바로 지금, 바로 이곳, 바로 나라는 사람을 떠나지 않는다. 그 현재가 어느 때든, 그곳이 어디든, 그 '나'가 누구든지 간에.

14 『아미타경』.

南 無 阿 彌 陀 佛

제4장

아

미

타

불

법장보살이 정각을 성취한 그때를 일컬어 아미타불이라 하고, 아미타 여래로 높여 부른다. 불교에서 부처는 기독교 등에서 말하는 신과 큰 차이가 있다. 불(佛)이란 '각자(覺者)' 깨달은 자를 가리킨다. 깨달음을 얻었다는 것은 부처가 되었음을 말한다. 그 부처가 중생제도를 행하면 곧 여래다. 여래는 '진여(眞如)가 온다',[1] 혹은 '오는 것과 같다'[2]라고 읽을 수 있으며, '종여래생(從如來生, 如에서 來가 생함)'이라고 해석할 수도 있다. 이때 '여'는 여실(如實)한 것, 진실한 것이기 때문에 '진여'라든가 '여여(如如)'라는 말이 생겼다. 즉 위없는[無上] 것, 걸림이 없는[無碍] 것을 가리킨다. 그러므로 여래란 진여로부터 이 세상에 출현하여 중생에게 교화(敎化)를 드리우는 부처님을 뜻한다. '화(化)'는 교화하여 이끈다[化導]든가, 교화하여 이익케 한다[化益]든가, 교화한다는 의미로 이해하면 좋겠다.

부처라 불리는 이름은 대단히 많은데, 부처님들은 그 성질에 의해 구별된다. 가장 널리 알려진 것은 법신불(法身佛), 보신불(報身佛), 응신불(應身佛)의 삼신불이다. 이외에도 생신불(生身佛)이나 화신불(化身佛), 그리고 현신불(現身佛) 등으로 다양한 이름으로 불린다.

일찍이 인도에서 태어나 80세에 이 세상을 떠난 석가모니를 기억하는 제자들은 그분을 '생신불'로 간주했다. 살아 있는 불신(佛身)이었던 것이다. 제자들은 그의 죽음에 한없이 슬퍼하였다. 그러나 비록 그

---

1 여래의 산스크리트는 Tathāgata인데, 이는 두 가지로 해석할 수 있다. 하나는 Tathā(진여)+gata(갔다)이니, '여거(如去)'가 된다. 다른 하나는 Tathā(진여)+āgata(왔다)이니, '여래(如來)'가 된다.

2 여기서는 '여'를 명사로 보지 않고, 뒤의 동사 '來'와 '같다'는 뜻으로 파악한 해석이다.

들이 그리워하는 생신의 부처님은 지상을 떠났지만, 법이나 이치로서의 부처는 죽지 않았다. 오히려 석가모니는 그 법이 지상에 현현한 존재라 말할 수 있다. 그러므로 이러한 법으로서의 불신을 법신불이라 이름한다. 법계의 본체인 이불(理佛)이다. 화엄종의 비로자나불,[3] 진언종의 대일여래가 법신불이다.

또 때와 장소에 따라 중생의 근기[4]에 맞추어 설법하여 그들을 제도하는 부처님을 응신불이라 이름한다. 때로는 '화신불'이나 '현신불'로 부르기도 한다. 중생의 근기에 응하여 화현한 불신이기 때문에 그러한 이름을 얻었다. 석가여래는 응신불[5]로 세상에 나타났다고 말할 수 있다.

그런데 이와는 별도로 '보신불'이 있다. 즉 보리심을 일으킨 보살이 행을 닦고 덕을 쌓으며 비원을 일으켜, 그 과보로 불신을 얻은 부처님을 보신불이라고 부른다. 약사여래나 아미타여래와 같은 부처님이다. 그러므로 우리에게 가장 친근한 부처는 삼신불 중 보신불이다. 거사가 보리심을 일으켜 마침내 부처가 되었기 때문이다.

부처님은 어째서 한 분이 아니라 여러 분일까? 어떻게 생신불이 아닌 비역사적인 부처를 믿을 수 있을까? 우선, 젊은 사람들이 많이 품

---

3   원서에는 '천태종의 비로자나불'이라 되어 있으나, 오류이므로 바로잡는다.

4   '때'와 '장소' 역시 '근기' 개념에 포함된다. '때'와 '장소'를 떠난 중생은 존재할 수 없기 때문이다.

5   이것이 대승불교다. 대승불교에서 석가모니불은 '천백억화신 석가모니불'이라고 불리는데, 그 앞에 '청정법신 비로자나불 원만보신 노사나불'이 자리한다. 예배의 순서가 세 번째인 것이다. 만약 초기불교(내지 남방불교)에서처럼 석가모니불을 중심으로 놓고 보면 중생 스스로 부처가 될 수 있다는 메시지가 약화될 우려가 없지 않다. 야나기가 앞서 말한 것처럼 '붓다'를 '석가'와 '중생'을 연결 짓는 매개라고 한다면, 붓다가 위주가 되는 것이 당연하지 않겠는가. 바로 그 이야기를 전하는 것이 석가모니불의 사명이 아니었겠는가.

는 이러한 의문에 대답할 필요가 있을 것 같다.

첫 번째 물음에는 이렇게 대답해보자. 법은 일여(一如)하지만 나타남은 여러 면에 걸쳐 있다. 하나의 태양이 그 빛을 시방세계에 비추는 것과 같다. 빛은 밝음을 주고, 따뜻함을 주며, 혹은 사물에 생기를 주고, 사물을 자라게 한다. 빛은 하나이지만 작용은 하나가 아니다. 부처님 역시 마찬가지다. 모든 부처는 법과 빛의 모든 작용을 드러낸다. 하지만 이를 다신론(多神論)이라고 생각해서는 안 된다. 불법은 '하나' 혹은 '여럿'과 같은 상대적 개념에 머무는 것을 용납하지 않는다. 그리고 본체를 언제나 '둘이 아니라[不二]'고 보기 때문에, 하나도 아니고 여럿도 아니라고 보는 것이다. '일여'라고 할 때, 그것은 수많은 대상과 하나가 된 일여를 가리킨다. 또 같기 때문에 일여라 불러도 좋다. 일여는 '즉'이란 의미다. 이(理)로서의 법신불이 작용하여 응신불이 되며, 또한 보신불로 화현한다. 만약 일신(一神)이 유일신을 뜻한다면, 불교의 입장에서 볼 때 그것은 오히려 이원(二元)으로 떨어진 사상이라 할 수 있다. 일신은 다신의 상대적 개념에 불과하기 때문이다. 궁극적인 것은 불이(不二)이며 즉(卽)이지, 일(一)이나 다(多)가 아니다. 불법에서 말하는 일여(一如)는 결코 숫자로서의 일(一)이 아니다. 불이는 숫자로부터의 해방을 의미한다. 많은 부처를 말하지만 즉을 떠나는 것은 아니다.

흔히 불교는 유신론인지 무신론인지 물어보는 사람이 있다. 그 어느 쪽의 범주에도 속하지 않는다고 대답하는 것이 맞겠다. 왜냐하면 불교가 세우는 '법'은 항상 유무의 대립을 허락하지 않기 때문이다. 무에 상대하는 유의 경우, 필경 이원을 벗어날 수 없지 않겠는가. 그렇기에 (유는) 무에도 떨어지고 만다. 법은 불이를 끝까지 보고 확인하는 것이다. 불이는 무애(無碍)이며 상대라는 개념을 넘어선다. 유신론 혹은 무신론이라고 말하는 것은 아직 절대의 입장이라고 할 수 없다.

두 번째 물음은 '아미타불이 역사성을 결여하고 있지 않은가'라는 힐문이다. 이는 역사적 사실이 아니라서 미타의 존재를 의심하는 입장이지만, 불자라면 오히려 역사를 역사답게 만드는 데서 아미타불을 보아야 할 것이다. 예수 그리스도의 역사성은 자주 인용되는데, 미타는 이를 갖고 있지 않다고 말한다. 하지만 예수의 경우에도 본체는 그리스도다. 예수와 그리스도를 혼동해서는 안 된다. 그리스도는 구세주의 의미로 로고스(logos)이며 법이다. 그리스도라는 법체(法體)가 예수라는 인간으로 화현했다고 보아도 무방하다. 예수라는 역사성은 그리스도라는 본체성(本體性) 위에 존재한다. 예수만으로는 생사에 얽매인 인간에 불과하다. 그리스도는 법체로서 생사를 갖지 않는다. 예수가 그리스도로 이루어졌다고 생각하는 것은 극히 상식적인 이야기다. 예수는 그리스도의 화신이다. 말하자면 예수는 화신불(化身佛)이다. 따라서 지상의 역사로서는 예수가 나사렛에서 태어났다고 말해도 좋으나 그리스도로서는 나사렛이 아닌 베들레헴에서 태어난 것이다. 따라서 진짜 이름은 예수가 아닌 임마누엘이다. 그러므로 그의 진정한 역사는 이 땅에 태어나기 이전에 있다. 이 땅에서의 역사는 그것의 그림자에 불과하다. 그런 까닭에 예수 자신도 "나는 아브라함이 태어나기 전에 있었다"라고 말하는 것이 아닐까. 아브라함은 인간의 조상이다. 역사 이전의 그리스도를 왜 역사적인 차원에서 의미를 부여하려는 것일까. 오히려 그 반대라야 맞지 않을까.

토머스 브라운(Thomas Browne)의 유명한 『의사의 종교(Religio

Medici, 宗敎醫書)』에는 '설령 나의 무덤이 영국에 있다 하더라도 사실은 이미 내가 태어나기 이전부터 에덴에 만들어져 있었다'라는 문장이 있다. 실로 그렇게 되어야 할 터이다. 여기서 '이전(以前)'은 어떤 시간의 전후가 아니다. 참뜻은 전후가 없는 불생불멸의 세계다.

마찬가지로 석가는 역사적 인물이지만, 그것만으로는 생사를 거듭하는 인간에 지나지 않는다. 석가의 존재 이전에 붓다(Buddha)[6]라는 의미가 깃들어 있다. '불타(佛陀)'는 깨달은 자의 법이다. 따라서 일반적으로 석가가 불타가 되었다 하지만, 오히려 불타는 불타답기 위해서 석가를 필요로 했다고 하는 것이 더 타당할 것이다. 그러므로 불타의 의미를 포함하지 않는 석가의 존재는 애초부터 있을 수 없다.[7] 즉 석가의 역사성은 불타에 기반하고 있는 것이다. 비로자나불은 법신의 불타를 가리키는 이름이다.

모든 불교는 법이 중심이다. 법은 단순히 정지된 이체(理體)가 아니라 스스로 여러 모습으로 현현하기 때문에 여러 가지 이름으로 불린다. 미타도 그중 하나로, 역사적 존재는 아니다. 오히려 역사적 존재여서는 안 된다. 그런 까닭에 능히 역사를 역사답게 하는 힘이 된다. 그러므로 미타가 작용하는 세계는 실제로 중생 한가운데 존재한다. 중생은 현실의 역사에서 존재한다. 만약 중생을 중생일 수 있게 하는 법

6 범어 'Buddha'는 명사다. '알다, 깨닫다'를 뜻하는 동사 어근 √budh의 과거 수동분사 형태인데, 명사로 전용(轉用)된 것이다. 범어 '붓다'에는 능동적(자력적)으로 깨달으려는 의지가 보이는 것이 아니라, 수동적(타력적)으로 깨달아진 존재가 붓다임이 함축되어 있다. 야나기는 그 점을 나름대로 파악한 것이다. 붓다(본체성)가 부처(화신불)로 나타난 것이 석가모니불이다.

7 일반적으로 석가를 붓다라고 말한다. 그러나 여기서 야나기는 양자를 구분해서 쓴다. 그럼으로써 붓다의 초역사성을 드러내려는 것이다.

체(法體)가 결여되어 있다면, 그 존재에 무슨 의미가 있겠는가. 중생에게 작용하는 법체를 미타라고 부르는 것이다. 법체가 작용하지 않는 이체(理體)라면 미타가 아니다. 다시 말해서 한낱 중생인 '나'에게('나'가 누구를 가리키든지) 가장 절실히 작용하는 법체가 미타다. 따라서 미타를 떠난다면 나의 존재는 단지 태어나서 죽는 것에 불과하다. 그런 '나'에게 무슨 역사적 의미 같은 것이 있겠는가. 만약 예수라는 역사성에 가치가 있다면, 마찬가지로 '나'라는 역사성에도 분명 가치가 있다. 그러나 모든 현실성은 법체의 화현 없이는 참된 뜻을 실현할 수 없다. 종교는 그런 사실을 알리고자 하는 것이다. 그런 의미에서 (예수가 아닌) 그리스도와 미타에게서 공통된 성격을 볼 수 있다. 예수라는 역사성은 그리스도가 없다면 진정한 역사가 될 수 없고, 중생이라는 현실성은 미타가 없다면 진정한 현실이 될 수 없다.

『대무량수경』에 묘사된 미타의 성질에 대해 조금 더 살펴보자. '아미타'는 범음을 한자로 나타낸 말로 원래는 범어 Amitābhā이며, 여기에는 두 가지 의미가 있다. 첫째는 시간적 언어를 빌려 '무량수(無量壽)'다. 둘째는 공간적인 표현으로 '무량광(無量光)'이다.[8] 전자는 영원, 무시무종, 불생불멸의 뜻으로, 일체의 이원(二元)을 넘어선 것이다. 따라서 실제로는 시간을 재는 것이 불가능하다. 이것이 '한량없는 수명'

---

8   야나기의 설명은 다소 부정확하다. '아미타불'에 해당하는 범어는 두 가지다. 각기 그에 따른 번역어가 다르다. 첫째는 범어로 Amitābhā(원서의 'amitabha'는 잘못이다)인데 무량광(無量光)으로 번역해야 하며, 둘째는 범어로 Amitāyus인데 무량수(無量壽)로 번역해야 맞다. amita = a(부정의 접두어) + √mi(헤아리다)의 과거수동분사 형태, 즉 '헤아려질 수 없는'의 의미가 된다. ābhā는 '빛'을 말하고, āyus는 '생명, 수명'을 말한다.

이라고 하는 근거다. 무량광은 '시방에 가득한 걸림 없는 빛'[9]이다. 모든 공간에 널리 비추어 막힘이 없는 빛이다. 일체를 비추는 빛, 어둠이 없는 빛, 속박이 없는 빛이라고 할 수 있다. 즉 걸림 없는 빛, 어디든지 통하는 빛, 일체중생을 거두어들이고 포용하는 빛이라는 의미다. 세상 어떤 것도 이 빛에서 벗어날 수 없다.

그렇다면 헤아릴 수 없는 수명과 헤아릴 수 없는 광명으로 우리를 맞아주는 아미타불은 무엇을 의미하는 것일까? 불법(佛法)은 '큰 지혜', '큰 자비'를 설하지만, 실로 아미타불은 큰 자비의 측면을 남김없이 드러내는 불체(佛體)[10]다. 아미타불이 자비를 베푼다고 말하기보다는, 자비를 행하는 자체가 아미타불이다.

그런데 생각해보면 불국토에 나투신 부처로서 자비를 드러내는 것이 아미타불만은 아니다. 아니, 어떤 부처라도 자비롭지 않은 부처는 없다. 예를 들면 미륵불도 그렇고, 약사여래도 그렇다. 지장보살도 그렇고, 관세음보살도 그렇다. 모두 민중과 친숙한 자비의 부처다. 그런데 어째서 특별히 아미타여래를 대비(大悲)의 부처라고 우러르는 것일까? 그것은 전적으로 아미타여래가 보여준 원행(願行) 때문이다. 원은 중생을 반드시 제도하겠다는 원이고, 행은 중생을 정토에 왕생케 하는 행이다. 큰 원을 세운 부처가 아미타불 한 분으로 한정되는 것은

---

9   한문 원문으로는 '盡十方無礙光如來(시방세계 끝까지 걸림이 없는 빛을 가지신 여래)'이다. 천친(天親/世親)의 『정토론(무량수경우파제사원생게)』 중에 나오는 말이다. '진시방무애광여래' 앞에 '歸命(귀명)'이 더 있다. 이 '귀명진시방무애광여래'는 신란이 즐겨 말한 문구로, 정토진종에서는 '10자명호'라 하여 족자로 써서 법당에 걸기도 한다.

10   고려 초 균여(均如, 923-973)가 지은 향가 「보현십원가」에 의하면, '부처'라는 우리말이 형성되는 과정의 초입에 '불체'라는 말이 있었음을 알 수 있다.

아니지만, 아미타불만큼 열렬하게 또 정연하게 중생제도의 별원(別願)을 세운 부처는 없다. '별원'은 별도로 세운 특별한 비원을 가리킨다. 자비가 두터운 부처는 많이 있지만, 아미타불만큼 대비 그 자체로 근기에 알맞게 응하고 그들의 제도를 강력하게 맹세한 부처는 없다. 아미타불이 있어서 맹세가 일어났다기보다 맹세 자체가 미타가 되어 나타났다. 미타는 어떤 부처보다 더 자비로운 부처다. 그러므로 대비 자체를 미타라고 부르는 것이다.

비(悲)는 내포된 뜻이 많은 말이다. 대립이 있는 이 세상은 슬픔[悲]으로 가득 차 있다. 인간의 운명은 그것을 벗어날 수 없다. 하지만 슬픔을 슬퍼하는 마음이 무엇이던가? 함께 슬퍼하는 사람이 있을 때 그 슬픔에는 따스함이 깃든다. (함께) 슬퍼하는 것은 따스하게 하는 것이다. 슬픔을 위로하는 것이 곧 슬퍼하는 감정 아니겠는가. 슬픔[悲]은 '자(慈)'이면서 '애(愛)'다. 슬픔을 지니지 않는 자애가 있을까? 그러므로 자비라고 말한다. 이를 높여서 대비라고도 한다. 고어(古語)에서는 '애(愛)'를 '슬픔'으로 읽고, 나아가 '미(美)'라는 글자조차 '슬픔'으로 읽었다. 신앙의 차원에서는 자애가 충만한 관음보살을 '슬픔의 어머니 관음[悲母觀音]'이라고 부르지 않던가? 어디 그뿐인가. '슬픔의 어머니 아미타불[悲母阿彌陀佛]'이라는 말도 있다. 기독교에서도 신앙이 돈독했던 중세시대에 마리아를 부를 때, 'Lady of Sorrows'라고 했다. '슬픔의 여인'이라는 의미다. '아베 마리아(Ave Maria)'는 슬픔에 잠긴 그녀를 찬양하는 외침이다. 인간은 자비에 굶주려 있다. 자비 없이 사는 것은 불가능하다.

기독교에서는 '사랑[愛]'을 중요하게 말한다. 사랑과 자비의 뜻은 서로 가깝지만, 같지 않은 면도 눈에 띈다. 사랑은 그 이면에 미움과 성냄을 가지고 있다. 신은 엄격한 심판자로서 올바른 자를 구제하고 사악한 자를 벌한다. 하지만 대비의 미타에게 심판자의 성격은 없다.[11] 대비는 그 이면에 미움을 갖지 않는 사랑이다. 그러므로 깨끗한 사람도 깨끗하지 않은 사람도 다 거두어들인다. 어진 이나 어리석은 이나 모두 거두어들인다. 악이든 더러움이든 부드럽게 품는다. 이것이 대비다. 미타여래다. 불법은 사랑과 미움을 말하지 않는다. 선종(禪宗)의 3조 승찬(僧璨, ?-606)의 『신심명(信心銘)』에서도 "다만 미워하거나 사랑하지 않으면 훤하게 밝아지리라"라고 노래했다. 앞에서도 서술했듯이, '불이(不二)' 안에 자비 그 자체가 들어 있다. 따라서 유정무정(有情無情)의 일체중생을 다 거두어들인다. 어떤 중생이라 하더라도 지금 부처가 맞이하러 오는[12] 그 길 앞에 있는 것이다. 정토종 사찰에 가서 본존을 친견해보라. 지금 우리에게 다가오는 미타의 모습을 볼 수 있으리라.

삼부경에 나오는 아미타불의 이야기는 어느 하나 거짓된 기록이 없다. 우리의 고뇌와 고통, 기도와 소원, 위로와 구제, 안심과 성불, 그리고 빛나는 정토의 장엄하고 화려한 모습을 가장 생생하게 그려내고 있다. 고뇌하는 인간과 자비로운 부처의 만남을 이보다 더 절실하게 묘사할 수는 없다. 경전 속의 묘사는 모두 유한한 인간의 번뇌에서 출발하여 도를 구하는 뜻을 일으키고, 행동을 깨끗이 하고자 하는 마음으로 불타고, 예토를 넘어 정토를 보고자 하는 희망을 말하는 것이다.

---

11 정토교와 기독교의 유사성에 대한 질문이 많이 제기되지만, 심판자의 유무를 기준으로 본다면 그 차이점 역시 적지 않다.

12 원어는 '내영(來迎)'이다. 이 책 '제13장 내영 불래영'에서 상세히 논의하고 있다.

일단 그 빛을 쐬고 나면 일체중생은 그러한 정토에 왕생코자 하는 원(願)에 목숨을 걸게 된다. 이것이야말로 끝나지 않는 인간의 기도라고 부를 수 있을 것이다. 그러나 아무래도 아직 그것이 나의 기도라 말할 수는 없다. 나로 하여금 이렇게 기도하게 만드는 무언가가 있는 것이다.

뭐랄까, 진실한 기도란 받아들여질 수 있는 기도를 의미한다. (기독교에서는) "두드려라, 그리하면 열릴 것이다"라고 말하는데, '그리하면'이라는 말을 중간에 삽입할 필요가 있을까? 실제로 두드리는 것이 곧 열리는 것 아닌가? 아니, 열리지 않을 문을 두드린다는 것은 있을 수 없다. 오히려 여는 것이 원인이고, 두드리는 것이 결과[13]라고 하는 것이 맞겠다. 아미타불이란 그렇게 문을 여는 아미타불이다. 중생제도라는 원(願)과 제도하는 행(行)은 같은 것이다. 행해지지 않는 원[14]이 있다면, 그것은 대립이 있는 세상에서 일어나는 일에 불과하다. 원에 행이 동반하지 않는다면, 그 원의 어딘가에 이기(利己)의 그림자가 남아 있기 때문이다. 비원은 그러한 그림자를 놓아두지 않는다. 우리가 괴롭다면 아미타불 역시 괴롭다. 왜냐하면 고통받는 중생들의 구제를 맹세했기 때문이다.

다시 말해 아미타불의 대비(大悲)가 작용하는 곳에서 중생의 제

---

13 먼저 두드려야 그 뒤에 열린다는 것은 일반인의 상식적인 사고로, 선후관계가 명백하다. 그런데 불교(대표적으로 화엄)에서는 원인과 결과를 동시에 작용한다고 보기도 하고, 오히려 결과가 먼저이고 원인이 나중이라고 하여 상식적 견해를 뒤집는다. 야나기는 이러한 화엄의 논리로 정토신앙을 해설하고 있다.

14 원만 세우고서 행이 없는 것을 별시의(別時意)라고 하는데, 중국에서부터 정토종의 조사들이 일관되게 비판해 마지않는 이설(異說) 중 하나다.

도가 이루어지지 않는 순간은 없다. 그러므로 만일 중생을 정토에 태어나게 하지 못하면 정각을 취하지 않겠노라고 한 법장비구의 대원과 그 원이 성취되는 순간은 동시(同時)적인 것이다. 별시(別時)가 있을 리 없다. 이미 십겁 이전에 (아미타)부처가 정각을 성취한 그 찰나에 우리는 이미 제도되었던 것이다. 『안심결정초』에서도 "부처가 정각을 성취하는 것과 우리가 왕생을 성취하는 것은 동시에 일어난다"라고 기록하고 있다. 이것이 법의 세계에서 일어나는 불가사의다. 이해하기 어렵다면, 그것은 이 세상의 기준으로 가늠하고 있기 때문이다. 대원을 일으킨 법장보살이 바로 정각을 이룬 그 법장이다. 정각을 이룬 그를 아미타불이라 부른다. 그런 까닭에 아미타불 가운데 중생의 왕생은 성취되어 있다. 이 불가사의를 사람들에게 알리려는 것이 염불종의 한결같은 염원이다.

잇펜 스님이 꿈에서 받은 계시에서는 "아미타불이 십겁 이전에 깨달았을 때, 이미 일체중생의 왕생이 '나무아미타불'(육자)로 결정되어 있다"[15]라고 하였다. 애처롭게도 아직도 많은 사람들이 이 깊은 뜻을 알지 못한다. 단지 무명(無明) 때문에, 아집 때문에 이 대비의 은혜를 알지 못하고, 또 인정하지 않고 죽어간다. 그래도 미타는 구제의 준비를 한순간도 게을리한 적이 없다. 범부가 그로부터 멀어지더라도, 미타는 가까이 다가가기를 멈추지 않는다. 한 걸음 멀어지면 두 걸음 다가가는 자비의 강렬함을 깨뜨릴 수 없다. 따라서 어떤 사람도 미타의 마음에서 벗어날 수 없다. 다만 그것을 깨닫지 못하고, 또 깨달으려고 하지 않는 사람이 있을 뿐이다.

15 　구마노(熊野)의 신탁에 나오는 내용이다. 『일편성회(一遍聖繪)』 제3권.

하지만 어떻게 해서라도 이것을 깨닫게 해주려고 부처님은 더욱더 노력한다. 그래서 지극히 쉬운 길을 알려주고 있는 것이다. 그 간절한 비원의 표명이 제18원이다.

제5장

제
/
18
/
원

법장보살이 세운 마흔여덟 가지 원은 하나하나가 중생제도를 위한 대원(大願)이다. 제1원에서 제48원에 이르기까지 모두 "~이라면(또는 그렇지 않다면) 정각을 이루지 않겠노라[不取正覺]"라며 원력을 세우고 있다. 즉 모든 중생을 괴로움에서 구하여 정토로 인도하지 못하면 부처가 되지 않겠다는 뜻이다. 법장보살이 세운 마흔여덟 가지 서원은 하나하나가 다 의미심장하다. 그 가운데 특히 범부를 위해 세운 원이 있는데, 구제받기 어려운 범부를 어떻게 해서라도 구제하고자 하므로 '원 중의 원'이라 부른다. 왜냐하면 하품의 중생(衆生)들까지 구제받을 수 있다는 사실만큼 놀라운 일은 없기 때문이다. 그것을 맹세하는 원력이야말로 본원 중의 본원, 또는 '왕본원(王本願)'이나 '원왕(願王)'이라 불릴 만하다. 이것이 바로 제18원이다.

요컨대 나머지 마흔일곱 가지 서원은 모두 이 하나의 원으로 수렴되는 보조적 원[1]이라고 할 수 있다. 그 정도로 제18원의 의미를 깊고도 무겁게 보는 것이, 그동안 염불문이 계승해온 전통이다. 그렇다면 원력의 왕으로 불리게 된 특징은 어디에 있을까? 바로 왕생의 업으로 지극히 쉬운 염불 하나만을 권한다는 점이다. 그래서 제18원은 '염불왕생의 원'으로 불린다. 다음 장에서 자세히 서술하겠지만, 염불은 부처님을 생각하는 것이다. 여기서 염불은 염성일여(念聲一如)[2]라고 해

---

1 야나기가 진중하게 생각하는 『안심결정초』의 모두(冒頭)에 "홍서(弘誓)는 48가지이나, 제18원을 본의로 한다. 나머지 47가지는 이 (제18)원을 믿게 하기 위한 것이다"라는 말이 나온다.

2 '염성시일(念聲是一)'이라고도 한다. '염'은 명상적인 집중을 의미하고, '성'은 명호를 소리 내어 부르는 것이다. 『관무량수경』에서는 이 양자를 구분하였다. 하지만 선도로부터 호넨에 이르는 전개에서는 명상적인 염불을 배제한다. '나무아미타불'이라고 말하는 것이 염불이 된다. 그런 뜻에서 하는 말이다.

서 소리 내어 부처님의 명호를 부르는 것을 말한다. 이 염불은 구칭(口稱)이며 칭명(稱名)이다. 즉 칭명은 '나무아미타불'이라고 입으로 소리 내어 부처님의 명호를 부르는 것이다. 그러니까 왕생을 위한 수행으로 단지 이것 하나, 이 염불만으로 충분하다는 것이다. 이것이 바로 염불을 이행(易行)으로 부르는 이유다. 그 어떤 어려운 요구도 중생에게 하지 않는다. 이토록 쉬운 왕생의 길이 범부에게 준비되어 있다는 것은 얼마나 의미심장한 일인가. 단지 '나무아미타불' 육자를 읊조리기만 하면 된다. 이 간단한 육자 속에 더 이상 깊을 수도, 더 이상 높을 수도 없는 온갖 진리가 다 들어 있는 것이다. 염불문의 고승들은 지혜를 모아 그 비의(秘義)를 우리 앞에 열어주셨다.

왕생을 위해서는 여러 가지 수행법을 생각해볼 수 있다. 악행을 고치고, 선을 행하며, 계율을 지키고, 경전을 베껴 쓰며, 사찰을 짓거나, 보시를 하고, 불도(佛道)를 설하는 등 여러 가지 맑고 깨끗한 선업이 있다. 그러나 이런 모든 제행(諸行)[3]의 공덕보다 더욱 뛰어난 것이 '염불의 행'이라는 것이다. 그것도 단지 육자 명호, '나무아미타불'만 하면 되므로 아무리 하품하생의 중생이라 하더라도 가능한 일이다. 그러니 이것이야말로 모든 사람이 걸어갈 수 있는 길이라 하겠다. 정말 그러하다면 이보다 고마운 길이 또 어디 있겠는가. 제18원만큼 지순한 길도, 간략하고 소박한 길도 없기에 본원 중의 본원이라 불리는 것이다. 만약 이 하나의 원, 즉 제18원이 없었다면 평범한 서민들은 어떻게 해야 했을까? 길이 없지 않겠는가.

---

3   이러한 행들은 모두 호넨이 『선택본원염불집』에서 비판·배척하고자 노력했던 제행본원의/제행왕생의(諸行本願義/諸行往生義)에서 말하는 여러 가지 수행들이다.

여기서 제18원으로 다시 돌아가자. 이는 중요한 원문(願文)이므로 다시 한번 인용해두기로 한다. 원은 하나지만 여기에는 이른바 인문(因文)과 과문(果文) 두 가지가 있다. 전자는 『쌍권경(雙卷經)』[4]의 상권에, 후자는 하권에 나타나 있다.

(인문)

가령 제가 부처가 된다 하더라도 시방세계의 중생들이

(저의 이름을 듣고 나서는)[5] 지극한 마음으로 믿고 좋아하며

저의 나라에 태어나고자 하여,

예컨대 열 번 (저의 이름을) 염하여서도 만약 태어나지 못한다면,

위없이 높고 올바른 깨달음을 얻지 않겠습니다.

設我得佛 十方衆生 至心信樂

欲生我國 乃至十念 若不生者 不取正覺[6]

(과문)

어떤 중생이라 하더라도

저 (아미타불의) 명호를 듣고서 신심으로 기뻐하여,

예컨대 한 번만이라도 (아미타불의 명호를) 일컫고 지심으로 회향

---

4   『무량수경』을 일컫는다. 상·하 2권이기에 이렇게도 부른다.

5   괄호 속 부분은 범본에 있는 말(mama nāmadheyaṁ śrutvā)을 옮긴 것이다. 『무량수경』에서는 번역하지 않았으나, 『무량수여래회』에서는 '저의 이름을 듣고 나서는[聞我名已]'이라고 번역하였다.

6   제18원에는 이 뒤에 '유제오역비방정법(唯除五逆誹謗正法)'이라는 말이 더 있다. 야나기는 논의의 필요상 일단 생략하고 있다. 그 부분의 논의는 이 장을 마치기 직전에 나온다.

하면서

저 나라에 태어나기를 원한다면 곧 왕생하여

불퇴전(의 지위)에 머물게 된다.

諸有衆生 聞其名號 信心歡喜 乃至一念

至心廻向 願生彼國 卽得往生 住不退轉

선도 대사는 『관경소(觀經疏)』에서 제18원을 다음과 같이 주석하고 있다.

'혹여 내가 성불할 시에

시방세계 중생들이 내 명호를 외워,

열 번을 염불해서 부처님의 땅에 나지 못한다면,

나는 정각을 이루지 않으리'[7]라고 말씀하셨다.

저 부처님은 현세에 계시면서 성불하셨다.

마땅히 알아야 할 것이다.

일찍이 맹세하신 무거운 서원이 헛되지 않았음을.

중생이 칭념하면 반드시 왕생을 얻으리.

호넨은 『정토종약초(淨土宗略抄)』에서 제18원을 쉬운 말로 다음과 같이 설명하였다.

---

7   선도는 제18원 중에서 '지심신요, 욕생아국' 부분을 생략하였다. 그럼으로써 칭명염불이라는 행을 더욱 중시하고 있음을 보여준다.

내 만약 부처가 될 적에 시방세계 중생들이

내 나라에 태어나고자 원력을 세워

나의 명호를 부르기를 열 번 했음에도[8]

나의 원력대로 만약 불국토에 태어나지 못할진대,

나는 부처가 되지 않으리라.

이 서원을 알기 쉽게 현대어로 바꾸어보면 이렇다.

가령 내가 부처가 될 수 있다 하더라도,

모든 중생이 마음으로부터 신심을 일으켜

정토에 왕생코자 원하여 단 열 번만이라도 소리 내어

부처님의 명호를 불렀음에도,

만약 그들 중생이 정토에 태어날 수 없다면

나는 성불하지 않겠다.

이렇게 법장보살은 아미타여래가 되어 현재 정토에서 법을 설하고
계신다.

그런데 이 원문(願文)에서 가장 놀라운 부분은 법장보살의 성불과
우리의 성불이 동시에 이루어진다는 대목이다. 우리가 왕생하는 그때
법장보살 또한 여래가 되는 때임을 의미하는 것이다. 바꾸어 말하면
구제하고자 하는 원과 구제받고자 하는 행이 동시에 이루어지는 것이

8   호넨 역시 선도를 이어서 '지심신요' 부분을 옮기지 않고 있다.

다.[9] 그러면 이러한 불가사의한 일이 언제 일어나는가. 그것은 열 번, 아니 단 한 번이라도 소리 내어 부처님의 명호를 부르는 그 순간에 일어난다. 그것이 누구의 목소리든, 혹은 어느 때이든 상관없다. 그 소리가 정토를 그리워하며, 마음으로부터 부처님에게 의지하고자 하면 그것으로 충분하다. 별달리 학문을 필요로 하지도 않으며, 계행(戒行)이나 선행(善行)을 요구하지도 않는다. 오로지 부처님 명호를 부르기만 하면 그것으로 충분하다. 게다가 그 명호는 긴 주문 따위가 결코 아니다. '나무아미타불' 겨우 여섯 자에 불과하다. 단지 그것을 부르기만 하면 된다. 이 정도라면 어떤 범부라도 가능하지 않겠는가. 그러므로 이 염불왕생원을 '범부왕생원'[10]이라 불러도 좋을 것이다. 범부가 성불

---

9   우리가 열 번 '나무아미타불' 염불을 하면 우리의 왕생성불이 결정됨과 동시에, 그렇게 우리의 왕생성불이 결정되었으므로(법장보살의 서원이 이루어졌으므로) 법장보살 역시 아미타불로 성불하게 된다는 것이다. 법장보살의 성불 여하는 우리에게 달려 있고, 우리의 염불에 달려 있다는 의미다. 이는 왕생의 문제를 주체의 내부에서 바라볼 때 나올 수 있는 실존적 해석이 아닐 수 없다.

10   제18원을 범부왕생원으로 부르는 것은 야나기의 독창적 명명(命名)이다. 이 기회에 종래 주석가들의 원명들을 함께 살펴보면 호넨은 '염불왕생원', 신란은 '지심신요원'(신란은 다양한 이름을 붙였는데, 앞서 살핀 바 있음), 신라의 법위는 '원십념성자개득왕생(願十念成者皆得往生, 십념을 이루는 자는 모두 왕생을 얻기를 원함)', 경흥은 '섭상품원(攝上品願, 상품의 중생을 제도하려는 원)', 의적은 '섭취지심욕생원(攝取至心欲生願, 지심으로 왕생하려는 중생을 제도함)' 등으로 불렸다. 또 원(元)나라의 왕자성(王子成)은 '십념왕생원(십념으로 왕생하는 원)'으로 불렀다. 역자는 권진염불원(勸進念佛願, 염불하기를 권진해주시는 원), 제도중생원(濟度衆生願, 중생을 제도하는 원), 신요십념원(信樂十念願, 신요하여 십념을 하는 원) 등으로 부르고 있다. 이러한 각 원명들은 해석자들의 자기 철학이 투영되어 있는 명명이다. 법에는 주인이 없지만, 법에 대한 해석에는 주인이 있다. 특히 번역할 때 이러한 원들 가운데 어느 하나를 채택하여 쓰는 경우를 보는데, 원래 그 원명을 붙인 주석자가 누구인지 밝히지 않는 경우가 왕왕 있다. 당연히, 반드시, 누가 붙인 원명인지를 밝혀야 할 것이다.

하지 못하는데 어떻게 중생제도가 끝날 수 있겠는가. 중생제도의 초점은 무엇보다도 범부를 제도하는, 바로 거기에 있다. 범부야말로 누구보다 우선하여 왕생시켜야 한다. 중생제도의 별원(別願)은 그 하나의 문제, 즉 범부의 성불에 달렸다.

호넨은 "우리가 정토종을 세우는 마음은 범부가 보토(報土)에 태어날 수 있음을 보여주기 위함"(『칙수어전(勅修御傳)』 제6권)이라고 하셨다. 여기서 말하는 보토는 과보로서 약속된 곳,[11] 즉 정토(淨土)를 가리킨다. 그러기 위해서는 범부가 걸어가기에 알맞은 쉬운 길이 정토로 연결되어 있어야 할 것이다. 그 길을 가르쳐주는 것이 제18원이다.

왜 모든 염불종이 이 하나의 원에 그 법문을 세우고 있는지 이유를 알 수 있다. 염불종은 특히 평범한 사람들을 위해서 마련된 종문으로, 민중의 종교이며 서민의 종교다. 그러므로 재가불교라고도 할 수 있다. 중생들 가운데 특히 재가자, 가난한 사람, 미천한 사람, 못 배운 사람, 시골 사람, 농민, 어부, 기술자, 상인 등 사회적 하층민[12]으로 살아가는 사람들을 위해 열린 종문이야말로 제18원에 의거한 염불의 한 길[念佛道]이다.

거기서 그치지 않는다. 죄지은 사람, 어리석은 사람, 부정 탄 사람, 천한 사람, 삿된 사람, 거만한 사람, 학대받는 사람 등 이들이야말로 범부 중의 범부가 아니겠는가. 그러한 범부를 위해 발원한 대원이 바

---

11 법장보살의 5겁에 걸친 사유(수행)의 결과 이루어진 정토이기에 '보토'라고 한다.

12 현대에는 적어도 이념적으로는 신분 차별이 없다. 그러므로 이렇게 말할 수 없지만, 호넨이 정토종을 열었던 중세에는 이러한 사람들은 다 하층민이었다.

로 '염불왕생의 원'(제18원)인 것이다. '시방세계의 중생'[13]인 이상, 누구에게나 열려 있다. 그러므로 아무리 하열한 범부중생이라 하더라도 진리의 세계에서는 평등한 손님이다. 아니, 오히려 그들이야말로 주빈(主賓)이라고 해야겠다. 왜냐하면 바로 범부의 성불에 아미타여래의 염원이 담겨 있기 때문이다. 그들 범부가 성불할 수 없다면 부처는 부처일 수 없는 것이다. 아미타불이 목숨 걸고 세운 원력이 바로 이 원이다. 그런 점에서 하배(下輩)의 중생들, 그리고 하근기의 사람들이야말로 아미타불의 정객(正客)[14]이라 할 수 있다.

마찬가지로 『무량수경』에도 제18원과 밀접한 가르침이 있는데, 소위 '삼배(三輩)' 중 하배에 관해 설한 부분이다. 삼배란 인간의 근기를 상중하로 나눈 것으로, 하배는 가장 낮은 근기를 말한다. 『관경(觀經)』에서 말하는 하품(下品)[15]에 해당한다. 주목해야 할 부분은 『대경(大經)』의 하권에 나온다.

부처님께서 아난에게 말씀하셨다.

그 하배는 시방세계의 모든 하늘과 사람들, 그들이 지극한 마음

---

13 제18원은 '시방중생'을 대상으로 하여 시방세계의 중생에게 주어지는 아미타불의 원이다.

14 주빈과 같은 뜻이다. 이 말은 일본의 다도에서 나왔는데, 다회(茶會)를 할 때 초대받은 손님들 가운데 가장 귀한 분을 정객, 그다음은 차객(次客), 삼객(三客) 등으로 나누어서 자리 배치나 차를 대접하는 순서를 정했다.

15 『관경』, 즉 『관무량수경』에서는 근기를 상품, 중품, 하품으로 나누고, 『대경』, 즉 『무량수경』에서는 상배, 중배, 하배로 나눈다. 이러한 구분은 하품이나 하배를 차별하기 위해서가 아니라, 하품이나 하배의 중생들까지도 왕생할 수 있음을 말하기 위해서다.

으로 저 (아미타불의) 나라에 태어나고자 하여, 가령 (중배에서 말한) 여러 공덕을 능히 지을 수 없더라도, 마땅히 위없이 높고 올바른 깨달음을 얻고자 하는 마음을 일으켜, 한결같이 뜻을 오롯이 하고서, 열 번 염불하여 무량수불을 생각하면서 그 나라에 태어나기를 소원해야 할 것이다. 또는 심오한 진리를 듣고 환희·신요하여 (부처님 지혜에 대하여) 추호의 의심 없이 단 한 번의 염불[一念]이라도 하고, 부처님을 염하면서 마음을 다해[至誠心] 저 나라에 태어나기를 원한다면, 이 (십념을 하거나 일념을 하거나 하는 두 종류의) 사람들은 임종시에 꿈속에서 부처님을 뵙고 왕생을 얻게 될 것이다. (이 하배의) 공덕과 지혜는 중배의 사람들에 버금간다.

여기서도 십념과 일념의 염불을 말하는데, 이 칭명이 반드시 왕생을 약속한다는 것을 알리고 있다. 하배는 상배처럼 사문¹⁶도 될 수 없

---

16 『무량수경』에서는 '집[家]을 버리며 (성적인) 욕망을 내다 버리고 사문이 되어야' 상배라고 하였다. 그러나 같은 '후기 『무량수경』' 계통에 속하는 범본이나 『무량수여래회』에는 그러한 말이 없다. 반면 '초기 『무량수경』' 계통인 『대아미타경』과 『평등각경』은 공히 '마땅히 아내[妻子]를 버려서 애욕을 끊고 사문이 되는 것'을 제1배(상배)라고 하였다. 윤리적으로 작선주의(作善主義)의 입장을 취하고 있는 '초기 『무량수경』'에서 윤리를 구제의 조건으로 내세우지 않게 되는 '후기 『무량수경』'으로 변화한 것은, 아미타불의 마음에 대한 해석의 변화를 반영한다. 이는 정토신앙이 범부를 위한 설법임을 생각할 때 대단히 바람직한 방향이 아닐 수 없는데, 그러한 변화 과정에서 『무량수경』은 극복되어야 할 '초기 『무량수경』'의 입장을 온존시키고 있다. 그만큼 윤리적 작선주의의 힘이 컸음을 알 수 있다. 한편 이 문제에 대해서 원효는 사문이 되는 것이 왕생의 정인(正因, 직접적 원인) 자체가 아니라 그저 정인을 보조하는 '정인방편(正因方便)'에 지나지 않는다고 보았다. 원효보다 더

122

고, 중배처럼 선을 닦고 계를 지키며 공양을 올릴 수도 없는 범부들이다. 그러나 다만 일념이라도 아미타불의 이름을 부르면, 임종 때 부처님께서 내영[17]해주리라는 것을 의심하지 말고 (아미타불께) 맡기라고 설한다.

『관경』에 있는 '제16관', 즉 '하배생상(下輩生想)'의 단락은 『대경』의 하배를 설하는 부분에서 유래했을 것이다. 『관경』은 바로 다음과 같이 말씀을 맺고 있다.

> 부처님께서 아난에게 말씀하셨다.
> 너는 이 말씀을 잘 지녀라.
> 이 말씀을 지닌다는 것은
> 곧 무량수불의 이름을 지니는 것이다.

오로지 아미타불의 명호를 지니라는 『아미타경』의 가르침 또한 모든 것을 오로지 칭명에 맡기라는 취지다. 중생에게 염불이라는 한마디를 알려주신 것은 부처님의 가없는 가피다. 이 길이 있기에 하배인 범부에게도 한 가닥 광명이 비치는 것이다. 틀림없이 비치는 것이다. 만약 이 가르침이 없었다면, 중생제도는 덧없는 꿈으로 끝나고 말 것이다. 부처님의 대원은 무엇보다도 범부에게로 집중되어 있다. 그들 범

급진적인 비판은 잇펜에게서 나온다. 아예 사문은 상배가 아니라 중배라고 말한다. 재가하면서 염불하기는 더 어려우므로, 재가자를 상배로 평가하였다. 이에 대한 논의는 이 책 '제17장 승·비승·스테히지리'에서 자세히 다룬다.

17 염불한 사람의 임종시에 아미타불이 여러 보살을 대동하고서 이 염불자를 맞이하기 위하여 마중 나오시는 것을 말한다.

부를 위해서는 오직 행복만 준비되어 있다. 아니, 하근기이기에, 하배이기에 든든하게 준비된 행복이 있는 것이다. 칭명이야말로 범부와 아미타불을 맺어주는 끈이다. 그렇기 때문에 '칭명을 오로지 하고, 오로지 칭명하라'고 권유하는 것이다. 요컨대 염불문에서 항상 전수염불을 설하는 뜻이 여기 있다.

중생을 향해 한결같이 '부처님의 서원에 편승하라'는 것은, 이 서원의 배를 얻어 타기만 하면 극락왕생이 결정된다는 사실을 알리기 위함이다. 마치 바다를 건너기 위해 배를 타는 것과 같다. 배에 오르기만 하면 쉽게 목적지에 도달할 수 있다. 자신의 힘으로 헤엄쳐 가야 한다면 언제 도착할 수 있겠는가? 또 언제 힘이 다 빠져버릴지 알 수 없다. 아무리 무거운 돌이라도 큰 배에 실을 수만 있다면 가라앉는 일은 일어나지 않는다. 인간의 경우도 마찬가지라고 정토문의 가르침은 설한다. 그 때문에 타력문[18]이라고 부르는 것이다.

---

18 '타력'이라는 말은 담란(曇鸞)의 『정토론주』에 나오는 말이다. 담란은 불교 전체를 자력과 타력으로 나누는 교판을 제시하면서, 타력으로 신앙해야 한다고 주장했다. 불교는 애당초 자력과 자각의 종교로 시작하였다. 그렇기에 우리나라 불교에서 이 '타력'이라는 말에 대한 거부감은 상상 이상으로 강하다. 그래서 역자는 졸저 『관세음보살이여, 관세음보살이여』(불광출판사, 2024)에서 그 대안으로 '불타주의'라는 말을 제안한 바 있다. 칭명이라는 행위의 주체는 겉으로 보면 중생이 맞다. 따라서 중생의 자력으로 왕생 가능하다고 보는 것은 '중생주의'라 아니할 수 없다. 내가 칭명하는 이면에는 일찍이 아미타불로부터의 권진(권유)이 있었기 때문이다. 그에 초점을 맞춘다면, 칭명의 주체는 바로 아미타불이 아니겠는가. 이를 '불타주의'(구체적으로는 '미타주의')라 부를 수 있다. 여기서 생각해볼 것은, 석가모니부처님은 보리수 아래서 깨달았을 때 '불타주의'의 태도를 취하셨을까, 아니면 '중생주의'의 입장이셨을까? 선불교의 1,700화두가 모두 그 '중생주의'의 '중생'을 탈락시키려는 도구들 아니겠는가. 타력의 '불타주의'로 돌아가지 않고 중생들이 스스로 자력·자각이라는 아상(我相)을 지니고 있는 한, 깨달음은 요원하지 않

호넨은 『일지소소식(一紙小消息)』[19] 말미에 이렇게 적고 있다.

하늘을 우러르고 땅에 누워서 기뻐할 일이니,
이번 생에 아미타불의 본원을 만나게 된 것을.
길을 가든 머물든 앉든 눕든 갚아야 하리니,
저 부처님의 은덕을.
기대고 기대야 할 것은 '내지 십념'이라는 말씀,
믿고 또 믿어야 할 것은 '반드시 왕생'이라는 글임을.

스님은 '염불왕생의 원'을 떠올리고는 이렇게 주체할 수 없는 감격에 휩싸였다. 스님의 저서 『선택본원염불집』은 제목에서 이미 염불문의 취지를 잘 나타내고 있다. 겐신의 말을 이어, "왕생의 업은 염불을 우선으로 한다"[20]고 기록한 데서 모든 것이 분명해진다.

쇼쿠 세이잔의 『진권용심(鎭勸用心)』에 다음과 같은 말이 있다.

근기가 하찮다고 비하해서는 아니 된다.
부처님께서는 이미 하근기를 포용하는 서원을 세우셨다.
행업이 모자란다고 의심해서는 아니 된다.

을까? 이는 역자 개인의 의견이지만, 여기 타력의 맥락에서 토로해본다.

19 『일지소소식』은 '한 장짜리 편지'라는 의미다. 호넨이 구로다니(黑谷)의 스님에게 보낸 편지인데, 이 구로다니의 스님이 누구인지는 분명하지 않다. 쵸겐(重源)이라는 설도 있고, 쵸겐의 제자 교켄(行賢)이라는 설도 있다.

20 『선택본원염불집』 제목 바로 밑에 "나무아미타불" 명호를 적고, 거기에 협주(夾註)처럼 2행으로 "往生之業 念佛爲先"이라고 하였다.

경전에는 '내지 십념(十念)'이라는 글이 이미 있다.

실로 제18원의 짧은 문장이 동양사상에 일으킨 파문은 무한하고 무량하다.

그러면 조금만 더 살펴보기로 하자.[21] 제18원에는 이 장에 인용한 문구의 끝에 "단 오역(五逆)을 범한 자와 정법을 비방한 자는 예외로 한다"라면서, 극락왕생에 예외를 두고 있다. 오역죄를 범한 자와 불법을 비방한 자는 성불할 수 없다는 것이다. 그러나 이 예외는 대비의 서원과는 전혀 맞지 않다. 시방중생이라고 한 이상, 선하든 악하든 깨 끗하든 더럽든 모든 중생이 아미타불의 자비로 거두어들여지지 않으면 안 된다. 일념의 칭명은 모든 죄업을 멸하는 힘을 가져야 할 터이

---

21 이하의 글은 『무량수경』의 제18원의 내용과 신란의 악인정기설이 서로 모순되고 있는 점에 대한 야나기 무네요시의 입장 표명이다. 신란의 악인정기설은 『무량수경』에서 예외로 하는 악인들까지도 구원받을 수 있다고 한 것인데, 이를 야나기는 정당화한다. 그러면서 그 근거로서 『관무량수경』을 말하고 있으나, 해당 경문을 인용하지는 않고 있다. 그 경문을 옮겨보면 다음과 같다. "어떤 중생이 선하지 못한 업, 오역죄, 십악을 지어서 여러 가지 선하지 못한 업을 갖춘 경우가 있다고 하자. 이러한 어리석은 중생이 악업으로 인하여 마땅히 악도에 떨어져서는 한량없는 겁 동안에 고통을 한량없이 받아야 하거늘, 이러한 어리석은 자가 임종할 때 선지식을 만나서 갖가지로 위로를 받고 묘한 설법을 듣고서 또 염불을 하도록 했지만 그의 고통이 핍절하고 당황하여 염불을 하지 못하는 지경에 이르렀다고 하자. 그때 선지식이 말씀하시기를, '그대가 만약 능히 저 부처님을 염할 수 없다면 마땅히 귀명무량수불(歸命無量壽佛)이라고만 해라. 이와 같이 해서 지극한 마음으로 염하여 소리가 끊어지지 않게 하여 십념을 갖추고서 나무아미타불을 칭명한다면, 부처님 명호를 칭한 까닭에 한 번 염할 때마다 80억 겁토록 생사를 반복할 죄를 다 소멸하게 되고, 목숨이 다할 때는 금련화가 마치 해가 그 앞에 나타나는 것처럼 나타나는 것을 보고서, 한 생각에 곧 극락세계에 왕생하느니라'라고 하였다."

다. 그 때문에 이런 예외는 필요하지 않다.[22] 예외를 둘 정도로 허약한

22 여기서 야나기가 『무량수경』의 문장 자체에 이의를 제기하는 문제는 역대
정토사상사에서 많은 고승들의 골머리를 가장 아프게 한 문제였다. "다만 무
간지옥에 (…) 제외합니다"라고 하여, 『무량수경』에서는 그들은 왕생예외자
임을 분명히 하였다. 그러나 『관무량수경』의 말미에서 "혹 어떤 중생이 불
선업(不善業)·오역죄(五逆罪)·십악업(十惡業)을 짓고, 모든 선하지 않은 일이
란 일은 다 하였다고 하자. (…) (그는) 부처님의 명호를 일컬은 까닭에 염할
때마다 팔십억 겁 동안 생사를 거듭할 죄를 소멸하게 되며, 목숨이 다하려
할 때는 마치 태양과 같은 금련화(金蓮華)가 그 사람 앞에 나타나는 것을 보
리라"라고 하여, 오역죄인의 왕생을 인정하고 있는 것이다. 그렇다면 『무량
수경』이 옳은가, 『관무량수경』이 옳은가. 신라 경흥(憬興)의 『무량수경연의
술문찬(無量壽經連義述文贊)』에는, 이 문제에 대한 14명 학승들의 견해를 자
세히 소개하고 있다. 경흥의 제18원 주석에서는 오직 이 '유제' 부분에 대한
문제만 다루고 있다. 그러나 이러한 논란들은 모두 『무량수경』의 번역 과정
에서 단어 하나의 역어를 잘못 선택함으로써 발생한 평지풍파(平地風波)임
이 한 학자에 의해 밝혀졌다. 바로 호토리 리쇼(阿理生)라는 교수인데, 논문
「sthāpayitvā의 어의에 대하여」, 『인도학불교학연구』 제49권 제2호(일본인도
학불교학회, 2001)를 통해서다. 그 논지를 간략히 정리해본다. '유제오역 (…)'
에서의 '제'에 해당하는 말이 범어로는 'sthāpayitvā'인데, 이 말의 번역을 '제
외하다'라는 뜻으로 해서는 안 된다는 것이다. 물론 'sthāpayitvā'를 사전에서
찾아본다면 '제외하다(put aside)'라는 뜻도 있다. 그래서 『무량수경』의 번역
자는 '제외할 제'를 선택하였을 것이다. 그러나 호토리 교수는 경전의 다양
한 용례를 검토한 뒤, 결론적으로 'sthāpayitvā'의 의미를 '제외하다'라고 하는
것은 오역이며 '그 상태대로 둔다'라는 의미로 번역해야 할 것이라 주장하
였다. 역자로서는 이러한 호토리 교수의 주장에 공감하는 바이다. 그렇게 되
면 오역죄와 정법을 비방하는 죄를 저지른 중생이라 할지라도 있는 그대로
받아들인다는 뜻이 되어서, 아미타불의 자비와 정히 부합하기 때문이다. 종
래 천년이 훨씬 넘는 긴 세월 동안 오역으로 인하여 아미타불의 마음이 올바
로 전해지지 못한 것은 대단히 아쉬운 일이다. 호토리 교수의 문헌학적 논증
을 접하고 보니, 새삼 야나기의 통찰력에 놀라지 않을 수 없다. 정녕 아미타
불의 마음을 꿰뚫어 보지 못했다면, 아무런 근거도 없이 "이 예외는 대비의
서원과는 전혀 맞지 않다. 시방중생이라고 한 이상, 선하든 악하든 깨끗하든
더럽든 모든 중생이 아미타불의 자비 속에 거두어들여지지 않으면 안 된다"
라고 역설하였으니 말이다. 결코 경전의 권위에 기죽지 않았던 그의 굳은 심
지와 신심에 다시금 경의를 표한다.

서원이 무슨 소용이 있겠는가.

고맙게도 『관무량수경』의 하품하생을 설하는 부분에서는 이러한 예외를 폐기하였다. 정히 그렇게 해야 할 것이라고 말하지 않으면 안 된다. 만약 광명을 쐬지 못하는 자가 있다면, 어떻게 아미타여래가 시방에 가득한 무애광여래일 수 있겠는가.

그러면 염불이란 무엇인가. 다음 장으로 가보자.

> 망념 속에서 나온 염불은
> 더러움에 물들지 않는 연꽃과 같아서
> 결정왕생에 대해 의심이 있을 수 없다.
> _『요카와 법어(橫川法語)』 중에서[23]

---

23 요카와는 천태종 총본산이 있는 히에이잔(比叡山)의 가장 깊은 지역을 말한다. 『왕생요집』의 저자 겐신(源信)이 머물러서인지, 이 『요카와 법어』의 저자가 겐신이라는 설이 있지만 확실하지는 않다. 인용 부분은 『요카와 법어』의 마지막 부분이다.

南 無 阿 彌 陀 佛

제6장

염
／
불

부처님께서 열반하시자 제자들은 부처님을 추억하며 슬픔에 잠긴다. 그나마 기억 속에서일 뿐, 부처님을 그리는 마음으로 나날을 보내고 하루하루를 맞이한다. 그리고 꿈에서나마 그 온화한 얼굴을 보았을 것이다. 그 음성도 접했을 것이다. 꿈에서만이라도 재회할 수 있었으니 얼마나 기뻤을까. 그러나 시간은 머무르지 않고 흘러가는 것. 이윽고 제자들도 추억의 사람들이 되어가고, 제자의 제자들도 마찬가지로 추억 속의 사람들이 되어간다. 그러나 그렇게 이어지는 가운데 부처님을 생각하는 것이 신심을 깊고 따스하게 간직하는 모습이었다. 부처님에 대해 이어지는 생각이야말로 그들의 신앙과 사상을 키우는 힘이었다. 그것은 사모이자 동경이었다. 이윽고 부처님에 대한 생각은 사색이 되고, 예지가 되고, 선정(禪定)이 되었다. 육신의 부처님은 옅어져갔지만, 법의 마음은 점점 짙어져갔다. 이리하여 부처님을 염(念)하는 것에서, 심오한 행(行)을 보게 된다. 그 순간 이윽고 염불이 가르침 그 자체가 되는 때가 온 것이다.

경전이 소승에서 대승으로 나아감에 따라, 염불은 점점 높은 지위를 차지하게 된다. 그리하여 마침내는 하나의 흐름이 되어, 어느새 염불의 법문을 형성하기에 이르렀다. 그 흐름을 더듬어보면, 인도의 마명(馬鳴)·용수(龍樹)·세친(世親)에서, 당나라에서는 담란·도작·선도의 순으로 이어진다. 일본에서는 쿠야(空也, 903-972)·겐신(源信, 942-1017)·료닌(良忍, 1072-1131)으로 내려온다. 이러한 흐름 속에서 석가모니부처님의 자비는 법체로서 형상화되어 새롭게 아미타불로 명명된 것이다. 아미타불의 이름은 영겁의 빛을 의미한다. 자비의 빛에 굶주리고 고뇌에 찬 인간은, 정토에 계시다는 이 아미타불을 사모하여 그의 이름을 읊조린다. 이렇게 해서 염불은 아미타불에게 집중하게 되었다.

염불문은 거의 모두 아미타여래를 본존으로 모신다. 마침내 경전에서는 이 여래의 이름이 차츰 나타나기 시작하고 마침내는 이 여래만을 다루는 경전이 다수 등장하게 된다. 이러한 경전들이 일본에 전해진 것은 아주 옛날 일이지만, 앞에서도 언급한 바와 같이 서방정토를 사모하는 기풍은 특히 헤이안 시대의 귀족들 사이에 널리 퍼졌다. 우지(宇治)의 뵤도인(平等院)이나 오하라(大原)의 산젠인(三千院) 등은 모두 아미타불을 모시며 서방정토를 동경한 시대상을 잘 보여주는 유적이다.

사실 염불종은 처음에는 기생적인 성격의 종파[寓宗]였다. 즉 독립된 한 종파를 내세우기에는 아직 시기가 무르익지 않아 다른 종파에 기대어 신세 지는 상태였다. 천태종에서 행하던 염불이 당시의 사정을 잘 보여준다. 잘 알려진 바와 같이, 에이잔(叡山)은 천태종의 대본산으로 성지다. 그곳에 상행삼매당(常行三昧堂)[1]을 세워, 아미타불을 본존으로 모시고 주야로 끊임없이 염불행을 했다. 호넨도 신란도 일찍이 이 아미타당과 적지 않은 인연을 맺었다.

그 당시 염불이란 무엇을 의미했을까? 헤이안 중기 에신 승도[2] 겐신이 『왕생요집(往生要集)』이란 대저를 통해 염불의 종풍을 일세에 풍

---

1 줄여서 '상행당'이라고도 한다. 상행삼매란 천태종에서 말하는 사종삼매(四種三昧)의 하나로, 90일 동안 항상 아미타상 주위를 걸어서 돌며 계속해서 아미타불의 명호를 외우는 수행법을 말한다. 신란 역시 이렇게 상행삼매당에서 수행하는 승려, 즉 당승(堂僧)을 지냈다.

2 '에신 승도'는 존칭. 일본의 고대불교에서는 관승들에게 부여된 세 단계의 승위와 그 아래 승관이 있었다. 승도(僧都)는 세 단계의 승관(僧官) 그룹 중에 두 번째 높은 지위다.

미하게 되었다. 당시 그가 오로지 되뇌었던 염불이란 어떤 것이었을까? 두 가지 단계를 생각할 수 있다. 하나는 마음으로 부처님을 관(觀)하는 것이니, 늘 마음속 깊이 생각하며 새기는 것이다. 다른 하나는 입으로 부처님을 부르는 것으로 '나무아미타불' 육자의 칭명이다.

관불(觀佛)에도 여러 가지가 있을 것이다. 부처님의 공덕을 생각할 수도 있고, 서른두 가지 부처님의 특이한 상호를 떠올릴 수도 있으며, 또 부처님 나라 정토의 모습을 상상할 수도 있다. 그러나 궁극적으로는 일심으로 생각을 모으는 것이기 때문에 무지하거나 어리석은 자는 관불을 감당할 수가 없다. 그래서 염불종은 하근기의 사람들을 위해 부처의 명호를 소리 내어 부르는 칭명을 가르쳤다. 단지 입으로 부처님의 이름을 부르는 것뿐이어서, 이를 구업염불(口業念佛)이라고도 한다.

겐신은 두 가지 방법 모두를 사람들에게 권했다. 칭명염불을 병행해서 권한 것은 겐신 사상의 새로운 전개였다.[3] 그러나 겐신은 관불이 칭명보다 뛰어나다는 것을 의심하지 않았다. 관불은 상근기의 사람들이 수행하는 염불이며, 칭명은 하근기의 사람들에게 주어지는 낮은 수준의 염불이라 생각했다. 이런 견해는 가마쿠라 초기에 이르러서도 변하지 않았다. 그런데 누구도 의심하지 않았던 관불의 우위에 대해서, 용감하게도 칭명이 우위라고 단호히 말한 사람이 있었다. 그가 바로 호넨이다. 그의 스승 에이쿠(叡空)[4]와의 흥미로운 문답이 『칙수

---

3   칭명염불에 앞서 관불(관상염불)이 유행했다. 그런 시대 상황을 감안할 때, 겐신의 (관불만이 아닌) 칭명 권진은 진일보한 것으로 평가할 수 있다.

4   헤이안 후기의 천태종 스님으로, 호넨이 히에이잔의 구로다니(黑谷, 현 靑龍寺)에서 25년을 은거하며 대장경을 다섯 번 읽을 때 모신 스승이다. 료닌으

어전(勅修御傳)』에 남아 있는데, 제6권에 다음과 같은 대화가 전하고 있다.

> 어느 날 호넨이 "왕생의 업으로는 칭명(稱名)을 넘어설 행이 있을 수 없습니다"라고 하였다. 이에 스승 지겐보(慈眼房, 叡空)께서는 관불(觀佛)이 더 수승한 뜻을 말씀하셨다. (호넨은) 칭명은 본원의 행이기 때문에 더 뛰어나다는 뜻을 말씀드리자, 지겐보께서 다시 "선사(先師) 료닌(良忍) 스님도 관불이 수승하다고 말씀하셨다"라고 하였다.
>
> 호넨은 다시 "료닌 스님도 시대를 너무 앞서 태어나셨던 겁니다"(라고 하였다.)
>
> 그러자 지겐보가 버럭 화를 냈는데, (호넨은) "선도 화상도 (…)[5]

로부터 대승계를 받고 밀교와 정토학을 공부하며 구로다니에 주석했다. 대승계율과 밀교에서 히에이잔 제일의 학승으로 이름을 떨쳤으며, 겐신의 『왕생요집』 강의로도 유명했던 학승이다. 1150년 에이쿠 문하에 입문한 호넨은 천태교학과 대승교학을 지도받고 대승계를 수계하게 된다.

5 여기서 생략된 부분도 번역되었다면 좀 더 문맥을 파악하는 데 도움이 되었을 것 같다. "선도 화상도 앞에서 정선(定善)과 산선(散善)을 설하셨으나"라는 부분을 야나기는 생략하였다. 정선은 『관경』의 16관 중 제1-13관까지를 가리키는데, 극락과 아미타불, 관음, 세지 등을 관찰하는 수행으로 극락왕생이 가능하다고 했다. '관찰한다'는 것은, 일종의 명상이다. 그래서 선정의 뜻을 갖는 '정'선이라고 한 것이다. 제14-16관까지, 즉 구품왕생을 설하는 부분은 명상과 같은 방법이 아니라 그저 '나무아미타불'이라고 칭명하는 것이므로 산선이라 하였다. '산'은 삼매에 들지 않은 상태를 말한다. 선도 화상이 이 두 가지 왕생 방법에 대해서 다 설하였다는 것은 『관무량수경』 자체가 그러하였기에 당연한 일이다. 그렇지만 선도 화상이나 『관무량수경』이 진정으로 말하고자 하는 것은 아미타불의 본원을 고려할 때, 중생들로 하여금 정선의 수행을 원하는 것이 아니라 하품하생에서 말하는 것과 같은 칭명염불에

부처님의 본원을 고려할 때 (그) 뜻은 중생으로 하여금 오로지 아미타불의 명호를 부르게 하는 데 있다고 해석하셨습니다. 칭명이 수승함을 분명히 밝히신 것입니다. 성스러운 가르침[6]을 잘 살펴보신다면 (이해하실 수 있을 것입니다.)"

스승 에이쿠는 관불을, 제자 호넨은 칭명을 가장 수승한 염불로 봤던 차이를 실로 구시대와 새로운 시대로 잘 대비해 묘사했다. 당시로서는 참으로 신선한, 아니 반역과도 같은 이러한 호넨의 생각이 염불종을 다른 종파에 기생하는 지위에서 분리시켜 독립적인 하나의 종파로 세우게 만든 힘이었다. 이를 새로 '정토종'이라 이름 붙이고, 창종(創宗)의 기치를 높이 세웠다. 염불문이 하나의 종파로 독립한 것은 바로 호넨 덕분이다. 일찍이 중국에서도 볼 수 없었고, 한국에서도 그런 적이 없다.[7] 조사인 선도 대사조차 감히 창종은 엄두도 내지 않았다. 호넨의 『선택본원염불집』은 실로 염불문 역사의 금자탑이라고 할 수 있다. 이는 『왕생요집』과 큰 차이[8]가 있다.

그 진정한 뜻이 있었다고 보는 것이다. 그래서 정토종에서는 폐립(廢立)을 말하는데, '폐지하기 위하여 세운다'는 뜻이다. 정선은 마침내는 폐지하기 위하여 세운다는 말이다. 정선이 폐지된 자리에 산선이 등장한다. 상품은 폐지하고서 중품을 세우기 위하여 먼저 설한 것이고, 중품은 폐지하고서 하품을 세우기 위하여 먼저 설한 것일 뿐이라는 입장이다.

6   여기서 '성교(聖敎)'는 선도의 『관경소』를 가리킨다.

7   독립된 종파로서 정토종의 역사가 없었다는 점을 지적한 것이다. 다만 한국 불교에서의 정토신앙의 흐름에 대해서는 좀 더 깊은 연구가 필요할 것 같다. 물론 그것은 야나기가 할 수는 없고, 이제 우리에게 남겨진 숙제다.

8   가장 큰 차이, 근본적인 차이는 『왕생요집』에서도 칭명을 말하지 않는 것은 아니지만, 일심으로 부처님을 생각하는 관불 위주의 수행으로 정토에 왕생

그러면 무엇이 새로 생긴 정토종의 특색일까. 생각건대 두 가지 뚜렷한 가치관의 전도를 볼 수 있다. 하나는 칭명을 우위에 둔다는 점, 다른 하나는 타력을 우위에 둔다는 점이다. 이는 완전히 의표를 찌르는, 새로운 가치의 선언이었기 때문에 남도(南都)와 북령(北嶺)의 구불교[9]로부터 견디기 힘든 박해를 받은 것도 무리는 아니었다. 온후한 호넨도 만년에는 유배되었고, 『선택집』의 판목도 불 속에 내던져졌다. 심지어 문하의 제자들 가운데 사형에 처해진 사람들[10]도 있었다.

그러나 빛나는 것은 결국 빛을 발하는 법이다.

호넨은 종래 하열한 수행이라 저평가되던 구칭(口稱)염불에서 더없이 심오한 의미를 발견했다. 일찍이 없던 염불문의 혁명이었다. 그 후로 염불이라고 하면 거의 모두 칭명을 뜻하는 말로 통하기까지 확고한 전통이 뿌리내리게 된다. 이제 더 이상 관불은 지난날의 영광을 유지하기 어려웠고, '염(念)'이라고 하면 곧 '소리[聲]'를 의미[11]하게 되었다.

『대경』에서도 『관경』에서도 모두 칭명을 권한 것은 하품하배(下品下輩)의 사람들을 위해서였다. 이 때문에 흔히 구칭은 수준이 낮은 염불에 지나지 않는다고 여겨졌다. 그러나 무엇을 위해 대비의 서원을

할 수 있다고 이야기하는데, 호넨의 정토종은 오로지 염불 하나만을, 즉 '전수염불'을 말한다는 데 있다.

9   호넨의 전수염불을 비판하거나 고발한 구불교 세력은 나라(남도)의 법상종과 교토의 천태종과 화엄종이었다.

10 바로 '죠겐(承元)의 법난'이다. 『탄이초』에 부록된 '유배기록'에 의하면, 4명 사형, 8명 유배라고 쓰여 있다. 호넨과 신란 역시 이때 유배를 당한다. 사형당한 네 스님은 샤쿠보(綽房), 쇼간(性願), 쥬렌(住蓮), 안라쿠(安樂)이다.

11 『선택집』 3권에 나오는 말로, '염성시일(念聲是一)'이라고 한다.

일으켰던가. 바로 시방세계 중생의 제도를 위해서가 아니던가. 그 중생의 대부분은 하근기 사람들이 아닌가. 어쩔 수 없이 하근기가 된 많은 사람들 말이다. 그들의 제도를 약속하지 않고서 대비가 어찌 대비다울 수 있을까. 하근기의 사람들까지 흥얼거릴 수 있는 칭명이야말로 지혜와 자애의 집약체일 것이다. 하근기가 아무리 하근기라 하더라도 구칭에는 대비의 공덕이 충만해 있다. 어찌 구칭을 하열하다고 멸시할 수 있겠는가.[12]

구칭에는 위없는 원이 깃들어 있다. 위없는 원을 떠나서 구칭을 생각할 수 있겠는가? 어디에도 뒤지지 않는 부처님의 덕은, 하근기 중생의 성불에서 그야말로 더욱 빛난다. 하품중생(下品衆生)의 칭명이야말로 부처님의 대원력이 작용하는 바로 그 자체다. 구칭을 업신여기는 것은 부처님의 힘을 의심하는 것과 같다. 부처님의 지극한 힘을 생각한다면 단 한 번 칭명을 하든, 또는 열 번을 하든, 어찌 업신여길 수 있겠는가. 세이카쿠(聖覺) 법인(法印)[13]은 『유신초(唯信鈔)』[14]에서 다음과 같이 말한다.

부처님의 힘이 얼마나 대단한지 알지 못하기에

---

12 하근기를 위한 이행도라고 말하는 것과 그 염불의 법문이 하열(下劣)한 것으로 보는 관점은 다른 차원이다. 야나기는 하근기 중생들까지 구원할 수 있는 염불이야말로 가장 뛰어난 가르침으로 인식하고 있다.

13 일본의 고대불교에서는 관승들에게 부여된 직위로 세 단계의 승위(僧位)가 있는데, 법인, 법안(法眼), 법교(法橋)이다. 이 중에 법인이 제일 높다.

14 호넨의 제자이자 신란의 사형인 세이카쿠의 저작으로, 신란은 이 책을 좋아하여 『유신초』에 인용된 어려운 한문을 알기 쉽게 풀이한 주석서인 『유신초문의(唯信鈔文意)』를 지었다.

죄악의 몸으로는 구제받기 어려울 것이라 생각할 수밖에.[15]

억념(憶念)이나 관불을 상배의 수행으로 높이는 것은, 결국 자력에 의지하는 염불에 지나지 않는다. 자력에 의지하는 마음이 남아 있다면 그것은 곧 부처님의 가피를 한계 짓는 것과 마찬가지다. 스스로의 힘에 의한 공덕을 바라는 것은 그만큼 부처님의 공덕을 제한된 범위 안으로 한계 짓는 것과 같다. 그만큼 자력은 부처님의 힘을 빼앗는 일이다. 관불은 염불을 자력에 가두는 것이고, 칭명은 아미타불의 모든 힘을 받아들이는 것이다. 범부의 몸이든 뭐든 간에, 온전히 내맡기는 것[16] 외에 다른 길이 있겠는가. 세이잔(西山)[17]은 『법어(法語)』에서 다음과 같이 말한다.

> 피구제자(중생)의 입장에서 좇아가려는 마음을 갖지 말고, '제발 부처님께 섭수되는 몸이 되기를…' 비는 마음으로 온전히 (부처님께) 내맡겨야 한다. 모든 마음을 쏟아부어 강력하게 밀어붙여야 왕생을 이룰 수 있는 것이 아니라, (부처님을) 전폭적으로 믿고 맡겨야 할 것이다. 그런 까닭에 중생의 입장에서는 무엇 하나 준비할 것 없이, 전적으로 믿고 (부처님께) 맡겨야 한다.

---

15 아미타불의 본원력이 얼마나 큰 힘을 발하는지 안다면, 어떤 죄악을 저지르더라도 구제받지 못할까 염려하지 않는다는 뜻.

16 자력은 자기를 남겨두고, 그로부터 출발하는 수행이다. 그러한 자기를 내다 버리는 것이 타력이다. 그러므로 타력은 자기의 포기, 즉 초기불교로부터 불교의 핵심이라 할 무아(無我)와 통하는 바가 있다.

17 서산파 개조 쇼쿠(證空)를 가리킨다.

구칭(염불)에 의지한다는 것은 절대적으로 타력을 세우는 것이다. (타력은) 부처님이 부처님 스스로를 완벽하게 부처답게 만드는 것이다. 염불하는 사람은 염불할 때 자신을 보아서는 안 된다. 부처만을 바라보아야 한다. 자기에게 얼마나 큰 힘이 있길래 부처님의 힘을 의심하는 걸까. 전적으로 부처님의 힘을 믿고 의지한다면 구칭염불에 무슨 의심이 일어나겠는가. 그 구칭염불조차도 자기 스스로가 하는 구칭이 아님을 잘 살펴봐야 할 것이다.

이렇게 염불종은 어디까지나 타력종이어야 한다. 범부의 왕생에 자력이 얼마나 공덕을 발휘할 수 있을까? 염불은 추호라도 자력을 요구하지 않는다. 염불종을 타력종으로까지 고양시키는 것이야말로 호넨의 지대한 사명이었다. 요컨대 호넨 이전의 염불은, 타력 반 자력 반에 지나지 않았다. 조금이라도 자력이 남아 있는 한 부처님의 대비를 남김없이 받아들일 수 없다. 관불을 버리고 구칭염불을 선택하고, 자력을 떠나 타력을 따르는 것은 대자대비 아미타불의 모든 것을 받아들이기 위함이다. 우리는 우리 스스로의 힘으로 아미타불의 빛을 차단해서는 안 된다.

염불은 인간이 가지는 지혜나 관상(관념), 학문을 조건으로 내세우지 않는다. 염불은 온전히 맨몸으로 부처를 맞이하는 자를 부른다. 호넨은 『일매기청문(一枚起請文)』에서 염불에 대해 이렇게 말한다.

(내가 말하는 염불은) 중국이나 일본의 많은 스님들이 행하는 관념의 염불도 아니고, 또한 염하는 마음을 학문을 통해 깨달아서 읊는 염불도 아니다. 다만 극락왕생을 위해서는 '나무아미타불'이라고 외면 틀림없이 왕생한다고 생각하는 것 외에는 특별한 것이

없다. (…)**18** 가령 염불을 믿는 사람은 (부처님) 일대(一代)의 가르침을 잘 배우고 공부했더라도, 일자무식의 우둔한 몸이 되어 지자(智者) 행세를 하지 말고, 불교를 모르는 무지한 사람들과 마찬가지로 다만 한결같이 염불할지어다.

염불의 의미를 이보다 더 잘 정의할 수는 없을 것이다. 칭명이야말로 염불 중의 염불, 진정한 염불, 참으로 아미타불이 바라는 염불이라 하지 않을 수 없다. 실로 호넨에 이르러 염불은 그 본질이 고스란히 드러나게 되었다. 겐신에서 겐쿠(호넨)로, 염불사상은 비약적 발전을 이루었다.

여기서 『선택집』 제3단에 있는 가장 분명한 설명을 떠올리지 않을 수 없다.

그러므로 알 수 있다. 염불은 쉽기 때문에 모두에게 통하고, 다른 수행법들[諸行]은 어렵기 때문에 모든 근기에 다 통하지는 않는다. 그러므로 모든 중생으로 하여금 평등하게 왕생토록 하기 위해서는 어려운 것을 버리고 쉬운 것을 취함으로써 본원으로 삼으신 것 아니겠는가.

만약 불상을 조성하고 탑을 쌓는 것으로써 본원을 삼으셨다면,

---

18   여기서 생략된 부분은 다음과 같다. "그저 세 가지 마음과 네 가지 닦음으로 염불하면, 모두 반드시 '나무아미타불'로 왕생한다고 생각하는 가운데 (극락이) 다 들어 있다. 이 외에 (달리) 심오한 것이 있다고 한다면, 저 두 분 부처님 (석가모니불과 아미타불)의 대비로부터는 떠나게 되며, 본래 서원으로부터 벗어나게 될 것이다."

가난하고 어려운 사람들은 필시 왕생에 대한 희망이 끊어지고 말 것이다. 그런데 부귀한 사람의 수는 얼마 안 되고 가난한 사람은 너무 많다.

만약 지혜나 재능이 높은 것으로써 본원을 삼으셨다면, 우둔하고 지혜가 없는 사람들은 필시 왕생의 희망이 끊어지고 말 것이다. 그런데 지혜 있는 사람은 적고 어리석은 사람은 넘치도록 많다.

만약 견문이 많은 것으로써 본원을 삼으셨다면, 견문이 적은 사람들은 필시 왕생의 희망이 끊어지고 말 것이다. 그런데 견문이 풍부한 사람의 수는 적고 견문이 부족한 사람은 너무나 많다.

만약 계율을 지키는 것으로써 본원을 삼으셨다면, 계를 깨뜨리거나 계를 받지 않은 사람은 필시 왕생의 희망이 끊어지고 말 것이다. 그런데 계율을 지키는 사람은 적고 계를 깨뜨리는 사람은 너무나 많다.

나머지 여러 수행에 대해서도 이에 준하여 알아야 할 것이다. 마땅히 알아야 할 것이다. 위에서 말한 여러 가지 수행법으로 본원을 삼으셨다면 왕생을 얻는 사람은 적고 왕생에 이르지 못하는 사람은 너무 많을 것이다. 그러므로 아미타여래, 즉 옛날의 법장 비구는 자비심을 공평하게 베풀어 모든 중생을 두루 구제하기 위해 불상을 조성하거나 탑을 세우는 등의 행법을 왕생의 본원으로 삼지 않으신 것이다. 오로지 칭명염불이라는 하나의 행법으로 본원을 삼으신 것이다.

그리고 호넨과 제자 사이에 오간 다음의 흥미로운 대화도 함께 살펴보자. 이 이야기는 『칙수어전』에도 나온다.

친제이(鎭西, 지금의 규슈)에서 상경한 수행자가 호넨의 암자로 찾아왔다. 호넨을 친견하기 전에 스님의 제자에게 물었다.

"칭명할 때 부처님의 상호를 마음에 그리는 것은 어떻습니까?"

제자가 대답했다.

"그것이야말로 좋은 일이겠지요."

호넨이 도량에 계시다가 제자의 말을 듣고서 미닫이문을 열고 말씀하셨다.

"나는 그렇게 생각하지 않는다. 다만 '중생들이 부처님의 이름을 부르기만 하면 반드시 왕생을 얻는다'라고 생각할 뿐이다. 우리의 근기로는 아무리 관상(觀想)을 하더라도 부처님께서 설한 그런 관상은 도저히 될 수 없다. 다만 깊이깊이 본원에 의지하여 입으로 명호를 소리 높여 부르는 것만이 헛되지 않은 참된 수행이다".

또한 호넨을 오랫동안 모신 제자 호렌보 신쿠(法蓮房信空, 1146-1228)의 말을 살펴보더라도 마찬가지다. 당시에도 "관상을 하지 말고 이름을 외워라[無觀稱名]"[19]라는 말이 있었음을 알 수 있다. 『명의진행집(明義進行集)』에 이런 기록이 있다.

이런 이치로 아미타불을 부르면 극락정토에 가게 된다. 이 밖에 여러 가지 관법 등을 하며 (칭명을) 하라고 한 것이 아니라, 오로

---

19 '무관칭명(無觀稱名)'은 호넨이 주창한 불교 용어. 호넨 이전까지 히에이잔 (천태종 총본산)의 염불은 관상염불, 즉 관상을 주축으로 하고 염불은 부수적인 행법이었는데, 호넨 이후로 관상을 배제하고 오직 아미타불의 명호를 부르는 전수염불을 하게 된 것이다.

지 입으로 부르기만 하면 된다. 이렇게 관상을 하지 않는 칭명, 바로 이것을 무관칭명(無觀稱名)이라 하고, 관법을 하지 않고 오직 입으로만 명호를 외우는 것을 따로 종문을 세워, 염불삼매(念佛三昧)라고 설한다. 관불삼매(觀佛三昧)와 염불삼매는 서로 다른 차원이며, 이름도 다르고 마음도 다르다. 지혜가 없는 자가 이를 분별하지 못하여 잘못 알아서는 아니 된다고, 돌아가신 스승 호넨은 아침저녁으로 사람들에게 가르치셨다.

즉 칭명은 관불을 동반하지 않는 염불이다. 칭명은 관불이 없는 염불(무관염불)이어야 하는 것이다. 유관(有觀)이라면 아직 온전히 순수한 칭명이라 말할 수 없다. 칭명은 어디까지나 순전히 타력이어야 한다. 칭명이란 나를 내버리고, 부처님께 모든 것을 맡기는 것이다. 그것이 바로 '나무아미타불'이라는 한마디다. 이를 잇펜[20] 스님은 와카(和歌)로 다음과 같이 노래했다.

주체가 없이[21]

20　이 '제6장 염불'은 다른 장과는 다르다. 다른 장에서는 먼저 호넨의 입장을 다룬 뒤, 신란의 입장을, 마지막으로 잇펜의 입장을 서술하는 변증법적 과정을 거치고 있다. 그러나 이 장에서는 거의 호넨의 관점만 이야기하고 있다 해도 과언이 아니다. 잇펜의 경우에는 이 와카 한 수가 나올 뿐이고, 신란은 전혀 나오지 않는다. 신란은 염불의 행보다는 믿음을 중시했기 때문이리라.

21　초판과 달리 번역을 고쳤다. 초판에서의 번역은 "나를 없애고/ 미타의 이름으로/ 살아가리라/ 나를 내다 버린 뒤/ 남아 있는 한 소리"였다. 그 번역이 더 좋을지 알 수 없으나, '슌보의 주'에 의하면, '나'라는 말과 '주체'라는 말이 일단 구별되어서 쓰였다. 물론 '주체'와 '나'가 별다른 존재는 아닌데, 두 말을 다 쓰고 있기에 구별해서 번역하였다.

142

미타의 이름으로

살아가리라

불러서 버린 뒤에

남아 있는 한 소리

* 슌보(俊鳳)의 주: 내가 있으면서 부르는 명호에는 주인이 있을 것이고, 나 없이 부르는 명호에는 주인이 없을 것이다. '불러서 버린 뒤에/ 남아 있는 한 소리'라는 것은 '나무아미타불'과 아집을 놓아버린 뒤에 남은 흔적 한마디다. 그렇게 된다면 주인도 없이 칭명해서 버리고 난 흔적 한마디에 주인 없는 '나무아미타불'이 태어나게 되리니.

이것이야말로 염불의 궁극적 경지를 남김없이 노래한 것이다.

제7장

타
력

불교 역사에서는 한 종파가 일어날 때 다른 종파와 어떻게 다른지 분명히 하기 위해, 이른바 '교상판석(敎相判釋)'이 행해졌다. 가르침의 특징을 판별하고 평가한다는 뜻이다. 줄여서 '교판'이라고도 한다. '권(權)'에 대한 '실(實)', '현(顯)'에 대한 '밀(密)', '돈(頓)'에 대한 '점(漸)' 등 종류별로 구분하여 그 특징을 말했다.[1] 마찬가지로 염불종 역시 다른 종파와 구별하기 위해 그 독자성을 주로 세 가지 대비를 통해서 드러냈다. 난행(難行)과 이행(易行), 자력과 타력, 성도(聖道)와 정토[2]가 그것이다. 염불종은 이러한 말들을 통해 무엇을 말하려고 했던 것일까?

어떤 것을 둘로 나누고, 그것을 대비시켜서 생각하는 것은 인간의 논리적 습성이다. 이원적인 세계를 넘어설 수 없는 우리에게는, 이해한다는 것은 곧 분별한다는 의미다. 분별은 문자 그대로 어떤 것을 둘로 나누고, 이를 비교하는 행동이다. 사실 모든 말은, 즉 말에 의한 모든 판단은 두 가지 대립을 넘어설 수 없다. 오른쪽인지 왼쪽인지, 위인지 아래인지, 선인지 악인지, 모두가 이렇듯 상대적 개념으로 표출된다. 흑백을 다투거나 시비를 가리는 등의 모든 판단은 이러한 대립 명제

---

1 교판의 한 실례로서, 불교를 권교와 실교, 혹은 현교와 밀교, 혹은 돈교와 점교로 나누어서 보는 예를 들고 있다. 이들은 모두 불교를 크게 둘로 나눈 교판들이다. 그 외에도 셋으로, 넷으로 다섯으로… 열 가지로… 나누는 등 매우 다양한 교판들이 있다.

2 불교를 난행과 이행으로 나눈 것은 용수(龍樹)의 『십주비바사론』 이행품(易行品)에서고, 자력과 타력으로 나눈 것은 담란(曇鸞)의 『정토론주(淨土論註)』에서이며, 성도문과 정토문으로 나눈 것은 도작(道綽)의 『안락집(安樂集)』에서다. 난행·자력·성도문은 정토불교 이외의 불교를 가리키고, 이행·타력·정토문은 정토불교를 가리킨다. 전자를 버리고 후자를 선택해야 한다는 것이 정토불교의 입장이다.

로부터 벗어날 수 없다. 실로 모든 논리가 참과 거짓의 문제로 귀결된다. 뒤집어 말하면 옳고 그름이라는 대립이 있기에 그러한 법칙이 성립한다. 그러므로 주장이 있는 곳에 반드시 옳다, 그르다는 비판이 생기는 것은 어쩔 수가 없다. 이렇게 해서 사람들은 제각각 지적인 이해를 얻는다.

그러나 유감스럽게도 시비를 구별할 때는 상대적 판단이라는 특성을 벗어날 수 없다. 절대적인 문제에 대해서는, 어떤 지적인 분별이든 결국 방편(方便, upāya)이라는 한계를 벗어나지 못한다. 궁극적인 것은 언제나 언어를 넘어선다. 그러나 이 세상에서는 이러한 방편을 살려갈 수밖에 없다. 이해의 혼란을 피하기 위해 가능한 한 명석하게 분별력을 발휘해야 한다. 종문에서 제시하는 교판들은 이러한 요청에 답하기 위한 것이라 할 수 있다. 다만 그것은 어디까지나 방편에 불과하다는 점을 잘 이해해야 한다.

염불문의 교판은 다른 종문과 어떤 점에서 다를까? 예를 들어 선종의 교판과는 무엇이 다를까? 결국 코스 선택의 문제일 뿐이다. 그러나 일직선을 그어놓고 하나는 동쪽, 다른 하나는 서쪽이라는 뜻은 아니다. 원을 그려놓고 한 점에서 시작해 하나는 동쪽으로, 다른 하나는 서쪽으로 향하는 것에 불과하다. 또는 원추형을 마음으로 그려놓고, 하나는 오른쪽 아래에서 출발하고, 다른 하나는 왼쪽 아래에서 출발해 위로 오른다고 생각하면 되겠다. 그러니까 하나의 길이 동쪽과 서쪽의 두 갈래로 갈리는 것이다. 동쪽의 길을 용수는 난행도라 부르고, 천친[3]은 자력도라 부르며, 도작은 성도문이라 불렀다. 이

3   천친(세친)의 『정토론』에 나오는 것이 아니라, 그것을 주석한 담란의 『정토

에 대하여 서쪽 길을 각기 이행도, 타력도, 정토문이라 이름[4]하였다. 그렇게 서쪽 길을 선택한 종문이 염불종이고 정토종이다. 진종도, 시종도 이러한 판별로는 모두 서쪽 길에 속한다. 그 이외의 여러 종파, 즉 천태, 진언, 화엄, 선 등은 모두 동쪽 길에 속한다. 그러면 동쪽과 서쪽[5]은 무엇이 다를까.

동쪽 길은 '자기가 크다는 것을 깨닫는 길'이고, 서쪽 길은 '자신이 작다는 것을 돌아보는 길'이다. 한쪽은 어디까지나 자신의 힘을 발휘하는 것이므로 자력도(自力道)라 불리는 것이 당연하다. 그러나 다른 한쪽은 의지하기에는 스스로 너무 부족하다는 것을 알기에, 다른 큰 힘에 의지하는 수밖에 없다. 그래서 타력도(他力道)라 부른다.

그러면 왜 전자는 난행도로, 후자는 이행도로 불렸을까? 옛날부터 인용되는 비유를 빌려 말해보자.

불법에는 한량없이 많은 문이 있고, 세간의 길에는 어려운 길과 쉬운 길이 있다. 걸어서 육로를 가는 것은 힘들고, 배 타고 수로를 가는 것이 즐겁고 편한 것과 같은 이치다. 어떤 수행자는 부지런

───────────

론주』 하권에 나온다.

4 이 동서의 대비를 서로 바꾸어도 좋다. 서쪽을 성도문이라 하고, 동쪽을 정토문이라 해도 좋다는 말이다. 야나기가 동쪽을 성도문으로, 서쪽을 정토문으로 말한 것은 편의상 그렇게 했을 뿐이다.

5 야나기의 관점은 두 가지 점에서 중요하다. 첫째는 각 종파마다 제시한 교판들을 우리가 '절대적인 진리'로 받아들이기보다는 '상대적인 방편'으로 받아들여야 한다는 것이다. 둘째는 서로 대립되는 교판들이 선분 위의 동쪽 끝과 서쪽 끝이 만나지 못하는 것과는 달리, 원이나 원추에서처럼 출발하는 지점은 달라도 도달점에서는 만나는 것으로 본다는 점이다. 타력의 정토와 자력의 선(禪)이 그 출발점은 달라도 도달점에서는 하나로 만날 수 있다는 것이다.

히 정진하고, 어떤 수행자는 믿음의 방편으로 쉽게 빨리 불퇴전지 (不退轉地)에 도달한다.

_용수, 『십주비바사론(十住毘婆沙論)』

걸어서 육로를 가기란 쉬운 일이 아니다. 그러나 배에 몸을 맡기면, 배가 데려다준다. 그러므로 자력은 난행이고 타력은 이행이라 할 수 있다. 그러면 왜 자력의 길을 성도문(聖道門)이라 부르고, 타력의 길을 정토문(淨土門)이라 부르는 것일까. 전자는 이 세상에서 성스러움을 얻고자 하는 길이고, 후자는 정토에 가서 태어나고자 하는 길이기 때문이다.

예를 들면 자신의 힘으로 학업에 매진하고, 계율을 닦으며, 부지런히 정진하여 이 세상에서 깨달음을 얻으려고 하는 것은 성도의 길이다. 이에 대하여 자신의 모든 것을 버리고 부처님의 힘에 맡겨 이 세상을 초월한 맑은 세계에 태어나고자 희구하는 것은 정토의 길이다. 이를 '이 세상에서 깨달음을 얻는 것[此土入聖]'과 '저세상에 왕생하는 것[彼土得生]'이라 말한다. 료츄(良忠, 1199-1287)[6]는 『결의초(決疑鈔)』[7]에서 이렇게 말하였다.

성도문의 수행자는 먼저 삼학(계·정·혜)을 닦는다. 이 삼학을 성취하기 위해서 (수행하고 그 완성을 위해) 부처님의 힘을 청한다.[8]

---

6   정토종 진서파 쇼코(聖光)의 제자로, 호넨의 손제자다. 료츄는 스승 쇼코의 권유로 관동지방에서 정토종의 가르침을 넓혔다.

7   정확히 말하면 『선택전홍결의초(選擇傳弘決疑鈔)』 4권이다.

8   부처님의 힘을 청하기 전에 먼저 스스로 삼학을 수행하고, 그에 더하여 부처

그러므로 자력에 속한다. 정토문의 수행자는 우선 부처님의 힘을 믿고 부처님의 원에 따르기 위해서 염불을 행한다. 그러므로 타력에 속한다.

한쪽은 지혜가 뛰어난 사람의 길, 다른 한쪽은 배우지 못한 사람의 길이다. 그러면 호넨의 말씀을 인용해보자.

> 젠쇼(禪勝)가 고향으로 내려간다고 하직 인사를 여쭙자, 스님께서는 '교토의 선물'이라며 당부하시기를, "성도문의 수행은 지혜를 지극히 하여 생사를 벗어나는 것이고, 정토문의 수행은 어리석음으로 돌아가서 극락에 태어나고자 하는 것임을 명심해야 한다"라고 말씀하셨다.
> _『칙수어전』 제45권

> 만약 지혜로써 생사해탈을 이룰 수 있다면, 내 어찌 저 성도문을 버리고 이 정토문으로 나아가겠는가. 성도문의 수행은 지혜를 지극히 하여 생사를 벗어나는 것이고, 정토문의 수행은 어리석음으로 돌아가서 극락에 태어나는 것임을 알아야 한다.
> _『칙수어전』 제21권

호넨의 뛰어난 제자 쇼코 벤쵸(聖光房弁長, 1162-1238)는 『정토종명목문답(淨土宗名目問答)』에서 "난행도는 상근기의 수행, 이행도는

님의 힘을 청하므로 자력이다.

하근기의 수행"⁹이라고 말했다. 이로써 정토문이 왜 별도의 종문을 세워야 했는지 그 이유를 대강 알 수 있다. 그러므로 자력의 길로 나아가 성도문을 감당하려는 자는 모름지기 지혜로운 자, 덕이 있는 자, 강한 자여야 한다. 예지를 깊이 연마하고, 덕행을 닦으며, 계율을 지키고, 오래도록 굳건한 의지를 지킬 수 있어야 한다. 그것(성도문의 길)은 끊임없는 마음의 갈등을 불러일으키므로 정진하고 노력하며, 총명하고 예민하지 않으면 이루기 힘들다. 지혜가 부족하고 의지가 박약한 사람이 어찌 이 길을 감당할 수 있겠는가. 어디까지나 자력을 함양하고 쏟아부어, 깊이 자기의 본성을 꿰뚫어 볼 때까지 철저히 나아가야 할 것이다. 결코 도중에 포기해버리는 일이 있어서는 안 된다. 이것이 난행도(難行道)라 불리는 까닭이다.

스스로의 힘을 믿는 자는 이 한 길로 나아가야 할 것이다. 가히 천재의 길이라 해도 좋을 것이다. 상근기 중의 상근기가 가는 길이다. 혹은 '선택받은 자'의 길이라 할 수도 있겠다. 그러므로 소수에게만 허락된 특별한 길이다. 그런데 그 이면에는 선택받지 못한 자, 용서받지 못한 자, 천재가 될 수 없는 자, 약한 자, 어리석은 자 등 무수한 중생이 있을 것이다. 이들은 거의 숙명적으로 성도문을 통과할 수 없다. 만약 불법(佛法)이 성도문 하나로만 이루어져 있다면, 저 수많은 중생들은 어떻게 제도될 수 있겠는가? 그렇지만 부처님의 자비가 어찌 이들의 탄식을 그대로 방치하겠는가. 여기에 답하여 세워진 것이 정토의 가르

---

9 여기서 오해하면 안 되는 것은, 정토문이 행하기 쉬운 이행도이며 하근기의 수행법이라고 해서 정토문을 결코 하열한 가르침이나 수준 낮은 수행법이라고 생각해서는 안 된다는 점이다. 가장 낮은 근기의 사람들까지 구제할 수 있는 법문이라고 해서 어찌 낮은 차원의 수행법이라 할 수 있겠는가.

침이다. 그런 까닭에 이 가르침은 모름지기 이행도(易行道)일 수밖에 없고, 타력의 가르침일 수밖에 없다.

그래서 이 법문은 중생계 한가운데, 즉 선택받을 수 없는 자들의 눈앞에 세워진 축조물이다. 이 건축물에는 여러 특이성이 있다. 그것은 작고 가련한 인간이 통과할 수 있는 문이다. 그곳(성도문)에는 여러 가지 죄로부터 벗어나지 못하는 중생이 있다. 여기(정토문)서는 작음, 부서지기 쉬움, 나약함, 어리석음 등이 있는 그대로 보인다. 자신의 왜소함을 느끼는 자, (자신이 지은) 죄로 우는 자가 이 문 주위에 모여든다. 이들은 무엇 때문에 우는가? 더 이상 구제될 가치도 없기에, 빈약하기 짝이 없기에, 철저하게 무력한 자신의 참담한 현실 때문에 우는 것이다. 자신의 힘으로는 어떻게 해볼 수 없다는 사실 때문이 아니겠는가.

가엾은 중생이야말로 어떻게든 제도되어야만 한다. 그중에서도 특히 이러한 비참한 자들의 제도가 약속되지 않으면 안 된다. 자비의 측면에서 보면, 그들에게 한층 더 마음이 기우는 것은 당연할 터이다. 인간의 어머니조차 부족한 자식에게 더 정이 가지 않던가. 조금이라도 죄 있는 자들에게 구제의 마음을 더 쏟는 것이다. 그러면 어떻게 하면 안전하게, 길 잃은 자들을 이끌어 정토문으로 나아가게 할 수 있을까? 그 자비로운 배려가 있었기에, 그들을 위한 이행도를 생각해내게 된 것이다. 행하기 어려운 수행들이 그들에게 무슨 소용이 있겠는가. 아미타불이 '나의 이름을 부르라'라는, 세상에서 가장 쉬운 칭명의 방법을 마련한 것은, 실로 희유한 발견이라고 할 수 있을 것이다. 게다가 인간이 명호를 부른 공덕에 의해 정토로 이끌고자 하는 것이 아니다. 무력한 하근기의 사람들에게 무슨 공덕을 바랄 수가 있겠는가? 자기 힘으로 칭명이 가능하다면 하근기일 리가 없다.

아미타불은 칭명에서 인간의 자력을 조금도 기대하지 않는다. 자아를 세우지 않는 것[10]이 칭명이다. 그것은 무엇을 의미하는가? 중생을 제도하려는 자비, 그 자체에 모든 것을 맡겨버리는 것이다. 그 자비를 있는 그대로 진솔하게 받아들이는 것이다. 여기서 칭명은 자력의 수행이 아니고, 온전히 타력의 수행임을 알 수 있다. (아미타불의 이름을) 부른다기보다는 (아미타불이 중생에게) 부르도록 한다는 것, 어디까지나 수동적[11]이다. 여기서 수동적이라는 것은, 아주 작은 자기마저도 버렸음을 의미한다. 그리고 그것은 또 남김없이 타력이 작용함을 의미한다.

칭명 그 자체에 왜 이런 공덕이 있을까? 요컨대 인간의 입장에서 말하면, 칭명 속에서는 자아가 사라져버린다. 심리적으로 보면, 마음이 무심의 상태가 되는 것이다. 부처님의 입장에서 보면, 부처님이 부처님 자신을 있는 그대로 드러내는 것이다. 염불에서 그런 불가사의한 일이 일어난다. 칭명을 이행(易行)이라고 하는 의미는, 인간이 행하기 쉽다는 뜻에서 이행이라 말하는 것이 아니다. 만약 인간이 하는 행위라면, 아주 조그마한 이행이라도 여전히 난행(難行)이라 할 것이다. 이

---

10 칭명이 곧 초기불교의 근본 가르침인 무아(無我)와 서로 통하는 경지가 여기에 있다. 정토사상이야말로 초기불교와 가장 잘 부합하는, 혹은 초기불교로 돌아가는 가르침이라 말해도 좋은 이유가 여기에 있다. 그것은 또한 도겐(道元)이 말한 신심탈락(身心脫落)의 경지와도 다름없을 것이다. 선과 정토가 둘이 아닌 까닭이기도 하다.

11 내가 아미타불의 명호를 '부르는' 것이 아니라 '부르게 된다'라는 수동성은, 아미타불이 나를 부르는 소리를 듣는 것[聞名]이 아닐까. 여기서 '부른다'는 행은 '아미타불이 나를 부르고 있음'을 듣는 믿음 위에 놓여 있다는 의미다.

행은 타력에 의해서 지탱되기 때문에 이행이다. 여기서 칭명은 자력의
행이 아니고 실은 타력의 행임을 알 수 있으며, 충분히 대비(大悲)에
입각해 있는 것이다. 대비는 남김없이 대비다운 것이 된다. 대비가 그
전모를 나타내는 것이다. 부처님의 이름을 부른다는 것은, 언제나 부
르게 된다는 의미여야 한다. 이것을 일러 이행도라 하고 타력교라 하
는 것이다.

　그러므로 염불에는 자력의 그림자가 남아서는 안 된다. 이를 세이
잔(西山)은 사람들이 알기 쉽게 '백목(白木)의 염불'로 설명하였다. 정
말 잊을 수 없는 구절이다.

> 자력 수행을 하는 사람은 염불에 덧칠을 한다. 생각건대 어떤 이
> 는 대승의 깨달음으로써 염불에 색칠을 하고, 어떤 이는 깊이 아
> 는 것으로써 염불에 색칠을 하며, 어떤 이는 계율로써 염불에 색
> 칠하고, 어떤 이는 몸과 마음을 살피는 것으로써 염불에 색칠을
> 한다. (…)『대경』에서 말하는 법이 멸하고 난 뒤의 염불과,『관경
> (觀經)』에서 말하는 하근기 삼품(三品)의 염불은 아무것도 칠하
> 지 않은 백목(白木)의 염불이다. 본원의 문장 속에 나오는 '지극
> 한 마음으로 믿고 원하는 것[至心信樂]'을 '나의 이름을 부르라
> [稱我名號]'고 해석하는 것도 백목으로 돌아가는 마음이다. (…)
> 이러한 사람이 일념이나 십념으로 왕생한다는 것은, 불법에서 벗
> 어난 사람이더라도 그저 백목의 명호의 힘에 의지하여 왕생한다
> 는 것이다. (…) 쉽게 마음이 물들지 않고, 염불하면 왕생한다고
> 믿고 지극한 마음으로 '나무아미타불'을 부르는 것이 본원의 염불

이다. 이를 백목의 염불[12]이라 말하는 것이다.

그러한 까닭에 호넨도 말씀하신 바와 같이, 설령 한 번을 부르든 두 번을 부르든 자력의 마음으로 부른다면 진정한 염불이라 할 수 없다. 천 번 만 번을 칭명하고, 백 일이나 천 일 동안 밤낮으로 오로지 정진한다고 할지라도 스스로의 힘에 의지하는 염불이라면 진정한 염불이 아니다. 그저 오로지 아미타불의 원력에 의지하고 타력을 믿는다면 그 사람의 염불은 일성일념(一聲一念)이 모두 타력의 염불이라고 할 수 있다.

호넨의 법어에 다음과 같은 말씀이 있다.

본원의 염불은, 염불 자체만 있을 뿐 그 어떤 조력[13]도 필요로 하지 않는다. 도움이란, 지혜를 도움으로 삼고, 지계(持戒)를 도움으로 삼고, 보리심을 도움으로 삼고, 자비를 도움으로 삼는 것을 말한다. 선인은 선인인 그대로 염불하고 악인은 악인인 그대로 염불하여, 그저 타고난 그대로 염불하는 사람을 '염불을 하는 데 도움을 빌리지 않는 사람'이라고 말한다.

---

12 '하얀 나무'는 색칠이 되어 있지 않다. 색칠은 염불 이외의 다른 수행법을 말하는데, 그런 다른 수행법에 의지하지 않고 '오직 염불'만 하는 것을 '전수(專修)염불'이라 한다. 세이잔이 말하는 '백목의 염불'은 호넨이 주장한 전수염불의 차원을 말하는 것이지만, 그러면서도 그의 법손인 잇펜이 주장하는 '순수한 마음의 염불'이라는 차원으로 이어지는 가교가 되는 것이다.

13 조행(助行). 염불은 정행(正行)이고, 다른 수행법은 조행이 된다. 호넨은 조행을 인정하지 않았으므로 전수염불인 것이다.

154

염불을 왕생을 얻기 위한 방편으로 생각해서는 안 된다.[14] 염불은 어떤 목적을 위하여 행하는 것이 아니다. 내가 염불하는 힘으로 왕생할 수 있다고 생각하는 것은 잘못이다. 왕생은 염불 자체에 갖추어져 있는 공덕이다. 본원으로서 드러난 염불은 인간의 자력을 전제조건으로 하지 않는다. 그저 왕생은 염불 안에 내재된 공덕이라고 해야 할 것이다. 염불 그 자체여야만 하는 것이다. 선(禪)의 언어를 빌리자면, '지마(只麼)의 염불'이라고도 할 수 있다. 지마란 '오직'이라는 뜻이다. 조금이라도 다른 무언가가 섞여서는 안 된다. 그렇지 않으면 염불은 그 빛을 충분히 발휘할 수 없다. 잇펜은 이를 '오직 하나인 명호[独一なる名號][15]라고 하셨다. 또한 "명호(名號), 그 자리가 곧 왕생이다"라고도 하셨다. 잇펜 스님의 법어에 다음과 같은 말씀이 있다.

명호는 뜻[義]에 의한 것이 아니며, 마음에 의지하는 법도 아니라서, 염불하면 반드시 왕생한다고 믿을 뿐이다. 예를 들어, 불 속에 물건을 집어넣고 마음으로는 타지 않기를 바라고 입으로는 타지 말라 말하더라도, 그 불은 말에도 의지하지 않으며, 마음에도 의지하지 않고, 다만 그 스스로의 속성으로 물건을 태우는 것이다. 물에 물건이 젖는 것도 마찬가지다. 이처럼 명호도 스스로 왕생의 공덕을 가지고 있는 것으로 뜻에 의한 것도 아니고, 마음에 의한 것도 아니며, 말에 의한 것도 아니다. 염불하면 왕생한다는 것은

---

14 왕생을 얻기 위해서 염불이라는 방편을 실천하는 것이라면, 그 염불은 곧 '자력의 염불'이 되고 만다.

15 '오직 하나[獨一]'라는 말의 의미는 염불을 외는 염불자도 아미타불도 다 사라지고 존재하지 않음을 나타낸다.

타력의 불가사의한 행이라 믿을 뿐이다.

_『잇펜스님어록(一遍上人語錄)』하권

에도시대 말기 산슈(三州, 현재 아이치현 동부)의 타와라(田原)라는 곳에 오소노(お園)라는 묘코닌이 있었다. 늘 '나무아미타불' 염불을 입에 달고 살았다. 여느 때와 같이 염불을 외며 걷고 있는데, 하루는 지나가던 한 여인이 "아이고 또 공염불(空念佛)인가?"라고 비웃었다. 오소노는 발길을 돌려 여인의 뒤를 쫓아갔다. 이에 여인이 "그렇게 화낼 것까지는 없지 않나?"라고 하자, 오소노가 말했다. "아니, 아닙니다. 화내는 것이 아니라 감사드리기 위해 뒤따라왔습니다. 공염불이라는, 정말 좋은 말씀을 해주셨습니다. 만약 저같이 어리석은 사람이 하는 염불이 공덕이 되면 어찌 되겠어요? 당신은 아무것도 남지 않은 공염불이라는 것을 제게 가르쳐주셨습니다. 어디에 이런 선지식이 또 있을까요? 실로 귀한 가르침이라 이렇게라도 감사 말씀 올리고 싶었습니다"라고 하면서 고개 숙여 깊이 감사를 표했다고 한다. 염불의 진정한 의미를 보여주는 잊을 수 없는 대화다. 이 대화 속에 타력 중의 타력이 있고, 염불 중의 염불이 있다.

제8장

범
부

사실 어느 시대라도 말세가 아닌 때는 없었다. 어느 시대든 바로 그 시대가 말법 세상이고, 그 시대가 극악 세상이다. 어떠한 시대에 살고 있다 하더라도 더 이상 열악한 시대가 있을 리 없다는 의식 없이는 종교가 성립하지 않는다. 『왕생요집(往生要集)』의 저자[1]는 서문에서 '탁세말대(濁世末代)'라 규정하였다.

현재를 사는 우리로서는 요즘처럼 추악하고 비참한 시대가 일찍이 없었다고 생각한다. 그러나 나는 무조건 눈앞에 펼쳐진 가난의 고통이나 전쟁의 공포만을 보는 것은 아니다. 그보다는 마음의 빈곤이나 비속한[俗臭] 문화의 타락이 오늘날 더 심각한 듯하다. 도덕적으로도 이렇게 퇴폐한 시대가 달리 있었다고는 생각할 수 없다.[2]

옛사람들은 "예토를 싫어하여 떠난다[厭離穢土]"고 했는데, 실로 '지금 이곳'의 생활이야말로 예토인 것이다. 그렇기 때문에 "기꺼이 정토를 구할[欣求淨土]" 수밖에 없다. 어떻게든 이 더러운 국토를 떠나 기꺼이 청정한 국토를 구하는 것이다. 예토에 있는 채로는 아무것도 되지 않는다. 안심하고 살 수 있는 정토를 원한다. 불교의 정토문은 그 간절한 요구에 답하고자 한 것이다. 예토란 무엇인가? 두 가지 모습에 집착하여 서로 다투는 세계다. 정토란 무엇인가? 둘이 아닌 경지에서 서로 화합하는 세계다. 말법 시대인 오늘날, 어떻게든 정토를 보여주는 종교가 있어야 한다.

말세란 나를 둘러싼 주변에 대한 인식이 낳은 혐오다. 그도 그럴 것

---

1   천태종의 겐신(源信)을 말한다.
2   어쩌면 야나기가 이 글을 쓸 때보다 지금 우리의 시대는 더욱더, 그야말로 '탁세말대'라고 해야 할 것이다.

이, 도처에 별의별 못 볼 꼴들이 널려 있다. 이에 분노하는 사람들은 어떻게든 세상을 개선하고자 애가 탈 것이다. 이런 사람들이 있다는 것이 얼마나 고마운가. 공분(公憤) 속에 도의가 빛난다. 그러나 사회를 향한 분노를 절실한 종교심이라고 말하기에는 미진하다. 자기 스스로에 대한 혐오가 아닌 이상, 아직 예토에 대한 생각은 미온적이라고 할 수 있겠다. 아직은 나를 둘러싼 사회의 문제가 곧 나 개인의 문제라는 인식으로까지는 가지 않은 상태이기 때문이다. (이 추악한 세상 현실이) 싫어서 떠나려는 생각, 즉 무엇보다 자신의 마음속에 있는 예토를 자각할 때 비로소 간절하게 정토를 구하는 마음이 샘솟는다. 이러한 것이 없다면, 아직 보리심이 일어났다고 할 수 없다.

생각해보면 나의 악이나 어리석음은 말할 것도 없고, 나의 선이나 현명함, 그 모두가 이미 예토가 아니겠는가. 이것 아니면 저것이라는 식의 대립적 망념에 빠져 있지 않은 사람은 없다. 단순히 예토의 주민에 그치는 것이 아니라, 실로 예토의 주인이 아닌가 싶다. 무엇보다 바로 지금 나와 타자를 둘로 나누어서 애증 속에 빠져 있지는 않은가? 밤낮으로 생사의 갈림길에서 방황하면서 고락(苦樂)의 한가운데서 헤매고 있지는 않은가? 이 마음속의 두 가지 대립을 어떻게 해야 좋을까. 이 두 가지 대립이야말로 예토의 모습이 아닌가. 실로 구도의 마음은 여기에 뿌리내리지 않으면 안 된다. 보리심이란 정토를 기꺼이 구하고자 하는 마음을 뜻한다.

그러므로 모든 종교는, 그것이 자력문이든 타력문이든 자기 마음속의 예토, 즉 망집의 예토를 염오(厭惡)하는 마음을 일으키는 데서부터 출발하지 않으면 안 된다. 그것은 어디까지나 지금 당장의 일이다. 타인의 일이 아니다. 자기한테 깃들어 있는 더러움에 대한 것이다. 말

159

법의 근저에 있는 자신의 망집에 대한 것이다. 무엇보다 자신의 당면 문제다.

인간의 반성과 자각은 두 가지 측면으로 확장되었다. 하나는 나의 분별에 항상 따라다니는 두 가지 대립[二相]을 타파하는 것이다. 주로 지혜 차원의 싸움이다. 예컨대 선가(禪家)의 수행은 이 승부에서 이기기 위해 목숨을 건다. 일단은 모든 차별을 없애라고 다그친다. 두 가지 대립되는 견해를 끊어내고, 큰 지혜[大智]를 대면하고자 한다. 선종의 제3조 승찬(僧璨)은 『신심명』에서 말하였다. "지극한 도는 어려움이 없는데, 다만 간택을 꺼릴 뿐이다." 또한 "두 가지 대립적인 견해에 머물지 말고 삼가 추심(追尋)하지 말라." 여기서 '간택'은 취사(取捨)하는 것이고, '추심'은 분별을 좇는 것이다. 둘 다 이원(二元)의 세계를 벗어나지 못한 상태다. 그러므로 『유마경』에서 설하는 것과 같이, '불이(不二)의 법문으로 들어가는 것'이 불법의 수행이다.

그런데 이러한 두 가지 대립되는 견해를 행위의 측면에서 볼 때는 '죄'라고 이름한다. 죄악의 범부라는 내적 성찰이다. 내적 성찰에는 지혜보다 감정이 더 농후하게 작용한다. 즉 죄를 슬퍼하는 마음이다. 인간의 이 더러움과 불결함을 어떻게 하면 좋을까? 여기서 죄는 다른 누군가의 죄가 아니라 자신이 저지른 죄다. 나와 남이 서로 싸우며, 삶과 죽음이 서로 다투는 마음은 나의 집착하는 마음에서 비롯된다. 결국 '아집' 두 글자로 요약되는 그 죄를 어찌할 것인가? 실로 이 고민에 대답하고자 하는 것이 정토문, 즉 타력도(他力道)의 가르침이다. 이 종파는 죄악감이 없는 곳에는 의미가 없다. 『왕생요집』의 서문에서는, "대저 극락에 왕생하려는 가르침과 수행은 혼탁한 말세의 눈과 발이다"라고 하였다. 요즘 말로 고치면 "정토문의 가르침과 행(行)이야말로, 혼탁한 이 세상에서 의지해야 할 기준이다"라는 말이다.

선도 대사의 『관경의소(觀經義疏)』를 읽고 가장 감명 깊었던 부분은 자기의 죄악에 대한 자각이 드러나 있는 한 줄이다.

나는 현재 죄악이 많아서
생사를 거듭하는 범부이니,
한량없는 겁 이전부터
항상 죽고 항상 윤회해왔으나
그것을 벗어날 길이 없다.

그는 어떻게 염불문의 큰스님으로서 한 시대의 숭배와 추앙을 받았을까? 그것은 바로 '나는 지금' 지옥의 몸이라는 자각이 있었기 때문이다. 그리하여 '출리(出離)의 인연', 즉 이 예토를 벗어날 인연이 없다고 단언한 그곳에 그의 종교적 체험의 깊이와 높이가 있었던 것이다. 참으로 이것이 없다면 어찌 정토의 법문이 큰 의미를 가질 수 있겠는가.

호넨 역시 마찬가지다. 당시 '지혜제일'이라 불렸으며, 세지보살(勢至菩薩)의 화신[3]으로도 숭배되던 그가 읽은 대장경만 해도 만 권에 달했다고 한다. 그럼에도 스스로를 일컬어 "나는 에보시(烏帽子, 일본 전통 복식에서 성인 남성이 쓰던 모자)조차 쓸 수 없는 남자다. 십악을 지은 호넨, 어리석은 이 호넨은 염불하여 왕생코자 한다"라고 하였다. 실

---

3   대세지보살이라고도 하며, 아미타불의 오른쪽을 지키는 협시보살이다. 지혜의 빛으로 온 세상을 비추며 중생을 삼악도에서 건지는 막강한 힘이 있다. 지혜문(智慧門)을 대표한다. 호넨의 아명(兒名)이 '세이시마루(勢至丸)'다.

로 이러한 자각 없이는 정토종이 하나의 종파로서 독립할 수 없었을 것이다. 『오하라문답(大原問答)』에도, "다만 겐쿠(源空)같이 아주 어리석은 무리는 더욱이 그 그릇이 아니기 때문에 깨닫기는 어렵고 미혹하기는 쉽다"고 기술하였다.

신란은 스스로를 어떻게 말했을까. 『교행신증(敎行信證)』의 신권(信卷)에 남아 있는 그의 고뇌에 찬 말은, 누구도 쉽게 잊지 못할 것이다.

진실로 알겠구나.
슬프게도 어리석은 구토쿠(愚禿) 신란은
넓은 애욕의 바다에 빠져,
명리의 큰 산에서 헤매면서,
정정취(正定聚)의 무리에 들어가기를 기뻐하지 않고,
진실한 깨달음에 가까이 가기를 달갑잖게 여겼네.
부끄럽고도 슬프도다.

표현이 다소 수사적이어서 복잡한 감이 있지만, 그의 참회에서 절실함을 읽을 수 있다. 그의 『화찬(和讚)』에는 「우독의 비탄과 술회[愚禿悲嘆述懷]」라는 제목을 단 시가 있는데 "정토진종으로 돌아가더라도 진실한 마음 어렵고, 헛되고 실체가 없는 이 몸에 청정한 마음은 더욱 없구나"라는 구절로 시작된다. 그가 스스로를 낮추어 불러 '우

---

4 '우독'은 신란 스스로를 칭하는 말이다. '독'은 머리 깎은 사람이라는 뜻으로 '스님'의 비칭(卑稱)이고, 그 앞에 어리석을 '우'를 덧보태었다. 이 말을 쓰게 된 것은, 귀양을 가게 되어서 스스로 스님도 아니고 속인도 아니라는 비승비속(非僧非俗)의 자각을 하면서부터이다. 「우독의 비탄과 술회」는 『정상말법

독'이라 했던 것은 자신의 자각을 솔직하게 이야기한 것이다. 그의 일 대법문(一大法門)은 이러한 비탄 없이는 건립될 수 없었을 것이다. '우 독'이라는 두 글자의 근거가 되는 문헌상 출처는 덴교(傳敎) 대사의 발원문으로, "여기 어리석은 자 가운데 가장 어리석은 자, 광란한 자 가운데 가장 광란한 자, 세속의 까까머리 중생, 가장 형편없는 인간 사이쵸(最澄)"[5]라고 기록하고 있다.

왜 헤이안 시대에는 염불신앙이 가마쿠라 시대만큼의 깊이를 갖지 못했을까? 그것은 그저 극락을 동경했을 뿐 마음속에 강렬한 죄악감 이 동반되지 않았기 때문이다. 귀족들은 꿈에서 자신이 하생(下生)할 근기[性][6]라는 것을 알게 되자 실망하는 데서 그치고 마는 안일함이 있었다. 하생이기에 그 하생에서 출리의 인연이 없음을 절실하게 느끼 는 심각함이 없었다. 여기서 정말 불가사의하게도 '출리의 인연'이 없 다고 결정된 그때야말로 출리의 인연에 참여하게 되는 바로 그때다. 왜 그런가?

모든 타력문의 가르침은 죄가 있는 곳에서 시작한다. 더욱이 죄라 는 관념은 어떤 추상적 개념이 아니다. 다른 사람의 죄악을 들추어 힐 난하는 것과 같은 간단한 것이 아니라, 자기 스스로 현재의 죄를 의식 하는 것이다. (이때) 죄는 '나의 죄'라고 말하는 것과 다름없다. 자신의

화찬(正像末法和讚)』에 수록되어 있는 연작시로 모두 16수다. 지금 인용문은 그 첫째 송이다. 화찬은 한문과 가나를 섞어서 쓴 불교 시가의 한 형태다. 신 란 스님이 특히 많이 지었다.

5   사이쵸는 자신을 겸손하게 진독(塵禿)이라 일컬었다.

6   극락세계에서 태어나는 아홉 갈래[九品] 중에서 하품상생, 하품중생, 하품하 생의 총칭. 여기서는 하생으로 태어날 형편, 내지 근기를 말하는 것으로 이 해된다.

죄만을 생각할 때가 비로소 죄를 정면으로 생각하는 때인 것이다. 그러므로 죄의식에는 자신이 누구보다 죄가 깊은 사람이라는 참회가 동반되어야 한다.

이 세상에 아무리 극악한 사람이라도 실제 이상으로 자신을 막중한 죄인이라고 느낄 때 비로소 그 죄의식은 진실한 것이 된다. 말하자면 세상에 자기보다 더 나쁜 죄인은 없다고 느끼는 것이다. 이른바 '천상천하 유아독악(天上天下 唯我獨惡)'이라는 생각을 끝까지 밀고 나갈 수 있어야 한다. 선종 등에서 설하는 '천상천하 유아독존(天上天下 唯我獨尊)'과는 대척점에 있다. 그러나 독악도 독존도 실제로는 같은 것을 겉에서 보거나, 또는 속에서 보는 차이에 지나지 않는다.[7] 이에 대해서는 다음 장에서 서술할 것이다. 정토문의 길은 다만 자신을 악하다고 하는 것만이 아니라, 자신이야말로 악한 자, 자신 혼자 악한 자라고 온전히 인식하는 것이다. 그러므로 전혀 출리의 인연이 없다고 단언하는 것 이외에 달리 말할 수 없다. 여기까지 다다랐을 때, 또 여기에 철저했을 때, 비로소 죄를 구체적으로 의식하게 되는 것이다.

불가사의하게도 이러한 사실[8]을 인식하는 순간 세계의 전도(顚倒)가 일어난다. 누구보다도 내가 악하다는 생각, 아니 나 한 사람만이 악하다는 생각, 아니 악 그 자체가 나라는 생각은 결국 쓸모없는 자신을 내버리게 될 것이다. 조금이라도 자기에게 집착이 남는다면 완전한 참회라 할 수 없다. 그러므로 조금이라도 자신에 대한 긍정이 남아 있으면 '유아독악'이라는 생각에서 멀어지게 된다. 그런 정도의 죄의식은 아직

---

7   겉으로 볼 때 독악이고, 속으로 볼 때 독존이다.

8   나야말로 악한 자라는 사실.

죄의 참회라고 할 수 없다. 아직 자기에 대한 변명이 남아 있지 않은가.

하지만 나야말로 죄인 중의 죄인이라 인식하게 되면 세계의 모습은 완전히 다르게 보인다. 자신이 무한소(無限小)인 소(小)이기 때문에, 내가 아닌 것은 무한대(無限大)인 대(大)가 된다. 소아(小我)와 대아(大我)가 정면으로 만난다. 자기가 무한소라는 것은 이미 자기를 남겨두지 않는 것이다. 남아 있는 어떤 것도 없을 때야말로 자신을 완전히 버렸을 때다. 이러한 버림의 찰나는 무한대와 맞닥뜨리는 순간이다. 여기서 소(小)는 대(大)에 이어지고, 예(穢)는 곧 정(淨)에 수렴된다. 부정이 긍정으로 곧장 이어지는 것이다. 이 전환의 찰나를, 나로부터 보면 왕생이라 부른다. 왜냐하면 무한소가 무한대로 투입해 가기 때문이다. 부처님 입장에서 보면 정각이라 부른다. 왜냐하면 무한대가 무한소로 현현하기 때문이다. 나의 왕생과 부처의 정각은 동시(同時)적이며 동체(同體)가 된다. 이것이 불교에서 말하는 제도(濟度)이며, 멸도(滅度)다. 죄업으로부터 구제되어, 예토에서 정토로 건너가기 때문이다. 멸도는 죄가 소멸되어 차안에서 피안으로 건너간다는 의미다. 아니, 차안이 곧 피안이라고 하는 편이 더 좋겠다. 건넌다[渡]는 것은 이쪽에서 저쪽으로 옮겨가는 것이라기보다는, 이쪽이 곧바로 저쪽이 되는 것이다. 건넌다는 것은 거리의 소멸을 의미한다. '이하백도(二河白道)'9 이야기에 나오는 다리는 떨어져 있는 것에 걸쳐놓은 다리가 아

---

9 중국의 선도(善導)가 『관무량수경소』에서 정토의 가르침을 쉽게 설명하고자 고안한 비유다. 흔히 그림으로 그려서 설명하였다. 그림의 상단에는 아미타부처님과 관음, 세지 두 보살님이 계신다. 극락이다. 그 건너편 하단은 사바세계다. 사바세계와 극락세계 사이에는 강이 있고, 중앙에 작은 다리 하나가 놓여 있다. 이 다리가 백도(白道)다. 백도의 오른쪽 강에는 역류하는 물결이 그려져 있는데, 탐욕을 상징한다. 다리 왼쪽에는 불타고 있는 강이 그려

니라 떨어진 것을 없애는 다리다. 그래서 흰 백(白)이다. 텅 빈 공(空)이라는 의미다. 백도(白道)는 즉도(卽道)여야 하는 것이다.

생각할수록 '범부가 성불한다'는 것보다 더 고마운 종교적 진리가 있을까 싶다. 그러나 이때 범부는 성불할 자격을 얻어 성불한다고 받아들여서는 안 된다. 그 어떤 자격도 없는 것이 범부다. 범부의 의미는 그것밖에 없다. 그러므로 어떻게 하더라도 범부는 지옥에 떨어진다고 생각할 수밖에 없다. 그러나 어떻게 하더라도 '지옥에 떨어진다'고 의식하는 그 찰나가, 불가사의하게도 극락의 연화대(蓮花臺)에 오르는 바로 그 찰나인 것이다. 어째서 많은 사람들은 정토를 보지 못하는 것일까? 그들은 어떻게 하더라도 자신이 지옥에 떨어질 정도로 범부임을 스스로 보지 못하기 때문이다. 결국 스스로 범부라고 의식하지 못하는 어리석음 때문(에 정토를 못 보는 것)이다. 자신을 포장한다든지, 숨긴다든지, 남을 속인다든지 해서는 적나라해질 수가 없다. 이런 것들은 아집에 사로잡히는 업일 뿐이다. 그러니까 불이(不二)의 정토를 보는 것도 불가능해지는 것이다.

옛 조사(祖師) 스님들은 어떻게 해서든지 이 사실을 사람들에게 알리고자 천 마디 만 마디의 말씀으로 설했다. 역설적으로, 사실 우리는 온전히 범부가 되지 못하기 때문에 구제받지 못하는 것이다. 범부 주제에 범부가 아닌 것처럼 행동하게 하는 망집이 슬픈 까닭이다. 그 망집은 구제받는 데 걸림돌이 된다. (스스로) 범부라고 자각한다면 몸을

져 있는데, 분노와 증오심 같은 것을 상징한다. 백도를 건너는 사람 뒤에는 맹수가 뒤쫓아오고 있다. 강 이쪽 언덕에는 석가모니부처님이 계신다. 그리고 부처님의 "어서 강을 건너가라"라는 응원이 있다. 저쪽 강 언덕에는 아미타부처님이 "어서 오라"며 격려하고 있다.

(부처님께) 내맡기는 것 외에 방법이 없다. 그럴 때라야만 아집이 끊어진다. 그 아집이 끊어지는 때가 정토에서 받아들여지는 때다. 그러니까 범부야말로 성불이 확약(確約)되어 있는 것이다. 범부 주제에 공연히 범부가 아닌 체하기 때문에 (범부 스스로가 일방적으로) 파기하게 되고 마는 것이다.

한 동행(同行)[10]이 묘코닌 겐자(源左, 1842-1930)에게 "당신은 진짜 동행이지만, 나는 가짜 동행이라서 정토에 못 간다"라고 말하자, 겐자는 "가짜라면 그것으로 좋다. 진정한 가짜가 되어야 할 것이다"라고 대답했다. 정말로 가짜라는 것을 알게 되면, 그것이야말로 진짜라고 할 수 있다. 한 남자가 겐자에게 "당신 같은 신자는 극락에 가겠지만, 나 같은 인간은 지옥에 갈 것이다"라고 말했다. 그러자 겐자가 "지옥에 간다면 그것이야말로 좋다. 아버지(아미타부처님)는 (지옥에) 떨어지는 자야말로 도우려 하신다. 만약 당신이 극락으로 가게 되면 아버지께서는 할 일이 없어질 것이다"라고 대답했다. 급소를 찌른 대답이 아니겠는가. 정토문의 가르침을 적나라하게 잘 보여준 말이다.

여기서 나는 저 유명한 신란의 말씀을 새삼 인용하고자 한다. 『탄이초』에 나오는 수많은 심오한 말씀 중에서 나는 이 말씀을 정히 최고의 금언으로 추천한다.

스님께서 늘 말씀하셨다.

10　신란의 가르침을 따르는 정토진종에서는 도반을 일러 '동행' 혹은 '동붕(同朋)'이라고 말한다. 신란은 『탄이초』 제6조에서 그 스스로 "한 사람의 제자도 없다"고 선언한다. '모두가 아미타불에 의해 구원될 뿐, 감히 누가 누구의 스승이 되겠는가'라는 의미에서 나온 용어.

오겁사유상(교토, 콘카이코묘지金戒光明寺)

> 아미타부처님께서 오겁(五劫)에 걸쳐서 사유하신 원을
> 거듭거듭 잘 생각하면 오직 신란 한 사람을 위한 것이다.[11]

신란 한 사람을 위해서 저 대원이 발해졌다는 것이다. 그러면 왜 이
렇게 말했을까? 바로 하늘과 땅 사이에서 '오직 나만이 악하다'고 하
는 간절한 체험이 (있었기에) 이 말을 하게 된 것이다. 모든 악이 나라
는 사람 안에서 소용돌이치고 있다. 이는 무엇을 의미하는가? 모든 자
비가 나 한 사람에게 쏟아부어지고 있다는 말이 아닌가. 다른 누구도
아닌 나 한 사람을 대상으로 대원이 세워졌다는 사실을 지금에서야

---

11 『탄이초』 '후기'에 나오는 말씀이다. 신란은 경전 밖에서가 아니라 경전 안으
로 들어가서 부처님 말씀을 들었기에 이러한 인식에 이를 수 있었던 것이다.

인정할 수 있는 것이다. 이런 놀라움, 이런 감격이 또 있을까?

신란은 이미 자신의 왕생에 대하여 티끌만큼의 의심도 남아 있지 않았다. 다른 사람이 아닌, 내가 정토에 태어나는 것이다. 이러한 기쁨이 세상에 또 있을까? 지옥에 가는 것이 정해져 있음을 아는 사람만이 맛볼 수 있는 기쁨이다. 여기서 다음과 같은 호넨의 말씀도 떠오른다. 『칙수어전』 제21권에서 이런 말씀을 하셨다.

> 열 사람이 염불을 하는데 설령 아홉 사람이 죽음에 이르러 마음이 흐트러져 왕생할 수 없다 하더라도, 나 한 사람만은 반드시 왕생할 수 있다고 생각해야 한다.

바로 여기에 불퇴전의 안심(安心)이 있다고 할 것이다. 그러면 그 안심은 어디에 뿌리내리고 있는가? 십악을 범한 호넨, 어리석은 호넨이라는 자각에서 안심이 일어난다. 그러니까 범부는 미타의 손님이다. 누구보다도 먼저 구원받을 존재가 바로 범부다. 구제의 서원은 오직 범부를 위한 것이 아니겠는가. 그야말로 범부를 위해서 아미타부처님은 정신없이 바쁘신 것이다. 따라서 왕생은 의심의 여지가 있을 수 없다. 왕생이 결정되어 있음을 믿지 못하는 것은, 스스로를 범부라고 생각하지 않는 아집 때문이다. 범부인 이상, 왕생은 반드시 결정되어 있다.[12] 원래부터 범부들 자체에 그런 자격이 있었던 것이 아니라, 한량없는 아미타부처님의 본원(本願)의 힘에 의거한 것이다. 이를 철저하

---

12 결국 범부라고 의식하지 못하는 것이 어리석음이라면, 스스로 어리석은 범부라고 인식하는 것은 실제로는 어리석음이 아니라는 것이다.

게 밀고 간다면, 악인이야말로 구원받을 수 있는 근기[惡人正機]라는 가르침이 얼마나 확실한지 알 수 있다. "선인조차 왕생할 수 있거늘, 하물며 악인이겠는가(『탄이초』)."

실로 이렇게까지 생각하자면 얼마나 깊은 사색의 격동을 겪었을까? 스승 호넨은 분명하게 『일지소소식』에서 밝혔다.

> 십악과 오역죄를 지은 사람도 왕생할 수 있다고 믿고서 작은 죄라 할지라도 범할 생각을 해서는 안 된다. 죄인도 왕생하는데 하물며 선인이겠는가.[13]

참으로 온화한 성품의 호넨다운, 납득 가능한 상식선의 말씀이다. 이 미혹한 세상에 적절한 견해라 하지 않을 수 없다. 제자 신란은 애욕과 명리를 향한 고뇌가 격렬했다. 그러나 그는 자신이야말로 형편없는 죄인이라고 절실히 느낀 그 순간, 아미타불의 자비가 자신에게로 비처럼 쏟아져 내리는 것을 보았다. 아니, 오직 자기 한 사람만을 위한 법의 비[法雨]라고까지 느꼈을 때, 악인은 반드시 왕생한다는 것을 온몸으로 체험한다. 이런 확실한 왕생이 어디 있겠는가. 선인조차도 맛보기 어려운 확실한 체험이다. 그 때문에 선인이 왕생할 수 있다면, 악인의 왕생은 더욱더 움직일 수 없는 확실한 것이다. 이 모든 것은 불가사의한 아미타불의 작용이다. 온몸으로 맛본 이 체험에 대해 추호의 의심도 품지 않았다. 자신은 지극히 어리석고 지극히 악한 몸이라는 것,

---

13 이런 입장은 선인정기설(善人正機說)이라 할 만하다. 호넨은 『일지소소식』에서는 선인정기설을 말하고 있지만, 현대 학자들의 연구에 의하면 악인정기설 역시 호넨에게서 이미 발견된다고 한다.

그것이 아미타불의 은애(恩愛)로 감싸여 있다는 것, 이것이야말로 악인정기의 틀림없는 증거가 아니고 무엇이겠는가.

이상의 가르침은 우리에게 다음과 같이 말하고 있음을 알 수 있다. "그대는 선인이라고 생각하는가. 선인이라고 생각하는 것이 더 악한 것임을 알고 있는가. 모든 사람이 선인이라고 단언할 수는 없다. 가령 몇 사람, 선인이 있다고 하더라도 적어도 그대는 그러한 선인은 아니다. 악인 가운데 특히 그대가 가장 악인임을 알고 있는가. 이것을 알면 그것으로 됐다. 그러한 악인이야말로 아미타불께서 가장 먼저 구제하고자 서원을 세웠다. 그러므로 누구보다도 악인인 그대에게 큰 자비심이 집중되어 있다. 그대야말로 아미타불의 주빈이다. 주빈은 한 사람밖에 없다. 그대가 누구든지 간에, 그 한 사람의 주빈은 실로 그대인 것이다. 그러므로 누구보다도 그대가 가장 먼저 구원받는 것이다. 선인보다도 먼저다. 선인보다 더욱 확실하다. 어느 누구보다도 악인임이 분명하다면, 구원 역시 누구보다 확실하다는 것이 명백하다."

여기서 범부성불(凡夫成佛)에 관한 나의 서술은 끝나도 좋으리라. 하지만 잘못 생각하기 쉬운 점을 한마디 첨언하고자 한다. 악인의 왕생은 반드시 결정되어 있으며 선인보다도 더욱 결정되어 있다. 그러나 그렇다고 해서 악이 좋다든가, 선이 좋지 않다는 의미는 아니다. 악인 따위는 티끌만큼도 가치가 없다. 가치가 없는 것이 악인이다. 악인이 좋다는 말 따위를 하려는 게 결코 아니다. 악인 따위는 버려도 좋은, 쓰레기보다도 못한 것이다. 그러므로 틀림없이 지옥행이 확정되어 있는 몸이다. 지옥에 떨어질 수밖에 없는 운명이다. 쓰레기가 버려져도 좋은 것처럼, 악인은 당연히 버려지는 게 맞다. 그럼에도 악인이 왕생할 수 있다고 말하는 것은 악을 용인하자는 것이 아니다. 아무리 노력

171

하더라도 지옥에 떨어질 수밖에 없음을 인정하자는 것이다. 악인 스스로 어떻게 정토에 왕생할 자격 따위를 얻겠는가. 그러므로 악인이 구제받는다는 것은, 전적으로 그 자신과는 무관하다. 첫째도 둘째도 대자비의 작용에 의해서다.

구제받을 수 없는 사람을 돕는 것이 아미타불의 서원이다. 악인이 구제받는 것이 아니라 아미타불이 구제하는 것일 뿐이다. 왕생은 아미타불의 행위이지, 악행의 결과가 아니다. 구제는 인과에 의지하지 않는다. 구원 그 자체의 작용인 것이다. 악을 용인하는 사람은 정토에 머물 수 없다. 선도 악도 들어갈 여지가 없는 것이 정토다. 그곳은 불이 (不二)의 세계다. 악인정기는 부처님의 대비를 확인하는 것이지 자기의 악을 용납하는 것이 아니다. 악인에게는 전혀 왕생의 자격이 없다. 왕생은 다만 부처님의 중생구제에 의한 것일 뿐이다. 악인이 구제받는다고 해서 악인이라도 상관없다고 말하는 자는 아직 충분히 자신이 악인이라는 것을 알지 못하는 자이다. 따라서 부처님의 대비도 알지 못한다. 이 진리가 통하지 않았기 때문에, 얼마나 많은 염불자들이 스스로 잘못을 저질렀는지 모른다.[14] 동시에 얼마나 많은 사람들이 염불자들을 오해하여 비난했는지 모른다.

여기서 극락과 지옥의 문제에 대해서도 다루어보자. 지적인 사람들은 그러한 존재를 조금도 믿지 않는다. "어디에 그런 세계가 객관적으로 용인되겠는가. 종교적 망상이 낳은 미신에 지나지 않는다"라고 냉

---

14 악인정기는 부처님의 입장에서 악인도 받아들이겠다는 것이지, 결코 악인이 되어서 악행을 하는 것에 아무런 문제가 없다고 하는 것이 아님에도 불구하고, 이를 오해해서 악행을 하면서 스스로를 그르치게 하는 사람들이 얼마나 많았는지 알 수 없다는 이야기다.

정하게 말할 것이다. 그러나 지옥과 극락의 존재는 죄로 눈물 흘리는 자만이 절실하게 알 것이다. 그러한 두 가지 세계, 지옥이나 극락이 존재하지 않는다고 말하는 것은 죄에 대한 성찰을 모르는 사람의 비난에 지나지 않는다. 그런 세계가 있는지 없는지는 전적으로 죄의식 여부에 달렸다. 왜냐하면 죄 속에 있는 것이 바로 지옥에 있는 것이기 때문이다.

죄를 저지르는 그곳이 바로 지옥이며 나락이다. 지옥을 부정하는 것은 죄에 대한 자각이 없는 자의 오만하고 어리석은 생각에 지나지 않는다. 죄악감이 온몸을 엄습해오는 것과, 지옥이 온몸을 조여오는 것은 동시적인 것이다. 이 얼마나 불가사의한 일인가? 죄로 눈물 흘리지 않고서 어떻게 구원을 바랄 수 있겠는가. 죄의 예토를 슬퍼하는 것과 정토를 흠모하는 것은 동시적인 일이다. 그러므로 지옥의 문과 극락의 문은 서로 맞닿아 있고 지옥이 있으면 반드시 결정코[15] 극락이 있는 것이다. 『아미타경』은 극락을 찬미하는 경전이다. (죄로부터) 벗어날 인연이 없는 자만이 그 말씀의 진실성을 볼 수 있다.

덧붙여 말하자면, 호넨의 『선택집』이 세상에 알려졌을 때, 그리고 염불종이라는 새로운 종파가 세력을 넓혀갈 때, 남도(南都)와 북령(北嶺)에 있던 자력문의 여러 종파로부터 격렬한 공격을 받았다. 심지어 폭력까지 자행되었다. 그러나 그것은 결코 질투 때문만은 아니었다. 당시 고승이던 게다츠(解脫)나 묘에(明慧)는 이치를 따져서 (염불종을)

---

15   반드시 지옥에 가는 것이 정해져 있다는 것, 지옥에 갈 수밖에 없다는 것이다. 운명적으로 결정된 것이 아니라, 죄에 대한 성찰이 철저하기에 그렇게 자각하는 것이다. 필정(必定) 또는 일정(一定)이라고도 하는데 같은 뜻이다.

탄핵[16]했다. 염불행자는 보리심을 부정한다는 것에 분노를 느꼈다. 보리심을 발하는 것이야말로 부처님의 가르침을 닦아가는 데 없어서는 안 될 길이라 생각했기 때문이다.

그렇지만 『선택집』에 대한 모든 오해는 보리심조차 결여된 어리석고 둔한 사람, 하근기 사람들의 구제에 대해서만 오로지 서술하고 있음을 잊었기 때문에 일어난 것이다. "나와 같은 자는 성도문의 길을 감당할 수 없다"는 참회가 호넨으로 하여금 『선택집』을 쓰게 만들었다. 그는 성도문을 비난하는 것이 아니라, 하근기의 사람들에게는 염불의 한길밖에 없음을 서술하고 있을 뿐이다. 그러므로 염불의 한길은 말법 세상의 길이며, 범부가 따라야 할 길이다. 일찍이 고야산의 묘헨(明遍) 승도는 『선택집』을 비판했으나, 어느 날 꿈에서 스님을 뵙고 마침내 오탁악세의 이 세상을 돌아보고는 "요즘은 너무나도 말세여서 우리 모습은 마치 중병에 걸린 사람 같다"라고 절감하였다. 그리하여 삼론종을 버리고 비로소 염불문에 귀의하였다. 게다츠나 묘에의 오해는 아마 호넨이 가졌던 하근기에 대한 자각을 간과한 데서 비롯되었을 것이다.

16 이에 대해서는 이 책 뒤의 '고유명사 소사전' 중 게다츠와 묘에 참조.

제9장

육자

'나무아미타불'은 여섯 자로 이루어져 있어 육자 명호(六字名號)로 불린다. 이 외에도 '나무불가사의광여래(南無不可思議光如來)'[1]의 구자(九字) 명호, '귀명진시방무애광여래(歸命盡十方無碍光如來)'[2]의 십자(十字) 명호가 있다. 옛날 일본에서는 이들 구자 명호 혹은 십자 명호가 주로 사용되었는데, '광명본존(光明本尊)'으로도 모셨다. 이러한 명호를 쓴 아름다운 글씨들이 수없이 많이 남아 있다. 육자든 (구자든 십자든) 뭐든 그 마음은 모두 같지만, 언제부턴가 간명한 육자가 가장 널리 유통되기에 이르렀다. 이 육자의 출전은 『관무량수경』이다.[3] 정토

---

1 담란의 『찬아미타불게(讚阿彌陀佛偈)』에 '나무불가사의광'이 나온다. 여기에 '여래'를 덧보태어 구자 명호로 한 것이다. 2018년 봄, 매일같이 교토의 '신란교류관'을 다니면서 법문을 들었다. 법문을 듣기 전후 시간에는 열람실(작은 도서관, 책을 빌려주기도 하고 복사도 할 수 있다)에서 책을 읽었다. 조금씩 조금씩 『진종칠조개론(眞宗七祖槪論)』을 읽었는데, 거기서 '나무불가사의광'은 신란의 창작이 아니라 중국의 담란에게서 왔음을 처음 알게 되었다. 진종의 법회는 「정신게(정신염불게)」를 읽는 것으로 시작되는데, '귀명무량수여래 나무불가사의광'으로 「정신게」가 시작된다. '나무불가사의광'이 담란 스님에게서 온 구절임을 알게 된 순간, 내 안에서 환희심이 용솟음쳐 올랐다. 그날 집으로 돌아가는 길에서 '나무아미타불' 염불이 터져 나왔다. 이후 얼마 동안은 길을 걸으면서도 '나무아미타불' 염불을 계속했다. 어째서 그러한 환희심이 솟아났을까 생각해보았는데, 아마도 신란의 가르침이 일본 특유의 불교가 아니라 보편적인 불교일 수 있음을 알게 되었기 때문이 아닌가 싶다.

2 천친(세친) 『무량수경우파제사원생게』(정토론)의 첫 번째 게송에 나오는 말이다. 첫 번째 게송은 "세존아일심(世尊我一心), 귀명진시방, 무애광여래, 원생안락국(願生安樂國)"이다. 진종은 10개 파로 나뉘는데, 역자가 가본 곳은 여섯 군데다. 모두 신란을 모신 '고에이도(御影堂)'가 중심 건물이다. 고에이도 안에는 중심에 신란의 상(대개는 흉상)을 모시고 있는데, 그 좌우에 구자 명호와 십자 명호를 쓴 족자를 걸어서 모시고 있다.

3 "나무아미타불"이라는 육자가 경전 안에서 출현한 것은 『관무량수경』이기 때문에 이렇게 말한 것 같다.

의 법문은 전적으로 이 육자의 비의(秘義) 속에 담겨 있다.

염불에는 여러 가지가 있지만, 앞에서도 서술한 것처럼 마음으로 (부처님이나 정토의 모습을) 이미지화하여 관찰하는 염불보다 구칭(口稱)의 염불이 더욱 중요한 지위를 가지게 되었다. 이로써 정토교는 독립된 하나의 종파로 성장하게 되었다. 여기서 말하는 구칭염불이란 '나무아미타불' 여섯 자를 부르는 것이다. 소리를 내든 안 내든 상관없이 이 육자를 부르는 것이다. 소리 높여 부르는 사람도 있을 것이고, 조용히 읊조리는 사람도 있을 것이며, 때로는 마음속으로 부르는 사람도 있을 것이다. 어느 쪽이든 '나무아미타불'의 명호를 부른다.

맨 앞에 '나무(南無)' 두 글자를 붙이는 것은 특별히 아미타여래에게만 국한된 것은 아니다. '나무관세음보살', '나무석가여래', '나무미륵불', '나무묘법연화경' 등으로도 불린다.

그런데 어떻게 유독 '나무아미타불'의 여섯 자가 가장 친근하게, 가장 널리 불리게 되었을까? 이는 본원(本願)에 의한 명호이기 때문이다. 중생제도를 위해 특별히 선택된 칭명이기 때문이다.

나무아미타불이란 무엇인가? 이미 우리 귀에 익숙해진 말이 되었지만, 사실 모두 범어다. '나무'는 귀명(歸命)의 뜻이고, '아미타'는 무량수(無量壽)의 뜻이며, '불'은 각(覺, 깨달음)의 뜻이다. 선도 대사는 『관경소현의분(觀經疏玄義分)』[4]에서 "나(南)는 곧 귀(歸), 무(無)는 명(命), 아(阿)는 무(無), 미(彌)는 량(量), 타(陀)는 수(壽), 불(佛)은 각(覺)이다. 그러므로 '귀명무량수각'이라 한다"고 하였다.

흥미로운 점은 정토의 법문이 발달함에 따라 점차 그 의미와 내용

---

4   『관경소』 4권 중 제1권이 현의분이다. 총론에 해당한다.

도 변천해왔다는 사실이다. 진리에 대한 사색이 자연스럽게 발전했다고도 할 수 있다. '나무'는 '귀명'의 뜻이지만, 종파마다 그 의미가 조금씩 다르다.

① 정토종: 아미타부처님께 신명(身命)을 바친다는 뜻.
② 진종: 아미타부처님의 칙명(勅命)에 따른다는 뜻.
③ 시종: 아미타부처님의 명근(命根)으로 돌아간다는 뜻.

이렇게 똑같이 귀명으로 써놓고 ①은 목숨을 바치는 것, ②는 귀의하라는 명령, ③은 목숨으로 돌아간다고 한다. 참고로 ③에서 목숨은 명근의 뜻으로, 본래 갖고 있는 성품으로 돌아가는 것이다. ①은 우리가 아미타에게로, ②는 아미타가 우리에게로, ③은 우리와 아미타가 아직 분화되지 않은 근원적인 상태로 돌아가는 것이다.

①은 우리가 아미타에게 귀의하는 것이며 ②는 아미타께서 우리에게 '귀의하라'고 명령하는 것이다. ③은 분화되기 이전으로 돌아가서 우리와 아미타를 둘이 아닌 경지에서 보는 것이다. ①은 호넨의 길 ②는 신란의 길 ③은 잇펜의 길이다. ③은 어느 정도 서산파로부터 교의(教義)·종의(宗義)의 맥을 이어받은 것이라 할 수 있다.

호넨의 말씀을 빌려 말하자면 "오직 미타께 의지한다"는 것은 나무(南無)의 핵심으로, 미타로 향하는 우리의 오롯한 행이 요구된다. 이것이 나무아미타불인 것이다. 『선택집』 제2권에는 선도 대사에 의지하여 이런 말씀이 나온다.

중생이 행을 일으켜서 입으로 항상 부처님을 부르면 부처님은 곧

이를 들으실 것이고, 몸으로 늘 부처님을 예경하면 부처님은 곧
이를 보실 것이며, 마음으로 항상 부처님을 생각하면 부처님은 곧
이를 아실 것이다. 중생이 부처님을 억념(憶念)하면, 부처님 또한
중생을 억념하실 것이다. (운운)

모든 것은 우리가 아미타께 회향하는 것이다. 경전에도 "시방의 중
생들이 보리심을 일으켜서 (…) 지극한 마음으로 발원하여"[5]라든가,
"지극한 마음으로 회향하여"[6]라든가, "지극한 마음으로 신요(信樂)하
여"[7] 등으로 기록되어 있다. 모두 우리가 아미타에게로 나아가는 행
(行)이다. 우리가 나아가면 아미타가 반드시 이 행에 응해주신다는 가
르침이다. 예수의 "구하라, 그리하면 얻을 것이요. 두드리라, 그리하면
열릴 것이다"라고 한 것과 같은 사고방식이다.

그런데 신란에게서 그 방향은 역전된다. (우리가 아미타를 향하여
나아가는 것이 아니라) 우리에게 아미타불이 회향해주시는 것이 된다.
획기적 전환이라 하지 않을 수 없다. 『교행신증』의 행권(行卷)에 보면,
"그러므로 나무라는 말은 귀명이니 (…) 귀명은 본원이 부르는 칙명이
다"라는 말이 나온다. 우리가 부처님께 귀의하는 것이 아니라, 부처님
이 우리에게 요구해서 귀의시키는 것이다. 우리는 부처님의 지상명령
에 따를 뿐이다. 회향은 모든 것이 부처님 입장에서의 회향이다. 방향
은 언제나 부처님 쪽에서 중생을 향한 것이지, 중생으로부터 부처님을

---

5   법장보살의 제19원. 중간에 생략된 부분은 '모든 공덕을 닦아서'이다.

6   법장보살의 제20원.

7   법장보살의 제18원.

향하는 것이 아니다. 신란의 이러한 견해는 위대한 스승 호넨에게선 볼 수 없는 사상이라고 할 수는 없으나, 신란에 이르러 한층 더 분명해진 것이다. 그러므로 우리가 "지극한 마음으로 회향하여"라고 읽어야 할 경전의 구절을 신란은 거꾸로 바꾸어서, 부처님께서 "지극한 마음으로 회향해주셨으니"[8]라고 뒤집어 읽은 것이다.

문법을 무시하면서까지 이렇게 자유로운 독법(讀法)을 창작했던 것은, 신란의 체험이 종래의 독법으로는 만족할 수 없었기 때문일 터이다. 그에게 이르러 회향이라는 문자는 더욱 의미가 깊어졌다. 그러나 생각해보면 "중생으로부터 부처님에게로"라고 생각하든지, 혹은 "부처님으로부터 중생에게로"라고 생각하든지 간에, 아무튼 생각하는 자와 생각되어지는 자, 즉 중생과 부처님이라는 대립이 남지 않는가? '귀의한다'라든가, '부른다[招喚]'라는 말은 단지 주객(主客)의 위치를 바꾸는 것일 뿐, 주체와 객체의 대립은 여전히 남지[9] 않는가? 그 핵심은 중생과 부처를 하나로 묶고자 하는 것임에도 불구하고, 역시 나무(南無)와 아미타(阿弥陀)를 두 개의 말로 나누는 것이다. 나눈 뒤에 다시 묶으려는 것이다.

그러나 잇펜은 대립을 허락하지 않는다. 그 둘을 분화되기 이전의 경지에서 보고자 하는 것이다. 여기서 육자의 의미는 다시 한번 비약을 시도한다. 나무와 아미타를 연속되는 하나의 말로 해석하여 육자

---

8   '제12장 회향 불회향'에서 자세히 논의된다.

9   저자는 자타의 문제를 종래와 같이 자력과 타력의 문제로 보는 것이 아니라 주체[自]와 객체[他]의 문제로 치환해서 생각하고 있다. 그리하여 신란에게 머물지 않고 잇펜의 길로 나아간다. 신란의 길에서는 자력에서 타력으로 나아가는 것이지만, 잇펜의 길에서는 자타의 대립이 소멸되기 때문이다.

를 오직 하나뿐인 모습으로 모시는 것이다. 유일무이하기에, 말하자면 육자를 무자(無字)로까지 이끌고 갔던 것이다. 나무와 아미타는 둘이 아니다. 둘이라면 정토의 모습[相]이 아니다. 육자란 둘이 아닌 경지를 가리킨다. 그러므로 중생이 부처님을 염불하는 것도 아니고, 또 부처님이 중생에게 염불할 것을 구하는 것도 아니며, 그저 염불이 염불한다. 호넨, 신란, 그리고 잇펜의 견해를 각기 다음과 같이 새롭게 정리할 수 있을 것이다.

> 호넨 스님: 부처님을 생각하라. 그러면 부처님은 반드시 중생을 생각해주실 것이다.
>
> 신란 스님: 설령 중생이 부처님을 생각하지 않아도, 부처님이 중생을 생각하지 않는 때는 없다.
>
> 잇펜 스님: 부처님이 생각하는 것도 아니고 중생이 생각하는 것도 아니며, 염불 스스로 염불한다.

잇펜 스님의 말씀을 좀 더 들어보자.

> 그러면 칭명 하나하나가 염불이 염불하는 것이 되리라. 이것을 잘 이해하고 내가 잘 염불하여 왕생하고자 한다면, 자력의 아집이 사라지지 않게 된다. 결국 그와 같은 사람은 왕생할 수 없게 된다. 염(念)이든 불념(不念)이든, 집중하든 집중하지 않든, 내 근기가 어디에 속하든 다만 오직 염불하는 것을 일향전념(一向專念)이라고 한다.
>
> _『파주법어집(播州法語集)』

여기서 진실로 잇펜의 신앙이 도달한 귀결점이 드러난다. 원래 '유불여불(唯佛與佛, 오직 부처와 부처 사이에)' 사상은 옛날에도, 또 신란의 편지 안에서도 '부처와 부처의 작용'이란 의미로 사용되었는데, 이러한 생각이 잇펜에게 이르러 마침내 무르익은 것이다. 신란은 일체의 행위를 부처님의 공덕으로 돌렸으나, 잇펜은 부처님도 중생도 함께 사라져버린 육자의 명호 자체에서 궁극적 경지를 보았다. 그런 까닭에 나무(南無)의 주체(사람, 機)와 아미타의 법(대상, 佛)이 둘이 아니라, '기법일체(機法一體)'라는 사상이 강화되기에 이르게 된다. 신란의 사상처럼 일체가 아미타불에서 온 것이 아니라, 아미타도 또한 나무의 주체와 하나가 되어서(즉 육자가 되어서) 비로소 그 스스로를 완전하게 한 것이다. 그러므로 이러한 하나에서 중생뿐 아니라 미타 또한 사라지고, 단지 육자의 명호만이 살아남게 되었다. 바로 그렇기에 이를 '오직 하나인 명호'라 부른 것이다. 명호에는 생각하는 사람도, 생각되어지는 부처도 없다. "그렇기에 명호가 명호를 듣는다"라고 잇펜은 서술한다. 육자의 의미는 이 이상 더 없다. 그는 염불문 최후의 사색가였다. 그의 말을 모은 『파주법어집』에는 육자에서 어떻게 분별이 하나로, 더욱이 하나가 분별 이전으로 소급해가야 할지를 다음과 같이 서술하고 있다.

나무란 모든 중생의 근기다. 아미타란 법이다. 부처란 깨달음의 주체가 되는 사람이다. 육자를 잠시 기(機)와 법(法)과 각(覺)의 세 글자로 열어놓고, 마침내는 이 셋이 하나가 되게 하는 것이다. 그렇다면 명호 외에는 귀의의 주체가 되는 중생도 없고, 귀의의 대상이 되는 법도 없고, 깨달음의 주체가 되는 사람도 없게 된다. 곧

자력과 타력이 끊어지고, 기와 법이 끊어지는 곳을 나무아미타불
이라 말한다. 불이 장작을 태울 때 장작이 다하면 불 또한 소멸하
는 것과 같다. 주체라는 감정이 다하게 되면, 대상 역시 다하게 된
다. 『금강보계장』이라는 책에서는, '나무아미타불 속에는 주체[機]
도 없고 대상[法]도 없다'고 말씀하셨다. 아무래도 주체와 대상을
세워서 미혹과 깨달음을 분리하게 된다면, 약과 병을 서로 대립시
키는 법일 뿐 진실하고도 지극한 진리일 수는 없게 된다. 미혹과
깨달음, 주체와 대상을 끊고 자력과 타력을 넘어서는 것을 불가사
의의 명호라고 말하는 것이다.

* 『금강보계장』은 정확히는 『금강보계비결장(金剛寶戒秘決章)』이
다. 그 원문에서 "염불에는 결코 주체와 대상이 없으니, 무엇을 주
체라 하며 무엇을 대상이라 하는가"라고 하였다. 이 책은 호넨이
저술했다고 전해져왔으나, 그러한 추정은 아마도 잘못된 것 같다.
저술 연대가 아무래도 가마쿠라 중기 이전까지 올라가지 않는다
는 점에 주의해야 할 것이다.

　이상의 서술을 요약하면, 호넨은 중생을 바라보고, 신란은 부처님
을 바라보며, 잇펜은 중생과 부처님이 아직 나누어지지 않은 상태를
바라보고 있다는 것이다. 각기 깊은 의미가 있다. 또 이러한 과정 속에
서 육자에 대한 이해가 자연스럽게 발전해왔음을 알 수 있다.
　귀명(歸命)은 마침내 자신을 완전히 버리는 것이다. 뭔가 위대한 것
에 목숨을 바치고자 하든, 혹은 위없는 것으로부터 부름을 받아 자
신을 바치려고 하든, 또는 생명의 근원으로 돌아가고자 하든, 그 어느

183

경우든 자기를 완전히 버리는 것, 그것이 나무(南無)다. 그야말로 이 버림으로써 위없는 미타에게 새로운 생명을 얻는 것이다. 이 위없는 국토를 '정토'라 부르며, 혹은 '극락'이라 이름하고, 그 나라에 들어가는 것을 '왕생'이라 말해온 것이다. 그러므로 나무는 기도이며, 이 기도를 완수하는 것이 미타이고, 그리하여 안주하는 곳이 바로 정토다.

반대로 아미타불을 살펴보자. 아미타를 깨달음의 부처, 진리의 부처라 간주하는 것도 좋으나, 단지 그것만으로는 이(理)이며 적(寂)이어서 동(動)의 면모를 가지지 않는다. 아미타의 동적인 면모는 전적으로 유정물과 무정물이 살아가는 이 세상이 눈앞에 있기 때문이다. 그중에서도 특히 형상[有相]에 빠져서 사는 인간이 있기 때문이며, 그중에서도 죄악에 빠진 범부가 있기 때문이다. 바로 여기서 대비가 작동하는 것이다. 인간이 미타를 부르는 것은, 미타가 인간을 부르는 것과 같다. '미타가 없으면 인간에게 왕생이 없다'는 것은 동시에 인간이 없으면 미타에게 정각 역시 있을 수 없음을 의미한다. 이렇게 미타가 동적(動的)인 미타로 화현한 것이 육자다. 그러므로 육자에 인간의 왕생이 있고, 마찬가지로 육자에 미타의 정각이 있는 것이다. 육자를 떠나서는 인간이 없으며, 육자를 떠나서는 미타 역시 미타일 수 없다. 육자가 있는 곳에 인간과 부처는 함께 녹아버린다. 『삼부가명초(三部假名鈔)』의 저자 코아(向我/向阿, 1265-1345)의 말을 빌리면 '부자상영(父子相迎)'[10]이다.

그러므로 나무와 미타는 육자 속으로 사라져서 육자로서 하나가

---

10   왕생은 일방통행이 아니라 쌍방통행임을 나타낸다. 아버지는 아미타불, 아들은 중생의 비유다.

된다. 나무도 미타도 저 혼자만으로는 의미를 잃고 만다. 더구나 대립하고 서로 나뉘어서는 사람도 사람다울 수 없으며, 부처도 부처다울 수 없다. 그러므로 육자에 부처의 가르침에 따르는 사람의 왕생이 있고, 귀명을 받는 부처의 정각이 있는 것이다. 이를 가리켜 '기법일체(機法一體)'라고 한다.

'기법일체' 사상은 정토교에서 중요한 철리(哲理)이기 때문에, 다시 몇 가지 설명을 더 곁들여야 할 것 같다. '기(機)'라는 것은 근기의 의미로 인간을 가리킨다. "근기에 따라서 법을 설한다"라는 표현도 있듯이, 기(器)와 기(機)는 같다. 둘 다 그릇의 크기나 작용을 의미하며, 인간을 가리키는 말이다. '법'은 여기서는 아미타불을 가리킨다. 그래서 육자를 짐짓 둘로 나누어 나무와 아미타불이라는 두 가지 말로 이루어지는 것이라 할 때, '기'는 나무에 상응하고 '법'은 아미타불을 나타내는 것이 된다. 그러므로 '나무라고 하며 귀의하여 들어가는 기(機)'와 '(중생을) 도와주시는 아미타불이라는 법'의 두 가지를 세우는 것이 우리의 일반적인 분별이다. 그런데 '기법일체'라고 하면, 나무와 아미타불은 본래 둘이 아니라는 의미로, 이를 두 가지 말로 나누지 말아야 함을 설하는 것이다. 즉 육자를 한 단어로 받아들여야 하는 것이다. 나무아미타불이 불이(不二)를 말한다는 점에서 그 참뜻을 구해야 하는 것이다. 만약 분별의 입장에서 두 가지 말로 나누어서 사용한다면 나무즉아미타불, 아미타불즉나무라고 해야 할 것이다.

여기서 '즉(卽)'[11]이라 하는 것은 본래 '동(同)'이 아니다. '동'이라면

11　즉은 본래 하나인 것을 나타내는 말이 아니다. 그런 경우라면 동(同)이라 해야 한다. 본래 하나인 동은 본래 하나가 아닌 차(差)와 상대하는 개념이다. 동과 차, 이러한 상대적 대립 개념을 넘어서 차이면서 동이고, 동이면서도

'차(差)'에 대척되는 것에 지나지 않는다. '즉'은 둘로부터의 해방이다. 따라서 "귀명합니다, 무량수불에게"라고 하여, 주객의 둘을 나누는 것에 명호의 진의가 있는 것이 아니라, 주객이 둘이 아닌 '즉'에서 명호의 본래 의미를 보아야 한다. '즉'에서는 미타도 인간도 둘(대립)에 머무는 것이 아니다. 육자를 나무와 아미타불의 두 가지 말로 나눈 것은 아직까지 방편을 벗어나지 못한 것이다. 그것은 이 세상에서 피할 수 없는 분별의 언어에 지나지 않는다. 참된 의미에서 육자는 하나의 말로 귀결[結晶]되지 않으면 안 된다. 하나의 말이기에 일체(一體)라고도 하고, 불이(不二)라고도 하는 것이다.

이 '기법일체'의 사상을 가장 깊이, 그리고 간절하게 설한 책이 『안심결정초(安心決定鈔)』다. 이는 예전부터 진종의 가쿠뇨(覺如, 1270-1351)가 지은 것이라 전해져왔다. 그러나 저술 시기가 가쿠뇨 시대보다 더 거슬러 올라간다. 또한 내용적으로 보더라도 서산파의 승려가 지었으리라는 데 의심의 여지가 없다. 최근에는 『안심결정초』가 심초의(深草義)를 집대성한 겐이의 작품이라는 설이 제기되었다. 누구의 저술이든지, 그 저자는 매우 깊은 종교적 체험을 한 사람일 것으로 생각된다.

시방세계 중생의 원(願)과 실천이 원만하여 왕생을 성취할 때, 기

차인 것을 나타내는 말이 '즉'이다. 그러니까 중생(나무의 주체, 기)과 아미타불(나무의 대상, 법)은 본래 하나가 아니다. 그러나 본래 하나가 아니지만 하나로 만나고, 하나로 만나지만 하나가 아닌 관계다. 이러한 화엄적인 '즉'의 논리를 가지고 와서, 저자 야나기는 중생과 아미타불이 본래 불이(不二)임을 말하고 있다. 상당히 선(禪)적으로 정토교를 설명하고 있다.

법일체인 나무아미타불의 정각을 성취하는 것이다.[12]

명호는 곧 정각 자체이며, 정각의 체가 되기 때문에 시방세계 중생들의 체가 된다.

아미타불이라는 명호를 들으면 머지않아 내가 왕생할 것이라 알고, 나의 왕생이 곧 부처의 깨달음임을 알아야 한다.[13]

미타의 자비로운 가슴속에는 저 미혹의 바다에 빠져 있는 중생들이 넘쳐나기 때문에 기법일체가 되어서 나무아미타불이 된다.[14]

순간순간 나무아미타불이 되어, 날숨도 들숨도 모두 부처의 공덕을 떠날 때가 없게 되면, 모두 나무아미타불의 법체가 되리니.

마음은 비록 삼독 번뇌의 마음이라 하더라도 부처님의 공덕이 스며들지 않은 곳이 없다. 기법이 본래 한 몸인 것을 나무아미타불이라 말한다.

이 기법일체의 나무아미타불이 되는 것을 염불삼매라고 한다.

---

12 『안심결정초』 원문은 '기법일체인 정각을'이라 되어 있다. 저자가 '나무아미타불'을 집어넣은 것이다.
13 『안심결정초』 본권.
14 『안심결정초』 본권.

나무아미타불이라 칭명하더라도, 칭명하여 법체[15]에 가까이 다가가는 것이 아니다. 기법일체의 깨달음의 공덕이 중생의 구업(口業)에 나타나는 것이다.

잇펜 스님도 말씀하신다.

이렇게 기법불이(機法不二)의 명호라면, 나무아미타불 외에 귀의하는 주체도 없고, 또한 귀의의 대상도 없다.

육자는 가령 귀명하는 나무의 기(機)와, 귀명을 받는 아미타불의 법(法), 이들 두 단어를 일단 구분하기는 하지만, 구분하면 육자의 생명은 사라진다. 기는 즉 법으로, 기와 법이 미생(未生)이지 않으면 안된다. 만약 기를 법에 대응시켜서 나무와 미타를 나눈다면, 육자는 결국 대립[二相]을 넘을 수 없게 된다. 육자란 아직 아무것도 나누어지지 않은 세계를 의미한다. 그것을 가리켜서 즉(卽)이라고도, 일여(一如)라고도, 불이(不二)라고도, 일체(一體)라고도 말한다. 그것은 본래 있는 그대로의 경지다. 그런 까닭에 육자는 모든 것의 뿌리이며 원천이다. 이것이야말로 마음의 고향이라고 불러야 할 것이다. 육자를 부르는 것은 고향으로 돌아가고자 하는 사모의 정이다. 본유의 성품으로 돌아가려는 의지다. 다음은 잇펜 스님의 말씀이다.

여기 미타의 본원 타력의 명호로 돌아가게 되면 생사 없는 본분

---

15 원문에는 '법체'가 '불체(佛體)'로 되어 있으나, '법체'가 맞다. 『안심결정초』 말권.

으로 돌아가는 것이다. 이를 '힘써 노력하여 미혹을 떨쳐버리고 본가(本家)로 돌아가라'고 말하는 것이다. 명호에 돌아가는 것 외에는 나도, 나의 본분이나 본가로 돌아가는 것도 있을 수 없다.

모든 불법은 이 본분, 본가, 본구(本具), 본성, 본유, 본래, 본국(本國), 본각의 경지를 지향하는 가르침이다. 정토문은 육자로서 그 본연의 경지로 돌아가고자 하는 것이다. 그러므로 육자는 우리의 나아갈 길에 있는 것이 아니라 우리에게 이미 갖추어진 것, 즉 우리의 생가(生家)라고 할 수 있지 않을까. 우리는 잘못해서 옛집을 떠나 유랑의 고통에 빠져 떠돌고 있는 것에 지나지 않는다. 육자를 소리 내어 부르는 것은 고향 소식을 듣는 것이다. 육자에서 우리는 우리의 고향을 발견하는 것이다. 그러므로 "돌아가자, 미혹의 세계에 머물러서는 안 된다"(선도, 『정선의(定善義)』)라고 여러 번 말씀하신 것이다.

우리는 이 육자의 본래 모습을 분별로써 판단해서는 안 된다. 호넨 스님은 염불을 '의도 없는 의도', '목적 없는 목적'이라 말했다. 건방진 지혜로 함부로 재단해서는 안 된다. 협량하고 빈약한 논리로 옳고 그름을 단정해서는 안 된다. 육자는 즉여(卽如)이기 때문에 그대로 받아들여야 한다. 그렇지 않으면 대립에 빠져버리고 말 것이다. 따라서 육자는 빈손으로 받아들이지 않으면 안 된다. 육자는 그 자체로 육자다. 오직 하나뿐인[獨一] 육자이므로, 육자는 정히 '천상천하 유아독존'이다. 육자는 자기 스스로 존재하는 것, 자기 스스로가 스스로를 규율하는 것이다.

그러므로 육자를 나의 마음, 나의 지혜, 나의 생각으로 받아들여서는 안 된다. 육자를 받아들이는 것은 그저 받아들이는 것이어야 한다.

그 외 육자를 받아들이는 길이 달리 있겠는가. 다만 (육자를 받아들이는) 마음을 있는 그대로의 마음, 본래의 진실한 마음, 자연의 마음, 법이(法爾)[16]의 마음이라고 설한다. 혹은 무심(無心)이라고도 말한다. 육자를 받아들이려면 보통 사람이어야 한다. 호넨이 "일자무식의 우둔한 몸이 되어서"라고 말씀하신 것은, "아무것도 남아 있지 않은 평상의 마음으로 돌아가서"라는 의미다. 이는 선종에서 설하는 '평상심'과 같은 마음을 가리킨다. 육자는 아무것도 갖지 않은 상태에서 받아들여야 한다.

세이잔(西山)이 '백목(白木)의 염불'이라 말한 것도 그런 의미다. 채색되지 않은 백색의 염불이어야 한다. 호넨 스님이 '오직 염불할 뿐'이라고 한 것은 그런 의미다. 염불하는 것은 오직 염불 그 자체여야 한다. 염불에 다른 불순한 것이 섞여서는 안 된다. 오직이라는 것은, 굳이 말하면 모든 대립적인 것[二元]을 깨끗이 씻어내는 것이다. 염불에 자아의 흔적이 남아서는 안 된다. 진리 그대로[法爾]의 염불을 자아 때문에 오염시켜서는 안 된다.

어떤 사람이 쿠야(空也) 스님에게 "어떻게 염불해야 할까요?"라고 여쭈자 "버리는 것이야말로 (염불이지)"라고 대답하셨다고 한다. '오직'이라는 것은 모든 것을 버리는 것이다. 완전히 버린 경지에 '오직'이 있는 것이다. 조동종에서는 '지관타좌(只管打座)'를 설하는데, 여기서 '지관'이 '오직'의 뜻이다. '오롯이'라든가 '한결같이'라든가로 읽지만, 그것은 잡념을 섞지 않은 지순한 마음, 즉 '다만'의 경지다. 이를 말씀하신

---

16   자연법이(自然法爾)의 준말. 있는 그대로가 곧 진리라는 뜻으로, 신란의 사상이다.

도겐(道元) 선사의 참뜻은, 좌선은 어떤 목적을 갖고서 하는 것이 아니라, 다만 좌선하는 것이다. (좌선의 목적은) 좌선 자체에 있는 것이다. 그 이상의 좌선이 있을 리 없다. 무엇을 위해서 좌선하는지 묻는 것이 이상한 일이다.

선종에서 "오직 선만[只麼禪]"을 설하는 것은, 그것을 가리키는 일이다. 호넨이 "오직 염불할 뿐"이라고 말씀하셨던 것도 같은 뜻이다. 오직 염불하는 것 이외의 육자는 육자라고 할 수 없다.

> 호렌(法蓮)이라는 스님이 꿈에 돌아가신 호넨 스님을 만나 뵙고, 염불하는 일을 여쭈어 아뢰니, '아미타불은 (중생에 대하여) 전혀 호불호(好不好)가 없으니, 오직 염불할 뿐'이라고 대답하셨다.
> _『일언방담』

제10장

서 / 방

염불문의 교리에 '지방입상(指方立相)'이란 말이 있다. "방위를 가리키며 모양을 세운다"라는 뜻이다. 이때 방위란 서방을 의미한다. 요컨대 정토가 서방에 있다는 것, 그리고 그곳에서 부처님이나 보살들의 모습을 본다는 말이다. 그 서방정토가 어디에 있는가 하면, 이 예토를 떠나서 십만억 국토의 저편에 있다고 한다.

절 이름 가운데 '서방사(西方寺)' 또는 '서념사(西念寺)'라고 불리는 곳들이 있다. 그 이름에서 바로 정토계 사원임을 알 수 있다. 염불종은 서방교(西方敎)라고 일컬어질 정도로 서쪽이라는 방위에 중대한 의미를 부여한다. 『서방지남초(西方指南抄)』라는 제목으로, 신란 스님이 스승 호넨 스님의 사적을 기록한 책이 있다. 여기서 '지남'은 '남쪽을 가리키는 것'이 아니라 가르쳐 이끈다는 뜻으로, (서방지남은) 다름 아닌 서방을 가리키는 것을 의미한다. 서방에 불국토가 있으며, 거기에 많은 부처님이 살고 있다고 말한다. 그리고 인간이 성불하면 서쪽으로 간다[1]고 말한다. 이것이 왕생이기 때문에 옛날부터 염불문에서는 '지방입상'이라는 교의가 설해졌다.

그러나 근대인/현대인들에게는 납득하기 힘든 세 가지 문제가 있다. 첫째, '정토'란 도대체 어떤 국토를 가리키는가? 둘째, 왜 그 정토는 '서방'에 있다고 정했을까? 셋째, 왜 서방과 사바세계의 거리를 '십만억'이란 숫자로 나타냈을까? 어떻든 이는 공상(空想)의 소산으로, 그 어디에도 객관적 근거는 없지 않은가? 이렇게 현시대와 동떨어진 관점이 요즘 젊은 사람들에게 감명을 줄 수 있을까? 정토가 만약 정

---

1   정토종의 교학에서는 서방에 왕생하여, 아미타불의 법문을 듣고서, 거기서 성불한다고 말한다. 다만 신란 스님은 왕생하는 것이 곧 성불이라고 보았다.

신적인 왕국[2]이라면, 왜 그것을 공간적으로 일정한 장소로 고정시켜서 생각하는 것일까? '지방입상'이 확정적이면 확정적일수록 이성적 판단과는 멀어져버린다. 일단 누구라도 그렇게 생각할 것이다.

그런데 왜 이렇게 훤히 들여다보이는, 결함투성이 사고방식을 정면으로 내걸고 설법하려는 걸까? 뭔가 배후에 깊은 의미라도 숨겨져 있을까? 어쨌든 이러한 세 가지 수수께끼에 답하지 않을 수 없다. 첫째의 정토왕생에 대해서는 따로 한 장[3]을 두어 서술할 것이므로, 여기서는 '서방'이라는 방위에 대한 것과 '십만억 국토'라는 수적인 거리에 대해서만 이야기하고자 한다.

아미타여래가 서방에 산다는 생각이 염불종에서 비롯된 것만은 아니다. 지금은 불타버렸지만, 호류지(法隆寺) 금당벽화 중 하나가 아미타삼존불이었다. 뛰어난 명화로 서방에 계신 부처님을 그렸다. 원래 밀교 계통에서 많은 부처와 보살을 말하고 있는데, 가장 비근하게 방위와 결부시킨 사례는 오지여래(五智如來)일 것이다. 중앙에 대일, 동

2　'공간적으로 일정한 장소로 고정시켜서 생각'하는 것이 『무량수경』 등 정토삼부경의 입장인 만큼, 우리는 정토가 결코 '정신적 왕국'이 아님을 알게 된다. 그러한 극락정토가 실재하느냐 여부와는 무관하게 정토신앙의 설계자들(선배들)은 정토를 '물질적 왕국', 즉 하나의 이상세계(utopia)로 생각했다. 그렇기에 '공간적으로 일정한 장소에 고정'할 필요성이 있었을 것이다. 역자가 보기에, 정토를 '정신적인 왕국'일 뿐만 아니라 '물질적인 왕국'으로도 볼 수 있는 증거는 법장보살의 서원에 있다. 제35원은 '여인왕생'에 관한 원이고, 제41원은 '모든 사람의 건강'과 관련한 원이며, 제43원은 '모든 사람의 고귀함'과 관련한 원이다. 또한 사서게 중의 제2서는 '모든 사람의 부귀함'과 관련한 원이다. 이러한 원은 정토의 물질성 내지 사회성을 보여주는 부분이다. 하지만 종래 이러한 원들이 갖는 의미는 많이 간과되어왔다. 그렇기에 정토를 '정신적'인 측면에서만 말하게 된 것인지도 모른다.

　3　'제14장 왕생' 참조.

방에 아축, 서방에 아미타, 남방에 보생, 북방에 석가가 배치되어 있다. 이렇게 아미타의 거처가 서방이라 생각한 것은 그 연원[4]이 깊고 오래되었음을 알 수 있다. 이렇게 해서 서방은 하나의 불교적 의미를 띠게 되는데, 염불종과 결합하여 중요한 의의를 내포하기에 이른다.

양부(兩部) 만다라[5] 등에 그려져 있듯이, 모든 부처님의 방위는 일정한 의궤(儀軌)에 따라 정연하게 배치되어 있다. 이렇게 방위에 따라 존상을 배치하는 것이 특별히 불교에만 한정된 일은 아니다. 기독교에도 비슷한 사례가 보인다. 대략 16, 17세기 무렵까지 기독교의 회당(會堂)은 동서남북의 위치를 정연하게 배치하였다.

중세시대 성당[6]에서는 항상 서방이 정면이 아니었던 적이 없다. 오지여래와 굉장히 비슷한 것으로, 기독교와 4복음서의 저자를 상징한 오체도(五體圖)가 있다. 예수가 중앙이며, 천사(마태), 사자(마가), 소(누가)와 독수리(요한)가 사방에 배치되어 있는데, 정히 그 위치가 정해져 있다. 그럼 어찌하여 불교에서는 아미타불이 서방에 계신다고 생각하기에 이르렀을까?

누구든 미루어 짐작할 수 있듯이, 서쪽은 태양이 지는 방위다. 아

---

4 저자는 아미타여래를 서방에 계신다고 비정하는 것이, 마치 밀교의 영향인 것처럼 서술하고 있다. 그러나 만다라를 말하는 중기 밀교의 경전보다 『아미타경』 등 정토교 경전이 훨씬 먼저 성립되었다. 오히려 정토사상이 밀교에 영향을 끼친 것으로 보아야 할 것이다.

5 『금강정경』에 따른 금강계 만다라와 『대일경』에 따른 태장계 만다라를 함께 부르는 말이다.

6 원본에는 '本寺'로 되어 있으나, 전후 문맥을 살펴볼 때 이 문장에서 서술하는 대상이 되는 것은 가톨릭(또는 기독교)의 성당(이나 교회)으로 보아야 할 것으로 판단된다.

니, 해가 지는 그 방향을 서쪽이라 이름 붙인 것이다. '지다/진다'라는 말은 끝이며, 사라져버리는 것이며, 죽는다는 뜻이다. 그렇기에 인간이 죽어서 가는 방위를 서쪽으로 생각한 것은 필연적인 연상에 근거한다. 따라서 내세는 서방에 있다. 또 우리를 맞이하는 아미타불도 서방에 계신다고 생각하는 것이 자연스러운 일일 것이다. 정토를 굳이 무리하게 서쪽으로 규정한다든지, 제멋대로 내키는 대로 서쪽으로 정한 것이 아니라, 인간이 가진 필연적인 사고방식에 따른 귀결이라 할 수 있겠다.

그러니까 이는 특별히 동양인에게만 해당되는 사고방식이 아니다. 기독교가 발전한 서양에서도 역시 비슷한 사고방식으로 흘러갔다. '최후의 심판' 광경은 언제나 서쪽 벽에 그려져 있다. 죽으려는 찰나, 향하는 곳이 서쪽을 가리키는 것이다. 유럽에서 볼 수 있는 중세의 대성당이 언제나 서향으로 세워져 있다는 것은 앞에서도 말했는데, 운명의 법륜을 굴리는 로즈 윈도(Rose window, 華窓)는 서쪽벽 중앙에 높이 자리하고 있다. 지는 태양 빛이 로즈 윈도의 여러 가지 색 유리창에 비칠 때, 신자들은 신의 나라의 영광을 떠올렸을 것이다. 그 서방에 있는 내세의 나라를 응시하고, 천국의 모습을 바라보았던 것이다.

정토를 서방에서 발견하는 것은 이렇게 인간의 심리적인 필연에 의한 것이라 말할 수 있다. 인간이 왕생을 이루어 안정을 찾을 수 있는 곳, 부처님의 내영(來迎)에 의지하여 환희를 느낄 수 있는 곳이 서쪽에 있다고 생각하는 것은 지극히 자연스러운 일이 아니겠는가.

서방이 있고 그곳을 정토라고 했던 것이 아니라, 오히려 가야만 할 정토의 위치를 편의상 서방이라 불렀다고 보아도 무방하다.[7] 서방에

---

7   이러한 이해는 종래의 전통적 종학에서는 제시하지 못한, 야나기의 독창적

정토가 있다고 하면 이해하기 어려운 점도 있겠으나, 정토의 위치를 서방이라 부른 것으로 보면 어떨까. 꼭 서쪽으로 태양이 져서가 아니라 태양이 지는 쪽을 서쪽이라 부른 것에 지나지 않는다. 말은 나중에 임시로 붙인 것이라 할 수 있다. 그러나 그렇다 하더라도 정토를 서쪽이라는 방위에다 위치시키는 것은 어째서일까? 방위, 즉 공간에 불국토를 위치시킨 것은 참으로 심오한 견해라 할 것이다.

누구나가 이러한 의문을 품는다는 것은, 무언가 이지(理智)에 반하는 부분이 있기 때문이다. 만약 이지를 넘어선 내용이 있다면, 그것을 고정된 개념에 가두는 것이 오히려 모순일 것이다. 적어도 방위를 정해버린다든가, 공간에 정토를 그린다든가 하게 되면, 여러 가지 이치에 맞지 않는 일이 일어나게 될 것이다. 왜 동쪽이 아니라 서쪽이어야 했을까? 왜 특정한 방향에 정토의 위치를 한정했을까? 무지한 사람에 대한 방편으로 방위나 형상이 설해졌다고 말하면 그만이겠지만, 오늘날의 젊은 사람들에게 그런 방편이 효력이 있을 리 없다. 그 참뜻은 무엇일까?

비난하는 사람들은 어쩌면, 서쪽은 동쪽에 대비되는 방위에 불과하고, 형상[相] 또한 형상 없음[無相]의 상대 개념에 불과함을 지적할지도 모른다. 이러한 상대적인 서쪽이나 형상에 어떤 의미가 있을까? 단순히 서(西)는 동(東)이 아닐 뿐이며, 형상은 다만 형상 없음일 뿐이라고 생각한다면, 별도리가 없다. 서쪽이나 형상 또한 고착화된 하나의 관념에 지나지 않으며, 그것을 고정된 의미로 받아들이는 신자

해석이라 할 수 있다. 어떻게 하면 근대인/현대인들에게 정토신앙을 설명할 수 있을까 고민한 결과일 것이다.

들 역시 많기 때문에 이러한 비판[8]을 듣는 것은 당연할지도 모른다. 그러나 정토가 서방에 있다든가 십만억토 저쪽에 계시는 모든 부처님을 뵙게 된다는 것은 무엇을 의미하는가? 어떤 의미가 있는가? 적어도 거기에 종교적 의의가 있는 한 소홀히 생각할 수 없다.

'서방'이 훌륭한 하나의 종교적 교의가 되기 위해서는 거기에 뭔가 절대적 의미가 있어야 한다. 적어도 정토교의 상징적인 방위라면 궁극의 방위여야 한다. 그렇다면 서쪽을 단지 동쪽의 상대라는 식의 엉성한 논리로는 곤란하다. 서쪽은 동쪽이 아닌 것이라거나, (단지 방위로서의) 서쪽만을 서쪽이라고 말한다면, 그것은 상대적인 개념의 서쪽에 지나지 않게 될 것이다. 본래 정토가 그러한 서쪽에만 한정되어 있었을 리 없다. '서방'을 의심하는 사람은 곧 그것을 일정한 방위로만 간주하여, 서쪽을 동쪽 아닌 (방향으로서의) 서쪽으로만 받아들이고 만다. 그렇게 되면 (서방이나 정토를) 부정하는 사람들도, 그것을 믿는 사람들도 서방을 표피적으로 이해하는 것이다.

절대적인 서쪽이라면, 동쪽으로 향하더라도 거기에 서방이 있어야 할 것이다. 어느 쪽을 향해 가더라도, 향하는 곳 그 모두를 서라고 해도 좋은 그런 것이다. 단순히 동쪽에 상대되는 서쪽이라든가, 서쪽은 동쪽과 다를 뿐이라고 한다면 얄팍한 서방, 말뿐인 서방에 지나지 않는다. 진정으로 정토를 구하는 사람에게는, 향하는 모든 곳이 당연히 서방이다. 요컨대 동쪽도 서방, 남쪽도 서방, 북쪽도 서방이다. 만약 동쪽으로 향했는데 그곳에서 서방을 발견하지 못했다면, 그것은 정토를

---

8 서방을 동서의 대립 안에서만 파악하는 사람들이 제기하는 비판. 저자는 서방을 동서의 대립을 넘어서는 개념으로 설명하고 있다. 그 때문에 반론부터 먼저 제기한 뒤, 다시 그것을 비판하는 논법을 쓰고 있다.

절실하게 원하는 사람의 인식이라고 할 수 없다. 어디를 가더라도 가는 곳곳마다 모두 서방을 향하게 될 때 비로소 정토에의 회향이 가능해진다. 거꾸로 말하면, 늘 우리를 부르는 것은 서방이다. 동으로 가든, 남으로 가든, 북으로 가든 모두 서방의 초대를 받아서 가는 것이다. 그러므로 동으로 가는 길도 서로 들어가는 길인 것이다. 그러한 서방이 염불행자의 서방이어야 한다. 일체의 모든 방향이 서쪽으로 향하게 될 때 정토의 모습[淨土相]이 나타나는 것이다.

그러므로 동쪽을 포괄하는 서쪽이라고 할 수 있다. 서쪽을 떠나서는 동쪽조차 없다. 그러니까 그 어느 곳이든 서방 아닌 곳이 없다. 그러한 서방일 때 비로소 불국토다운 불국토일 수 있다. 동쪽에 상대되는 서쪽이라면, 아직 충분히 서쪽다운 서쪽으로서의 자격이 없다. 진정한 서쪽이라면 전후, 좌우, 상하를 두지 않는다. 말하자면 방위를 가지지 않는 차원까지 순화된 것을 비로소 진정한 서쪽이라 부르는 것이다. 우리는, 그것이 바로 종교적인 의미에서의 서방이라는 점을 잊어서는 안 된다. 세상 사람들이 생각하는 서쪽 같은 것은 극히 편협한 일부분에 지나지 않는다. 그러니까 서쪽은 언제나 '중심'이다. 중심이라는 의미를 갖지 않는 서쪽은 단지 어떤 것의 한쪽 끄트머리를 가리키는 것에 불과하다. 그러므로 서쪽은 오른쪽에서 왼쪽으로 가는 길의 끝에 놓여 있는 것이 아니다. 어떻게 걸어가더라도 그 걸음이 곧바로 서쪽으로 이끌려 가는 것이기 때문에 서쪽은 모든 선(線)이 모이는 '중심'에 위치하는 것이다.

이곳(위치)은 고정된 한 점을 의미하는 것이 아니다. 원주(圓周, 원의 둘레)가 없는 중심이다. 그러므로 이르는 곳마다 (도처에) 중심을 갖는 중심이다. 정토는 이러한 중심의 땅, 중토(中土)라는 의미다. 중토는 결코 동쪽과 서쪽의 한가운데 있는 국토라는 의미가 아니다. 동서를 뛰어넘는 '중심', 그것이 서방의 참모습[眞相]이다. 어디를 향하든, 향하는 그곳이 바로 서쪽이라는 의미에서 중토다. 그러므로 서방정토가 아미타불의 거처라고 할 때, 미타는 중앙에 계시는 부처님이다. 중앙에 계시는 분이 미타다. 아니, 중불(中佛)을 미타라고 부르는 것이다. 실은 어떤 부처님이든 그 본질은 '중심'이다. 대일여래만 중앙에 위치⁹하는 것이 아니다.

그러니까 미타는 어느 쪽에서 오는 사람에게도 정면으로 향하게 될 것이다. 정토진종에서는 본존인 미타를 '오마무키사마(정면에서 맞이해주시는 님)'라 부르는데, 이는 '중앙'에 자리한 부처님을 높여서 부르는 말이다. 미타가 우리를 정면으로 향한다는 것은, 단지 동쪽에서 오는 사람만을 정면으로 맞이해준다는 것이 아니다. 어느 방향에서 오는 사람이든 부처님 정면으로 향하게 된다는 의미다. 이렇게 부처님께서 정면으로 향하는 그곳을 서쪽이라 부른다. 다만 이 서쪽은 동쪽과 상대되는 서쪽이 아니라 중심에 위치하는 서쪽인 것이다. 만약 서쪽이라는 말의 뜻에 집착하여 비판한다면, 정토에 대해서는 아무것도 이해할 수 없을 것이다. 앞에서 말한 것처럼 어디로 가든, 어디로 향하든, 서쪽 아닌 곳이 없도록 구성되어 있는 서쪽이야말로 서쪽이 가진 본유의 성질이다.

동이나 남이나 북에서는 발견할 수 없는 서쪽이라면, 그것은 완전한 서쪽일 수 없다. 그런 곳에는 우리의 정토가 있을 수 없다. 서쪽이

---

9   앞에서 말한 것처럼, 밀교의 만다라에서 다섯 방위에 부처님을 배치할 때 중앙에 대일여래, 서쪽에 아미타불이 자리한다.

라는 말 자체에 빠져버린 서쪽이라면 자유롭지 못한 서쪽에 지나지 않는다. 그런 서쪽이 아미타불을 비롯한 여러 부처님께서 머무시는 국토일 수 없다. 서쪽이 마음의 고향이라면 그러한 서쪽은 당연히 언제든, 어디서든, 어떤 사람이든 정면으로 맞아주는 그런 서쪽이어야 할 것이다. 이렇게 인간이 향하는 마음의 여정은 본래 모두 서쪽을 지향하지 않는 경우가 없다. 그 본래 지향하는 곳을 편의상 서쪽으로 부르는 데 익숙해져 있을 뿐이다. 그러므로 인간 본연의 행로는 서쪽을 향한 여정이 아닐 수 없다.

그렇다면 무엇 때문에 동쪽이라 하지 않고 서쪽이라 말하는 것일까? 그것은 앞에서도 말했듯이, 인간 심리의 필연적인 표현일 수 있다. 실제로는 단지 정토라고만 해도 충분할지도 모른다. 그럼에도 불구하고 굳이 서방이라는 말을 덧보태는 것은 그 정토의 모습을 더욱 여실히 보여주고 싶은 욕구에서 기인한다. 정토가 서방에 있다고 말함으로써 그 모습은 더욱 구체성을 띠게 된다. 단지 '정토'라고만 해서는 아직 추상적이고 막연한 감이 없지 않기 때문이다.

원래 서방정토라는 말과 사상은 불교 경전에서 유래했지만, 원전을 편집한 인도 사람들은 그 풍부한 상상력으로 언제나 사상에 형상을 부가하였다. 인도인의 환상은 우리가 생각하는 것보다 훨씬 확실한 것이다. 그래서 구체적이다. 예를 들어 무변제(無邊際)라는 말을 사용하지만, 그 무변제의 묘사에는 항상 수적인 표현[10]이 따른다. 그래서 절실한 무변제의 세계가 현실에 더 가까워지는 느낌이 든다. 무한을 일정한 숫자로 나타내는 것은 도리어 무한을 유한으로 파악하도록 하지

---

10 『화엄경』 아승지품 참조.

만, 결과적으로는 셀 수 없는 큰 수로 표현하는 것이야말로 무한대를 훨씬 더 절실하게 느끼게끔 한다. 단지 무한대라고 말하는 것만으로는 추상에 빠질 뿐 경탄할 정도로 통절한 느낌은 불러일으키지 않는다.

이렇게만 이야기해도 경전에서 왜 정토가 이 세상에서 십만억 국토 저편에 있다고 묘사하는지 그 이유를 알 수 있을 것이다. 즉 사바세계와 극락 사이에는 십만억의 국토들이 있고, 그 간극이 얼마나 어마어마한지를 묘사한 것이다. 이것은 예토와 정토의 엄청난 차이를 말하고자 한 것이다. 이는 더러움과 깨끗함의 차이를 묘사한 것이며, 이러한 불국토를 떠올리면 예토를 싫어하여 떠나고 정토를 기꺼이 구하지 않을 수 없다. 그러나 이러한 대비를 단지 거리상의 문제로만 이해한다면 '어떻게 그렇게 멀리 떨어진 곳에 범부가 도달할 수 있겠는가'라는 한탄에 직면할 수 있다. 희한하게도 대부분의 불전(佛典) 주석자들은 그 수적인 거리를 글자의 뜻[字義]대로만 보았던 것이다.[11] 마찬가지로 오늘날 대부분의 젊은 사람들이 이러한 묘사를 우습게 생각하는 것도, 글자의 뜻에만 얽매여 이해하기 때문에 나오는 비판이다.

앞에서 말한 대로 예토와 정토 사이의 무한 거리를 '십만억'이라는 숫자로 표현함으로써 오히려 그 거리를 유한한 것으로 인식시킨다. 어쩌면 "무한의 피안에 있다"고 하는 것이 오해를 불러일으키지 않을지도 모른다. 그렇지만 무한이라는 말에 어떤 절실함이나 박력이 있겠는가? 지극히 추상적인 표현에 불과하지 않은가? 요컨대 얼마나 무한한지를 사람들 눈앞에 실감시키기 위하여 '십만억'이라는 터무니없는 숫

---

11   이 장에서 다루는 '서방'의 방위 문제에 대한 논의는 종래의 전통적 주석가들과 전혀 다른, 감히 전통적 주석가들은 생각할 수조차 없었던 야나기의 독창적 자기 철학을 담고 있다.

자를 제시한 것이다. 그런 의미에서 유한한 숫자 '십만억'이라는 쪽이 더욱 절실하게 무한을 상기시키는 힘이 된다. 단지 '무한'이라고 하는 것만으로는 생생한 환상을 불러일으키지 못한다. 그런 (추상적인) 무한은 명백한 유한에 못 미친다고 하겠다.

그러므로 '십만억'을 단지 숫자로서 받아들이는 것은 허접한 인식이다. '십만억'은 예토와 정토의 엄청난 거리를 말하기 위함이지, 단순한 숫자가 아니다. 공간적인 숫자로 끝나는 수가 십만억의 참된 의미는 아니다. 그 수는 공간을 떠난 세계의 수치인 것이다. 이를테면 절대적인 거리나 측정 가능한 수적인 거리를 의미하는 것이 아니다. 얼핏 모순적인 표현이지만, 실제 '십만억'이라는 수는 숫자를 초월한 세계를 구체적으로 묘사한 것이다. 지금까지 이를 '수'로서 받아들였던[12] 사람들에게는 많은 오해가 따라다녔는데, 이는 글자의 뜻에 사로잡혔기 때문이다. '십만억'은 계량 가능한 수량처럼 그렇게 간단한 것이 아니다. 이 문제에 대해서는 잇펜 스님의 다음과 같은 말씀이 매우 적절한 해설이 될 것이다.

'십만억토를 지나서 서쪽으로'라는 말은
실제로 십만억이라는 거리를 말하는 것이 아니다.
(부처와) 중생 사이 망집(妄執)의 간극을 가리킨다.
_잇펜법어

---

12 '십만억'이라는 표현을 글자 그대로의 의미로 받아들이는 것을 말한다. 저자는 이를 상징적인 의미로 해석함으로써, 정토를 지금 바로 이 자리에서 찾는 선적(禪的)인 정토관을 보여준다. 그것을 잇펜에게서 찾고 있는데, 잇펜 역시 그러한 염불선의 입장이었기 때문이다.

참으로 이보다 더 명확하게, 이 경구의 참된 의미를 밝히기는 불가능할 것이다. 스님의 가늠할 수 없는 심오한 성찰을 잘 보여준다. 우리의 망집이 서를 동에서 분리하고, 도(道)를 먼 곳으로 떼어놓고, 안타깝게도 그 거리를 헤아리고자 하는 것이다. 다시 말해 예토와 정토의 거리는 망집 그 자체의 거리다. 나의 탐착하고 집착하는 마음을 떠나서 그 어디에 십만억의 거리가 따로 있겠는가. 예토에 빠지는 것은 정토에 다다를 생각조차 할 수 없는 먼 곳으로 쫓겨나는 일이다. 그 거리는 참으로 죄의 무거움에 정비례한다고 말할 수 있다. 무명(無明)으로 인한 격절(隔絶)이다. 그 먼 거리는 바로 우리의 망집 한가운데 있는 것이다. 차안과 피안 사이의 공간적인 거리가 아니라, 자신의 죄업이 갖는 무게를 가리킨다. 끝없는 단절은 나의 내부에 있는 것이지, 나의 외부에 있는 것이 아니다. 그러므로 상대적인 견해[二見]에 빠진 망집을 떨쳐버린다면, 정토는 지금 바로 눈앞에 나타날 터이다.

경전[13]에서는 "여기서 멀지 않다"라고 말하지만, 그 표현 역시 다소 애매하다. 정토는 '지금' '여기' 있는 것이다. 바로 지금 외에 정토의 출현은 없다. 그곳이 중(中)의 자리이며, 둘이 아닌 불이(不二)의 자리다. 망집의 두 가지 모습이 끊어지는 그 찰나에는 자타(自他)도 생사(生死)도 존재하지 않는다. 바로 이곳을 정토로 우러러보는 것이다. 잇펜 스님의 말씀을 빌리자면, "생사 없는 본분으로 돌아간다"는 것이다. 그 본분을 떠나서 정토는 없다. 망집이 일어나면 본분[14]으로부터 멀어지는 것, 정히 십만억토 바깥이다.

---

13 『관무량수경』.

14 둘로 나뉘기 전의 모습. 본래면목의 뜻.

원래부터 나의 본분은 윤회하는 것이 아니다.

다만 망집이 윤회하는 것이다.

_잇펜법어

　윤회에 떨어지면 정토를 볼 수 없다. 윤회란 두 가지 모습에 떨어지는 것이다. 예토란 그 두 가지 상(相)에 지나지 않는다. 그렇지만 정토는 아직 둘로 나누어지지 않은 것이다. 아직 둘로 나누어지지 않은 것이 본유다. 둘[二]과 둘이 아님[不二]은 차원이 다르다.

　그 차이를 십만억으로 표현하더라도 실로 부족하다. 십만억이란 양(量)의 문자가 아니라 질(質)의 문자로 봐야 할 것이다. 모든 불법이 지향하는 곳은 불이(不二)의 경지다. 불이를 객체화[15]할 수는 없다. 현재의 나를 떠나서 불이가 있을 리 없다. 서방은 나의 마음속 바로 지금, 여기에 있다. 서방이란, 불이의 자리를 가리키는 것이다.

15　불이(不二)라는 것도 우리 마음 밖에 있는 어떤 것을 둘로 놓고서, 그 사이의 불이를 추구해서는 안 된다는 뜻이다. 둘인 것도 우리 마음 안에서의 일이고, 둘을 넘어서는 불이 역시 우리 마음 안에서의 일이다.

南 無 阿 彌 陀 佛

제11장

일 / 념

다 / 념

염불문은 칭명이라는 토대 위에 세워졌다. 부처님은 오로지 육자 위에 본원을 내걸었다. 염불종은 육자에 의지하여 일어났다. 『대무량수경』에서는 이렇게 설한다.

> 부처님의 명호를 들을 수 있게 되어 환희용약하고,
> 다만 일념이라도 하게 될
> 이 사람은 큰 이익을 얻을 것이며,
> 곧 위없는 공덕을 구족하게 됨을
> 마땅히 알아야 할 것이다.

이를 '일념무상문(一念無上文)'이라 한다. 여기서 일념이란 한마디[一聲]의 염불을 말한다. '나무아미타불' 육자를 외는 것이다. 호넨 스님은 저서 『선택집』 제5장에서 이렇게 말씀하셨다.

> 염불로써 무상(無上)을 삼는다.
> 그러므로 한 번 외움으로써 한 번 무상을 삼는 것이니,
> 마땅히 알아야 할 것이다.
> 십념으로써 열 번의 무상을 삼고,
> 또한 백념으로써 백 번의 무상을 삼으며,
> 또 천념으로써 천 번의 무상을 삼는다.

실은 이러한 말씀에 '일념인가, 다념인가'라는 물음, 더 나아가 '행인가 믿음인가'라는 물음이 잉태되어 있다고 해야겠다. '행'은 명호를 부르는, 칭명의 행이다.

『명의진행집(明義進行集)』에 이런 말씀이 있다.

겐쿠(源空, 호넨)도 처음에는 염불 외에 아미타경을 매일 세 번 읽으셨다. 한 번은 당음(唐音)[1]으로, 한 번은 오음(吳音)[2]으로, 한 번은 훈독(訓讀)[3]으로 읽으셨다. 그런데 이 경에서 말씀하시는 것이 '다만 염불을 외우라'는 것이므로, 지금은 한 번도 읽지 않으시고 오직 염불을 외신다.

호넨 스님은 『아미타경』 독송을 일과로 삼았다. 그런데 이 경은 오로지 '명호를 굳게 지니라'고 가르치고 있다. 따라서 경전에서 설하는 그대로, 경전조차도 버리고 전적으로 칭명하여 천만 번의 구칭으로 밤낮을 보내셨다.

이와 같은 이야기가 『에신니 문서(惠信尼文書)』에도 나온다. 신란 스님은 일찍이 중생을 이롭게 하기 위해 '삼부경'을 천 번 읽고자 했다.

---

1 일본에서 한자음을 읽는 방법의 하나. 헤이안 중기(10세기 무렵) 이후부터 에도 말기(19세기 중엽) 사이에 중국에서 유입된 한자음으로, 무로마치(室町) 시대에는 '송음(宋音)'으로도 불렸다. 오음이나 한음에 비해 수가 적으며, 체계성이 없고 단편적이다. 일본 유입은 오음→한음→당음(송음) 순이다.

2 7-8세기에 한음(漢音, 장안 인근의 발음)이 일본에 유입되기 이전에 일본에 정착된 한자음으로, 언제부터 어떻게 유입되었는지조차 확실하지 않을 정도로 오래된 한자 독음이다. 중고음(中古音)이라고 불린다. 불교 용어를 비롯하여 오래된 역사서 등에서 사용된다. 우리가 한자음을 읽는 음과 가장 유사한 것이 이 오음이라 하겠다. 佛(부츠), 淨土(죠도), 念佛(넨부츠) 등이 오음이다.

3 일본은 한자를 읽는 데 두 가지 방식을 겸용한다. 음독(音讀)과 훈독이다. 음독은 중국의 발음을 좇아서 하는 것이다. 예를 들면 '춘(春)'을 '슌'으로 읽는 방식이다. 훈독은 일본인들의 말을 한자를 빌려 표기하고, 그것을 읽을 때는 일본어로 읽는 방식을 말한다. 예의 '춘(春)'은 '하루'라고 읽는다.

그러나 가만히 생각해보니, 명호를 외기만 하면 되지 그 밖에 달리 뭐가 부족하겠는가 싶었다. 그래서 마음을 바꾸어, 독경을 그만두고 오로지 칭명만 하였다.

그런데 한번은 열병에 시달렸을 때, 다시 『대경』을 쉴 틈 없이 읽는 꿈을 꾸고는, "염불의 신심 외에 무엇을 마음에 두겠는가?" 하면서 스스로 깊이 부끄러워했다고 한다.

'햐쿠만벤(百萬遍)'이라 불리는 절 이름은 칭명을 얼마나 존귀하게 여겨왔는지, 그 역사를 말해주고 있다. 일상[行住坐臥]이 다 염불이다. 아니, 염불 속에 일상이 있다. 『일언방담』에서 이렇게 말한다.

돌아가신 호넨 스님의 가르침이 있다.
가령 다른 일을 하더라도 염불을 하면서 그 일을 해야지,
다른 일을 하면서 염불하려 생각해서는 아니 된다.[4]

칭명 속에서 생활하던 사람들은 끊임없는 염불 속에서 위없는 환희를 맛보았다. 호넨 스님이 수없이 염불을, 즉 몇 번이고 몇 번이고 반복하여 염불을 외우라고 권하신 것은 당연하다. 만약 끊이지 않고 이어지는 염불을 '다념'이라는 말로 표현한다면, 정토종이 스스로 다념의(多念義)를 선택한 것은 당연한 일이다. 다념은 상념(常念)이다. 호넨 스님의 전기 『칙수어전』에는 (염불에 대한) 여러 말씀이 있다.

---

4   이 말의 전달자는 젠쇼보(禪勝房)다. 염불 속에서 일을 하면 염불을 잊지 않으나 일 속에서 염불을 하는 것은 염불을 잃기 쉬워서일 것이다.

염불의 본의는 상념에 있다.
그렇기에 끊임없이 이어지게 하라고 권했다. _제20권

삼만 번, 오만 번, 육만 번
오직 한마음으로 염불을 외우라 하셨네.
결정왕생의 행이라고. _제27권

(선도의) 『관경소』에 나오는 말로, '끊임없이 (염하여) 버리지 않는
것, 이를 정정취(正定聚)의 업이라 말한다'고 하신 것은, 열 번을
외우든지 한 번을 외우든지 정토에 태어난다고 믿고, 끊임없이 잊
어버리지 말고 외우라는 뜻이다. _제23권

그렇다고 해서 백만 편의 염불을 하지 않는 사람은 정토에 태어
나지 못한다고 할 수는 없다. 한 번 염불하거나 열 번 염불하거나
(정토에) 태어난다. 한 번 염불하거나 열 번 염불하더라도 태어날
수 있는 정도의 염불을 하면서, 기쁜 마음으로 백만 편의 공덕을
거듭 쌓아가는 것이다. _제23권

어떤 이가 물었다.
"매일 염주를 돌리면서 육만이나 십만 번 염불하는 것과, 이만 번
삼만 번을 염주로 하나하나 헤아리면서 염불하는 것 중 어느 쪽
이 잘하는 것입니까?"
이에 답하셨다.
"범부의 습성으로 이만 번 삼만 번을 한다고 하더라도, 여법하게

하기는 힘들 것이다. 단지 횟수가 많은 것에 불과할 것이다. 명호를 (부르는 것을 끊임없이) 이어지게 하기 위해 반드시 횟수를 필요로 하는 것은 아니다. 다만 언제나 염불을 하게끔 하기 위함이다. 횟수를 정해두지 않으면 게으름의 인연이 되기 때문에 염불 횟수를 권하는 것이다. _제22권

항상 염불하는 생활이야말로 염불행자의 삶이다. 끊임없는 염불[不斷念佛]이며, 셀 수 없이 많은 염불[多念佛]이다. 평생을 염불에 바치기 때문에 저절로 다념의 행이 된다. 즉 전수염불이야말로 염불행이다.

그러나 다념이라고 해서 꼭 횟수의 많고 적음에 따른 공덕의 크기를 설하는 것은 아니다. 횟수에 따른 왕생 여부를 말하는 것이 아니라, 다만 필연적으로 다념이 되는 것이 신심의 생활이다. 오히려 염불을 염불답게 하는 것은 그 순도(純度)에 있다고 할 수 있다. 횟수보다는 질이 중요하다. 설령 단 한 번을 염하더라도 충만한 염불이라면, 이미 왕생이 약속되었다고 할 수 있다. 염불을 가로로 잘라놓고 볼 때 횟수로는 다념이 되겠지만, 세로로 잘라놓고 보면 질적으로는 일념이다. 그 일념은 다념의 결정체라고 할 수 있다. 일념에 '염불의 염불'이 있다는 것이다. 여기서 사유(思惟)는 일념의(一念義)로 진행된다.

그렇지만 일념의를 선택할 때, 다념의가 배제된 것은 어쩔 수 없는 편향성의 귀결이었다. 이는 다음 이야기에서 확인할 수 있다.

어떤 이가 말하였다. 본원을 믿는 사람은 일념으로도 이미 충분하다. 오만 번을 칭명한다고 해서 이익이 더해지는 것은 아니다.

211

다념을 쌓고자 원하는 자는 본원을 의심하기 때문이다. (…) 다념을 요구하는 것은 곧 자력의 마음이니, 본원을 믿지 않아서다. 일념으로 이미 충분하다. 다념은 또 무얼 위해서 한단 말인가?

_『한어등록(漢語燈錄)』 제10권[5]

이러한 일념의를 주창한 사람은 코사이(幸西)로 알려져 있다. 일념의는 스승 호넨의 뜻에 반하는 것으로 배척되었다. 그래서 『칙수어전』에서도 제자들 명단[6]에 그를 포함시키지 않았다. 하지만 교넨(凝然)의 저서 『정토법문원류장(淨土法門源流章)』에서는 정토문의 다섯 이류(異流) 중 하나로 일념의를 포함시켰다. 『칙수어전』 제29권에는 「코묘(光明)에 대한 답서」[7]에 이어서 「일념의 정지의 기청문(一念義停止の起請文)」이 실려 있는 것을 보면, 당시 일념에 믿음을 얻기만 하면 다시 염불을 하지 않더라도 상관이 없다는 생각이 성행했음을 알 수 있다.

이러한 (일념만으로도 충분하다고 생각하는) 까닭은

---

5 중간에 생략된 부분을 옮겨본다. "내가 말한다. 염불 한 번 하는 것 외에 다념을 필요로 하는 것은 아니다. '다념을 쌓는 자는 본원을 믿지 못해서다'라는 것은, 어떤 글에서 나오는 것인가? 어떤 사람이 말하였다."

6 『칙수어전』 제43권에서 제48권까지는 호넨 제자들의 약전(略傳)이다. 제48권 말미에, "호혼보 교쿠(法本房行空)와 죠카쿠보 코사이(成覺房幸西)는 함께 일념의를 내세워서 (호넨) 스님의 명령에 배반함으로써 문도에서 쫓겨났다"고 적고 있다.

7 코묘는 호넨의 제자로서 다념의 수행자였다. 일념의에 대해 의혹을 품고 호넨에게 질문했는데, 질문에 대한 호넨의 답신이 『칙수어전』 제29권에 수록되어 있다.

반드시 왕생한다는 믿음으로

일념한 뒤에는

다시 염불하지 않는다 하더라도

십악이나 오역죄조차

장애가 되지 않으니,

하물며 다른 작은 죄이겠는가.

호넨 스님은 이러한 생각을 '사자 몸속의 벌레'[8]라고 평하였다. 세이
카쿠(聖覺)도 『유신초(唯信鈔)』에서 이렇게 말씀하셨다.

왕생의 업이 일념으로 충분하다는 말은, 그 이치로는 실로 그럴
듯하다. 하지만 '염불하는 횟수를 거듭하는 사람은 (아미타불의
본원을) 믿지 못하는 것이다'라고 하는 것은 너무 지나친 말이다.
(…) 일념으로 (왕생이) 결정된다고 믿고 난 뒤에도 일생토록 게
을리 말고 염불을 해야 할 것이다.

호넨 스님도 다음과 같이 말씀하셨다.

'일념이나 십념으로 왕생한다'고 해서 염불을 등한시하면 믿음이
행을 방해하게 된다. '한순간도 잊어버리지 않고 염불을 계속한다'

---

8   이 표현은 『칙수어전』 제29권의 「코묘(光明)에 대한 답서」에 나온다. '사자
    몸속의 벌레'는 불가에서 널리 쓰이는 비유다. 불제자들이 부처님의 뜻을 저
    버리고 수행을 제대로 하지 못할 경우에는 오히려 불법을 망하게 한다는 점
    을 강력히 경고하기 위해서 드는 비유다.

고 해서 일념이 부족하다고 생각하면 행이 믿음을 방해하게 된다. 믿음에 대해서는 일념으로도 왕생한다고 믿어야 하고, 행[9]에 대해서는 일생토록 힘써야 할 것이다.[10] 또 일념이 부족하다고 생각하면 그 염불은 곧 불신(不信)의 염불이 될 것이다. 그러므로 아미타불이 일념에 한 번의 왕생을 허락해주기를 원한 것이라면, 염불마다 왕생의 업이 될 것이다.

다념의를 내세운 것으로 알려진 류칸(隆寬) 율사[11]도 다음과 같이 말씀하셨다.

일념을 세워 다념을 싫어하거나 다념을 세워 일념을 비방한다면, 둘 다 본원의 뜻에 어긋나고 선도 대사의 가르침을 저버리는 것이다. (…) 하지만 돌이켜 생각해보면 다념이 곧 일념이고, 일념이 곧 다념이라는 이치는 틀림이 없다.

이러한 말씀들은 매우 공평하고 타당한 평가를 보여주고 있다. 그

---

9   원문에서 '形'이라 한 것은 오자다. '行'이 되어야 한다.

10 「信をば一念に生ると信じ, 行をば一形に励むべし」『法然上人行状絵図』.

11 류칸은『정토법문원류장』등 여러 문헌에서 다념의를 내세운 사람으로 평가된다. 그러나 류칸에게는 '공덕을 대량으로 쌓는다'는 이야기는 나타나지 않을 뿐만 아니라, 일념과 다념의 논쟁이 일어났을 때는『일념다념분별사(一念多念分別事)』를 지어서 혼란을 잠재우고자 했다. 행을 중시하는 입장이 아니라 신을 중시하였다. 그런 이유로 신란에게 큰 영향을 미쳤다. 신란은『일념다념분별사』등 류칸의 저술을 필사하여 제자들에게 배포하고 주석서『일념다념문의(一念多念文意)』를 짓기도 했다. 실제로 야나기가 인용하는 류칸의 글을 보더라도 '다념의'라고만 규정하는 것은 무리가 있어 보인다.

러나 일념과 다념의 어느 쪽에 무게를 두든, 행과 믿음 가운데 어느 쪽을 근본으로 삼는가에 따라 종지(宗旨)가 나뉘었다. 일념을 중시하고 믿음을 근본으로 삼은 신란은 일념의로 비판받기도 했고, 때로는 코사이의 흐름을 흡수한 것으로 간주되기도 했다.

스승 호넨의 가르침은 어디까지나 전수염불이었다. 그의 저서 『선택집』 모두(冒頭)에는 '왕생의 업은 염불을 우선으로 한다'고 써 있다. 그런데 신란은 '왕생의 업은 신심을 근본으로 한다'고 했다. 이렇게 (신란은) 염불의 행보다는 신심의 믿음에 한층 더 무게를 두었다. 그 때문에 다념을 상속하는 것보다 일념의 신심을 가르치는 데 집중했다. 요컨대 행보다도 믿음을 중시했다. 그러므로 전자를 기행파(起行派)라 부르고, 후자를 안심파(安心派)라 불러서 이들을 나누기에 이르렀다. 이러한 차이는 제18원을 받아들일 때 『무량수경』 상권의 글[因文]과 하권의 글[果文] 중 어디에 의존하느냐에 따라서 나누어졌다고 역사가들은 말한다. 호넨이 인문에 의거하여 '내지 십념'이라는 말을 받아들여 다념으로 이해한 것과 달리, 신란은 과문에 있는 '내지 일념'이라는 말에 무게를 실어 곧 일념의 믿음에 중점을 두었다.

신란 사상의 뚜렷한 특징 중 하나는, 일념의 깊이에서 염불의 진정한 모습을 보았다는 데 있다. 즉 믿음에 충만한 일념에서 이미 왕생의 업이 이루어졌음을 발견했다는 것이다. 단지 일념이라도 염불의 모든 것이 집약된 일념, 염불의 횟수가 아니라 질에서 그 의의를 보았다는 것이다. 그러므로 제18원을 일반적으로는 '왕생의 원'[12]으로 부르고 있

---

12   제18원의 이름으로, 호넨은 '염불왕생원'이라 하였다.

으나, 신란은 '신요(信樂)의 원'[13]으로 바꾸어 불렀다. 염불을 칭명이라기보다 신심의 의미로 받아들인 것이다. 그리하여 칭명은 다만 보은과 감사를 의미하는 수행으로 생각했다. 일념에서 믿음이 결정되면 이미 성불의 지위를 얻은 것이어서, 그 후의 염불은 보은을 위한 염불[14]이라 말한다.

「정신게(正信偈)」에서 이렇게 말씀하셨다.

다만 항상 여래의 명호를 잘 외워서

---

13 제18원의 이름으로, 신란은 '지심심요원' 외에도 다양하게 불렀다. 물론 '염불왕생원'이라 부르는 일도 있었다. 그 밖에 '선택본원', '본원삼심원'(여기서 '삼심'은 제18원의 '지심', '신요', '욕생'을 말한다), '왕상신심원'(왕상은 극락에 왕생하는 것을 말한다), '신요의 비원' 등으로 불렀다.

14 이러한 관점은 정토진종 제8세 렌뇨(蓮如)에 의해서 결정적으로 확립된 것으로 보인다. 역자 역시 야나기의 해설에 따라서 이러한 견해에 동의했으나(「신란 정토사상의 몇 가지 특성」, 『불교학보』 제95집), 오타니대학의 마이클 콘웨이(Michael J. Conway) 교수의 『교행신증』(제3 신권) 강의를 통해서, 진종 안에서도 이미 그러한 관점에 대한 비판이 이뤄졌음을 알게 되었다. 콘웨이 교수는 역자에게 소가 료진(曾我量深)의 「언제나 믿음의 첫 번째 일념에 서야 한다(常に信の初一念に立つべし)」(『精神界』, 1913년 3월)라는 글을 보내주었다. 그 글의 요지는, '믿음이 한번 결정된다고 해서 그러한 믿음이 그 이후로도 지속되겠는가'라는 문제를 제기한다. 소가는 그렇지 않다고 본다. 다시 믿음을 결정하지 못한 범부의 삶을 살게 된다는 것이다. 그러므로 언제나 거듭거듭 믿음을 가져야 할 것을 강조하는 맥락에서, 평생토록 믿음을 결정한 첫 번째 일념을 거듭거듭 쌓아야 한다는 것이다. 이는 뒤에서 서술되는 바와 같이 야나기의 관점과도 상통하는 바가 있다. 또한 역자는 정토불교의 보은관(報恩觀)으로부터 '보사의 염불'을 비판할 수 있다고 본다. 즉 정토불교의 보은은 선도 대사가 말했으며, 신란 역시 인용한 바 있는 '스스로 믿고, 다른 사람에게도 믿게 하는 것'을 통해서 이루어질 것으로 생각하기 때문이다. '다른 사람에게 믿도록 권진하는 것'이야말로 보은일 것이다.

큰 자비와 큰 서원의 은혜를 갚아야 하리.[15]

그리고 『구전초(口傳抄)』에는 이런 말씀이 있다.

진종의 핵심은 일념에 왕생하는 것으로써 그 연원을 삼는다. (…)
그렇다면 평소에 일념에서 왕생을 결정한 뒤에 부처님의 은혜에
감사하는 다념의 칭명을 익히라고 한 것은 문증(文證)[16]과 도리
(道理)[17]가 분명하다. 만일 다념으로 본원[18]을 삼으셨다면, 다념의
마지막이 언제인지를 정해야 할 것 아닌가.

『탄이초』에서도 이렇게 말씀하신다.

---

15 「정신게」는 정확히 말하면 「정신염불게(正信念佛偈)」다. 신란이 지은 게송인
데, 『교행신증』 제2권 말미에 나온다. 여기서 인용되는 구절은 신란이 용수
의 사상(『십주비바사론』 이행품)에 기반하여, 용수를 찬탄하고자 읊은 게송 가
운데 두 구절이다. 만약 염불을 '보은사덕(報恩謝德)의 염불'로 보게 된다면,
「정신게」의 이 구절은 "다만 항상 여래의 명호를 잘 외우는 것이/ 큰 자비와
큰 서원의 은혜를 갚는 일이다"라고 옮겨야 옳을 것이다. 야나기의 번역(원
래 「정신게」는 한문 게송이다) 역시 '~ 잘 외워서/ ~ 갚아야 하리'라고 하여, 염
불이 보은의 수단임을 인정하고 있다. 본문에서 역자는 야나기의 번역에 따
라서 옮길 수밖에 없었으나(보은의 염불이라는 맥락이었으므로), 이제 '보사의
염불'이 아니라는 관점에서 옮겨본다. "다만 항상 여래의 명호를 외우고/ 큰
자비와 큰 서원의 은혜를 갚아야 하리."

16 『무량수경』의 제18원 성취문, 일념무상문, 그리고 『왕생예찬』 등을 가리
킨다.

17 문장에서 증거를 찾지는 못하더라도, 논리적으로 사유하여 그렇다고 확증
하는 것을 이증(理證)이라 말한다.

18 원본에는 '본문(本文)'이라 되어 있으나 '본원(本願)'의 오자일 것이다.

일생 동안 외우는 염불은

모두 여래의 자비로운 은혜를 갚고

여래의 덕에 감사하는 것으로 생각해야 하리.[19]

『화찬(和讚)』[20]에서는 이렇게 말씀하셨다.

신심의 지혜에 들어가는 것이야말로,

부처님의 은혜에 보답하는 몸이 되리라.

『편지(御文章)』[21]에서도 이러한 가르침이 여러 곳에서 설해진다.

(…) 그런 뒤에 하는 염불은

부처님의 은혜에 보답하고 감사하는

칭명임을 잘 알아야 한다. (1-7)

왕생은 지금의 신력(信力)에 의해서 구제해주신

사무치는 은혜에 보답하고 감사하기 위해서,

나의 목숨이 있는 한은 보답하고 감사하기 위해서라고

생각하고서 염불해야 한다. (1-3)

---

19 『탄이초』 제14조.

20 『정상말법화찬』 '정상말정토화찬' 58수 중 33수의 후반 3-4구.

· 21 렌뇨의 편지를 정토진종 본원사파(서본원사)에서는 '고분쇼(御文章)', 진종 대
곡파(동본원사)에서는 '오후미(御文)'라고 부른다. 동서 분리 이전에는 '오후
미(御文)'로 불렸다. 야나기는 두 가지 방식을 혼용하고 있다.

『영해문(領解文)』에서도 말씀하시길,

의지하는 순간의 일념에

왕생이 결정되고,

구제가 결정됨을 알고,

그 뒤의 칭명은 아미타불의 은혜에 보답하고

감사하는 것으로 알고

기쁘게 염해야 할 것이다.

그러니까 진종의 가르침에 의하면, 일념으로 바로 왕생의 지위가 결정되기 때문에, 그 후 계속 거듭하는 염불은 부처님의 은혜에 보답하기 위한 것이라고 한다. 그 점에서 정토종의 다념과는 의미가 다르다. 누구나 알고 있듯이, 호넨은 행과 믿음을 함께 중요시했지만, 그중에서도 특히 '행'을 근본으로 삼았다. 그런데 신란에게서는 그 위상이 바뀌어서 '믿음'이 중심이 된다. 그 결과 왕생의 행(行)이었던 칭명이 보은과 감사의 염불로 전환된다.

그런데 염불이 보은과 감사를 위한 염불이 되어도 좋은 것일까. 염불 그 자체가 보답과 감사가 아닐까. 믿음의 일념을 세우기 위해서 다념을 단지 보은과 감사만을 위한 것이라 생각하는 것은 올바른 것일까. 혹시 이 때문에 수행으로서의 염불이 소외되는 것은 아닐까? 무엇무엇을 위한 염불이 과연 좋을까. 보은과 감사라는 목적을 전제로 한 염불을 순수한 염불이라고 할 수 있을까. 염불은 단지 염불 그 자체로 좋지 아니한가? 그렇지 않은가? 보은과 감사를 위한 염불을 염불이라 할 수 있을까? 일념 일념에 새로운 염불이 이어지는 때를 다념이라 부른 것은 아닐까? 일념을 한 번의 염불로 보는 것은 올바른 것일까? 일념은 숫자로 계산할 수 있는 것이 아닐 터이다. 숫자로 계산할 수 없는 세계에 있는 것이 진정한 일념이 아닐까. 이러한 물음에 대해서 잇펜의 견해는 어떠했는가.

오늘날 남아 있는 말씀을 통해 잇펜 스님 역시 일념을 중시했음을 알 수 있다. 그러나 잇펜의 일념은 진종의 일념과는 매우 다르다. "모든 불법(佛法)은 그 자체의 일념 이외에는 말하지 않는다. 삼세는 곧 일념이다." 또 "그 자체의 일념 이외에 기약하는 바가 없는 것을 무후심(無後心)이라 한다." 그리고 "다른 생각을 겸하지 않는 명호임을 알아야 한다."

이러한 말에서도 엿볼 수 있듯이 잇펜 스님 역시 일념을 설했지만, 그것은 한 번이라는 숫자적 의미에 그치는 일념이 아니다. 기대하는 바도 없고, 잡념도 없으며, 뒷생각이 없는 일념이다. 더구나 나의 일념 따위도 아니다. 말할 것도 없이 무엇을 위해서 행하는 염불이 아니다. 모든 염불은 하나하나가 염불 자체의 염불이 되지 않으면 안 된다. 그것을 가리켜서 '그 자체의 일념'이라 말했다. 그러므로 매 순간의 염불이 일념이어야 한다. 이러한 일념에는 이미 칭명하는 나도 없고 칭명되는 부처도 없다. 거기에 왕생이 있다. 그러므로 염불 하나하나가 왕생이다. 명호 외에 왕생은 없으며, 명호가 곧 왕생이다. 그리하여 잇펜에게는 보답과 감사를 위한 명호 같은 것은 없다. 명호 그 자체가 지니고 있는 공덕 없는 공덕을 설했던 것이다. '오로지 칭명하는 것 외의 다른 군더더기가 있어서는 안 된다'고 하셨다. 그러므로 일념도 군더더기, 다념도 군더더기, 보은과 감사 또한 군더더기에 지나지 않는다. 스님은 이렇게 말씀하셨다.

> 본원에는 일넘 십넘도 없고, (…)
>
> 명호의 자리에는 일넘이니 십넘이니 하는
>
> 수(數)가 없어진다.[22]

이러한 일넘이나 십넘이 횟수가 아닐 때 비로소 진정한 염불이 된다. 더구나 '일(一)'에 상대되는 '다(多)', '다'에 상대되는 '일'에 염불의 의미가 달렸다는 것이 아니다. 끊임없이 일넘이 이어져야 하고, 일넘이 끊임없어야 한다. 끊어짐이 없는 일넘이다. 그것은 일넘을 부정하는 다넘도 아니고, 다넘을 부정하는 일넘도 아니다. 항상 새로운 일넘을 끊임없이 지속하는 것[23]이야말로 다넘이라 할 수 있다. 또 끊임없이 이어지는 다넘이 언제나 새로운 일넘이 아니라면 어떻게 그것을 살아 있는 다넘이라 할 수 있겠는가. 그러므로 일넘과 다넘이 둘 아닌 곳에 진정한 염불이 있는 것이다. 일넘이 곧 다넘이고, 다넘이 곧 일넘이어야 한다.

염불 또한 일생에 한 번뿐[一期一會][24]인 염불이어야 한다. 항상 '지금 염불하고 있다', 바로 그것이어야 한다. '옛날에 염불했다'라든가, '지금부터라도 염불하겠다'라는 식의 염불이어서는 안 된다. 더구나 어떤

---

22 중간에 생략된 부분은 "(염불의 횟수에 대한) 선도의 해석은 납득하기 어렵다. 문수보살이 법조(法照)에게 가르친 대로 경에서 일넘이나 십넘에 대한 글이 있지만, (횟수에 대해서는 생각하지 말고) 다만 염불하여 왕생을 바랄지어다. 염불은 나무아미타불이다. 본래부터 (그것은) 왕생이다"라는 부분이다.

23 앞서 언급한 소가 료진의 입장과 유사한 측면이 있다.

24 '일기일회(一期一會)'는 법정 스님께서도 즐겨 쓰셨는데, 저서의 제목으로 삼은 일도 있다. 본래 일본의 다도에서 나온 말이다. 차회(茶會)에서 서로 만남은 한평생 단 한 번밖에 없는 만남이라는 의미에서 그렇게 말한 것이다.

무엇을 위해 하는 염불은 아직 상대적인 염불에 지나지 않는다. 염불에 주체와 객체의 구별이 있어서는 안 된다. 그리하여 염불은 염불 자체의 염불이 된다. 내가 칭명하는 염불,[25] 한 번 외우는 염불, 수많은 염불, 보답과 감사를 위한 염불 따위에 무슨 의미가 있겠는가.

그런 까닭에 염불은 무념의 염불이어야 한다. '텅 빈 염불[空念佛]', '오직 염불[只念佛]'이 되어야 한다. 아니, 이러한 군더더기조차도 실제로는 필요 없다. '오직 염불할 뿐'이라 하셨던 호넨 스님의 말씀이 다시금 절절하게 떠오른다. '오직'이라는 말에 천근의 무거움이 있다.

세 종파 모두 염불종이라는 것에는 다름이 없지만, 정토종은 오롯이 다념의 측면을 중시했기 때문에 쉼 없는 염불을 권했다. 이에 비해서 진종은 일념의 측면을 중시했다. 즉 다념은 그저 보은과 감사의 의미로 변한다. 시종은 일념이 곧 다념이라 생각했다. 그래서 끊임없이 일념이고, 끊임없는 일념이 되는 것이다. 시종에서의 일념은 (양적 개념의) 횟수가 아니라 (질적 차원에서) 횟수가 없는 것이다. 그러므로 특별히 다념이라고 해서 그 횟수에 구애되지 않는다. 일념과 다념이 둘이 아닌 것이다.

아기 염불이 좋으리라.[26]

_묘젠(明禪)[27] 법인(法印)

---

25 염불의 주체가 남아 있는 칭명은 아직 진실한 염불이 아니라는 뜻이다.

26 마치 갓난아기처럼 천진무구한 깨끗한 마음으로 하는 염불[赤子念佛]을 가리킨다. 출전은 『일언방담』.

27 부록한 '고유명사 소사전' 참조.

제12장

회/향

불/회/향

호넨 스님은 『선택집』 제2장에서 선도 대사의 『정선의』를 인용하고 있다.

중생이 행을 일으켜
입으로 항상 부처님을 읊으면
부처님이 이를 들으신다.
몸으로 항상 부처님께 예경 드리면
부처님이 이를 보신다.
마음으로 항상 부처님을 생각하면
부처님이 이를 아신다.
중생이 부처님을 마음 깊이 새기면
부처님 또한 중생을 마음 깊이 새기신다.

그리고 또 말씀하셨다.

중생이 입으로 부처님을 읊지 않으면
부처님도 이를 듣지 않으시고,
몸으로 부처님을 공경하지 않으면
부처님도 이를 보지 않으시며,
마음 깊이 부처님을 생각하지 않으면
부처님도 이를 알지 못하며,
중생이 부처님을 마음 깊이 새기지 않으면
부처님도 중생을 마음 깊이 새기지 않으신다.

이 말씀에 정토종의 마음이 잘 드러나 있다. 호넨 스님은 부처님을 생각하는 마음이 곧 사람들을 부처님과 연결시키는 인연이라고 설했다. 여기서 '부처님을 생각한다'는 것은 입으로 명호를 읊는 행위를 가리킨다. 특히 하품의 중생들을 위해 쉬운 칭명이 준비되어 있다는 고마움을 말한다. 이로써 중생은 제도되는 은혜를 입는다. 참으로 칭명은 왕생의 업이다. 인간과 부처님의 간극을 없애는 것이 칭명이다. 호넨 스님은 "다만 읊으면 정토에 태어날 수 있다고 믿고서 염불해야 한다"[1]고 가르쳤다. 그것이 오로지 부처님의 본원에 의지하는 이유다. 언제나 부처님은 인간이 자신의 이름을 부르길 기대하고 있다. 그러므로 단지 부르기만 하면 된다. 이러한 행복을 왜 헛되게 하는가? 『선택집』의 말씀들은 성서의 다음과 같은 구절을 상기시키지 않는가.

구하라, 그리하면 얻을 것이다.
두드려라, 그리하면 열릴 것이다.

실로 똑같은 마음을 설하고 있다. 이는 불교의 가르침에서도 발견할 수 있다.

* 중생이 부처님을 보길 원한다면
부처님은 바로 그에 응하여 눈앞에 나타난다.

발원하여 부처님에게 회향하면 부처님도 인간에게 회향해주신다.

---

1 호넨의 『일매기청문』의 글.

회향이란 '돌려서 향하다'라는 뜻으로 보리심을 일으킨다는 것이다. 구도의 마음이다. 실로 우리가 마음을 갖고 있다는 것은 구하는 마음, 회향하는 마음을 가졌다는 뜻이다. 진리를 구하고, 부처님을 그리워하는 마음은 모두 회향심이다.

우리는 태어나면서부터 사모하는 마음을 가지고 있다. 인생은 귀거래(歸去來)[2]의 여정이라 할 수 있다. 나를 맞이해주는 나의 집은 내 고향에 있다. 마음의 고통과 슬픔은 모두 향수의 마음이라 할 수 있다. 염불 또한 부처님에게서 우리 마음의 고향을 보고자 하는 바람이다. 실은 내가 부처님을 생각하는 것과 부처님께서 나를 생각하는 것은 동시적이다. 『대경』에서도 다음과 같이 설하고 있다.

> 중생이 지극한 마음으로 회향하여
> 저 (부처님의) 나라에 태어나길 원한다면…[3]

그러면 성서에 있는 '구하라, 그리하면 얻을 것이요'라는 구절은 충분하게 표현된 것일까? '그리하면'이 삽입된 것은 원인에 의해 결과를 얻음을 나타낸다. 그렇다면 인간의 회향은 원인이고, 신의 베풂은 결과란 말인가? 종교는 오히려 그 반대를 설해야 하지 않을까? 신만이 원인이다. 부처님만이 모든 것에 우선한다. 신란 스님은 위의 『대경』 구절을 읽을 때, 일반적인 독해법을 뒤집어서 '지심으로 회향하여'를

---

2   귀향(歸鄉)과 같은 뜻이다.

3   『무량수경』 하권의 제18원 과문에 나오는 구절.

'지심으로 회향해주셔서'로 바꿔 읽었다.[4] 인간의 회향이 아니라 부처님의 회향으로 본 것이다. 회향행(廻向行)을 모두 부처님의 행위로 받아들였다.

그러므로 가르침은 다시 진보한다. 우리가 부처님을 생각하기 때문에 부처님이 우리를 생각하는 것이 아니다. 부처님이 우리를 생각하기 때문에 우리가 부처님을 생각할 수 있게 되는 것이다. 우리가 부처님에게 회향한다고 하지만, 실제로는 부처님이 우리로 하여금 회향하도록 하는 것에 지나지 않는다. 모든 회향은 부처님에게서 나온다. 그러므로 회향은 우리의 행이 아니다. 아니, 우리에게는 그러한 힘이 없다. 그러므로 가령 우리가 회향할 수 없다고 하더라도 부처님은 우리에게 회향해주신다. 우리의 행이 부처님의 회향을 좌우하는 것이 아니다. 도리어 부처님의 회향 속에 우리의 회향을 발견할 뿐이다. 어떻게 회향행을 우리의 것이라 말할 수 있겠는가.

『정토문류취초(淨土文類聚鈔)』에서는 말한다.

특히 잘 알 수 있다.
범부가 회향하는 행이 아니라

---

4   『무량수경』 하권에 나오는 "諸有衆生 聞其名號 信心歡喜 乃至一念 至心廻向 願生彼國 卽得往生 住不退轉. 唯除五逆·誹謗正法"이라는 문장에서, 전체 주어는 '諸有衆生'이 된다. 그것이 한문 해석법상 올바른 것이다. 그러므로 '至心廻向'의 주어 역시 '諸有衆生'이다. 그럴 때는 해석이 '지심으로 회향하여'가 된다. 그런데 신란은 '지심으로 회향해주셔서'로 바꿔 읽었는데, 그것은 '至心廻向'의 주어로서 그 앞에 '아미타불'이 숨어 있다고 보았기 때문이다. 아미타불의 본원에 대한 신란의 믿음이 그러한 '창조적 오독(誤讀)'을 가져온 것이다.

대비(부처님)의 회향행이기 때문에

(범부로서는) '불회향(不廻向)'이라 이름한다.

『교행신증』 행권(行卷)에서도 말한다.

분명히 알 수 있다.

이는 범부와 성현이 스스로의 힘으로 행하는

자력의 행이 아니다.[5]

그러므로 '불회향의 행'이라 이름하는 것이다.

『정상말정토화찬(正像末淨土和讚)』에서도 말한다.

진실한 신심의 칭명이

아미타불께서 회향해주시는 법이라면,

불회향(不廻向)이라 이름해야 한다.

자력의 칭명은 삼가야 할 것이다.

렌뇨는 『편지(御文)』(3-8)에서 이렇게 말하였다.

---

5   초판에서는 '非凡聖自力之行'을 "이는 범부가 스스로의 힘으로 행하는 성도
문의 행이 아니다"라고 번역하였으나, 근거 없는 오역이었다. '凡聖'보다 '범
부'라고 하는 것이 문맥에 부합한다고 생각했기 때문이다. 그러나 '凡聖'은
글자 그대로 '범부와 성현'이라고 하는 것이 옳다고 판단된다. 왜냐하면 왕
생하기 위하여 노력하는 부류에 반드시 범부만 있는 것은 아니라 성현 역시
포괄되기 때문이다.

우리에게 회향해주시기 위해 회향을 성취하시고,

일념으로 '나무'라고 귀명(歸命)하는 곳에서

이 회향을 우리 범부에게 베푸신다.

그러므로 범부가 행하는 회향이 아니라

여래의 회향이라 하고,

수행자의 입장에서는 불회향(不廻向)이라 한다.

이미 『선택집』에서도 '회향 대 불회향'[6]이라는 말이 나오고, 칭명하는 자는 '따로 회향을 하지 않더라도 저절로 왕생의 업을 이룬다'고 기록하고 있다. 염불삼매에 들 때, 이미 나의 회향이 아니다. 여래의 회향 속에 있을 뿐이므로 우리 자신의 회향이 아니다. 이를 '불회향'이라 한다. 이러한 불회향의 가르침에 철저했던 분이 신란이다. 그러므로 '지심으로 회향하여'는 '지심으로 회향해주셔서'가 되는 것이다. 선도나 호넨에게는 모두 회향이 여전히 부처님을 생각하는 인간과 인간을 생각하는 아미타불 상호 간의 일이었다. 그런데 신란에게는 인간을 생각하는 부처님만 남게 되었다. 그러므로 인간의 행으로서 염불은 물러나고, 부처님의 행위에 대한 신심만 남게 된다. 여기서 타력문이 한층 더 깊어졌다. 회향은 오직 부처님의 행위일 뿐이다. 만약 인간에게서 회향의 힘을 찾는다면 아직 자력의 흔적이 남아 있을 터이다.

그렇다면 가마쿠라 시대의 염불사상은 신란의 불회향 사상에서 절정을 이루었을까? 우리는 이보다 더 철저한 견해를 잇펜에게서 볼 수

---

6   불회향과 회향이 하나의 짝으로 설해졌다는 뜻이다.

있다. 앞[7]에서 이미 다음과 같은 점을 말했다.

> 호넨 스님이 말씀하시길, 인간이 부처님을 생각하면 부처님도 인간을 생각하신다.
> 신란 스님이 말씀하시길, 인간이 부처님을 생각하지 않아도 부처님은 인간을 생각해주신다.
> 그러나 잇펜 스님은 말한다. 그것은 부처가 부처를 생각하는 것이다.

앞에서도 인용했듯이 잇펜은 놀라운 말씀을 하신다.

> 끊임없는 칭명은 염불이 염불하는 것이다.

> 염(念)과 불념(不念), 작의(作意)와 부작의(不作意) 모두
> 우리가 할 수 있는 것이 아니다.
> 다만 염불 (자체만) 하게 되는 것을
> 일향전념(一向專念)이라 한다.

> 그리하면 명호가 명호를 듣게 된다.

실로 염불의 사상으로서는 더없는 경지의 말씀이다. 호넨에게 염불은 인간을 상대하는 부처님이 있고, 부처님을 상대하는 인간이 있다.

---

7   이 책의 '제9장 육자'.

인간과 부처님 사이의 소통이 염불이었다. 신란에게 염불은, '인간으로부터 부처님에게'라는 생각이 사라지고 '부처님에게서 인간으로' 향하는 행이 전부였다. 그리하여 회향은 부처님으로부터 인간으로 향하는 회향뿐이었다.

그러나 생각해보면, 회향의 상대가 되는 인간은 아직 남아 있다. 그렇지만 인간마저도 남지 않는 것이 잇펜의 가르침이다. 그리하여 인간도 부처님 속에 흔적을 남기지 않고, 모든 것은 부처님에서 부처님으로 향하는 행이 되었다. 결국 염불이란 부처님이 부처님에게 회향하는 모습이다. 이를 일컬어 '염불이 염불한다'고 한다. 인간으로부터 부처님에게로 향하는 염불도 아니고, 또 부처님으로부터 인간에게로 향하는 염불도 아니다. 염불에는 부처님과 인간이라는 대립이 없다. 그러므로 잇펜은 다음과 같이 강조하셨다.

염불의 전제나 조건을 만들지 마라.

나무아미타불 자체 외에는 어떤 군더더기도 있을 수 없다.

명호를 듣는다는 것은 어떤 의미일까? 인간이 부처님의 명호를 듣는 것이 아니다. 또한 부처님이 인간에게 명호를 듣게 하는 것도 아니다. 명호가 명호를 듣는 것이다. 그것은 부처와 부처 사이에서 일어나는 일이다. '오직 부처와 부처'다. '부처와 부처 사이의 작용'이다. 염불의 의의도 회향의 사상도 이러한 경지까지 이르렀고, 마침내 그 궁극적 의미를 다 드러냈다.

이러한 가르침들을 다음과 같이 요약할 수 있다. 호넨의 가르침은

231

가장 상식적이다. 누구라도 수긍할 수 있는 가르침이다. 염불하라, 보답 없는 염불은 없다. 염불할 때마다 응하는 것이 부처님의 자비심이다. 두드리는 자에게 열어줄 준비를 잊지 않는 것이 부처님의 마음이다. 그러므로 나태하지 말고 두드려라, 게으르지 말고 염불해라. 정토에 태어나고자 지심(至心)으로 염불하면 반드시 태어날 수 있다. 그것을 맹세하는 것이 '정토에 태어나지 않으면 정각을 취하지 않겠다'[8]라는 말씀이다. 이미 부처가 정각을 이루었다는 말은 모든 중생을 정토로 맞아들이겠다는 약속이다. 부처님에게 맹세는 곧 실천이다. 그리하여 육자의 명호를 입으로 칭명하는 것만으로도 정토에 왕생한다. 칭명으로 성불을 이루도록 하는 것이 부처님의 본원이다. 염불은 이러한 본원에 의지하는 것이다. 염불하라, 반드시 불퇴전의 지위를 얻을 수 있을 것이다. 이렇게 정토종은 가르치고 있다.

그러면 이것은 무엇을 의미하는가? 염불왕생이 본원에 의지하고 있다는 뜻이다. 성불의 모든 원천은 본원으로부터 샘솟는다. 그러니까 구원받기 전에 이미 인간에게 구원이 준비되고 성취되어 있는 것이다. 요구하기 전에 이미 준다고 약속되어 있는 것이다. 구원해주는 부처님의 행은 원하는 인간의 행보다 먼저다. 그러므로 이렇게 바꾸어 말해도 좋겠다. 주어져 있기 때문에 구하는 것이다.[9] 호흡하기 위해 공기를 필요로 하는 것이라기보다 공기가 있어서 호흡하는 것과 같다. 따라서 공기 속에서 호흡하는 것에 지나지 않는다. 마찬가지로 주어져 있

8　52개에 이르는 법장보살의 서원에는 그 마지막에 이러한 조건문이 붙어 있다. 그만큼 원의 강렬함을 나타내는 표현은 없다.

9　아미타불의 본원에 의해서 이미 구원이 약속되어 있다는 사실이야말로 우리가 구원을 원할 수 있는 근거가 된다는 의미다.

는 가운데 구하는 행이 허락되는 것이다. 이것이 불가사의한 섭리[10]다. '두드려라, 그리하면 열릴 것이다'라는 미온적인 것이 아니다. 이미 열려 있는 문을 두드리는 것에 지나지 않는다.

신란은 이것을 분명하게 보았다. 부처님의 회향행 없이는 인간의 회향행은 없다. 인간의 회향행이라 생각되지만 실제로는 부처님의 회향행이 나타난 것이다. 인간은 부처님의 행에 우선하는 어떤 행도 할 수 없다. 스스로의 힘으로는 불국토에 가는 것이 가능하지 않다. 왕생은 부처님의 힘에 의한 것이다. 칭명이라고 해서 그것을 나의 소리라고 생각하면 잘못이다. 나의 칭명 따위에 힘이 있어봤자 얼마나 있겠는가. 칭명이라고 말하지만 실제로는 명호를 듣는 것[11]에 지나지 않는다. 그 밖에 칭명은 있을 리 없다. 적어도 칭명이 올바른 칭명인 한, 그 칭명은 부처님이 우리에게 들려주는 칭명이다. 칭명 또한 부처님의 회향행이다. 나에게 무슨 힘이 있겠는가.

회향행에는 왕상(往相)과 환상(還相) 두 가지가 있다.[12] 왕상은 문자 그대로 우리로 하여금 부처님 나라를 향하도록 하는 것이고, 환상은 우리의 나라로 다시 돌아오게 하는 것이다. 그러므로 왕상은 스스

---

10 '섭리'라는 말은 기독교의 용어다. 야나기는 정토신앙을 기독교와 비교하면서 설명한다. 그것은 양자 사이에 닮은 점이 있기 때문이다. 그러나 그러한 닮은 점을 넘어서 정토신앙이 기독교와 다르다는 점을 드러내고 있다. 양자 사이의 차이점이다.

11 칭명(稱名) 이전에 문명(聞名)이 있으며, 문명은 저절로 칭명을 부른다는 이해는 정확하다. 『무량수경』에서는 오히려 칭명보다 문명이 더욱 뚜렷이 말해지고 있기 때문이다. 법장보살의 서원들 가운데 '나의 명호를 듣고 나서'라는 구절이 들어 있는 것도 쉽게 눈에 띈다.

12 "가만히 정토의 진실한 가르침을 생각해보면 두 가지 회향이 있다. 첫째는 왕상이고, 둘째는 환상이다." 『교행신증』 제1권.

233

로가 구원되는 길이고, 환상은 남까지도 구원하는 길이다. 하지만 회향을 이 두 가지로 나누는 것은 임시방편에 지나지 않는다. 둘은 끊으려야 끊을 수 없는 관계라 할 수 있다. 하나를 오른쪽에서, 다른 하나를 왼쪽에서 보는 것이다.[13] 다만 사람들의 성정(性情)과 환경에 따라 왕상에 더욱 마음을 집중하는 사람과 환상에 더욱 몸을 헌신하는 사람[14]으로 나눌 수 있다. 그러나 환상을 동반하지 않는 왕상은 없고, 왕상을 동반하지 않는 환상은 없다. 어느 한쪽이 없으면 다른 쪽도 없는 것이다.

그러나 왕상과 환상 모두 부처님의 회향행을 떠나서는 있을 수 없다. 그래서 신란 스님은 '지심으로 회향해주시니'라고 읽은 것이다. 읽는 법에 무리[15]가 있을지라도, 문법적인 무리조차도 넘어서는 깊은 체험의 징표라고 할 수 있다.

그러니까 부처님의 회향행을 생각할 때 회향의 대상으로 인간을 떠올렸던 것이다. 신란은 그 회향의 은혜를 듬뿍 입은 인간으로서 행복에 감격했다. 그것도 다른 누구를 의미하는 것이 아니라 오직 그 자

---

13 가고 오는 관계로 본다면, 강을 건너갔다가 다시 돌아오는 비유가 성립한다. 야나기는 그러한 비유 대신 자력과 타력을 설명할 때 들었던 비유를 다시 들고 있다. 바로 등산의 비유다.

14 범부에게는 회향이 아니라 불회향이고 회향은 아미타불의 회향인 것처럼, 환상 역시 아미타불의 환상이지 범부의 환상은 아니다. 다만 범부가 왕상하여 성불한 뒤 환상할 수는 있겠으나, 그때는 이미 '부처의 환상'일 터이다.

15 이러한 해석은 문법적으로는 불가능한 해석이기 때문에 '무리'라고 한 것이다. 그러나 그것은 종교적 관점에서 볼 때, 신란의 체험이나 신심이 낳은 것으로서 일종의 관심석(觀心釋)이라 볼 수 있다. 아미타불의 마음을 관찰하면서 글을 해석한 것이다.

신, 즉 '신란 한 사람을 위해서였다'[16]는 것을 알아차렸다. 종교적 체험 가운데 이 정도로 자신과 부처님이 가까이 있음을 표현하는 말은 없었다.

여기서 타력의 가르침은 궁극에 이른 것 같다. 그러면 잇펜은 타력을 어떻게 바라보았을까? 생각해보건대, 염불하는 가운데 조금이라도 내가 남아 있으면 아직 '오직 하나[獨一]인 염불'을 드러냈다고 할 수 없다. 나를 위한 회향이 아닌 상대가 없는 회향, 회향 자체를 우러르지 않으면 안 된다. '나를 위해서'라고 생각하는 한 아직 내가 남아 있다. 그래서는 회향의 의미를 제대로 보았다고 말할 수 없다. 회향이 '부처님으로부터 나에게로'라고 생각하는 한 아직 부처와 나라는 둘이 남아 있는 것이다. 이것을 하나됨[一如]의 모습으로 추적해보면, '회향이 회향하는 경지'[17]가 되리라.

이것을 잇펜 스님은 '염불이 염불하게 되리라'고 했다. 염불의 전후에 부처와 나를 남겨놓아서는 안 된다. '군더더기 없는 염불', '오직 하나인 명호'가 되지 않으면 안 된다. "명호에 마음을 담을 수는 있지만, 마음에 명호를 담을 수는 없다"[18]고 말하고, "명호는 (염불자를) 받아

---

16 『탄이초』 '후기'에는 "아미타불의 5겁에 걸친 사유를 거듭거듭 잘 생각해보면, 오직 신란 한 사람을 위해서였다"라고 말하는 부분이다.

17 잇펜은 "염불이 염불한다"라고 하였다. 그런 맥락에서 보면, "회향이 회향한다"가 된다. 이 두 경우 모두 염불 그 자체, 회향 그 자체만이 존재할 뿐 주체와 대상의 대립은 사라지고 없다(一如의 경지)는 말이다. 야나기의 기본 입각지가 불이(不二)사상임을 다시금 느끼게 된다.

18 명호에 마음을 담으면 명호는 남고 마음은 사라지게 되지만, 마음에 명호를 담게 되면 명호는 없어지더라도 마음은 남게 되는 것이다. 여기서 우리는 선(禪)의 입장에서 염불을 포섭해버리는 입장과 잇펜의 입장 차이를 확인하게 된다. 선의 입장이 '일심이 곧 정토'라는 입장이라면, 잇펜 스님은 '일명(一

235

들이더라도 (염불자가) 명호를 받아들일 수는 없다"고 말하며, "명호는 의미에 의지하지 않으며, 마음에도 의지하지 않는 것 그 자체"라고 말한다. 이미 명호에 대해서 말하는 것은 명호를 오해하는 것이라 할 수 있다. 그러므로 "나무아미타불의 명호에는 의미[19]가 없다"고 단정하는 것이다. 그래서 "염불 이외의 다른 말은 모두 쓸데없는 것이라 생각해야 한다"고 가르쳤다.

진실로 '오직 하나인 명호'이기 때문에 무대에는 오직 명호만 남아 있다. 타력문의 신심이라는 것은, 그것에 넋을 잃고 빠져들어 나를 잊어버리는 모습 바로 그것을 말한다. 따라서 신심에는 자기가 남아 있을 수 없다. 그러므로 타력의 경지에는 '내가 믿는다' 같은 말은 있을 수 없다. 그것은 마치 '부처가 부처를 믿는다'라고나 할까? 잇펜의 염불문은 '나 한 사람을 위해서'라고 하는, 그 '나 한 사람'조차 완전히 씻어내버린 그런 것이다.

名)이 곧 정토'라는 입장이기 때문이다. 전자를 일심정토(一心淨土), 후자를 일명정토(一名淨土)라 이름해도 좋을 것이다.

19 『탄이초』 제10장에는 "염불은 뜻이 없음[無義]으로 뜻을 삼는다"라고 하였는데, 이때 '뜻'은 '목적'이라는 의미도 있다. 염불 그 자체가 염불의 목적이 된 염불, 즉 목적이 없는 염불을 의미한다. 야나기는 신란과 잇펜의 차이를 말하고 있지만, 그러한 측면이 있다고 하더라도 통하는 면도 있다.

제13장

내／영 불／래／영

일본에서 탄생한 불교회화 가운데 가장 아름다운 그림은 아마 내영도(來迎圖)일 것이다. 역사적으로 볼 때, 두드러진 세 가지[1] 양식의 내영도가 있다. 첫째, 에신(慧心/惠心) 스님의 작품으로 알려진 〈25보살 내영도〉로, 셋 가운데 가장 화려하다. 둘째, 〈야마코시(山越)의 아미타〉[2]라 불리는 것으로, 어딘지 모르게 신비롭다. 셋째, 〈삼존 내영도〉로, 셋 중 가장 전형적인 작품이라고 할 수 있겠다. 이 〈삼존 내영도〉는 계속 반복해서 그려졌는데, 이것만 봐도 얼마나 많은 사람에게 사랑받았는지를 알 수 있다.

〈삼존 내영도〉는 아미타불이 중생을 맞이하러 관세음과 대세지 두 협시보살을 거느리고 구름 속에서 내려오는 그림이다. 엄숙하면서도 자애로움 넘치는 손모양[印相, 手印]을 하고, 두 협시보살이 완전히 허리를 굽히거나, 혹은 손을 내밀거나 합장하며 맞이하는 장면이다. 참으로 맑고 따뜻하고 친밀한 장면이다. 누구든 이 그림을 보면 마음속에 따스함과 위로를 받을 것이다. 〈삼존 내영도〉야말로 일본인의 종교적 정서가 낳은, 비견할 데 없는 아름다운 광경이라 할 수 있다. 사람들은 이것으로 내영이 무엇을 의미하는지를 눈으로 확인할 수 있었다. 이렇게 따스한 환상적 그림은 다른 데서는 좀체 보기 어렵다. 그 배경에 정토를 흔구(欣求)하는 사람들이 얼마나 많았는지를, 또 그 생각이 얼마나 간절했는지를 방증한다.

정토의 법문과 내영사상은 떼려야 뗄 수 없다. 모두 소의경전에 근

---

1   이 세 가지는 모두 '일본의 내영도'다. 미술사에 문외한이라서 정확한 것은 알 수 없으나, 중국이나 우리나라에서의 내영도까지 포괄해서 하는 이야기가 아니라는 점은 염두에 두어야 할 것 같다.

2   교토의 젠린지(禪林寺)에 소장되어 있다.

거를 두고 있다. 『대경』에서는 (아미타)부처님의 제19원을 다음과 같이 말한다.

> 가령 제가 부처가 된다고 하더라도,
> 시방세계의 중생들이 보리심을 일으켜 모든 공덕을 닦으면서 지심(至心)으로 저의 나라에 태어나기를 발원한다면, (그들이) 목숨이 다할 때를 맞이하더라도 (저는) 대중들에게 둘러싸여서 그 사람들 앞에 나타나(서 저의 나라로 인도할 것입니다. 만약 그렇)지 않으면, 저는 위없이 높고 올바른 깨달음은 얻지 않겠습니다.

그리고 『대경』 하권의 삼배(三輩) 왕생에 대한 장면에서는 다음과 같이 말하고 있다.

> 그 사람이 임종할 때 무량수불이 몸을 나투시는데, 광명과 상호는 진불(眞佛)처럼 다 갖추고서 모든 대중과 함께 그 사람 앞에 나타난다.[3]

> 이렇게 (하배에 해당하는 두 종류의) 사람들(즉 십념을 하는 사람들이나 일념을 하는 사람들)은 (그 어느 경우라도) 임종할 때는 꿈 속에서 부처님을 뵙는 것(처럼 부처님을 뵙고) 왕생할 수 있게 된다.[4]

---

3   내영에 대한 이러한 묘사는 삼배 중 중배에 해당한다.

4   삼배 중 하배에 해당한다.

그리고 『관경』에서도 말한다.

수행자가 목숨이 다하려 할 때

아미타불께서 관세음보살, 대세지보살 등

모든 대중과 함께 금련화(金蓮華)를 들고

오백의 화신불을 만들어서

이 사람을 맞이할 것이니라.

선남자여,

그대가 부처의 명호를 불렀으므로

모든 죄업이 소멸되고,

이제 내가 와서 그대를 맞이하리라.

지옥의 맹렬한 불길은 청량한 바람으로 변하여

모든 천상의 꽃[天華]을 피우고,

그 꽃 위에 모든 화신의 불보살이 계시면서

이 사람을 맞이하리라.

『소경』에서도 다음과 같이 말한다.

그 사람의 목숨이 다할 때

아미타불이 여러 성중(聖衆)과 함께

그의 앞에 나타나신다.

그 사람의 목숨이 다할 때,

마음이 전도(顚倒)되지 않으면

곧 아미타불의 극락정토에 왕생할 수 있다.

세 경전의 말씀 모두 너무나 명백하다. 늘 부처님 명호를 읊는 사람은 죽음을 맞이하여 부처님께서 내영해주신다고 가르치고 있다. 이러한 사상을 아름다운 문자와 단청으로 그려낸 인물이 겐신이다. 헤이안 시대 사람들은 이러한 그림을 눈으로 보고, 자신들의 생명을 아미타불의 손에 맡겼다. 그리하여 예토의 고통을 정토의 기쁨으로 바꿀 수 있었다. 저 상행삼매(常行三昧)는 부처님께서 맞아주실 것을 믿었기 때문이다. 단지 마음속으로만 보는 것이 아니라, 그 환상을 시각적으로 명확히 볼 수 있었다. 내영사상의 한 특색은 회화 등과 아주 밀접하게 관련됨으로써 또렷한 환상으로 파악할 수 있었던 점이다. 우지(宇治)의 보도인(平等院)은 정토의 모습[5]을 나타내기 위한 건축이었다.

어떤 사람은 시각적이라는 이유로 그 사상이 유치하다고 비웃을지도 모른다. 내영도에 열광하는 따위는 결국 현세적인 기쁨을 넘어서지 못하는 것이라고 비웃을지도 모른다. 그러한 비평이 옳다 하더라도, 생생하게 살아 있는 하나의 환상조차 갖지 못하는 우리의 빈곤한 상상력을 되돌아봐야 하지 않을까? 오히려 내영도야말로 종교적 감수성이 낳은 멋진 창작물이라고 할 수 있다.

그러나 헤이안 시대에 성행했던 정토사상의 약점은 신앙이 시각적인 구현을 요구했다는 데 있다기보다, 정토에 대한 동경이 죄업에 대

---

5   일본의 정원미학에 '정토정원'이 있는데, 우지의 보도인은 그 전형적 사례다. 이 모습은 일본의 10엔 동전에 새겨져 있다.

한 두려움을 충분히 수반하지 않았다는 점에 있지 않을까? 정토를 현세적 행복의 연장선에서 기대했을 뿐, 죄에 대한 참회나 부귀영화에 대한 부끄러움은 결핍되어 있었음을 지적하지 않을 수 없다.

이러한 폐단[6]을 통찰했기 때문일까. 겐신은 자신의 『왕생요집』에서 아주 자세히, 날카롭고도 엄중하게 지옥의 모습을 묘사하는 것을 잊지 않았다. 이로써 사람들에게 죄에 대한 자각을 촉구해 마지않았다. 죄에 대한 자각 없이, 내영의 은혜만 입으려는 어리석음을 여실히 묘사했다.

원래 정토에 대한 흔구(欣求)는 예토에 대한 염리(厭離)의 염을 떠나서는 있을 수 없다. 청정을 구하는 것과 더러움을 싫어하는 것은 서로 떼려야 뗄 수 없는 동전의 양면이다. 그러므로 왕생을 하려면 왕생도 할 수 없는 나 스스로를 되돌아보아야 한다. 그러니까 정토의 나라에 가서 태어나는 것은 자신에게 그럴 자격이 있어서 왕생하는 것이 아니라, 부처님이 와서 맞이해주시기에 정토에 갈 수 있는 것이다. 왕생의 진정한 의미는 정토에 도달한다는 뜻이 아니라, 정토에서 반갑게 맞아들여진다는 것이다. 접인(引接)[7]이 바로 내영(來迎)이다. 그러므로 내영 없이 어떻게 범부의 왕생이 가능하겠는가. 이러한 사실을 생생하

---

6   이러한 폐단은 헤이안 시대의 정토신앙이 귀족불교와 연관되어 있었기 때문이다. 그 대표적 유적이 뵤도인이다. 그리고 그것은 정토신앙의 방법적 측면에서는 건축이나 회화를 매개로 극락세계를 그리는/그리워하는 관상염불이다. 이러한 한계를 넘어서 당시의 서민들에게까지, 그들도 쉽게 받아들일 수 있도록 구칭염불을 전파한 분이 쿠야(空也) 스님이다. 가마쿠라 시대에 이르러 호넨은 바로 이러한 서민불교적 염불신앙을 계승하게 된다.

7   접인은 접촉해서 안내해주신다는 뜻이다. 일본에서는 '인접(引接)'을 더 많이 쓰는 것 같으나, 우리는 '접인'이라고 말한다.

게 눈앞에 떠올리게 될 때 내영도가 탄생한다. 부처님의 자비를 이보다 더 진실하게 묘사하는 일이 가능하겠는가.

정토삼부경이 모두 한목소리로 섭취(攝取)[8]의 미타를 설하는 것은 당연하다. 자비와 섭취는 같은 것이다. 이 섭취가 접인이며 내영이다. 내영 없이 어떻게 정토왕생이 가능하겠는가. 범부에게 왕생은 내가 가는 것이 아니다.[9]

그러면 언제 그러한 내영에 맡겨지는가? 정토가 차안에는 없고 피안에 있는 한, 이 세상을 떠나는 그 찰나가 왕생이 실현되는 찰나라고 생각하는 것은 필연이었다. 이렇게 항상 내영과 임종은 함께 묶여서 생각되었다. 경전에도 '목숨이 다할 때[臨命終時]'라고 기록되어 있다. 죽음의 찰나가 내영의 찰나다. 왕생은 다시 태어나는 것이다. 죽어서 사는 것이다. 내영해주시는 아미타불의 손에 자신의 죽음을 맡기는 것이다. 죽는 그 찰나와 아미타불의 접인은 동시적이다. 이 기쁨이야말로 염불행자에게 주어지는 더할 나위 없는 선물이다. 호넨 스님은 다음과 같이 말한다.

> 명호로써 죄악의 중생을 인도하고자 맹세한
>
> 아미타불의 본원은,

8　섭취는 섭수(攝受)의 뜻이다. 거두어주신다는 말인데, 문맥의 적합한 역문은 '섭수'가 맞겠으나, 경전의 유래가 있으므로 그냥 원문대로 '섭취'로 두었다.

9　물론 겉으로 보면 내가 가는 것이 맞다. 그러나 속으로 볼 때, 나의 '가는 행위'보다 아미타불의 '맞이해주시는 행'이 먼저이며, 더욱 근원적이라는 의미에서 이렇게 표현하고 있다. 즉 왕생의 정인(正因)은 중생의 청명이나 발심에 있는 것이 아니라, 아미타불 자체에 있는 것이다. 그렇게 생각하는 것이 바로 타력문(아미타주의)의 정토신앙이다.

다만 오로지 염불만 하더라도
부처님의 내영은 저절로 이루어지는 것으로
의심할 바 없다.
_『칙수어전』제21권

평소에 염불을 외워서 극락에 가겠다는
마음만이라도 있는 사람이라면,
숨이 끊어질 때
아미타불, 관세음보살, 대세지보살이 오셔서
맞이해준다고 믿고 그렇게 생각해야 한다.
_『칙수어전』제23권

분명 삼존의 내영은 중생을 섭수하기 위해서다. 내영이 없는 왕생
은 자력의 왕생을 의미한다. 범부에게는 타력왕생 외에 왕생의 길이
없다. 그러므로 왕생은 내영에 의한 것이다. 이것이 정토종에서 내영도
를 갖는 까닭이다. 따라서 이 내영의 도상(圖相)[10]이야말로 앞서 서술
한 것처럼 일본의 불교예술에 영원한 아름다움을 더했다.

그러나 정토종이 정토진종으로 성숙되어감에 따라 내영도는 미련
없이 폐기된다. 왜일까? 주지하는 바와 같이 진종의 사원에서도, 진
종 재가자의 불단[11]에서도 내영도는 볼 수 없다. 이와 반대로 정토종

---

10 우리는 흔히 도상을 '圖像'이라고 쓴다.
11 불단(佛壇)은 각 가정에서 부처님과 조상들을 함께 모신 제단 같은 것을 말
    한다. 그 앞에서 독경도 하고 공양도 올린다. 다만, 진종 대곡파(동본원사)에
    서는 '불단' 대신 '내불(內佛)'이라 부른다.

의 사원에 가서 본존을 우러러보면 항상 우리를 맞이해주시는 모습을 볼 수 있다. 늘 우리를 향해 다가서고 계신 모습이다. 그러나 진종의 사원에 모신 아미타불은 이와 다르다. (진종 사원의) 미타는 우리 앞에 정면으로 멈춰 서 계신 모습이다. 신도들은 이를 '오마무키사마(お真向き樣, 정면으로 맞이해주시는 분)'라고 부르는데, 가까이 다가오시려는 모습은 아니다. 왜냐하면 내영의 미타가 아니기 때문이다. 왜 이러한 변화가 생긴 것일까?

정토진종에서는 본존으로 조각보다 그림, 그림보다 명호를 모신다. 무엇보다 육자를 최고의 광명본존[12]으로 우러러 모신다. 이는 따로 내영해주실 부처님을 구하지 않기 때문이다. 그러면 불래영(不來迎)의 가르침은 어떤 것인가? 왜 내영의 사상을 내다 버린 것일까? 두말할 것 없이 이러한 사상은 조사인 신란 스님에 근거한다. 『말등초(末燈抄)』[13]에서는 이렇게 말한다.

진실로 신심이 있는 사람은,
서원(誓願)의 이익이 있는 데다가
거두어들여서 버리지 않을 것이라고 하셨기에,
임종시의 내영을 약속하시지는 않았음을 알아라.

내영은 온갖 선행을 한 공덕으로 왕생하는 것이니,

---

12   명호(6자·9자·10자)를 중심으로 좌우에 부처님과 정토 조사들까지, 마치 만다라처럼 한 화폭에 그려서 신앙의 대상으로 모신 것을 말한다.

13   신란 스님의 편지 모음인데, 쥬카쿠(從覺)가 편집했다.

자력의 수행에 해당한다.

임종 역시 온갖 선행을 한 공덕으로

왕생하려는 사람에게 하는 말이니,

그것은 아직 진실한 신심을 얻지 못했기 때문이다.

진실한 신심의 수행자는

(아미타불께서) 중생을 거두어들여서 버리지 않는 까닭에

정정취의 지위에 머문다.

그러므로 임종을 기다릴 것도 없고,

내영에 의지할 것도 없다.

임종을 기다리는 것과 내영에 의지하는 왕생은

정심(定心)과 산심(散心)의 수행자[14]에게 해당하는 것이다.

신란의 제자였던 겐치(顯智, 1226-1310)가 지었다는 『정토문류집(淨土文類集)』에서는 다음과 같이 말한다.

내영은 온갖 선행을 한 공덕[15]으로 왕생하는 것이니 자력의 수
행자에게 해당한다. 임종을 기다리는 것과 내영에 의지하는 것은

---

14 정선(定善)과 산선(散善)을 닦는 마음, 자력의 마음을 말한다. 『관무량수경』
    의 16관 중에서 1-13관은 정선, 14-16관은 산선이라고 한다.

15 『무량수경』에서 내영을 설하는 맥락은 제19원으로, 여기서는 여러 가지 선
    행을 한 공덕으로 임종시에 내영을 받는다고 한다. 선행을 통해서 왕생하는
    것은 아미타불의 본원이 아니며, 칭명염불을 통해서 왕생하는 것만이 아미
    타불의 본원에 부합함을 호넨은 『선택집』을 통해서 단호하게 주장한다.

온갖 선행을 한 공덕으로 왕생하는 사람에게 해당한다. 진실한 신심의 수행자는 (부처님께서) 거두어들여서 버리지 않으므로 정정취에 머문다. 정정취에 머물기 때문에 반드시 멸도에 이른다. 그러므로 임종을 기다리지 않으며, 내영에 의지하지도 않는다. (중략) 그러니까 본원에 위배되며 정정취가 아닌 온갖 선행의 공덕으로 왕생할 것을 고집하기보다는, 부처님의 본원에 따라서 임종을 기약하지 않고 내영에 의지하지 않더라도 평상시에 일념의 신심이 정해진다면 결정코 왕생할 업이 성취된다.

존카쿠(存覺)의 『정토진요초(淨土眞要抄)』에서도 다음과 같이 말하고 있다.

신란의 독자성은 평생업성(平生業成)을 근본으로 하여 임종왕생을 바라는 것으로 근본을 삼지 않는 데 있다. 불래영의 입장에서 내영을 고집하지 않는다.
다만 평생업성은 평상시에 불법을 만나는 근기를 대상으로 하는 말이다. 만약 임종에 불법을 만난다면 그 근기는 임종에 왕생할 것이요, 평상시든 임종시든 오직 신심을 얻을 때 왕생은 그 즉시 결정되는 것이다. 이것을 '곧바로 왕생을 얻는다'[16]라고 한다.

이로써 진종이 왜 내영사상을 버렸는지 알 수 있다. 주요한 이유

---

16 즉득왕생(卽得往生). 이 말은 제18원의 과문(『무량수경』 하권)에 나오는 이야기다.

를 두 가지로 볼 수 있다. 첫째, 내영은 온갖 선행을 한 공덕으로 왕생하는 것이기 때문이다. 온갖 선행을 한 공덕으로 왕생하는 것은 염불에 의지하지 않고 보시나 지계 등의 '다른 모든 공덕을 닦아서' 왕생을 바라는 것[17]이다. 내영은 이러한 자력의 행자를 위해 준비되어 있는 것이다. 진정한 타력은 신심의 한길이다. 그 신심의 한길에 이미 왕생이 약속되어 있으므로, 굳이 내영을 기약할 필요가 없다는 것이다.

둘째, 왕생을 임종시에서 평상시로 전환시켰기 때문이다. 왕생의 순간을 죽음의 순간에서 생전으로 돌렸다. 이것이 진종에서 말하는 '평생업성'의 가르침이다. 평생업성은 평소 생활 속에서 왕생의 업이 성취된다는 주장이다. 굳이 임종시에만 왕생하는 것이 아니라, 평상시에 신심이 결정되면 정정취(正定聚, 곧 안심[18]을 얻기로 결정된 자)의 지위를 얻는다. 그러므로 믿음을 얻으면 (그것으로 왕생이 결정되는데 굳이 다시) 임종에 내영을 기다릴 필요가 없다는 것이다. 이것이 '불래영'의 입장이다. 요컨대 생전에 중점을 두는 것이어서, 죽음의 순간에 맞이할 내영을 기다리기보다 평상시에 업을 이루어야 한다는 것이다. 신란

---

17 이렇게 온갖 선행을 쌓은 공덕에 의해 왕생하는 것은 자력의 길이므로 진종의 입장에서는 배척한다. 왕생은 믿음에 의해 결정된다고 보기 때문이다. 그러나 왕생을 하는 데는 믿음 하나면 될지 모르지만, 역시 보시나 지계와 같은 보살도를 버려서는 안 될 것이다. 왜냐하면 우리에게는 극락왕생만이 궁극의 목적이 아니며 중생제도의 이타행 역시 매우 중요하기 때문이다. 어떻게 자리(自利)만이 아니라 이타(利他)를 가능케 할 것인가의 문제는 진종의 교학에 제기되는 또 하나의 숙제일지도 모른다.

18 『무량수경』 제11원에 따르면, 정정취 개념은 '열반을 얻기까지 깨달음을 얻을 가능성[正性]에서 물러나지 않는 경지'를 말한다. 그래서 '깨달음 내지 열반을 얻기로 결정된 자'라고 할 수 있으나, 정토불교에서는 그것을 곧 '안심(安心)의 경지'라고도 본다.

에 의해서 심화된 불래영 사상은 분명 왕생사상을 한 단계 발전시켰다고 하지 않을 수 없다. 죽음의 문제를 삶의 문제로 수용했기 때문이다.[19] 임종내영에서 평생업성으로 왕생관이 전개된 흐름에서, 정토종에서 정토진종으로 이행한 자취를 볼 수 있다. 혹은 제19원에서 제18원으로 이행한 것으로 보는 관점도 가능하다. 전자는 '모든 공덕을 닦음[修諸功德]'[20]에 의한 내영의 원(願)이고, 후자는 '지극한 마음으로 회향해 주심[至心廻向]'에 의거한 신요(信樂)의 원[21]이기 때문이다.

'평생업성'이라는 말이 누구로부터 시작되었는지는 자세히 알 수 없지만, 그 근거는 『대경』 하권에 의지하고 있다.

저 (부처의) 국토에 태어나고자 원한다면 곧 왕생을 얻어

(그곳에서) 다시 물러남이 없는 경지에 머물 것이다.[22]

그리고 제47원에서도 말한다.

내 이름을 듣고서도 즉시 불퇴전에 이르지 못한다면,

나는 정각을 얻지 않을 것이다.

---

19 정토신앙에 제기되는 의문 중, 그것은 결국 내생을 위한 신앙이 아닌가 하는 점이다. 신란의 평생업성의 사상은 이러한 의문을 상당 부분 해소해준다. 평생업성은 현세에서 극락을 수용하는 것으로 이해될 수 있기 때문이다.

20 제19원의 이름으로 '수제공덕원'이 있다.

21 『무량수경』 상권에 나오는 제18원의 인문은 '지심신요'를 설하고, 하권에 나오는 제18원의 과문(성취문)은 '지심회향'을 설하고 있다. 지금 야나기는 그 두 부분을 하나로 합하여 설명하고 있다.

22 이 말씀은 법장보살의 서원이 아니라 석가모니불이 아난에게 한 말이다.

나무아미타불 — 내영 불래영

불퇴전이란 다시는 물러남이 없는 확정된 안심의 경지여서, 이 국토, 즉 현실세계에서도 타력신심을 얻을 수 있다면 곧바로 왕생의 지위를 얻는다는 가르침이다. 이것이 '평생업성'의 뜻이어서 누구도 임종때의 내영을 기다릴 필요가 없음을 설한다. 이로써 왜 불래영의 사상이 발생했는지 그 이유를 알 수 있다.

무엇보다 평상시에 안심의 결정을 얻을 수 있음은 호넨의 말씀에서도 발견할 수 있다. 거슬러 올라가면, 겐신에게서도 같은 사상이 분명히 있었음을 아래 인용문에서 알 수 있다.『칙수어전』에서는 이렇게 말한다.

> 왕생의 업을 성취함은 임종까지 평생에 걸친 문제다.
> 에신(惠心)[23]도 평상시에 건너가야 한다고 생각했다.

『화어등록(和語燈錄)』에서도 말한다.

> 입으로 '나무아미타불'이라 부르면
> 소리에 따라서 결정코 왕생한다고 생각해야 한다.
> 이러한 결정의 마음에 의하여 왕생의 업은 정해진다.

그러므로 평생업성의 사상이 아무래도 진종에 의해 처음으로 생겨났다고 하기는 어렵다. 다만 정토종이 왕생의 업을 임종시에 놓고자 했던 데 비해, 진종은 이를 평소의 삶(생전)에 두었다. '내세에 받는 이

23 겐신(源信)을 가리킨다.

익'과 '현세의 이익'이라는 말이 생겨난 까닭이다. 결국 왕생을 저 국토 (피안)에서 보는가, 이 국토(차안)에서 보는가, 또는 미래의 내영과 현재의 결정 중 어느 것에 마음을 더 많이 쏟아야 하는가에 달린 것이다. 진종은 결국 후자를 중시했기 때문에 내영불을 본존으로 삼지 않았다.

왕생관의 이러한 추이는 인간의 사고에서 볼 수 있는 필연적 발전이다. 그렇지만 내영에서 불래영으로 바뀐 것은 인간의 판단이 여전히 이원적 성질에 의지하고 있기 때문이다. 다념의에 상대하여 일념의가 일어나고, 회향에 상대하여 불회향의 사상이 일어나는 것과 같은 길을 밟는 것이라 할 수 있다. 다만 그것만으로는 아직 무언가 철저하지 못한 부분이 남는다.

'내영'에 상대되는 '불래영'은 이미 이원적 견해가 아닌가? '불래영'이란 표현에는 뭔가 지극히 당연하지 않은 것, 아직 충분히 성숙되지 못한 것이 남아 있음을 느끼게 한다. 내영에 집착하지 않아야 한다면, 불래영에 집착해서도 안 될 것이다. '임종'으로 한정해야 할 당위성이 없다면, 마찬가지로 '생전'으로만 한정해서도 안 된다. 어째서 '임종'과 '생전'을 그렇게 다른 두 가지로 생각하지 않으면 안 될까? 나누어버렸기 때문에 '내영 대 불래영'의 문제를 낳았다. 여기서 좀 더 철저한 사상이 나와야 한다. 이 문제에 답한 분이 바로 잇펜 스님이다.

말하자면 잇펜은 생전에 임종을 보고, 임종에서 생전을 보았다. 평상시 외에 따로 임종이 없음을 설하여, '찰나찰나의 임종'이라고 설했다. 칭명하는 그 찰나에 항상 내영이 있음을 보았다. 그 때문에 내영을 폐기하지 않고, 그 내영을 평상시에 보았다. 내영은 임종에만 있는 것이 아니라 평상시의 찰나찰나에 있다는 것이 '찰나찰나의 임종'이고, '찰나찰나의 내영'임을 의미한다. 말하자면 염불을 할 때는 '언제나 내영'이 있다. 이렇게 평상시에 내영이 있으므로 내영과 불래영의 구별은 사라진다. 이것은 정토사상이 진종에서 시종으로 더 나아갔음을 의미한다. 실로 찬탄할 만한 역사적인 전개라고 할 수 있다. 잇펜 스님은 『어록(語錄)』에서 이렇게 말씀하셨다.

칭명의 자리가 곧 진정한 내영의 자리다.
칭명이 곧 내영인 줄 잘 안다면
분명코 내영이 있으리라.

나무아미타불에는 임종이나 평상시가 따로 없다.
삼세에 언제나 존재한다.
날숨이 들숨을 기다릴 수 없기 때문에
지금[當體]의 일념을 임종이라 한다.
그러므로 찰나찰나가 임종이고, 찰나찰나의 왕생이다.

바로 지금의 염불 외에 임종 염불은 없다.
임종이 곧 평상시다.

바로 지금의 칭명 외에 임종이 따로 없다.

지금 염불하지 않는 사람이
임종이라 해서 새삼 염불하겠는가.
임종이 멀리 있다고 핑계를 대지 말고

항상 염불해야 한다.

잇펜 스님은 『편지(消息)』에서도 말씀하셨다.

나무아미타불이라 칭하여
우리의 마음이 없어지는 것을
임종정념(臨終正念)이라 한다.
이때 부처님의 내영에 맡겨서[24]
극락왕생하는 것을 염불왕생이라 한다.
나무아미타불.

잇펜은 늘 '불이(不二)'의 경지를 보셨다. 불이란 사물이 둘로 나누어지지 않은 상태를 가리킨다. 불이는 같은 것[如]이며 동등한 것[卽]이다. 그러므로 스님에게는 내영과 불래영의 구별이 성립되지 않는다. 왕생은 불이에만 있기 때문이다. 그러나 '불이'를 단지 관념으로만 보았던 것은 아니다. 나무아미타불의 당체에서 그 빛을 보았다. 그러므로 모든 것은 이 육자 속에 섭수되었다. 어째서 평상시와 임종의 구별을 세우지 않았는가? 이 둘이 모두 육자 속에서 서로 만나는 것을 보았기 때문이다. 왕생은 시간 속에 있지 않다. '지금의 염불'을 떠나서는 없다. 이 '지금'을 떠나서 평상시나 임종이 무슨 의미가 있겠는가? 이 둘을 하나로 합한 것이 육자다.

---

24 앞에서는 내영을 평상시에 보고자 한 잇펜 스님인데, 여기서는 임종내영 역시 인정했음을 보여준다.

잇펜 스님은 정토종에서 망각하기 일쑤였던 평상의 문제를 (그것이 곧) 임종시라고 함으로써 되살렸다. 그런 까닭에 진종에서 버린 내영까지도 평상시 속에서 다시 살렸다. 왜 평상시와 임종을 묶음으로써 내영과 불래영의 구별을 세우지 않았을까? 왜냐하면 모든 것이 '지금'의 육자 속에 결합되기 때문이다. (평상시와 임종시에) 차별을 본다면, 육자에 무슨 의미가 있겠는가. 둘로 나눌 수 없는 것은 '불이'의 육자이기 때문이다. 내영에 대한 정토사상은 시종에서 그 극치를 보인다.

모든 육자는 우리의 자아를 버리는 곳이다. 육자는 죽음의 장소다. 육자에 임종이 있는 것이다. 육자 밖의 죽음에 무슨 의미가 있겠는가. 다만 육자에서 죽는 것이야말로 다시 살아나는 죽음이다. 찰나찰나의 임종은 찰나찰나의 왕생이다. 그러므로 육자 그 자체가 항상 내영이고 접인(接引)이다. 육자에 받아들여지는 것이 진실로 사는 것이다. 육자가 왕생의 주체다. 육자를 떠나서 성불은 없다.

호넨 스님은 왕생을 주로 임종의 찰나에서 보았고, 신란 스님은 평상시의 일념에서 보았으며, 잇펜 스님은 육자에 의해서 결합된 '평상시=임종'에서 그것을 보았다.

南 無 阿 彌 陀 佛

제14장

왕
／
생

'왕생원(往生院)'이라고 하면 정토문의 절임을 알 수 있다. 그 정도로 정토사상과 왕생사상은 불가분의 관계다. 원래 왕생이란 정토에 왕생하는 것이다. '왕생'이란 '가서 태어난다'는 뜻으로, 가는 곳은 정토이며 태어나는 데는 연화대 위다. 우리의 생명이 다한다는 것은 이 극락세계에 들어가는 것을 말한다. 호넨은 『왕생요집대강(往生要集大綱)』에서 "왕생이라는 것은 이곳을 버리고 저곳에 가서 연꽃 위에 화생(化生)하는 것이다"라고 했다. '이곳'은 사바세계, 즉 예토이며, '저곳'은 극락의 나라, 즉 정토다. 『법화경』(약왕보살품)에서 "이곳에서 목숨이 다하면 바로 안락세계의 아미타불이 위대한 보살들의 무리에 둘러싸여 있는 곳으로 가서 연꽃 속의 보좌 위에 태어난다"라고 설한 것은, 궁극적 의미를 다 나타냈다고 할 수 있다. 이 '정토에 왕생한다'는 말은 염불문에서 설하는 가장 기본적인 사상이다.

그런데 '왕생'이라는 말과 함께 떠오르는 말은 '성불'이다. 모든 불교 종파에서 설하는 이념이다. 그렇다면 '왕생'과 '성불'은 어떻게 다른가? 결국 같은 것을 가리키지만, 불법이 자력문과 타력문의 둘로 나뉨에 따라 자력문은 '성불'을 말하고, 타력문은 '왕생'을 설하게 되었다. 그러면 왜 타력문은 '성불'이 아닌 '왕생'이란 말을 사용하는가.

불교는 깨달은 자[覺者], 즉 부처가 되는 것을 이상으로 삼는다. 부처란 정각(正覺)을 얻은 이를 가리킨다. 정각이란 무엇을 의미하는가? '불이(不二)'에 들어가는 것이다. 『유마경』에도 「입불이법문품(入不二法門品)」이라는 장(章)이 있는데, 이러한 불이에 들어가는 것을 '입열반(入涅槃)'이라고 한다. 이렇게 열반에 들어가는 것이 성불이다. 요컨대 모든 이원적인 집착을 넘어서 불이를 체득하는 것이다. 대립에 빠져 있는 한 괴로움에서 벗어나는 것은 불가능하다. 그래서 성불을 '멸도(減度)'라고도 한다. 멸(滅)은 집착을 없애는 것이며, 도(度)는 생사의 고해를 건너가는[渡] 것이다. 즉 불이의 열반계에 들어간다는 말이다. 그러므로 이를 '불퇴전(不退轉)의 지위를 얻는다'거나, '무생법인(無生法忍)을 얻는다'거나, 혹은 '정정취(正定聚)에 들어간다'라고도 말한다. '불퇴전'이란 이미 성불하게끔 지위가 확실히 결정되었으므로 다시 물러서는 일이 없음을 말하며, '무생법인'이란 생멸의 대립이 없는 존재의 참모습을 확실히 알아서 결정코 안주하는 것이며, '정정취'란 정히 성불하도록 확정되어 있는 사람을 가리킨다.

그러므로 '성불', '입열반', '멸도'는 모두 같은 의미를 설한 각기 다른 말에 지나지 않는다. '오(悟)', '각(覺)', '증(證)'은 모두 일본어로 '사토리(さとり)'라고 읽으며, 혹은 '신심탈락(身心脫落)'[1]이나 '해탈(解脫)', 또는 '견불(見佛)'[2]이라고 하여 결국 깨달은 자가 되어 성불하는 것을 가리킨다. 이러한 성불은 세속의 말로는 죽음을 의미한다. 죽음은 현세의 집착으로부터 인연을 끊는 것이기 때문에 죽음과 성불이 특별히 하나의 의미로 결부되기에 이르렀다. 그러나 성도문의 본래 취지는 사후의 성불만을 설하지 않는다. '오늘' '여기서' 깨달음을 얻는 것을 분명히 한다. '살아생전의 성불'이다.

그렇다면 왜 '왕생'이라는 말이 따로 생겨났을까? 왕생은 정토로 가서 새롭게 태어난다는 의미다. 정토는 '극락', 또는 '안양토(安養土)'라

---

1   도겐의 말이다. 도겐선에서는 이 말로써 깨달음의 경지를 지칭한다. 신심은 오온(五蘊)을 달리 표현한 말이며, 탈락은 존재에서 존재하지 않음으로 들어가는 것을 말한다. 그러므로 신심탈락은 오온무아(五蘊無我), 내지 오온개공(五蘊皆空)의 다른 표현으로 보아도 좋을 것이다.

2   부처님이 눈앞에 나타나 계신 것을 본다는 것이다. 대표적으로 『반주삼매경(般舟三昧經)』에서 설하는 왕생의 방법이다.

고 하며, '무량광명토(無量光明土)'[3]나 '연화장세계(蓮華藏世界)'[4]라고
도 한다. 예토, 즉 더럽고 때가 묻은 이 세상에서는 번뇌의 구름에 갇
혀 광명을 볼 수 없다. 그러므로 하얀 연꽃과 같은 깨끗한 나라로 가
서, 그곳에서 다시 태어나 빛을 쬐어야 한다. 다시 말해 '이 세상에서
의 성불[此土成佛]'이 아니라 '저세상으로 왕생하는 것[彼土往生]'이다.
범부의 몸으로 이 세상에 머물러 있는 한 지옥에 떨어질 수밖에 없다.
그렇기에 정토에 태어나지 않고서 구원은 없다. 이러한 생각에 입각한
것이 정토불교다. '염리예토 흔구정토(厭離穢土 欣求淨土)'[5], 즉 더러워
진 이 세상을 싫어하여 떠나서 청정한 저세상을 기꺼이 구하는 것은
정토로 갈 수 있는 업[淨業]의 기본이다. '이 세상에서의 성불'은 성도
문의 길에서도 살아갈 수 있는, 선택받은 사람들에 대한 가르침이다.
범부의 성불은 정토에의 왕생 없이는 이루어질 수 없다. 그래서 '저세
상으로의 왕생'을 말하게 된 것이다.

애초에 정토문은 예토관을 토대로 성립되었다. 그러니 예토관이야
말로 정토관을 부르는 시발점이라 할 수 있다. 탁함과 맑음은 서로 대
비되는 것으로서, 서로 떨어져서는 의미를 가질 수 없다. 지옥관과 극
락관은 빛과 그림자처럼 필연적으로 서로 동반한다. 그러므로 예토를
염리하는 것은 곧 정토를 흔구하는 것이다. 이렇게 왕생관을 동반하

---

3 『무량수경』의 이역본인 『평등각경』에서 극락을 '무량광명'이라고 표현하
였다.

4 천친의 『정토론』에 나오는 말이다. 화엄만이 아니라, 정토불교에서도 이상
세계를 '연화장세계'라고 말한다. 앞의 '무량광명토'와 '연화장세계'는 신란
의 「정신게」에도 나오는 말이다.

258   5 겐신의 『왕생요집』에서 이 말이 명확히 표현되었다.

지 않는 정토문은 있을 수 없다. 왜 타력도가 정토왕생을 구하는지 그 필연적인 이유를 여기서 읽을 수 있다. 그것은 스스로의 더러움과 악함을 철저하게 돌아보는 길이기 때문이다.

그래서 성불한다는 말이 종종 죽음을 의미하듯이, 왕생 역시 죽음과 관련지어 생각하게 되었다. 예토를 떠남이 정토로 가는 것을 의미하기 때문에, 죽음과 왕생이 동일한 의미를 지니기에 이른 것이다. 이것이 마침내 임종내영(臨終來迎) 사상을 낳게 한 것이다. 이렇게 임종과 내영과 왕생은 서로 한데 묶여 있는 개념이다.

그런데 앞[6]에서도 서술했듯이, 임종에서 내영을 생각하는 것은 통념에 지나지 않는다. 찰나마다 임종이며, 찰나찰나[念念]에 내영이 있다면, 왕생 또한 찰나찰나의 왕생이 아니겠는가. 서방정토를 십만억 국토의 저편에 있는 것으로 생각하지만, 한편으로 경전[7]에도 "아미타불은 이곳에서 멀리 있지 않다"라고 기록하고 있다. 피안은 오히려 차안을 떠나서는 있을 수 없다. 만약 정토가 불이(不二)의 세계와 다르지 않다면, 그것은 단순히 예토를 떠나는 것만으로는 해결되지 않는다. 예토에 입각한 정토여야 한다. 여기서 정토는 어디까지나 예토가 아니지만, 예토를 떠난 그런 먼 거리에 있는 것은 아니다. 왜냐하면 정토는 시공간의 차원에 있지 않기 때문이다.[8] 선(禪)에서 '여기'라든가 '이것'이라는 표현을 사용하지만, '여기'가 지리적인 어딘가를 가리키는 말

---

6 '제13장 내영 불래영'.

7 『관무량수경』.

8 경전에서는 시공간의 차원(서방-미래)에서 정토를 설하고 있으므로, 이러한 주장은 야나기의 독창적 해석으로 보아야 할 것이다. 경전과 해석 사이에 차이가 있을 때 어떻게 회통할 것인가 하는 점은 독자/해석자의 몫일 터이다.

은 아니다. 찰나찰나의 왕생은, 피안과 차안의 구별을 뛰어넘는다. 차안에 대한 피안은 아직 참된 피안이 아니다. 왕생은 피안과 차안이 둘 아닌 경계에 있다. 왕생은 찰나찰나의, 이곳에 있지 않으면 안 된다.

평생업성(平生業成) 사상이 바로 이러한 생각에 의거한 것이다. 임종할 때만이 아니라 살아생전의 평상시에도 왕생의 업이 성취된다는 뜻이다. 일찍이 용수보살의 『십주비바사론』 이행품에서는 "사람이 능히 부처님의 무량한 힘의 공덕을 염한다면 즉시에 필정의 지위에 들어간다"[9]고 설하고 있으며, 신란의 「정신게」에서도 "아미타불의 본원을 마음에 깊이 새기면 저절로 곧바로 필정지에 들어간다"[10]고 읊고 있다. 찰나찰나의 바로 그 순간, 즉 살아생전의 평상시에 왕생의 지위를 얻는다는 의미다. '평생업성'이란 말은 진종에서 가쿠뇨(覺如)로부터 시작되었다고 하나, 사실은 그보다 훨씬 더 오래전으로 거슬러 올라간다. '즉득왕생(即得往生)'[11]이란 문구는 이미 오래된 것이며, 이것을 받아들여 『개사초(改邪抄)』에서도 "만약 '곧 왕생을 얻어서 불퇴전에 (머문다)'라는 경문의 뜻에 의지하여 평생업성으로 타력의 마음과 행을 획득하는 때"라고 기록하고 있다.

렌뇨 스님의 『편지』 1권에서는 이렇게 말하고 있다.

그렇다면 믿음을 얻게 되는 경지를 경에서는 '곧 왕생을 얻어서

---

9   여기서 '필정의 지위[必定地]'는 십지(十地) 가운데 첫 번째 환희지(歡喜地)를 가리킨다.

10   『교행신증』 제2권.

11   『무량수경』 하권의 제18원 과문에 나오는 말이다.

불퇴전에 (머문다)'라고 설하시며, 주석서[12]에서는 '일념을 일으키면 곧 정정취에 들어간다'라고 말한다. 이것이 곧 불래영의 이야기이며 평생업성의 뜻이다.

그렇게 되면 성불사상에 근접[13]하는 느낌이다. 사람들은 일단 '저 땅에 왕생하는 것'과 '이 땅에서 성불하는 것'을 말로만 구별하는데, 이는 왕생도 성불도 불이에 들어간다[入不二]는 뜻이다. 불이는 언어에 따른 구별을 허용하지 않는다. 왕생이 성불[14]을 의미하는 것은 당연하다. 이 근접을 역설한다는 데서 정토종에서 진종으로의 추이를 살펴볼 수 있다. "염불로 성불하는 것이 진종이다."[15] 그렇다면 성불은 사후에만 일어나는 일일까? 그런 것이 아니라, "번뇌를 다 끊지 않고 열반을 얻는다"[16]라거나, "생사가 곧 열반이다"라고 말해왔다. 모두 신

---

12 담란의 『정토론주』를 가리킨다. 다만, '일념을 일으키면 곧 정정취에 들어간다'라는 말 자체가 그대로 『정토론주』에 있지는 않고, 그 뜻을 취하여 인용한 것이다. 이러한 인용 방식을 취의(取意)라고 하는데, 옛날 스님들의 저술에서 흔히 볼 수 있다.

13 자력문에 근접한다는 뜻이다. 타력문이 평생업성을 매개로 해서 자력문과 가까워졌다고 본 것이다.

14 종래의 정토사상에서는 극락에 왕생하면 제8지가 되는데, 아미타불의 법문을 듣고서 마침내 성불한다고 본다. 이러한 입장에서는 왕생과 성불은 같지 않다. 그러나 평생업성을 통해서 정토진종은 살아생전의 왕생을 말함으로써, 살아생전에 신심을 얻은 신자의 왕생은 곧 성불이라고 본다.

15 이 구절은 '진종'이라는 말이 중국의 정토불교에서도 쓰였음을 알려주는 중요한 단서다. 당나라 법조(法照)의 『정토오회염불 약법사의찬(淨土五會念佛略法事儀讚)』에 나오는 말로, 신란의 『교행신증』 제2 행권(行卷)에도 이 구절이 인용되어 있다.

16 담란의 『정토론주』에 나오는 말인데, 신란이 「정신게」에서 다시 썼다.

란 스님께서 아끼시던 말씀이다. 그러므로 성불은 번뇌의 한가운데, 생사 그 자리에서 성취되는 것이다. 이렇게 생각하면 번뇌즉보리를 설하는 성도문의 가르침과 매우 가까운 것[17]임을 알 수 있다. 그러나 이러한 접근성은 (정토문이) 자력 수행으로 돌아왔기 때문이 아니라, 정토의 한길에 철저했기 때문이다. 왕생의 경지를 얻는 것과 깨달은 자, 즉 부처님이 되는 것은 같은 의미다. 아미타불의 정각과 중생의 왕생은 동시적이다. 성불과 왕생은 다른 것이 아니다. 왕생이 가능한 이유는 인간에게 본래 불성이 갖추어져 있기 때문이다. 무명의 구름에 덮여 빛나지 못하는 것에 불과하다. 그러면 어떻게 해야 불성으로 돌아갈 수 있을까? 성도문은 수행을 설하고, 정토문은 칭명을 가르친다. 칭명이 불가사의한 작용을 해서 왕생을 확실히 약속한다.

그러면 이쯤에서 평범하다고 할 수도 있고, 기이하다고 할 수도 있는 질문을 해야겠다. 왕생이라는 것은 도대체 누가, 또는 무엇이 왕생한다는 말일까? 말할 것도 없이 인간이 왕생하는 것이다. 인간의 왕생, 그것도 특히 나의 왕생을 가리키는 것이다. 이 예토를 떠나 극락으로 가는 것을 왕생이라고 하는데, 가는 쪽은 인간이며 그 인간이 부처가 되는 것이다. 이렇게 답하더라도 누구도 의문을 품지 않을 것이다.

호넨 스님도 신란 스님도 인간이 왕생하는 길을 설했다. 요컨대 인간이 부처가 되는 것이다. 이때 '부처'는 그리스도교에서 말하는 '신'과

---

17 정토문에서 말하는 '부단번뇌득열반(不斷煩惱得涅槃)'과 성도문에서 말하는 '번뇌즉보리'는 비슷한 말처럼 보인다. 그러나 그 차이점에 주의할 필요가 있다. '번뇌즉보리'는 '번뇌'와 '보리'가 다 그 체성(體性)이 공하므로 서로 같다고 말하는 것이다. 그러나 '부단번뇌득열반'은 담란 스스로 설명하고 있는 것처럼, "번뇌 가득한 범부라 하더라도 (아미타불의 본원력으로) 저 정토에 태어날 수 있기 때문이다"라는 뜻이다.

는 성질이 전혀 다르다. 신이란 창조자로서의 신이며, 피조물인 인간과는 어디까지나 다르다. 그런데 불교에서 말하는 부처는 '깨달음을 얻은 인간'을 가리킨다. 그것은 각자(覺者)이지 결코 신이 아니다. 그러므로 보살도 여래도 원래는 인간이다. 불교에서는 인간과 동떨어져 있는 신이나, 또는 인간을 만든 신을 설하지 않는다. 인간이 태어난 것은 여러 가지 연기(緣起)에 의함이지 어떤 조물주의 행위에 의한 것이 아니라고 본다.

앞에서도 서술했듯이, 아미타여래도 법장보살이 수행하여 각자가된 모습이다. 이를 '정각을 얻는다'라고 말한다. 보신불(報身佛)이라고불리는 것은 수행의 과보로 얻은 몸이기 때문이다. 그래서 그 과보를중생에게 회향하는 것이 여래라는 의미다. 아미타불은 신이 아니라각자의 모습이다.

이와 같이 생각해보면, 왕생도 성불도 인간이 깨달은 자가 된다는의미다. 그러나 이러한 상식은 갖가지 착오를 범하기 쉽다. 인간이 왕생한다고 하더라도 인간인 채 그대로는 왕생이 이루어지지 않는다. 인간 그대로라면 여전히 망상 그대로일 것이고, 집착 그대로일 것이기때문이다. 그러므로 집착이 있어도 그것에 사로잡히지 않을 때, 인간으로 있더라도 인간에 속박되지 않을 때, 그때가 깨달음의 모습이다.그것은 생멸하는 가운데 있더라도 불생불멸에 들어간다는 의미다.

인간 차원 그대로는 왕생할 수 없다. 왜냐하면 왕생은 불이(不二)에 들어가는 것이지, 대립[二]에 머무는 것이 아니기 때문이다. 인간은 대립의 존재지만 왕생은 불이(不二)의 경지다. 이때 불이는 대립의상대어가 아니라 모든 대립의 언어를 다 넘어선 것이다. 대립과 불이는 차원이 다른 말임을 이해해야 한다. 그러므로 인간의 경지는 왕생

263

의 경지가 아니다. 인간이 자기의 차원을 넘어서 불이의 차원에 들어가는 것이 왕생이며 성불이다. 인간을 거부하는 것이 아니라 인간을 해방하는 것이다. 대립이 불이로 다시 태어나는 것이다. 그렇다면 인간이 왕생한다기보다 대립을 초월하는 불이 자체의 왕생이라 해야 하지 않을까.

조사 스님들은 왕생의 업으로 나무아미타불 육자의 칭명을 권했다. 그러나 이때 '나무'라고 귀의하는 사람과 귀의의 대상인 '아미타'라는 부처를 둘로 생각해서는 안 된다. 말로는 '나무'와 '아미타불' 둘로 이루어져 있다 하더라도, 실제로는 '나무'가 곧 '아미타불'을 가리킨다. 아니, '나무'와 '아미타불'이 '하나가 되는 곳'[卽]에서 소멸하는 것이 명호의 본모습이다. '즉'은 불이를 의미한다. 귀의하는 사람과 귀의 받는 부처가 불이가 되는 그 본모습에서 왕생이 드러난다[現成].[18] 인간이 왕생한다고 말하지만, 왕생은 사람과 부처가 둘이 아니게 될 때의 모습이다. 명호의 의의는 사람과 부처의 차별을 없애는 데 있다. 왕생은 명호의 공덕이다. '나무'와 '아미타불'이 하나가 될 때 왕생이 있는 것이다. 그래서 '나무아미타불'이 왕생의 주체라고 말할 수 있는 것이다. 인간들에게는 왕생의 힘이 없다. 왕생은 '나무아미타불'에 있는 것이다. 사람과 아미타가 함께 육자에 섭수될 때가 왕생이다. 잇펜은 『편지(消息)』에서 이렇게 말했다.

염불왕생이란, 염불이 곧 왕생이라는 뜻이다.

---

18 '현성'이라는 말은 원래 도겐이 쓰던 말이다. 선의 언어인 '현성'을 쓸 수 있다는 말은, 지금 야나기의 말이 그만큼 선적(禪的)임을 나타낸다.

나무란 귀의하는 주체의 마음이고,

아미타불이란 귀의 받는 대상의 행(行)이니,

마음과 행이 서로 상응하는 일념을 왕생이라 한다.[19]

그러므로 나무아미타불을 떠나서 왕생은 있을 수 없다. 왕생은 이 육자에 입각해 있기 때문에 육자 속에서 인간과 미타는 둘이 아니게 된다. 있는 것은 '오직 하나인 나무아미타불'뿐이다. 육자는 인간이 인간을 완전히 버린 곳이다. 또한 아미타가 아미타를 내던지는 바로 그 자리다. 이렇게 생각하면 인간도 아미타도 모두 명호 앞에서는 무용지물에 지나지 않을 것이다. 명호가 있기에 인간이며 아미타다. 그러므로 명호에서 인간과 아미타는 둘이 아닌 경지에 들어가고, 둘이 아닌 경지에 들어가는 것이 곧 왕생이다. 따라서 명호에 왕생이 있다. 잇펜 스님은 『어록(語錄)』에서 말씀하셨다.

명호가 바로 진실한 견불(見佛)이며

진실한 삼매다.

칭명 바깥에서 견불을 구하지 말라.

명호가 곧 진실한 견불이다.

원래부터 명호가 곧 왕생이다.

---

19 신엔(眞緣)에게 보낸 편지에서다.

나무아미타불은 원래부터 왕생이며
왕생이라 함은 무생(無生)이다.

명호 이외에 다른 방법이 없고
명호 이외에 왕생이 없다.
일체 만법은 모두 명호 그 자체의 덕이니
칭명하는 순간이 곧 왕생이다.

잇펜은 「육자무생송(六字無生頌)」에서 다음과 같이 말한다.

여섯 글자 가운데
본래 생사가 없고,
일성(一聲)에
곧 무생(無生)을 증득하네.

일성이란 한 번의 칭명이다. 무생이란 생사가 둘이 아님을 말한다.
칭명이란 자기를 버리는 것이다. 자신을 내버리지 않는다면 명호를 잃
어버리게 된다. 그래서 스님은 "그 몸과 마음을 다 버린 모습은 나무
아미타불이다"라고 하였다. 우리에게 진실은 없다. "명호만이 진실"이
다. 그러므로 왕생은 명호에 있는 것이다.

인간의 왕생이라면 여전히 인간이 남을 것이다. 인간이 남아서는
생사를 벗어날 수 없다. 생사 없는 본모습으로 돌아가는 것이 왕생이
다. "그래서 명호는 곧 마음의 본래 모습이다"라고도 말씀하셨다. 명호
로 돌아가는 것은 "생사 없는 본래 모습으로 돌아간다"는 의미다. "명

호로 돌아가는 것 이외에는 나와 나의 본모습으로 돌아갈 수 없다"라
고도 말씀하셨다.

해탈이란 새로운 별세계로 들어가는 것이 아니라, 원래의 본모습으
로 돌아가는 것이다. 피안에 있는 정토는 차안에 있는 본래 고향이다.
무명으로 인하여 그곳을 떠났으므로 고향조차 피안으로 생각하는 것
이다. 그 고향이야말로 불생불멸의 세계이며, 생사 없는 정토다. 거기
에 돌아가는 것을 왕생이라고 한다. 그리하여 범부에게 왕생을 확약
하는 것이 칭명이다. 마음의 본래 모습을 육자에서 찾을 수 있기 때문
이다.

그러므로 왕생은 해탈이며 성불이다. 그것은 인간의 왕생이라기보
다 인간 없는 왕생이다. 내가 없는 왕생이다. 인간이 인간을 넘어서는
때가 왕생이다. 인간인 채 그대로는 왕생이 불가능하다. 이미 왕생은
생사에 좌우되지 않는다. 생멸의 대립을 넘어서는 것이 왕생의 의미
다. 잇펜은 다음과 같이 말씀하신다.

실로 생사의 꿈을 없애는 일은
다만 나무아미타불뿐이로다.

오직 나무아미타불만이
생사를 떠날 수 있게 한다.

실로 나무아미타불에 생사의 해탈이 있는 것이다. 정토문의 모든
가르침이 육자에 집중되는 이유다.

행주좌와에 잘 간직하는

나무아미타불의 명호는

다름 아닌 이 몸의 본존이리.

_잇펜 치신(一遍智眞)

제15장

행
과

믿
음

일본에서 정토문이 하나의 독립된 종파가 된 것은 호넨 스님의 대표 저서 『선택본원염불집』에 의해서다. 제목에서 나타나는 바와 같이, 아미타불의 본원인 염불의 행을 선택한다는 말이다. 호넨 사상의 가장 큰 특징은 '선택'에 있다. 선택이란 취사(取捨)로, 버려야 할 것은 버리고 택해야 할 것은 택한다는 뜻이다. 그렇다면 신앙의 입장에서 결국 무엇을 선택했는가. 호넨 스님의 선택은 미타의 본원인 염불의 행이었다. '본원의 염불'이 『대경』의 48원 가운데 제18원에 의지하고 있음은 여러 번 말한 대로다. 그렇다면 왜 한 종파의 근거로 제18원을 선택하게 되었을까?

여기에 도달하는 데는 두 갈래의 현저한 자기 성찰이 있었다. 하나는 자기 자신에 관한 것이고, 다른 하나는 이 세상에 관한 것이다. 전자는 자신의 보잘것없음에 대한 깊은 성찰이고, 후자는 오탁악세에 빠져 있는 세상에 대한 통감(痛感)이다. 이것은 결국 '어느 누구보다도 나쁜 자기 자신'과 '그 어느 시대보다 지금이 말법(末法)의 때'라는 자각이다. 모든 종교가 이를 언급하고 있지만, 호넨이 가장 명확하고 심각하게 체험했다. 정토의 일문(一門)이 독립하지 않을 수 없는 인연이 여기에 있다.

일찍이 성도문에는 훌륭한 여러 종파가 있지만, (호넨은) 자신과 같은 하근기의 사람은 그 길을 걸어갈 근기가 아니라고 보았다. 성도문을 매도하는 것이 아니라 자신에게는 과분한 길이라는 자기 성찰이 있었기 때문이다. 성도문을 버리고 정토문을 택한 것은 바로 여기서 출발한다. 게다가 말법 시대다. 대부분의 인간은 자력문의 난행(難行)을 감당할 수 없다. 이행도의 한길이 없다면 중생제도는 희망이 없다. 자력문을 버리고 타력문을 선택하는 이유가 여기에 있다.

그러면 무력한 나 자신에게, 또 대중에게 어떤 쉬운 길이 있을까? 부처의 대자비심이 세운 홍서(弘誓)의 원은 나무아미타불의 이름을 부르는 것으로 왕생을 가능케 한다. 그것을 명시하고 있는 것이 제18 원이다. 법장보살은 그것이 가능하지 않다면 "나는 정각(正覺)을 취하지 않으리라(부처가 되지 않으리라)"라고 서원을 세웠다. 그 원이 마침내 성취되어 법장보살은 아미타불이 된 것이므로, 이제 어떤 인간의 제도도 가능해졌다. 다만 그렇게 제도되기 위해서 육자의 명호를 입으로 외기만 하면 된다. 이토록 쉬운 길이 또 어디 있겠는가. 이것이 정토종의 출발점이다.

앞서 서술했듯이, 염불에는 관념염불과 구칭염불이 있다. 관념염불은 사색적 역량이 있는 사람의 길이겠으나, 근기가 낮은 사람을 위한 정토문은 구칭염불의 이행(易行)을 선택할 수밖에 없다. '염불을 우선으로 한다'[1]고 할 때의 염불은 구칭염불을 말한다. 즉 억념(憶念)이 아닌 칭명(稱名)이다. 여기서 겐신의 정토문에서 겐쿠[2]의 정토문으로 옮겨가는 모습을 볼 수 있다.

그러므로 정토종을 세우면서 취한 가장 뚜렷한 태도는 인간의 차별을 모두 없애버린 것이다. 구칭의 염불은 가장 근기가 낮은 사람들을 위한 것이다. 누구보다도 불쌍한 인간을 위한 것이다. 그러므로 구칭 앞에 귀천의 차별은 없어진다. 환경적으로 혜택 받은 귀족 부호만 왕생할 수 있는 것이 아니다. 빈곤한 사람, 비천한 사람이라도 명호를

1　『선택집』의 제목 바로 밑에 "南無阿彌陀佛"이라 쓰고, 그 밑에 두 줄로 마치 협주(夾註)처럼 "往生之業 念佛爲先"이라고 쓴 것이다.

2　겐신은 헤이안 시대의 천태종 승려 에신(惠心)을 말하고, 겐쿠는 가마쿠라 시대의 호넨 스님이다.

입으로 외는 일은 할 수 있다. 그러한 명호 속에 왕생이 약속되어 있다. 그래서 명호는 어떠한 사람에게도 권력이나 재력을 요구하지 않는다. 적나라한 인간 그대로 충분하다.

　종교의 국토[3]에는 마침내 남녀의 차별 역시 없음[4]을 선포한다. 그 중에서도 죄업의 원천으로 취급당하며 저주받아온 모든 여성에게 구제의 큰길을 열었던 것도 바로 정토문이다. 그러므로 천한 직업의 유녀(遊女)조차도 왕생을 확약받는 몸이 되었다. 무로노 토마리(室の泊)에서 유녀에게 하신 스님의 대답이 있다.

> 다만 그 모습 그대로
> 오직 염불을 해야 할지니.
> 아미타여래께서는 그러한 죄인을 위해서
> 큰 서원을 세웠던 것이라 믿고서,
> 다만 깊이 본원을 의지하고,
> 추호도 스스로를 비하하지 말라.
> 본원에 의지해서 염불하면,
> 왕생에 대한 의심은 없을 것이다.[5]

3　극락정토를 가리킨다.

4　마흔여덟 가지 서원 중 여성도 왕생할 수 있다고 말하는 제35원을 생각하고 있는 언명으로 판단된다.

5　『법연상인회전(法然上人繪傳)』 제34권. 호넨이 유배를 가던 중에 한 항구의 숙박소에서 만난 유녀가 "전생에 무슨 죄가 많아서 유녀로 살고 있는지…. 이런 천한 신분의 저 같은 인간도 정토에 왕생할 수 있을까요?"라고 스님께 여쭙자, 호넨은 이렇게 답했다고 한다.

이것은 결국 일체중생의 제도 가능성이 염불에 달렸음을 의미한다. 부처님의 지위에 이르는 것은 전적으로 출가자에게만 한정되지 않는다. 속세에 있는 사람, 속세로부터 떠날 수 없는 사람, 모든 재가자를 위해 특별히 마련된 것이 정토의 일문이다. 정토문의 법문이 대중을 위한 가르침이라는 것은 큰 자랑이 아닐 수 없다. 특히 낫 놓고 기역 자도 모르는 민중들을 대상으로 했던 것이다.

그러니까 정토의 가르침은 무엇보다 현우(賢愚)의 차별을 세우지 않는다. 만약 지혜로운 자들만 성불할 수 있다면, 그것은 성도문으로 돌아가는 일이다. 지식의 은혜를 입은 소수의 사람들만을 위한 종문일 뿐이다. 어느 시대를 막론하고 대중들은 지식을 닦을 기회조차 가질 수 없었다. 그래서 그런 불행한 사람들을 위해서 이행(易行)의 한 길을 제시하는 것이 정토종을 세운 까닭이다. 이 문 앞에서 지혜로운가 어리석은가 하는 것이 무슨 의미가 있겠는가. 지식이 있는 자도 무지한 자도 평등하게 구제된다. 이런 고마움을 성도문의 여러 종문들에서는 설해주지 않았던 것은 아닐까?

그런데 정토문은 여기서 그치지 않는다. 한 걸음 더 나아가 유죄와 무죄, 선과 악의 대립까지도 철폐해버렸다. 아니, 죄 때문에 울고 있는 자와 악에 빠진 자들을 위해서 정토문을 세우지 않았던가. 물론 죄나 악 그 자체를 좋다고 말하는 게 아니다. 그러나 그것들로부터 벗어날 수 없는 사람들을 위해서도 구제의 길을 제시하고자 한 것이다. 구제는 결코 어떤 자격을 갖추라는 조건을 내세우지 않는다. 조건을 붙이는 구제는 대비(大悲)의 성격에는 어울리지 않는다. 법장보살은 모든 사람을 제도하지 않고 그대로 둘 수는 없다는 서원을 세웠다. 자신의 힘으로는 도저히 죄를 씻을 수 없는 자들을 위해 위없는 타력의 공덕을 베풀고자 한 것이다. 그러한 타력이 곧 부처님의 본원 그 자체임을 알려주고 있다.

그러므로 지계, 파계의 구별까지도 중요하게 여기지 말라고 설하셨다. 물론 계를 지킬 수 있다면 그것대로 좋다. 그러나 그 엄격함을 견디낼 수 있는 사람들이 얼마나 되겠는가. 세속 사람들은 이미 파계한 몸이다. 지계만이 왕생의 원인이라 한다면 수많은 대중들은 부처님의 자비를 만날 수 없게 될 것이다. 중생을 위한 종교라면 마땅히 파계한 사람들에게도 구제의 길이 열려 있어야 한다. 그것은 어떤 길일까? 아주 쉬운 구칭염불의 길이 있다. 그런 까닭에 앞에서도 누차 인용했다시피, '왕생의 업은 염불을 우선으로 한다'[6]고 말하는 것이다.

염불의 공덕이 수승함에 견주었을 때 불상을 조성한다든가, 탑을 세운다거나, 뛰어난 지혜와 재주, 풍부한 견문을 가지거나, 계율을 잘 지키거나, 혹은 독경이나 사경 등은 그 공덕이 얼마나 미약한지가 분명해진다. 왜냐하면 염불이야말로 부처님 스스로가 중생을 위해 선택하신 특별한 길이기 때문이다. 그러므로 힘없는 사람들은 여타의 다른 수행[7]이나 다른 선행을 모두 내던지고 오직 칭명 하나의 행에 몸을 맡길 수밖에 없다. 이것이 본원에 따르는 길이며 왕생의 인연을 얻

---

6   호넨의 『선택집』 모두(冒頭)에 나오는 말씀이다. 그런데 『교행신증』 제6 화신토권(化身土卷)의 마지막 부분, 즉 후서(後序)에 따르면 호넨은 신란에게 『선택집』의 필사를 허락하신 뒤, 그렇게 필사된 책의 표지 안쪽에다가 이 말씀을 써주셨다 한다. 다만 대정신수대장경 수록본 『교행신증』(대정장 83, p. 642c)에서는 '왕생의 업은 염불을 근본으로 한다'고 하였다. '先'이 아니라 '本'이라 하였다.

7   정토종에서 조상(造像), 기탑(起塔), 지계(持戒) 등 염불 이외의 수행을 가리키는 말.

을 수 있는 까닭이다. "버릴 것은 버리고, 취할 것은 취하라"고 종조[8]
께서 가르침을 내리신 것이다.

원문(願文)에서도 "지극한 마음으로 믿고 좋아하며 저의 나라에 태
어나고자 하여, 예컨대 열 번 (저의 이름을) 염하여도…"라고 말씀하셨
다. 염불은 마음을 다하여 부처님의 본원을 믿는 마음이 동반되지 않
으면 안 된다. '십념'은 '행'이지만, '신요'는 '믿음'이다. 믿음과 행이 서로
상응하여 돕지 않는다면 결코 왕생의 업이 될 수 없다. 호넨의 『소소
식(小消息)』[9]에도, "행은 일념이든 십념이든 헛되지 않다고 믿고, 끊임
없이 닦아야[無間修][10] 한다"라고 하셨다. 이렇게 '행을 하면서 믿음을
세운다[就行立信][11]는 것이 스님의 마음이었다.

그러나 이행도인 정토문에서 행[12]과 믿음 중 어느 것이 근본일까?
이 점에서 스승 호넨은 제자 쇼쿠(證空)나 신란과는 생각이 달랐다.
스승은 『선택집』에서 분명히 '왕생의 업은 염불을 우선으로 한다'고
기록하였으나, 신란 스님은 왕생의 업은 신심을 근본으로 한다고 생각
했다. 이러한 구별이 나타나자, 염불을 우선하는 사람들을 기행파(起
行派)라 하고, 신심을 근본으로 삼는 사람들을 안심파(安心派)라 일컬

---

8   호넨을 가리킨다.

9   정확히 말하면 『일지소소식(一紙小消息)』이다.

10 '무간수(無間修)'는 시간적 간극이 없음을 의미하는 것만이 아니라, 여타의
    종교적 행위나 번뇌 등에 빠지지 않는 것을 말한다.

11 행(行)에 대하여 신(信)을 세운다. 즉 '나무아미타불' 염불을 수행함으로써
    신(信)을 확실히 한다는 의미다. 선도의 『관무량수경소』에서는 행에 대하여
    신을 세우는 것에 정행(正行)과 잡행(雜行)이 있다고 했다.

12 '行'을 '수행'으로 옮기지 않은 것은 참선, 주력(呪力), 지계(持戒) 등의 수많은
    제반 수행들을 가리키는 맥락이 아니라 다만 염불 하나만을 가리키기 때문
    이다.

었다. 두 파 사이의 옳고 그름을 두고 오랫동안 논쟁이 이어졌다. 쇼코의 진서류, 류칸의 장락사류, 쵸사이의 구품사류는 기행파에 속하고, 코사이의 일념의, 쇼쿠의 서산류, 신란 스님의 일향의[13]는 안심파에 속한다[14]고 알려져 있다.

가쿠뇨가 지은 『신란전회(親鸞傳繪)』에는 '신행양좌(信行兩座)' 이야기가 있다. 신란이 제안하여 신불퇴(信不退), 행불퇴(行不退)[15]의 양쪽 자리를 만들어 (호넨의 제자들을) 믿음을 중히 여기는 사람과 행을 중히 여기는 사람으로 양분하고자 했다.[16] 세이카쿠, 신쿠, 신란 등이

---

13 '정토진종'이라는 종명을 쓰기 전에는 '일향의' 또는 '일향종'이라 불렸다.

14 이를 도표로 나타내면 다음과 같다.

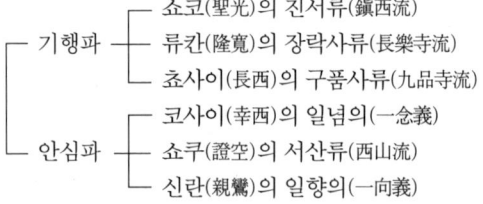

15 믿음에 의해서 불퇴전으로 나아가자는 입장과 행에 의해서 불퇴전으로 나아가자는 입장. 불퇴전은 극락에 왕생하는 것을 의미한다.

16 2018년 봄, 역자는 '신란교류관(親鸞交流館)'(진종 대곡파 동본원사의 회관)의 정기법회에 거의 매일 법문을 들으러 다녔다. 많은 것을 듣고 배웠는데, 그중 가장 인상적인 것은 사사키 겐죠(佐佐木賢成) 스님의 이야기다. 바로 이 '신행양좌'를 소개한 뒤, "여러분은 어느 자리에 앉을 것인가? 믿음의 자리인가, 아니면 행의 자리인가?"라고 화두를 제시하는데, 대중들이 제대로 입장을 제시하지 못하자 사사키 스님 스스로 답하기를 "나는 믿음의 자리도 아니고, 행의 자리도 아니다. 원(願)의 자리에 앉을 것이다"라고 하였다. 그러면서 '원의 자리'라는 새로운 선택지는 그의 것이 아니라 기무라 무소(木村無相, 1904-1984)라는 묘코닌의 말이라고 했다. 기무라 무소는 동본원사에서 경비 일을 하면서 많은 법문을 듣고, 신앙적인 시도 많이 지었다 한다. 그의 시 한 수를 소개한다. "번뇌야…/ 내가 나쁘다// 번뇌는/ 내가 말하는 대로/ 번뇌는/ 내가 생각하는 대로// 번뇌야…/ 내가 나쁘다//"

모두 신(信)의 자리에 앉은 뒤, 신란은 "호넨 또한 당연히 신불퇴(信不退)의 자리에 모셔야 한다"라고 했다. 이 이야기는 안심파 쪽 사람들이 그 정통성을 주장하기 위해 만들어낸 것으로 간주되고 있으나, 아무튼 당시 제18원의 해석은 두 가지로 나뉘어 있었다. 호넨은 이를 '염불왕생의 원'이라고 했고, 신란은 새로이 '지심신요의 원'이라고 불렀다. 한쪽은 염불의 '행(行)'을, 다른 한쪽은 신요의 '신(信)'을 중시했던 것이다. 그러므로 호넨이 행을 버리고 신을 선택했다는 것은 역사적 사실에 부합하지 않는다.[17]

왜 이러한 구별이 생겨났을까? 이는 다념의와 일념의의 문제와 관련이 깊다. 염불의 행을 중시하는 사람이 오로지 다념하는 것은 당연하며, 일념이라도 깊이 믿음을 아울러 갖춘다면 왕생의 인연을 얻을 수 있기에 믿음이야말로 모든 것의 중심임을 서술한 데서 기인한다. 진종에서 신심이 얼마나 중요한 가르침인지는 렌뇨(蓮如) 스님의 『유문(遺文)』에 잘 나타나 있다.

> 설령 온몸에 명호를 일곱 겹 여덟 겹으로 두르더라도,
> 믿음을 얻지 못한다면 왕생은 얻을 수 없습니다.

그러나 믿음을 중시한 것은 진종만이 아니었다. 깊이 사색했던 쇼쿠의 서산의에서도 마찬가지였다. 쇼쿠의 법어집인 『진권용심(鎮勸用心)』에 "행업이 보잘것없더라도 의심하지 말 것, 경전에 '내지 십념'이란 말씀 있으니"라는 구절이 있다. 언뜻 읽으면 '십념'이라는 말씀이 있

기에 염불을 외는 행을 가리킨다고 생각되지만, 진의는 그것이 아니다. 행업은 작더라도 우리의 힘을 의지할 것이 아니라 아미타부처님의 본원의 힘에 의지해야 한다는 뜻이다. 그러므로 십념은 우리가 외는 십념이 아니라 부처님의 원력과 행을 구족하는 십념[18]이므로, 그것을 지심으로 믿는 데서 왕생이 성취된다고 설하신 것이다. 서산파의 교칸(行觀)은 다음과 같이 말씀하셨다.

> 다른 행을 버리고 오직 염불 하나만 취하는 것까지는 좋으나, 내 쪽에서 염불하여 왕생한다는 생각은 틀렸다. 내가 염불하여 그 공덕을 회향하여 왕생해야 한다고 생각하는 것은 여전히 자력의 일이며, 타력왕생일 수가 없다.
>
> _『산선의사기(散善義私記)』

그러니까 스스로 외는 염불 같은 것은 조금도 왕생의 행이 될 수 없다. 이러한 염불의 행보다도 안심의 믿음을 중요한 힘으로 의지해야 한다. 이렇게 믿음을 행보다 우위에 둘 때, 구칭염불의 의미가 진종에서와 같이 '보은과 감사'의 행으로 전환되는 것은 필연적이다. 이른바 '염불을 하느냐, 마느냐'보다 '믿느냐, 마느냐' 하는 것이 교의의 중심적 문제가 되었던 것이다. 그러므로 자신의 입으로 외는 염불은 자력행의 잔재를 남기는 것으로 치부되었다. 신란은 '교행증(教行證)'의 셋에, 나중에 '신(信)' 권을 특별히 추가하여 독자적 교의를 세웠다. 바야흐로

18　우리가 외는 '십념'의 '십'은 양적 개념이고, '부처님의 원력과 행을 구족하는 십념'의 '십'은 질적 개념이다. 정토종 안에서도 진서파는 선도나 호넨을 따라서 양적 개념으로 십념을 이해하였으며, 서산파는 질적 개념으로 이해했다.

믿음 앞에서 염(念)마저 버리는 지경에까지 이르렀다.[19]

그러면 믿는다고 할 때 무엇을 믿는다는 것인가? 무엇인가를 믿는다고 하는 한, 믿는 대상과 믿는 내가 마주 서게 된다. 믿는 누군가가 존재하는 한, 필경 어떤 믿음의 대상이 아직 남아 있지 않겠는가?

여기서 우리는 똑같은 문제에 다시 부딪히지 않을 수 없다. 어떤 이는 믿고, 어떤 이는 믿지 않는다. 이것은 어떤 이는 믿는 힘을 가졌고, 어떤 이는 믿는 힘을 가지지 않은 것을 의미한다. 그 관계는 마치 어떤 이는 지혜를 가졌고, 어떤 이는 지혜를 갖지 못한 것을 의미하기도 한다. 어떤 이는 계를 지녀 죄를 범하지 않고 선행에 힘쓸 수 있지만,

---

19 신란의 『교행신증』은 정확히 말하면, 『현정토진실교행증문류(顯淨土眞實教行證文類)』다. 줄여서 『교행신증』, 『교행증문류』 등으로 불린다. 제목의 의미는 '정토불교의 진실(신란은 정토불교 안에서 '방편'과 '진실'로 나누고, '진실'을 추구하는 입장)한 교·행·증을 드러내는 글들의 모음'이라는 의미다. 그런데 그 구성을 보면, 제5-6권의 불토(佛土, 진불토와 화신토)론을 제외하면, 제1권은 교, 제2권은 행, 제3권은 신, 제4권은 증이 주제가 된다. 교·행·신·증을 사법(四法)이라 하는데, 문제는 그중 '신'만은 제목에 들어가지 않는다는 점이다. 그래서 제3 '신권'이 후대에 따로이 지어진 것이 아닌가 하는, 이른바 신권별찬설(信卷別撰說)이 제시되었다. 야나기는 그러한 배경에서 '나중에 신권을 특별히 추가하여'라고 말한 것이다. 그러나 「신권」의 저술 시기가 후대라고 하더라도, 애당초 「신권」역시 교·행·신·증의 사법 구조 안에서 고려되고 집필되었으며, 그 목적과 구상이 달랐다고 보기는 어렵다. 그렇다면 왜 제목에는 '신'이 빠졌을까? 이 점에 대한 역자의 의견은, 신란은 그렇게 함으로써 '신'의 속성을 잘 드러내고자 했던 것으로 보인다. '신'은 '행(나무아미타불 칭명)'이나 '증(극락에 가는 일과 극락에서 돌아오는 일)'처럼 겉으로 볼 수 있는 것이 아니지 않는가. '행'을 하더라도 그 밑바탕 내지 속에서 보이지 않게 자리하면서 '행'을 불러일으키는 것 아니겠는가. 진종 교학에서 '행'과 '신'의 관계를 논하는 것을 '행신론'이라 부르는데, 과연 야나기의 말처럼 "바야흐로 믿음 앞에서, 염(念)마저 버리는 지경까지 이르렀다"고 할 수 있을지는 의문이다. 아직 역자의 공부가 행신론을 충분히 이해하지 못하고 있기 때문인지도 모른다. 독자 제위의 고찰을 기다린다.

어떤 이는 계를 파하고 죄에 울고 악에 빠질 것이다. 그러나 정토문은 선과 악, 현명함과 어리석음의 차이를 묻지 않는 가르침이 아니던가? 그렇다면 똑같이 믿느냐 믿지 않느냐를 문제시하지 않는 가르침을 세워야 하지 않을까? 아니, 믿음조차 얻을 수 없는 자를 위하여 특별히 가르침을 주어야 하지 않을까? 믿을 수 있는 자는 행복하다. 그러나 믿지 못하는 자는 어떻게 하면 좋을까? 부처님의 자비는 중생에게 어떤 자격을 요구하는가? 자격을 갖추지 못한 가장 낮은 근기의 사람들에게 그 사랑을 쏟고자 한 것 아닐까? 믿지 못하는 자를 가장 절실하게 구제의 대상으로 삼은 것은 아닐까? 믿음을 가질 능력이 있다는 것은 상근기의 사람임을 의미하는 것은 아닐까? 만약 믿음을 얻지 못하여 왕생할 수 없다면, 몇 사람이나 왕생하는 행운을 맞이할 수 있겠는가? 인간의 믿음에 의지하는 것은 아직도 자력을 인정하는 것이 아닌가? 믿음도 하나의 힘이라고 말할 수 있다. 하지만 그 힘에 의지하지 않는다고 해서 왕생을 이루지 못한다면, 믿지 못하는 자는 결코 정토에 왕생할 수 없을 것이다.

잇펜은 되도록 많은 사람들에게 불연(佛緣)을 맺어주고자, 만나는 사람마다 육자의 명호를 쓴 작은 패찰을 건넸다. 바로 유행(遊行)[20]하면서 행한 패찰 나눠주기[賦算][21]다. 기슈(紀州, 현재 와카야마현)를 유

---

20 잇펜은 일본 전역을 15년 동안 유행했다. 그 기간에는 고정된 절이나 처소를 갖지 않았다. 동가식 서가숙하였다. 혼자가 아니라 제자들은 물론 당시 사회에서 차별받던 민중들과 함께 다녔다. 그러한 모습이 사실적으로 잘 묘사된 사료가 바로 전기 『일편성회(一遍聖繪)』다.

21 "나무아미타불 결정왕생 육십만인"이라고 적은 나뭇조각이다. 잇펜 당시의 것과 차이가 있는지 알 수 없지만, 이 패찰의 모습은 뒤의 '부록: 시종의 문헌들'에서 제시한다.

행할 때 우연히 한 율승(律僧)과 마주쳤다.

"믿음을 일으켜서 명호를 외우고 이 패찰을 받아주십시오."

잇펜이 손을 내밀었다.

"일념의 신심도 없는 형편에 이것을 받는다면 망어(妄語)를 범하는 것이 되기 때문에…"

율승은 거절하며 받지 않았다. 잇펜이 다시 말하였다.

"불교를 믿는 마음을 갖고 있지 않다는 말인가요? 어째서 받아주시지 않습니까?"

율승이 대답했다.

"경문의 가르침을 의심하는 것은 아니지만, 신심이 일어나지 않는 것은 나로서도 어쩔 수 없습니다."

그때 많은 사람들이 몰려왔기 때문에, 만약 그 율승이 패찰을 받지 않는다면 다른 사람들도 주저하지 않을까 염려했다.

"신심이 없어도 받으세요."

잇펜이 패찰을 건네주었다. 다른 사람들도 이에 덩달아 모두 패찰을 받았다.[22]

그러나 이 일이 있고 나서 고민에 빠진 것은 잇펜이었다. 율승의 대답에 나름대로 일리가 있었기 때문이다. 앞으로 어떻게 하면 믿지 않는 사람들에게도 권진(勸進)[23]을 계속할 수 있을까? 잇펜은 고민하면서 구마노(熊野) 본궁의 증성전(證誠殿)에서 기도를 드리면서 가피를

---

22 『일편성회』 제3권.

23 『관무량수경』에 나오는 말이다. 염불을 권유하는 것을 염불권진이라 하고, 잇펜과 같이 저잣거리를 유행하면서 권진하는 스님을 '권진히지리(勸進聖)'라고 한다.

빌었다.[24] 그날 밤, 권현(權現)의 환영이 나타나서 '꿈속의 계시'를 내렸다. 계시는 잇펜이 "나는 이제 자력에 기대는 뜻을 완전히 버렸다"라고 할 만큼 감동적이었다.

『일편성회(一遍聖繪)』 권3에 '꿈속의 계시'가 기록되어 있다.

> 융통염불(融通念佛)[25]을 권유하는 히지리[聖][26]여, 얼마나 염불을 잘못 전하고 있는가. 그대의 권유에 의해서 비로소 모든 중생이 왕생하는 것은 아니다. 아미타불이 십겁(十劫) 이전에 정각(正覺)을 이루었을 때 일체중생의 왕생은 '나무아미타불'로 이미 결정된 것이다. 신(信)과 불신(不信)을 가리지 말며, 청정과 부정을 신경 쓰지 말고 그 팻말을 나누어주어야 할 것이다.

이러한 신탁을 받은 뒤 잇펜은 비로소 타력본원의 깊은 뜻을 깨닫게 되었다.

24　'구마노'는 와카야마(和歌山)현에 있는 산지(山地)다. 옛날부터 신도 혹은 신도와 불교의 습합된 모습(신불습합)을 볼 수 있는 종교적 성지다. 그래서 '구마노 순례'가 널리 행해지기도 했다. 현재 유네스코 세계자연유산이다. 잇펜은 '구마노 본궁 증성전'이라는 신사에서 기도를 하는 등 신불습합을 받아들였다. 구마노 본궁의 신은 사실은 아미타불인데, 일본의 중생을 제도하기 위하여 구마노 본궁의 신으로 화현(avatar, 化現, 權現)한 것으로 인식했던 것이다.

25　한 사람이 염불하면 일체중생이 다 염불하는 것이라고 말한 염불사상. 교리 체계는 천태불교에 입각하고, 실천 수행은 서방정토 왕생을 원하여 '나무아미타불'을 염불하는 것이다. 잇펜에게도 그 영향이 있었던 것 같다. 융통염불종은 현재도 존재하지만, 교세가 그리 크지 않다.

26　히지리는 이치히지리(市聖)의 준말이다. 이치히지리는 저잣거리에 내려와서 민중을 교화하는 성인이라는 말이다.

우리 힘으로 왕생이 가능한 것도 아니고, 우리가 남들을 왕생시킬 수도 없다.[27] 중생의 왕생은 이미 십겁 전에 아미타불이 정각을 이룬 그 찰나에 결정되었다. 믿음과 불신, 청정과 부정과 같은 차별로 인해 왕생이 좌우되지는 않는다. 인간의 힘으로 왕생한다면 믿음도 필요하고 청정도 갖추어야 한다. 그렇지만 왕생은 '나무아미타불' 그 자체에 있을 뿐, 인간의 힘에 의한 것이 아니다. 그러므로 인간의 선·악, 청정·부정, 지혜·우둔함, 믿음·의심 등의 어떠한 차별도 미타의 본원을 방해할 수 없다.

> 마음을 문제 삼아서는 안 된다. 이 마음이란 것은 좋을 때도 나쁠 때도 미혹[28]되어 있기 때문에 출리(出離)의 요체가 될 수는 없으니, 나무아미타불이 왕생하는 것이다.[29]

> 예토를 싫어하여 떠나고자 하고 정토를 즐거이 구하려는 뜻이 있는 사람은 자신의 신과 불신, 청정과 부정, 유죄와 무죄를 논하지 말고, 그저 이러한 불가사의한 명호를 들을 수 있음을 즐거움으로 삼아서 나무아미타불을 외워야 한다.

---

27 어떤 스승이 나타나 그의 힘으로 누군가를 왕생시킬 수 있다고 말하는 것을 '지식귀명(知識歸命, 선지식이 귀명의 대상이 된다는 뜻)'이라 하는데, 정토문에서 극력 비판해 마지않는 이단사설(異端邪說)의 하나다.

28 성도문의 불교에서는 '마음'을 본래 청정한 것으로 보지만, 정토문의 불교에서는 '마음'이 현재 미혹되어 있다고 본다. 정토문의 불교에서도 마음의 본래 청정을 말하기는 하지만, 현재 미혹된 상황에 놓여 있다는 데 더욱 주목하고 있다.

29 이 말은 구마노 권현의 가르침이다.

'신과 불신을 가리지 않는다'는 말은 정토사상의 극치에 이른 놀라운 표현이 아닌가? 왕생은 믿음에 의해서 할 수 있는 것도 아니고, 믿는 힘 때문에 왕생하는 것도 아니다. 왕생은 나무아미타불 그 자체, 명호 그 자체다. 이 명호의 섭취에 내맡기지 않고 어떻게 왕생을 얻을 수 있겠는가. 명호가 섭취하는 힘에 나를 내맡기지 않고 어떻게 왕생이 있겠는가.

> 호넨 스님: 입으로 명호를 불러라, 그대의 왕생은 약속되어 있다.
> 신란 스님: 본원을 믿어라, 그때 왕생은 결정되는 것이다.
> 잇펜 스님: 왕생은 이미 나무아미타불에 성취되어 있다. 왕생하는 사람이 어떠하냐에 좌우되지 않는다.

인간의 왕생을 말하는 한 아직 자력을 떠났다고 할 수 없다.[30] 왕생은 나무아미타불 그 자체의 힘이다. 어찌 나의 죄, 나의 어리석음, 나의 불신에 육자가 좌우되겠는가. 어찌 나의 청정, 나의 앎, 나의 믿음 같은 것으로 육자가 지켜질 수 있겠는가. 명호는 명호 그 자체여서 믿음과 불신에도 좌우되지 않는다. 죄와 무죄에도 동요되지 않는다. 염불종은 언젠가는 시종에 도달할 역사를 잉태하고 있었던 것이다.

같은 흐름을 거슬러 올라가면 『안심결정초』의 저자[31]를 만나게

---

30   왕생은 사람의 왕생이 아니라 '나무아미타불', 즉 명호의 왕생이다. 그때 이미 사람은 무아(無我)가 되고 탈락(脫落)된다. 그러므로 왕생은 무아왕생이며, 탈락왕생이다.

31   저자는 누구인지 알 수 없다. 다만 서산파에서 이루어진 것으로 짐작할 뿐이다.

된다.

> 그러므로 염불행자가 명호를 들으면 곧바로 나의 왕생은 성취된
> 다. 시방의 중생이 왕생할 수 없다면 정각을 이루지 않겠다고 맹
> 세한 법장보살에게 정각이라는 과보가 이루어졌기 때문이라고 생
> 각해야 한다.[32]

　행으로부터도, 믿음으로부터도 자기를 다 씻어 없애고 단지 육자의
명호를 부각시킬 때, 정토법문은 무상(無上)의 찬란함을 보여준다. 이
것은 일체중생이 왕생하는 광경에 다름 아니기 때문이다. 그것을 보았
기에 시종의 가르침은 가능했다.

32　대정장 83, p. 922c.

南 無 阿 彌 陀 佛

제16장

자 / 력 / 과 타 / 력

'나무아미타불' 육자 명호를 들으면 누구라도 타력종의 가르침을 떠올리게 된다. 타력종은 자력종과 어떻게 다른가? 근기가 아주 낮은 사람은 자력으로 걸어갈 힘이 없다. 뭔가 외부의 힘에 의지하지 않으면 서 있을 수조차 없다. 만약 그 타력이 절대적이라면 아무리 힘이 약한 사람이라도 편안히 서울[都][1]에 도착할 수 있을 것이다.

타력이란 이렇게 약한 사람을 위해 준비된 무한한 자비다. '악인정기'까지 설할 정도로 어떤 사람이라도, 아니 오히려 악인이야말로 대비(大悲)의 대상이라고 말한다. 쇼쿠는 "근기가 변변치 못하다고 해서 비하하지 말라. 하근기를 거두어들이는 원은 부처님에게 있다"[2]라고 말한다. 정토종이 중생에게 보내는 즐겁고 따스한 복음은 실로 이 말씀 속에 감춰져 있다.

만약 정토의 일문이 세워지지 않았다면, 세상의 모든 어리석은 자, 죄지은 자, 더럽혀진 자, 믿지 못하는 자들은 구제받지 못했을 것이다. 또한 불법이 성도의 일문에 한정되어 있다면 선택받은 소수를 위한 길로 끝날 것이다. 중생제도에 불법의 비원(悲願)이 있다면, 무슨 일이 있어도 성도문 외에 정토의 법문이 세워져야 한다. 그것은 누구라도 받아들일 수 있는 쉬운 길이어야 한다. 쉬운 길로서 염불의 한길을 제시한 것이 제18원의 뜻이다.

스스로의 힘으로 설 수 있는 사람은 자력도를 걸으면 된다. 하지만 그렇지 못한 사람은 타력도에 몸을 맡겨야 한다. 인간을 위해 이렇게 두 개의 길이 준비되어 있다는 것은 얼마나 고마운 일인가. 그러나 인

---

1   목적지. 극락.

2   『진권용심(進勸用心)』.

간이 쌓아온 업의 소치인지, 자력과 타력의 두 길로 나눔으로써 서로 간에 다툼이 일어나고, 질시가 끊임없고, 욕설이 오가고, 마침내 배척이 시작되었다. 그리하여 자신의 길만이 진실한 길이라든가, 다른 길보다 더 낫다든가, 다른 길로는 구원받을 수 없다든가 하면서 지금까지도 다툼이 끊이지 않는다. 인간은 종교[3]로 인해 얼마나 자주 피비린내 나는 싸움을 반복해왔던가.

그러나 (자력, 타력) 두 길은 같은 산을 한쪽은 오른쪽에서, 다른 한쪽은 왼쪽에서 오르는 것과 같다. 인간들의 성정(性情)과 처지에 따라서 어느 한쪽을 선택하는 것이다. 오르는 길이 다르기 때문에 보이는 광경도 다르고, 길의 좋고 나쁨도 다르다. 노정도 같을 수 없다. 오른쪽 길을 왼쪽 길이라고 할 수는 없다. 그러나 그러한 차이는 길을 한참 가고 있을 때, 즉 길 위에 있을 때의 문제다. 점차 산을 오름에 따라 시야에 들어오는 광경은 서로 가까워진다. 그렇게 해서 결국 봉우리에 이르렀을 때 두 개의 길은 없어지고 하나의 정상에 연결된다. 그때 눈앞에 펼쳐진 광경은 모두 같음을 알아차리게 된다.

자력이나 타력으로 나누는 것은 우리가 아직 길 중간에 있을 때의 일이다. 만일 시샘이나 비방하는 마음이 일어난다면, 아직 길을 다 제대로 철저하게 걷지 않은 증거라고 스스로 반성해야 하지 않을까? 아직 길 위에 있는 사람이 그 우열을 논한들 무슨 의미가 있겠는가? 우리는 그저 인연에 따라 어느 하나의 길을 선택하면 된다. 다만 유의할 점은 도중에 여행을 그만둬서는 안 된다. 도중에 정상에 오른 것으로 착각해서도 안 된다. 또한 자신의 길만 누구에게나 맞는 유일한 길이

---

3   원본은 '종파'로 되어 있다.

라고 과신해서도 안 된다. 다만 자신에게 맞는 쪽의 길을 선택하고, 그 길을 끝까지 오르는 것이 중요하다. 그리하여 길은 다를지라도 정상은 항상 하나임을 알면 된다. 그럴 때 헛된 다툼이 사라질 것이다. 그렇게 나아가면 이 세계에 서로 다른 두 개의 길이 주어진 섭리에 감사하게 될 것이다. 그럴 때야말로 서로가 서로를 존중하는 마음으로 융화될 수 있다.

　정토문은 성도문이 아니라고 하지만, 특별히 성도문에 반하는 것도, 모순되는 것도 아니다. 끝까지 가면 같은 정상에서 만나게 된다. 다만 앞에서도 말했듯이, 코스의 차이가 있을 뿐이다. 서울까지 가는 데는 직접 두 발로 걸어갈 수도 있고, 바람의 도움을 받아 배를 타고 갈 수도 있다. 이른바 전자를 자력의 길, 후자를 타력의 길이라 부르는 것뿐이다. 힘 있는 사람은 육로(陸路)를, 힘없는 사람은 수로(水路)를 선택하면 된다.[4] 단지 그 정도의 차이일 뿐이다. 자력은 타력이 아니고, 타력은 자력이 아니라고 말하는 것은, 아직 길을 걷고 있는 사람의 말에 지나지 않는다. 원래 불법(佛法)은 불이(不二)의 가르침을 설하는 것이 아니던가? 그렇다면 자(自)가 곧 타(他)이고, 자타가 아직 생겨나지 않은 경지를 설하는 것으로 보아야 할 것이다. 서울은 '불이의 서울'이라 말해야 한다. 그러므로 대립과 다툼 사이에 있는 자신의 어둠과 과오를 반성하고, 그것을 부끄러워하는 게 더 낫지 않을까? 잇펜 스님은 말씀하셨다.

　자력과 타력을 구분하는 것은

4　용수의 『십주비바사론』 이행품에 나오는 비유다.

정토문에 처음 들어온 사람들이 하는 말이다.
자력과 타력을 구별하지 말고
다만 오직 염불해야 할 것이다.

자력과 타력의 구분을 떠나고,
주체와 대상의 대립을 떠난 것이
곧 나무아미타불이다.

타력의 길에서 설하는 명호는 '불이의 명호'여야 한다. 그 명호를 자신이 머물 집으로 삼는 자가 자력과 타력의 대립 속에 스스로를 속박하는 것은 어리석지 않은가. 자력의 길을 걸었던 반케이(盤珪) 선사의 법어에 이런 말이 있다.

나의 종문은 자력에도 내맡기지 않고,
타력에도 내맡기지 않는다.
자력과 타력을 넘어선 것이 나의 종문이다.

상대적인 대립에 떨어지지 않은 자[不生]⁵는
누구라도 자력이나 타력에 속하지 않는다.

진정한 자력 행자는 모름지기 이렇게 생각해야 한다. 선문의 『신심

---

5 반케이의 선을 불생선(不生禪)이라 일컫는데, 이때 '불생'의 의미는 상대적인 대립에 떨어지지 않는 것을 말한다.

명』에서도 분명하게 "두 가지 견해에 머물지 말라[二見不住]"고 경계하고 있다. 타력에 대립하는 자력은 대립적인 견해에 떨어진 자력에 지나지 않는다. 자력은 그 자체가 되어야지, 타력에 대립하는 데 그쳐서는 안 된다. 타력과 대립하지 않는 자력이야말로 자력과 대립하지 않는 타력과 통할 수 있다.

지금까지 정토법문이 호넨에서 신란, 신란에서 잇펜으로 진전해가는 족적을 살펴보았다. 세 분 스님의 차이에 초점을 두고 보기보다 뿌리에서 줄기, 줄기에서 가지, 이윽고 잎·꽃·열매에 이르는 일련의 과정을 보고자 했다. 그리하여 타력 사상이 잇펜에 의해 마침내 꽃피고 열매를 맺게 되었음을 말했다. 그렇지만 타력의 한길에 투철했다는 것은 결국 자력의 한길에서 타력과 자력이 만나는 것을 의미한다. 타력의 길을 끝까지 감으로써 자력의 길과 서로 만나는 모습을 잇펜에게서 확인했다. 스님이 남긴 말씀을 읽으면, 종종 선승의 게송을 읽는 듯한 생각조차 든다.

> 육자 명호 속에는
> 본래 삶과 죽음이 없으니,
> 한번 외우는 소리에
> 곧 무생을 깨치리라.[7]
> _「육자무생송(六字無生頌)」

---

6 선종의 3조 승찬이 말한 '대립적인 견해'는 반드시 자력과 타력의 대립만을 말하는 것은 아니다. 다만, 저자는 승찬의 말(『심신명』)을 인용하여 자력과 타력의 대립을 넘어서야 함을 주장할 뿐이다.

7 『일편성회』제3권.

여래에게는 만 가지 공덕이 있고

중생에게는 망상들이 있다지만,

본래 한 물건도 없는데

지금 무엇을 가지리오.

　　_「본무일물송(本無一物頌)」

심지(心地)⁸를 밟지 아니하고 영대(靈臺)에 오르며,

수행을 의지하지 않고서 깨달음을 연다.⁹

　　_「일칭만행송(一稱萬行頌)」

생사는 아집의 미혹된 정념이고

보리는 정념을 떠난 한마음이니,

생사가 본래 없다면

수행도 본래 없다.¹⁰

　　_『편지(消息)』

　더구나 이 문구들은 철저한 타력을 나타내고 있다는 점에서 중요한 의미가 있다. 이와 더불어 잊어서는 안 될 것이, 잇펜 스님과 홋토(法燈) 국사 사이의 문답이다.

8　여기서는 수행의 단계를 가리키는 것으로 보인다.

9　원문 '工夫'을 수행이라 옮겼다. 이 두 구절은 「일칭만행송」의 셋째와 넷째 구절이다. 첫째와 둘째 구절은 다음과 같다. "큰 서원이 있으니 한 번만 부르더라도 온갖 수행이 다 갖추어지고[弘願一稱萬行致], 아미타 세 글자는 모든 공덕의 원천이라네[果號三字衆德源]."

　10　신엔(眞緣)에게 보낸 편지에 나오는 말이다.

어느 날 길을 가다가 우연히 두 분이 만났다. 국사는 스님에게 '망념이 일어나는 즉시 알아차려라[念起卽覺]'라는 글에 대해서 질문을 던졌다. 이 말은 '일체의 선과 악을 모두 헤아리지 말고, 망념이 일어나는 즉시 알아차려라. 이것을 알아차리면 즉시 사라질 것이다'라는 의미다. 즉 '망념이 일어나면 병이고, 지속되지 않으면 약이다'라는 뜻이다. 스님은 이 질문을 받자마자 한 수의 와카(和歌)를 읊으셨다.

명호 부를 때
부처님도 나도 다
없어지리라
나무아미타불만
그 소리만 남으리

홋토 국사는 이 와카를 듣고 '아직 철저하지 못하다'고 말한다. 아직 깨달음에 철저하지 못한 부분이 있다고 비판한 것이다. 잇펜은 곧바로 다시 한 수를 읊으셨다.

명호 부를 때
부처님도 나도 다
없어지리라
나무아미타불만
나무아미타불만

이 노래를 듣자마자 국사는 곧바로 선가(禪家)의 깨달음에 이르렀다며 스님을 인가(印可)했다고 한다. 두 와카는 마지막 구절만 약간 차이가 있을 뿐 대동소이하다. '그 소리만 남으리'라는 말에는 여전히 소리에 집착한 흔적이 있지만, '나무아미타불만/ 나무아미타불만'이라는 노래에는 다라니[11]처럼 그 의미조차 남지 않는다. '일체의 선과 악을 모두 헤아리지 말라'는 의미를 오직 하나인 명호 자체에 맡겼다. 거기에 선의 궁극이 있고, 또 청명의 핵심이 있다고 할 수 있겠다. 선가인 홋토와 정가(淨家)인 잇펜 사이에 어떤 차이가 있는가? 국사는 스님에게 선가의 깨달음에 이르렀다고 인가했고, 스님은 국사에게 명호의 참모습을 전한 것이다. 이미 그 경지에는 둘로 나누어야 할 자력이나 타력이 따로 없다. 도를 철저히 함으로써만 맛볼 수 있는 법의 경지라 할 수 있다.

신란이나 쇼쿠, 료츄, 그리고 잇펜 등 많은 조사 스님들이 정토의 법문을 열던 때, 같은 시대를 살면서 자력의 길을 새롭게 살려냈던 이가 있었으니, 바로 도겐 선사다. 그는 말법사상을 받아들이지 않고, 자력의 수행으로 좌선에 힘썼고, 혼탁한 세상에 맞서서 청규를 지켜내고, 에이헤이지(永平寺)에 운둔하며 엄격한 법등(法燈)을 내걸었다. 특히 육식을 하며 결혼까지 했던 신란과는 법에서도, 일상의 생활에서도 상반된 행보를 보였다. 그런데 자력의 한길을 투철히 한 도겐 선사에게 다음의 구절이 보이는 것을 어떻게 이해해야 할까? 『정법안장』의 「생사(生死)」에서 다음과 같이 말한다.

이러한 생사는 곧 부처의 생명이다. 생사를 싫어해서 버린다면 곧

11   여기서 야나기는 다라니 역시 의미 없는 것으로 파악하고 있음을 알 수 있다.

부처의 생명을 잃어버리게 된다. 부처님 본연의 모습조차 없어지게 된다. 생사에 머물러서 생사에 집착하면 이 역시 부처의 생명을 잃어버리고 부처의 모습에 집착하는 것이리라. 싫어하는 것도 없고 사모하는 것도 없는 이러한 때가 되어서야 비로소 부처의 마음속에 있게 되리라. 다만 마음으로 헤아리려 들지 말고, 말로써 드러내려고도 하지 말라. 다만 내 몸도 마음도 놓아서 잊어버리고 부처의 집으로 뛰어 들어가 부처의 입장이 되어 행할 때, 거기에 따라갈 때 힘도 들이지 않고 마음도 쓰지 않으며 생사를 떠나서 부처가 된다. 누가 감히 마음에 집착하겠는가.[12]

글쓴이를 모른 채 이 글을 읽으면 누구든지 정가(淨家)의 글이라고 생각할 것이다. 부처님의 힘에 일체를 던져버리고 부처님의 원에 편승해서 생사의 바다를 건너 불국토에 태어나기를 바라는 것은 바로 타력의 가르침이 아니던가. 자력 수행을 철저히 함으로써 도겐은 이러한 경지를 얻었다. 요컨대 산봉우리에 도달하면 자력과 타력의 대립이 사라져버린다는 것을 여기서도 볼 수 있다. 여하튼 자타가 서로 대립하는 것은 아직 어느 한쪽 길에도 투철하지 못함을 고백하는 것이리라. 선어록에 다음과 같은 문답이 있다.

대수법진(大隋法眞) 선사가 한 스님에게 물었다.
"어디로 가는가?"

---

12 『정법안장』 「생사(生死)」권의 전문 번역은 김호성, 「정법안장 생사: 옮김과 풀이」(『일본불교사공부방』 제15호) 참조.

답하기를, "서산에 있는 암자에 갑니다."

선사가 묻기를, "내가 동산을 향하여 그대를 부르면, 그대는 즉시 올 수 있겠는가?"

스님이 답하기를, "올 수 없습니다."

선사가 말하기를, "그대가 머물 암자는 아직 없겠구나."

어느 스님이 절을 떠나려고 할 때, 화상이 물었던 말이 "어디로 가는가?"였다. 본래 장소 같은 것을 물었던 것은 아닐 터이다. 어디를 향해 갈 것인가라는 인생의 본질적 문제에 대한 물음이었을 것이다. 그런데 이 젊은 스님은 "서산에 있는 암자로 간다"고 대답한다. 선사는 바로 되묻는다. "동산을 향하여 그대를 부르면 올 수 있겠는가?" 서쪽이라 하는 것이 동쪽에 상대하는 서쪽인가? 그러한 상대적인 서쪽을 향해 가서 어찌하겠느냐고 따져 물은 것이다. 스님은 그 참뜻을 알지 못하고, 동산으로는 "올 수 없다"고 대답하고 만다. 그때 선사는 "그렇다면 그대가 머물 곳은 아직 확정되지 않았다"[13]라고 단언한다. 요컨대 동쪽이 아닌 서쪽이라는 (식의) 상대적 분별이 남아 있는 상태로는 어디에도 그대가 안주할 곳이 없다는 가르침이다. 마음이 머무는 암자는 반드시 동서가 둘이 아닌 그런 곳이어야 한다. 단순히 동쪽에 대한 서쪽이라면 무슨 가치가 있겠는가.

이 문답은 시사하는 바가 크다. 자력이냐 타력이냐의 문제도 그것이 문제로서 남아 있는 한, 어느 쪽도 상대적이라는 의미를 벗어나지 못한다. 그 상대성에 빠질 때 서로 등을 돌리고 멀어지게 된다. 사람

---

13 머물 자격이 없다는 질책이다.

마다 본성에 맞추어, 경계에 따라, 어느 길이든 선택하면 된다. 문제는, 자신이 선택한 그 길에 전념할 것인가 여부다. 어느 길이든 철저하면 자력과 타력의 구별이 사라질 것이다. 자력은 자력이면서 자력이 아니게 되고, 타력은 타력 그대로 타력이 아니게 된다. 도겐 선사의 말씀[14]은 바로 그 뜻이다. 잇펜 스님도 이 경지에 도달했기 때문에 타력의 대덕(大德)으로서, 성인(聖人)으로서 일본 정토문에서 궁극의 중요한 위치를 차지하고 있는 것이다.

무난(無難) 선사에게 다음과 같은 노래가 있다. 분명히 잇펜이 홋토 국사에게 주었던 와카를 뒤집어서 노래한 것이다.

칭명한다면
나도 부처도 모두
없어지리니
그야말로 그렇지!
나무아미타아불[15]

이 시에서 선적인 맛을 느낄 수 있지만, 참뜻은 명호의 심오함을 나타낸다. 따라서 자타의 어느 길을 가더라도 끝까지 가면 동일한 진리에 들어간다는 것이 내가 말하고 싶은 점이다. 여기서 그 절묘한 짜임새를 느끼지 않을 수 없다. 자즉타(自卽他), 자타불이(自他不二), 이것

---

14 앞에서 인용한 『정법안장』 「생사(生死)」권의 말씀.

15 와카의 음수율은 5·7·5·7·7이 되어야 한다. 6자인 '나무아미타불'을 7자에 맞추기 위하여, 실제로 외울 때 '타'를 좀 길게 뽑는 것으로 하여 '타아'라고 옮긴 것이다.

이 불법의 핵심이 아닌가. 둘로 나눔은 하나로 만나기 위해서가 아닐까. 이것을 알지 못하고 공연히 서로 자리를 다투는 것은, 인간 번뇌의 소치라 하겠다. 스스로 깊이 돌아보는 것이 좋겠다.

자신이 믿는 종파를 절대적인 것으로 생각하는 것은 자연스러운 일이다. 그 정도의 진지함은 있어야 한다. 그러나 그것은 동시에 다른 사람에게도 마찬가지로 각자의 종파가 절대적임을 의미한다. 그러므로 자신의 도를 굳게 지키는 것은 옳은 일이지만, 그로써 타인의 도를 부정한다면 잘못에 빠지는 일이다. 자기 종파의 선양에 이기심이 수반되어서는 안 된다. 독선이 개입되어서도 안 된다. 인간은 자신의 한길을 철저히 함으로써 그 깊이가 더욱 깊어진다. 그렇지만 다른 사람의 길을 비방하면 자신은 천박해진다. 아니, 한심스럽고 미련해진다. 종교는 마음에 걸림이 없게 하는 한길[16]이 아니던가? 종파로 인하여 오히려 마음의 자유가 흐트러져서는 안 된다.

장안(長安)[17]으로 향하는 길은 결코 하나가 아니다. 하나여서는 곤란하다. 그렇다고 목표로 하는 장안이 결코 둘인 것은 아니다. 둘이라면 장안일 수 없다. 둘이 아닌 장안으로 통하는 길이라면 어느 것을 선택해도 좋다. 다만 정토문은 죄가 있는 왜소한 인간을 향해서, '타력의 길을 택하라'고 가르치고 있을 뿐이다. 그것이 가장 안전하고 쉽게 둘이 아닌 장안으로 그들을 인도해주기 때문이다. 다만 역량이 있는

---

16 『탄이초』 제7장에서는 "염불은 걸림 없는 한길이다"라고 하였다.

17 당나라 수도. 앞에서는 '서울[都]'로 썼는데, 마찬가지 말이다. 목표, 극락을 상징하는 말로 쓰였다. 야나기가 익숙했을 선서(禪書)에서는 깨달음을 얻는 것을 '장안으로 통한다'는 식으로 표현하고 있다. 그런 영향이 있는 것으로 생각된다.

사람이라면 믿는 그대로 자력의 한길을 가는 것도 좋을 것이다. (도중에 포기하지 않고) 길을 끝까지 간다면, 그 역시 둘이 아닌 장안에 다다를 수 있기 때문이다. 단, 난행(難行)을 각오해야 할 것이다. 그렇기 때문에 범부에게는 적합한 길이 아니다. 그러나 장안에 도착하면 자력의 길이든 타력의 길이든 무슨 차이가 있겠는가.

예전에 묘코닌 쇼마(庄松)의 『장송언행록』을 읽은 적이 있다. 그를 타력문의 선사로 생각하는 사람이 비단 나 혼자만은 아닐 것이다. 중국에서 선이 염불과 잘 어우러졌던 역사[18]를 상기해야 할 것이다.

> 남들은 모두 타력 타력이라며 기뻐하지만,
> 나는 아미타부처님의 자력이 고맙다네.[19]
> _『장송언행록』

---

18 그와 마찬가지로 쇼마의 경우는 타력 염불문의 묘코닌이면서도 자력의 선사를 느끼게 하는 면이 있다는 것이다.

19 아미타부처님은 세자재왕여래에게 쉰두 가지 서원을 세운 뒤, 5겁이나 되는 긴 세월 동안 자력으로 불국토를 건설하는 일에 매진하였다. 그 결과 성불한 것이다. 성불한 뒤의 타력 구제 이전에 스스로 자력 수행이 있었던 것이다. 그러나 그것이 얼마나 난행이었겠는가. 아미타불 이후에는 아미타불에 의지하는 타력으로 왕생성불이 가능하게 되었으니, 어찌 '아미타부처님의 자력이 고맙다네'라고 감사하지 않을 수 있겠는가.

제17장

승·비승·스테히지리

호넨과 신란, 그리고 잇펜, 이 세 분 스님의 일생을 보면 세 분 사이에 흥미로운 차이가 있음 알 수 있다. 미타에 귀의한 일생이라는 점에서는 모두 같지만, 그들이 걸었던 삶의 길에는 크게 다른 점이 있다. 저마다 깊은 의미가 있는 삶이었다. 인간이 걸어야 할 세 가지 길을 보여준다고 할 수 있다.

호넨은 염불의 한 종파를 세워 중생제도의 큰길을 열었다. 그의 바람은 무엇보다도 재가신자들에게 불법을 널리 펴고자 하는 데 있었다. 세간의 계급을 묻지 않고 위로는 황제와 귀족에서부터 무사나 상인, 아래로는 어부와 유녀에 이르기까지 염불의 한길로 맞아들였다. 그러나 그 자신은 출가자의 몸으로 평생토록 계율을 깨뜨리지 않았다. 그는 수많은 승려를 길러냈는데, 그중에서 세이카쿠 법인(法印)처럼 결혼한 사람도 있지만, 쇼코, 쇼쿠, 류칸 같은 많은 뛰어난 제자들은 모두 계율을 잘 지키며 승려로서 청정한 일생을 마쳤다. 당시 호넨만큼 문하에 많은 고승을 배출한 승려는 없었다. 그렇게 그는 그들의 스승으로서 지계의 일생을 보냈음은 두말할 나위 없다.

호넨은 특히 번뇌에 미혹한 범부를 위해서 염불의 법문을 세웠던 만큼, 문도들 가운데 거사들도 많았다. 특별히 출가자만이 미타의 은혜를 입는다고 말하지 않았다. 그는 출가의 생활을 감당할 수 없는 사람을 위해서 법을 참으로 따스하게 설했다. 그러나 자신은 계를 파하는 일이 없었고, 그렇게라도 해서 수많은 범부들의 업이 조금이라도 소멸될 수 있기를 바랐다. 아마 스님으로서 올바른 생활을 하는 것이 그에게 있어서 무엇보다 지당한 일이었을 것이다.

법을 구하는 일에 간절했고, 법을 널리 펼치는 일에 몸을 바친 승려였던 호넨에게 그 밖의 다른 어떤 생활이 있을 수 있었겠는가? 그

뿐만 아니라 정토의 흐름이 번성함에 따라, 가르침을 오인하여 외람된 행동을 부끄러워하지 않는 사람들이 늘어날수록, 오히려 호넨은 스스로 계율을 더욱더 굳게 지키려고 노력했다. 남도와 북령의 무리로부터 비방을 받았을 때,「칠개조기청문(七箇條起請文)」을 지어서 자신의 의지를 전했는데, 그 네 번째 조항에서 이렇게 타이르고 있다.

염불문에 들어온 사람은 계행이 없어도 된다고 말하며,
오로지 음주와 육식을 권장하며,
잠깐이라도 율의를 지키면 잡행인(雜行人)이라 일컫고,
미타의 본원에 의지하는 자는 악을 짓기를
두려워하지 말라는 것을 중지할 것.[1]

이를 통해서 알 수 있는 것은, 호넨이 미타의 법력은 (계행을 지키지 못하는) 재가신자라도 섭수해주신다고 설하였을 때, 그것을 잘못 생각하여 악을 부끄러워하지 않는 무리가 있었음을 알 수 있다. 그런 풍조를 잘 알고 있었기에 스스로는 더욱더 승려로서 계율을 굳건히 했으리라. "나는 이 에보시[2]조차 쓸 수 없는 남자다. 십악을 지은 호넨, 어리석은 호넨이 염불해서 왕생하고자 한다"라고 서술하면서 스스로 겸허하게 깊이 참회했다. 인간으로서 들끓는 번뇌를 지니고 있었음에도, 승려로서 지켜야 할 계를 어지럽힌다면 부처님의 은혜를 등지는

---

1   "미타의 본원에 의지하는 자는 악을 짓기를 두려워 말라"는 관점을 '본원 과신'이라 말한다. 그것은 악인정기설을 오해하거나 오용하는 것에 다름 아니다. 호넨도 신란도 모두 그러한 관점이 잘못임을 지적하였다.

2   옛날 성인례를 치른 무사가 머리에 쓰던 두건의 일종.

일임을 깊이 성찰했다. 호넨 스스로는 염불과 승려다움 사이의 끊을 수 없는 연결고리를 보았을 것이다.

호넨은 결코 재가자에게까지 바라지는 않았지만, 도리어 그 때문에 승려로서 자신의 사명을 더욱 강하게 느꼈을 것이다. 법을 설하는 일은 승려의 사명이기 때문에, 그 사명을 완수하기 위해서 승려로서 걸어야 할 길을 잘 지키는 일에 의미를 두었다. 그는 동시대를 살았던 묘에나 게다츠처럼 엄격한 계율로 정진하는 데 의의를 두는 율승은 아니었다. 그러나 온화한 승려로서 청정한 일생을 어지럽히지 않았다. 이것이 새로운 한 종파를 일으키는 데 얼마나 큰 신뢰를 얻는 일이었는지 모른다. 그는 정히 사람들의 사표였다.

또한 이것이 스님 주변에 훌륭한 제자들이 많이 모인 이유였을 것이다. 그는 재가자들에게는 관대하고 자신에게는 엄격하게 처신했음이 틀림없다. 어디까지나 그가 승려의 일생을 살았음을 우리는 공경하는 마음으로 바라보아야 할 것이다. 그는 한 점의 결점도 없는 인격자로서 많은 사람의 공경을 받았다. 오늘날 남아 있는 호넨의 초상화를 보면 온화하면서 바른 그의 성격이 잘 드러난다. 한 종파를 개척함에 있어서 그와 같은 온화한 성격이 얼마나 많은 도움이 되었는지는 알 수 없다. 당시 염불의 한길은 지극히 참신한 운동이었기에 당연히 비난도 그만큼 쇄도했을 것이다. 결국 유배를 가게 됐지만 개인적으로 그를 비난하는 사람은 없었다. 묘에처럼 정토사상을 불법(佛法)의 적으로 생각한 사람조차도 호넨의 사람됨을 비난하지는 않았다. 새로운 종파를 짊어지고 일으켜 세운 호넨이지만 평생토록 승려의 모습을 지킨 것은 참으로 고마운 일이다.

그러면 신란의 일생은 어떠했을까? 처음에는 물론 승려의 몸으로 시작했다. 그러나 그가 북령[3]을 하산했을 때 그 생활을 끝냈다고 봐야 하지 않을까? 유배 가기 전에 이미 결혼한 몸이었다는 것은 역사적 사실이다. 이 사실이 그에게 수많은 고뇌를 가져다주었을 것이다. 불교 승려의 신분과 인간 사이에서 수많은 갈등을 겪었을 것이다. 호넨의 문을 두드린 것은, 범부도 성불할 수 있는 길을 듣기 위함은 아니었을까? 그처럼 애욕이 강한 사람이 어떻게 구원받을 수 있었을까? 이는 무엇보다 시급한 문제가 아니었을까? 온화한 호넨이 어떻게 유배[4]를 가게 되었던가. 어쩌면 타력 본래의 뜻을 잘못 이해해서 망령되이 죄를 범하고도 반성하지 않는 신자들이 늘어났기 때문이었을 것이다.

사람들의 반감은 여범(女犯)[5]에 쏠렸음에 틀림없다. 죠겐(承元) 2년(1208) 신란 35세 무렵, 죄인 가운데 한 사람으로 들어가게 된 것도 그가 승려 신분으로 가정을 가졌기[6] 때문이라는 것이 이유 중 하나였을 것이다. 생각건대, 신란 자신도 이러한 문제에 절절히 고뇌했을 것이다. 요컨대 '승려가 아닌' 자신을 성찰했을 것이다. 그럼에도 불구하고 거리낌 없이 부처님을 구하는 마음에서 '속인이 아닌' 자신을 보았을 것이다. 자칭 '구토쿠(愚禿)'라고 하고 스스로 '비승비속(非僧非俗)'을 자칭함으로써 그 뜻을 잘 드러냈다고 하겠다. 유배 생활은 신란

---

3   천태종 총본산 히에이잔(比叡山).

4   호넨을 비롯해 8인이 귀양 가고, 호넨의 제자 4인이 사형에 처해진 사건을 말한다. 이를 '죠겐(承元)의 법난', 또는 '겐에(建永)의 법난'이라 한다.

5   독신의 계율을 깨뜨리고 여자를 범하는 일. 이 말은 근래는 가능하면 피하고자 하는 분위기가 있지만, 딱히 마땅한 번역어를 찾을 수 없어서 그냥 썼다.

6   우메하라 다케시(梅原猛)는 단순히 결혼했다는 사실 그 자체보다는, 그것을 공개적으로 공공연하게 밝혔다는 점을 그 이유로 지목한다. 당시 처벌받은 사람들이 안심파 위주였다는 학설도 근래 제기되었다.

으로 하여금 죄에 대한 자각을 더욱 깊이 각성시켰던 것으로 보인다. 『정상말화찬(正像末和讚)』에는, "시비(是非)도 모르고 정사(正邪)도 모르는 이 몸이네"라고 기록했다. 「우독의 비탄과 술회[愚禿悲嘆述懷]」에는 그 심정을 다시 강조하여 말하기를, "정토의 진실한 가르침에 귀의했으나 진실한 마음을 가지기 어렵고, 허황되고 거짓되어 진실되지 않은 이 몸에 청정한 마음은 더욱더 없네"라고 하였다. 참으로 간절한 술회가 아닐 수 없다. "그래서 이미 승려도 아니고 속인도 아니기 때문에 우독(愚禿)을 성(姓)으로 삼는다"고 하였다. 이는 '어리석은 까까머리 중'이라는 뜻이다. 자신을 향한 끝없는 반성과 고뇌의 토로였다. 그로부터 50년간 그는 '우독'이라는 말의 뜻대로 살았다. 유배지에서 다시 아내를 맞았는데, 그로 인하여 많은 자식을 둔 아버지로서 평생을 고뇌 속에 살았다.

이것을 그의 약한 의지 탓으로만 돌릴 수 있을까? 그렇게 말할 수도 있겠으나, 그것이 그의 종교적 경험을 한층 깊게 했음을 간과해서는 안 될 것이다. 그 덕분에 미타의 법은(法恩)이 광대함을 몸소 겪게 되었다는 것도 의심의 여지가 없다. 자신처럼 쓸모없는 인간이야말로 미타가 정각을 이룬 목적임을 생각할 수 있었다는 점에 큰 의의가 있다. 그는 단순한 죄인이 아니라 위없는 죄인이고, 게다가 죄인은 자신뿐임을 성찰했다.

그렇기에 신란은 같은 죄로 울고 있는 많은 사람들의 친구가 되고자 했다. 그는 재가신도의 한 사람으로 살아가는 것에 새로운 의미를 느꼈다. 그런 의미에서 후대에 진종에서 절과 스님이 갖추어진 것은 오히려 이상한 일이다. 절을 가진 승려로서 아내를 맞아들인 것은 신란의 길이 아니었다. 비승비속과 승이속(僧而俗)은 서로 다르기 때문이다. 그러니까 종조의 길을 밟는 한, 진종이 사원을 지니는 것은 본질적으로 모순이다. 다만 도량[7]이면 좋고, 그 도량의 주재자는 재가자로도 좋을 뿐이다. 여기에 바로 진종의 진면목이 있다. 지금의 법주(法主)[8]처럼, 진종의 승려처럼, 절을 가지고 승려라는 신분으로 아내를 두는 것은 신란[9]의 의지와는 상반되는 것이다. 실로 비승비속이야말로 새로운 한 종파의 골수(骨髓)라 하겠다. 그러나 이것은 죄에 대한 진실한 반성을 동반하지 않으면 안 된다. 그렇게 할 때만이 재가자의 벗이 되는 종파라 할 수 있다. 모든 재가자는, 그 인연이 승려가 될수는 없지만 법을 구하는 사람이다. 이에 호응하는 것이 비승비속의 가르침이 아닐까. 신란에게 정토종[10]은 재가자 속으로 훨씬 더 들어간 불교였기에 재가자의 한 사람으로 살아감에 진종의 출발이 있고, 그

---

7   우리나라에서 '도량(道場)'은 '사원'과 동의어로 쓰이지만, 정토진종에서는 '사원'과 조금 다른 개념이다. 미처 사원이 제대로 건립되지 못한 진종의 초기 역사에서는 재가신자들 가운데 가장 넓은 집으로 신도들이 모여 설법을 듣는 경우가 있었다. 그 집을 '도량'이라고 불렀다. 이 '도량'들 중에서 후에 '사원'으로 발달한 경우가 있다. 현존하는 진종 사원 가운데 애당초 '도량'이었던 곳은 그 흔적을 간직하고 있기도 하다. 진종 안에서 사원을 갖추는 것을 비판하면서, "도량이면 좋다(=충분하다)"고 한 야나기의 언급은 이러한 배경 위에서 이해해야 할 것이다.

8   정토진종의 최고 지도자. 문주(門主)라고도 한다. 우리로 말하면, 종정(宗正)에 해당된다.

9   이러한 논리에 따른다면, 신란을 '신란 스님'으로 부르는 것도 잘못일지 모른다. 그러나 비승비속인 줄 알지만, 그래도 '신란'이라 불리는 데 신란의 운명이 있는 것이 아닌가 싶다. 스님이면서 비승비속이라는 존재가 신란이 아닐까. 물론 이러한 관점에는, 한국불교를 통해 가지게 된 선입견이 묻어 있는지도 모르겠다.

10 호넨의 정토종을 가리키는 것이 아니라 넓은 의미에서의 정토문, 정토불교를 가리킨다.

의미가 있었다. 그러므로 진종은 사원과 승려에 의한 종파여서는 안 된다. 만일 이 두 가지를 갖고자 한다면 스님은 반드시 계를 지켜야 하고, 절은 모름지기 세습제[11]를 깨뜨리는 것이 좋다. 그렇지 않으면 불법의 권위를 유지하기 어렵다. 오늘날 진종의 쇠퇴는 비승비속의 절실한 체험에 뿌리내리지 못한 데 그 원인이 있을 것이다. 지금처럼 승(僧)이면서 속(俗)인 것은, 이와 같은 체험을 결여[12]한 탓 아닐까?

원래 정토종은 범부를 위한 종파이며, 범부성불이 그 가르침이다. 그것은 범부인 몸에 대하여 솔직히 인정하지 않으면 안 되며, '출리(出離)의 인연이 없음'을 돌이켜보면 볼수록 타력의 은혜를 알 수 있다. 신란이 속세로 내려와서 스스로 범부로서 고뇌하는 가운데 광명을 본 것이야말로 중생을 구제하는 힘이 되었다. 그는 어디까지나 중생의 스승이 아니라 반려자로 서고자 했다. 그래서 '한 사람의 제자도 두지 않고'[13], 다만 동붕(同朋)만을 가졌던 것이다. 스스로도 고뇌하는 중생의 한 사람으로 살았다. 여기에 신란의 뚜렷한 입장이 드러나 있다. 그는 평생 동안 사원을 머무는 집으로 삼지 않았다. 만년에도 암자를 세우고 혼자 머문 것이 아니라, 다만 더부살이[14]에 몸을 맡겼을 뿐이

---

11 현재 정토진종을 비롯해 거의 모든 일본불교의 스님들은 결혼을 하는 입장이므로 자식을 두기도 한다. 그 자식 중 아들이나 사위가 스님이 되어서 대를 이어서 절을 계승한다. 이를 세습제라고 한 것이다. 만약 사위가 계승하게 되면, 그 사위는 처가의 성으로 성씨를 바꾼다. 이것이 일본식 양자(養子)제도다.

12 외형적인 세습은 이루어졌지만, 신란 자신이 겪었던 비승비속의 고뇌와 선택을 지금의 정토진종 문도들이 갖고 있지 못함을 비판하는 맥락이다.

13 『탄이초』 제6장에 나오는 명언이다.

14 그만큼 불우했다고 볼 수 있다.

다. 그는 카코(賀古)의 사미(沙彌)[15] 교신(教信)을 사모하였다고 말하는데, 그것은 재가자로 있으면서 끊임없이 부처님 명호를 외던 교신의 일생에서 모범으로 삼아야 할 것을 발견했기 때문이다. 『개사초(改邪抄)』 3권에 따르면, "평소 늘 말씀하시기를, 나는 이 카코의 교신 사미를 본받으리라"라고 하였으며, "나는 승도 아니고 속도 아닌 모습으로 교신 사미처럼 될 터이다"라고 말했다.

마찬가지로 교신을 사모하여 그의 고향 이나미노(印南野, 지금의 효고현 남부) 부근에서 임종하기를 바랐던 잇펜은 어떤 일생을 보냈던가? 그 역시 승려 신분으로 출발한 것은 호넨이나 신란과 똑같았다.[16] 그러나 깨달음에 도달하기까지 많은 우여곡절이 있었다. 잇펜의 일생을 서술한 『육조연기(六條緣起)』에 '혹은 속진(俗塵)에 뒤섞여 은혜와 사랑을 되새기며' 등이 적혀 있는 것은, 이러한 정황을 전하는 것이다. 그러나 그는 37세 때 구마노의 증성전(證誠殿)을 참배하고 영감을 받아 잇펜으로 이름을 바꾸게 된다. 마침내 중생에게 염불을 권면하기 위해 끝없는 편력의 여정에 나서면서 그의 생활은 완전히 바뀌게 된다. 잇펜의 발자취는 일본 전역[17]에 미쳤다. 길이라 해도 말이 길이지,

---

15 일반적으로 비구가 되기 전의 견습승려를 사미라 말하는데, 일본불교에서는 특이하게도 처를 두고서 수행하는 비승비속의 수행자들을 '사미'라고 부르기도 했다.

16 호넨이나 신란은 모두 천태종으로 출가하여 관승(官僧)이 되었다가 그 관승의 교단으로부터 하산(下山)함으로써 둔세승이 되었다. 잇펜의 경우는 그와 달리 그렇게 관승이 되었다가 둔세승이 된 것이 아니라, 바로 둔세승으로 출발했다. 승려로서 출발한 것은 같지만, 그 승려가 어떤 승려였는지 하는 점에서는 차이가 있었다. 호넨의 정토종 독립이 둔세승 교단의 창조였기에 잇펜 시대에 이르러서는 바로 둔세승이 되는 것이 가능했던 것이다.

17 현재의 전역은 아니다. 홋카이도는 빠진다. 동북지방으로는 에사시(江刺, 이

제대로 정돈되지 않았던 가마쿠라 시대에 어떻게 이런 엄청난 여정을 이어갈 수 있었을까?

잇펜은 한 절에 오래 머물지 않았기 때문에 (보통 스님들이 보여주는 것과 같은) 스님의 생활을 했던 것은 아니다. 그렇다고 해서 속세로 내려와 집을 가졌던 것도 아니다. 실로 모든 머물 곳을 버리고 온 우주에 암자 하나 없는[三界無庵] 몸으로 죽을 때까지 그 오랜 편력의 여정을 계속했다. 이와 같이 세속을 버린 사람을 일컬어 사람들은 '스테히지리(捨聖)'라고 불렀다. 요컨대 집을 버리고 절에도 머무르지 않는, 이곳에서 저곳으로 떠돌면서 편력하는 자를 말한다. 잇펜은 '잇펜 히지리'로서 일생을 보냈다. 이러한 편력을 유행(遊行)[18]이라고도 불렀다. 치신(智眞) 잇펜[19] 스님이 세상에서 '유행상인(遊行上人)'이라 불리는 까닭이다. 그는 가마쿠라 시대의 여러 종조 가운데 가장 단명했다. 세수(歲壽)가 불과 51세였다. 이러한 요절은 필시 당시의 엄청난 편력으로 인한 고행이 몸을 고통스럽게 했기 때문일 것이다. 때로는 들판에서 자기도 하고, 눈 속에 묻히기도 하고, 끼니를 여러 날 거르는 일도 있었을 것이다. 그의 발자취는 북으로는 오슈(奧州, 현재의 후쿠시

와테현의 중남부)가 한계선이었다. 남쪽으로는 가고시마(鹿兒島)까지 이르렀다. 그 당시는 아직 홋카이도가 일본의 영역 밖이었으므로, '거의 일본 전역'이라 해도 과언이 아니다.

18 인도의 힌두교에서 출가자가 맞이하는 인생의 마지막 네 번째 단계를 유행기(遊行期)라고 한다. 말은 같지만, 잇펜의 경우는 그것과 차이가 있다. 포교여행이었다는 점에서 큰 차이를 보인다. 오히려 힌두교의 출가자들보다는 석가모니부처님의 전법여행과 더 닮았다고 볼 수 있다.

19 치신(智眞)은 쇼타츠 문하에 있을 때의 법명이다. 나중에 구마노에서 신탁을 받은 후 이름을 잇펜으로 바꾸었다.

마, 미야기, 이와테, 야마가타의 네 현)로부터 남으로는 사츠마(薩州, 현재의 가고시마현)에까지 미쳤다.

잇펜은 왜 승려로 살지도 않고[20] 세속으로 돌아가지도 않으며, 세상을 버린 사람으로서 히지리의 길을 선택했을까? 처음부터 부산(賦算)[21]을 해서 중생과 명호 사이에 인연을 맺어주기 위해서였다. 부산은 육자의 명호를 새긴 조각을 두루 나누어주는 일이다. 그러나 그것보다도 『법화경』「권지품(勸持品)」에 설하는 것처럼 "내 목숨을 아끼지 않고, 오직 무상의 도를 아끼는" 마음으로 살기 위해서였다. 『법어집』에 잊을 수 없는 구절이 있다.

염불의 근기에는 세 등급이 있다. 상근기는 처자를 데리고 집에 있으면서도 집착하지 않고 왕생한다. 중근기는 처자를 버리지만 머무는 곳과 의식(衣食)은 버리지 않으며 집착하지 않고 왕생한다. 하근기는 모든 것을 버리고 왕생한다. 우리는 하근기이기에 모든 것을 버리지[22] 않는다면 분명히 임종 때 모든 것에 집착해서 왕생할 수 없기에 이렇게 하는 것이다. 잘 헤아려야 한다.

그때 어떤 사람이 물었다.

---

20 잇펜은 스님이었다. 하지만 단순한 승려로 머물지 않았다고 하는 데 잇펜 삶의 특징이 있다. 모든 것을 버리고 유행했던 일생은 보통의 승려와 다른 삶의 길이었기 때문이다.

21 나무나 종이에 '나무아미타불 결정왕생육십만인'이라고 적힌 조그마한 조각으로 이 패를 나누어주는 것을 '부산'이라 했다. 뒤의 '부록: 시종의 문헌들'에서 사진 참고.

22 모든 것을 버려야 한다는 입장을 취했기 때문에 잇펜 스님을 '스테히지리(捨聖)'라고 불렀다.

"『대경』에서 삼배(三輩)를 말할 때, '상배(上輩)²³는 집도 욕망도 버린다'고 설하고 있으니, 지금 말씀하신 것과는 다르지 않습니까?"²⁴

이에 답하셨다.

"모든 불법은 마음을 문제 삼지, 외부의 현상을 말하지 않는다. 그러므로 마음으로 집을 버리고 욕망을 버려서 집착이 없는 것을 상근기라고 설한 것이다."

잇펜 스님의 분류에 따르면, 사실상 신란 스님은 상근기에 해당한다. 처자식을 거느리고 가정을 이끌면서 집착을 버리고 왕생할 수 있다는 것은 상근기가 아니면 불가능한 일이다. 호넨 스님은 중근기에 해당한다. 집을 버리고 승려로서 절에 머물러 의식(衣食)을 해결하고 집착 없이 왕생하는 것은 결코 하근기인 사람에게는 불가능하다. 잇

---

23 삼배(三輩)의 하나. 사문(沙門)이 되어, 보리심을 내어 한결같이 왕생을 생각하면서 많은 선행을 닦은 사람을 일컫는다. 상배는 출가하여 (집을 버리고서) 깨달음을 구하는 마음을 일으키고 오로지 아미타불을 생각하면서 큰 공덕을 쌓아 극락정토에 태어나려는 자들을 가리킨다.

24 문맥만 본다면, 잇펜의 입장은 『대경』과 모순되는 것으로 보인다. 이를 회통(會通)하는 잇펜의 관점은 '집'을 '마음속의 집'으로 치환하여 해석하는 것이다. 『대경』에 나오는 상배에 대한 규정은 마음의 등급을 기준으로 한 것이기에 『대경』의 규정과는 달리 '집(house, home)'은 버리지 않더라도 '마음속 욕망'만 버리면 된다는 것이다. 이러한 잇펜의 해석은 자신에 대한 성찰을 통해서 경전을 해석하는 관심석(觀心釋)의 일종이다. 그런데 『무량수경』의 문헌학적 연구는 잇펜의 관점이 옳음을 보여준다. 『무량수경』의 이역본 중에서 범본과 『무량수여래회』에는 그러한 언급이 없다. 다만 '초기 『무량수경』'으로 평가받는 『대아미타경』과 『평등각경』에 그러한 내용이 보일 뿐이다. 초기에서 후기로 발전되면서도 초기의 출가주의적 관점을 같은 '후기 『무량수경』' 안에서도 『무량수경』만 온존하고 있으며, 범본과 『무량수여래회』는 극복했음을 알 수 있다.

311

펜 자신은 하근기이므로 처자식을 거느리거나 절에 안주하여 의식이 만족스러워지면 집착만 있고, 왕생 따위는 도저히 엄두도 못 내며, 그런 만족한 상황에서도 왕생이 가능하다면 하근기가 아니라는 증거이므로 하근기인 잇펜 자신은 모든 것을 버리지 않는 한 왕생하기 어렵겠다는 입장이었다. 그러므로 세상을 등진 자가 되어 삼계에 암자 하나 없이 유행(遊行)에 몸을 맡기고, 오로지 왕생을 희구했을 뿐이다.

'집도 버리고 욕망도 포기할 수 있는 사람이야말로 상배가 아닐까'라는 질문에 스님은 대답하셨다. 『대경』에서 설하는 상배는 마음의 차원에서 말하는 상배이므로, 재가이면서도 집착을 떠난 생활을 할 수 있는 자[25]를 가리키는 것이라고 해석하였다. 그러나 자기와 같은 하배(下輩)는 겉모습으로라도 버리지 않으면 안 된다고 했다.[26]

그리하여 잇펜의 일생은 승려의 삶을 버리고, 절을 버리고, 세속을 버리고, 옷을 버리고, 음식을 버리고, 몸을 버리고, 마음을 버리고서 일체를 오직 하나인 명호[独一なる名号]에 바쳤다. 그의 유행 생활은 삶 그 자체였다. 그는 자신을 끝없이 겸손하게 비웠기에 감히 비승비속조차 자임하지 않았다. 그러한 자격조차 없음을 성찰했다. 절이나 승려를 감당할 수 없는 자신을 보았다. 모든 것을 포기하는 것이야말로 하배가 취해야 할 길이다. 그렇지 않으면 번뇌의 유혹에 흔들리는 자신을 보게 될 것이다. 일생에 걸쳐 집도 절[27]도 갖지 않았던 이유는

---

25   예컨대 신란과 같은 분이다.

26   자기는 하배이므로 그런 상배의 삶, 재가(비승비속)의 삶을 살 수 없다는 것이다.

27   그 모든 것의 포기에는 '절'의 포기 역시 포함된다는 점에 주의해야 한다. 사

자신의 약함을 절실하게 성찰했기 때문이다.

스님이 살았던 시대에 편찬된 것으로 생각되는 『일언방담』에 이런 말이 있다.

> 거처가 마음에 들지 않는 것은 좋은 일이다. 마음에 든다는 것은, 우리처럼 깨닫지 못한 자에게는 반드시 집착하게 될 것임을 명심하라.

그리고 같은 책에 다음과 같은 교부츠보(敬佛房)의 말씀도 실려 있다.

> 후세자[28]는 언제라도 여행을 떠날 자세로 지낼 일이다. 구름의 끝이나 저 바다를 건너더라도 이 몸이 살아 있는 한 어쩔 수 없이 의식주 없이는 살 수 없지만, 거기에 집착을 하는 것과 하지 않는 것은 큰 차이가 있다. 언제라도 하룻밤 잠자리일 뿐, 쭉 머물 수 있는 것은 아니라고 생각한다면 염불을 하게 되리라. 가령 들판에 버려질 이 몸을 해탈을 위하여 바치고, 혹독한 추위와 더위, 혹은 질병에 걸려서 목숨을 잃게 되더라도 평생의 추억이라고 하면서 기뻐하는 자라면, 참으로 귀한 존재리라.

찰에 안주(安住)하는 것을 받아들일 수 없었던 이유다. 그러므로 잇펜의 삶을 여느 다른 스님들의 삶과 같이 생각해서는 안 된다. 다른 스님들은 최소한 절은 있었기 때문이다.

28 　오로지 후세왕생을 빌며 염불과 독경 등을 전적으로 닦는 사람.

삼계에 암자 하나 없는 잇펜의 오랜 편력, 염불에 그 생명을 바친 일생, '추위와 더위, 병환'에 시달리면서도 기쁨으로 최후를 맞이한 것은 이 교부츠보의 말에 대한 살아 있는 증거가 아니었을까?

실로 정토법문을 짊어진 세 분 스님이 각자 다른 삶의 태도를 선택한 데는 깊은 의미가 있는 것 같다. 승려에서 거사로, 다시 히지리로 변화해간 것에서 세 종파 사이의 교학이 변해간 모습을 볼 수 있지 않을까. 그들의 외양 또한 이를 잘 말해준다. 온순한 호넨, 강인한 신란, 예리한 잇펜, 이렇게 서로 대척적인 세 분의 존재가 일본 정토문을 더욱 빛나게 했다.

만인의 사표가 될 승려는 '승려'로서의 생활을 끝까지 지키는 것이 가장 정상적인 길이라 할 수 있다. 그러나 번뇌로 가득한 범부는 승려가 될 수 없는 재가의 몸이지만 구도의 일념을 게을리해서는 안 된다. '비승비속'인 이유가 여기에 있다. 그러나 육자 명호에 일체를 던진다면 승려로 머무는 것도, 거사로 머무는 것도, 모두 내버려야 할 것이다. 이것이 행각(行脚)하는 '히지리'가 된 이유다. 첫 번째 길은 호넨에 의해 제시되었고, 두 번째 길은 신란에 의해 선택되었으며, 세 번째 길은 잇펜에 의해서 구현되었다.

제18장

가/나/법/어

호넨에게는 『선택본원염불집』이 있고, 신란에게는 『교행신증』이 있다. 이들은 각기 정토종과 진종의 본전(本典)으로, 가장 귀중한 저술이다. 정토의 법문을 고찰하는 사람은 몇 번이든 반복해서 읽어야 한다. 그런데 그 속에는 교학적 내용과 전문적인 용어가 많고, 수많은 경론을 인용하고 있어 일반인들이 쉽사리 다가갈 수 있는 책이 아니다. 『선택집』처럼 저자가 나름의 논리를 펼치고 명확하게 취지를 설하고 있는 책도, 요즘처럼 불교학이 필수적인 교양이 아닌 시대에는 이미 전문적 저술에 속하여 일반인들의 심금을 울리기가 쉽지 않다. 오히려 일반 사람들에게는 『선택집』보다 훨씬 짧은 『일매기청문(一枚起請文)』[1] 쪽이 간명하고 정감 있게 읽힌다. 게다가 옛날 문체이기는 하지만 일본 어로 쓰여 있어서 친숙한 느낌까지 준다. 『선택집』의 만 마디 말이 『일매기청문』 한 장[一枚]으로 결정(結晶)되어서, 정토문의 요체가 여기에 모두 집약되어 있다고 해도 과언이 아니다. 이 한 장을 거듭거듭 잘 음미하면 그것으로 충분히 안심을 얻을 수 있다. 『일매기청문』의 탄생을 위하여 『선택집』이 준비되었다고도 할 수 있다. 짧아서 고마움이 더해진다.

『교행신증』에 대해서도 같은 느낌이 든다. 『선택집』보다 더 분량[2]이 방대한 저술인데, 대부분은 경론의 집록(集錄)이고, 신란 스님 본인의 말은 얼마 되지 않는다.[3] 그럼에도 불구하고 수사(修辭)가 풍부한 문장이어서, 자신이 하열한 근기임을 고백하는 부분에서조차 형용사

---

1   일매(一枚)는 글자 그대로 종이 한 장이라는 뜻이다.

2   『선택집』은 1권이고, 『교행신증』은 6권이다.

3   경전과 논서, 어록들을 인용하는 것이 위주이며, 신란 자신의 말은 그 시작과 중간 또 끝에 삽입하는 형식이다.

가 지나치게 많은 경향이 있다. 스님을 이해하는 데 꼭 읽어야 할 주저(主著)이지만, 신심을 위해서는 『탄이초』 쪽이 고마운 존재다. 『교행신증』⁴을 읽지 않더라도 『탄이초』만은 꼭 읽어야 한다. 이 역시 일본어로 되어 있다는 것이 얼마나 친근함을 더해주는지 모른다. 그것도 처음의 열 문장과 마지막 두 개의 증문(證文) ⁵만으로도 충분하다. 이 책은 일본어로 편찬된 모든 불교 서적 가운데 가장 깊이 있는 책으로 손꼽히며, 영원히 독자가 끊이지 않을 명저다.⁶

옛날 학승들은 주요 저서를 거의 한문으로 썼다. 당시로서는 그것이 일반적인 일이었는지 모르지만, 어딘지 현학적이고, 표현이 간접적이어서 글을 가까이 접하기 어려운 민중에게는 멀게 느껴진다. 곧바로 다가오지 않기 때문이다. 도겐 선사와 같은 분이 주저 『정법안장(正法眼藏)』의 대부분을 일본어로 쓴 것은 깊은 배려가 느껴진다. 그럼에도 불구하고 한문에서 온 난해한 표현⁷이 대단히 많이 등장하기 때문에 주해가 없이는 읽기 힘들다. 그에 비해 『정법안장수문기(正法眼藏隨聞

---

4 『교행신증』 우리말 번역은 후서(제6권의 마지막), 제1권, 제2권의 일부가 있을 뿐이다. 일본불교사독서회 발행의 『일본불교사공부방』 제13호, 14호, 16호 참조.

5 『탄이초』는 전체 18장과 「후기」 등으로 이루어져 있다. 18장 중에서 10장까지만 신란 스님의 말씀을 그대로 기억했다가 적은 것이다. 「후기」에도 신란의 말씀이 인용되어 있는데, 그 뒷부분의 마지막 두 인용문을 말한다.

6 일본의 불교 서점에 가서 보면 모든 불교 경전이나 어록 등을 대상으로 그 해설서나 번역이 가장 많이 이루어진 책은 『탄이초』일 것이다. 진종의 스님이나 학자들만이 아니라, 웬만하면 『탄이초』 관련 저술은 있어야 지식인으로 자부할 수 있는 것 같은 풍토다.

7 도겐 저술의 어려움은 단순히 표현의 문제가 아니라 사고의 문제다. 난해한 표현이 등장하는 이유 역시 그만큼 도겐의 사고가 남다르기 때문이다. 그 특별한 사고를 표현하기 위해서는 어려운 말이 쓰일 수밖에 없었을 것이다.

記)』[8]가 사람들에게 한결 친숙하다. 문체가 훨씬 이해하기 쉽기 때문이다. 후일 반케이(盤珪) 선사 같은 분은 '평어[平話]'로 쓰는 것에 깊은 의의를 두었다. 일본인에게 일본어가 쉬운 것은 당연한 일이기 때문이다. 실제로 불교 서적이 한자와 가나[假名] 혼용의 일본어[假名交り][9]로 쓰여짐으로써 한층 더 민중과 가까워지게 되었다.

그리고 호넨 스님과 신란 스님의 경우를 보더라도, 무학자(無學者)들에게 보낸 편지글 등이 훨씬 더 친근함을 더한다. 한문으로 쓴 것은 학문적 성격의 개입으로 인해 직접적으로 호소하는 힘이 덜하다. 거기다 법어(法語)라기보다는 자칫 논의[10]로 흘러가기 쉽다. 따라서『일매기청문』이나『탄이초』가 더욱 돋보인다.『칙수어전』, 즉『호넨스님행장도회(法然上人行狀圖繪)』중 제21장부터 24장까지 법어를 수록한 권(卷)이 사람들의 입에 많이 회자되고 있는 것도, 짧은 가나법어를 모아놓았기 때문이다.

그런 의미에서『일언방담』과 같은 책은 어느 시대든 독자들의 사랑을 받을 수 있을 것이다. 이 책은 일찍이 겐코(兼好)[11] 법사도 인용하고 있는데, 가마쿠라 시대의 여러 염불행자(念佛行者)들의 말이나 행동을 잘 전하고 있다. 그 대부분은 한 구절, 혹은 겨우 서너 줄로 되어 있어 한층 친숙함을 준다. 장황하게 늘어놓는 것보다 훨씬 더 마음에

---

8 도겐의 말을 제자 에죠(懷奘)가 들은 대로 기록한 것이므로『정법안장』에 비하면 훨씬 쉽게 다가온다.

9 외국인인 우리에게는 이 역시 어렵게 느껴지지만, 일본인들에게는 한문으로만 쓰인 책보다는 훨씬 쉽다는 이야기다.

10 법어는 구어체, 논의는 문어체다.

11 요시다 겐코(吉田兼好, 1283?-1352?). 일본 중세 수필 문학의 백미로 일컫는『도연초(徒然草)』의 저자.

와닿는다. 신란 스님도, 도반인 세이카쿠 법인이나 류칸 율사가 저술한 가나법어를 읽으라고 신도들에게 권장했다. 그중에서도 안거원(安居院) 세이카쿠의 『유신초(唯信鈔)』[12]는 친숙하고도 정성스럽게 조사 호넨 스님의 가르침을 전하는 저작이다.

내가 읽은 일본어[和語]로 된 정토계 서적 중에서 가장 감명 깊었던 책 중 하나가 『안심결정초』다. 이 책은 렌뇨 스님이 40여 년 동안 끊임없이 음미하며 읽었다고 하며, 또한 몸소 필사한 것이 현재 전하고 있다. 이 때문에 진종 문도들 사이에서도 가장 널리 읽히며, 종종 그 저자가 가쿠뇨 스님이나 존카쿠 스님이라는 주장[13]이 제기되어왔다. 게다가 『진종성전(眞宗聖典)』에도 반드시 들어가는 법전이다. 그러나 읽어보면 진종계의 저작이 아닌 서산파 승려의 손으로 만들어진 것임이 한눈에도 분명해진다. '십겁 이전의 정각'의 의미를 중요하게 설하거나 '기법일체(機法一體)'설을 강력하게 서술하는 점으로 미루어 보아, 쇼쿠 문하의 글이라는 것에 의심의 여지가 없다. 그러니까 원본은 가마쿠라 시대의 저작일 것이다. 최근 들어 겐이 스님의 저작이라는 것이 거의 분명해졌다. 겐이는 서산파 심초의(深草義) 사람으로, 젊었을 때 잇펜과 함께 쇼타츠 스님에게 가르침을 받았다. 그러한 것들은 차치하더라도, 읽어보면 상당히 종교적인 체험이 깊은 사람이 아니고는 도저히 쓸 수 없는 저서임을 알 수 있다. 정토계의 종교서로서는 첫 번째 줄에 두어야 할 저작임을 이내 알 수 있다. 그 내용과 깊이는, 서양으로 치면 중세시대 때 나온 『독일신학(Theologia Germanica)』과

---

12   신란은 이 책에 대한 주석서 『유신초문의(唯信鈔文意)』를 지었다.

13   진종의 문도들에게 너무나 친숙하게 읽히다 보니 진종 사람들에 의해 지어진 것으로 받아들여졌다는 이야기다.

견줄 수 있지 않을까. 정토사상에 마음이 이끌린 사람은 반복해서 읽어도 좋을 것이다. 서산파의 책이라는 것에 그다지 얽매일 필요는 없다.

코아(向阿)가 지은 『삼부가명초(三部假名抄)』는 그 제목에서 드러나듯이 한자와 가나를 혼용한 일본어로 된 법어다. 타력의 뜻을 잘 서술했지만, 그보다는 문장이 매우 우아하고 아름다워서 오히려 문학서로서 더욱더 가치가 있을 것 같다.

시종에는 정토종의 『선택집』이나 진종의 『교행신증』 같은 성전이 존재하지 않는다. 왜 그럴까? 종조 잇펜은 불교학의 교양이 매우 깊기도 하고, 또한 직접 써서 남긴 것도 있었을 것이다. 그러나 정토문이 어떤 것인가. 종파의 교의를 위해서 수많은 말을 할 수도 있겠지만, 결국 '나무아미타불' 여섯 글자를 염송하라는 것으로 끝난다. 그 이상도 없고, 그 외에 다른 아무것도 없다. 삼부경이라 말하지만, 그 요점은 '명호를 지니라[執持名號]'는 것 말고는 없다. 이 생각을 철저히 한다면 남는 것은 육자뿐이지 않을까. 그 이외의 모든 말은 사족에 지나지 않는다. 잇펜은 육자에 관한 많은 교의가 오히려 사람들의 마음을 불순하게 한다고 간파하였다. 죽음이 가까운 것을 알았을 때, 가지고 있던 책을 모두 자신의 손으로 불태워버렸다. 그것이 재(灰)로 사라져갔을 때, 다만 다음의 말만을 남기셨다.

부처님 평생의 성스러운 가르침은
모두 다 나무아미타불 하나로 귀결된다.[14]

320   14 『일편성회』 제11권.

그래서 시종에는 의지할 만한 근본 교전이 아무것도 없다. 그러나 다시 생각해보면, '나무아미타불' 육자야말로 『선택집』의 본존(本尊)이며, 『교행신증』의 본심(本心)이 아니겠는가. 천 마디 만 마디가 다만 육자의 신비를 칭송하고, 그것을 장엄하기 위함이 아닐까. 타력종에 육자 외에 다른 어떤 것을 덧붙이겠는가. 호넨의 명저와 신란의 주저도 소중하지만, 한편으로 그것이 얼마나 많은 왜곡과 미혹, 분쟁의 씨앗이 되었던가. 그리고 그로 인하여 논쟁의 말단에 빠진 자가 얼마나 많았던가.[15] 그러한 일은 이미 일어났고 지금도 일어나고 있으며 앞으로도 일어날 것이다. 그 때문에 육자의 빛이 얼마나 자주 흐려지곤 했는지 모른다. 옛날 대혜종고(大慧宗杲, 1088-1163) 선사는 『벽암록(碧巖錄)』을 불 속에 던졌다는데, 다 이유가 있었다. 말법 시대인 오늘날 우리에게 지금도 '선문 제일의 책'이지만, 얼마나 많은 사람들이 이 책으로 인해 먼 길을 마다하지 않고 돌아왔던가.

스테히지리 잇펜이 집을 버리고, 절을 버리고, 자신을 버리고, 모든 것을 버리며 결국에 모든 문자까지 버려가면서 단지 명호만을 남긴

---

15 정토종이나 정토진종의 이른바 '종학'에 대한 연구는 이들 본전(本典)이나 종조(宗祖)와 관련하여 수많은 논의와 연구들이 지금도 쏟아져 나온다. 앞의 연구를 뒤의 연구가 수정하거나 보완하기 위해서다. 달리 보면, 아직까지 호넨 스님이나 신란 스님이 제대로 이해되고 있지 않아서인지도 모른다. '논쟁의 말단에 빠져드는' 것이 바람직하지 않을지도 모른다. 그러나 그것은 우리 불교학계 안의 정토연구의 불모(不毛)를 생각하면 자못 부럽지 않을 수 없다. 우리의 경우는 대학이나 사찰에서 '정토학' 관련 강의도 드물고, 정토서적의 출판도 드문 현실이다. 논쟁이 많다는 것은 그만큼 연구가 많다는 것이고, 그 연구가 대중들에게 회향될 때 신도도 늘어나는 것 아니겠는가. 현재 일본 사람들 8명 중 1명은 정토진종 신도라고 한다. 우리 불교에서 정토신앙의 확산 여부는 한국불교의 명운과 관련된다고 보는 역자의 생각은 지나친 것일까?

것은 정토문의 요체를 다한 일이라 찬탄하지 않을 수 없다.

그러나 불행인지 다행인지, 사후에 잇펜 스님을 기리는 문도들에 의해 그의 전기가 편찬되고, (구전되던) 몇 편의 어록이 기록되고, 몇 통의 편지글도 보존되었다. 우리는 이제 그러한 몇 편의 기록[16]을 통해 그가 왜 육자만을 남겼으며, 왜 모든 것을 육자에만 쏟아부었는지 생각해볼 수 있다. 이후에 편찬된 잇펜 스님의 『어록』은 가마쿠라 시대에 피어난 정토법문 최후의 빛을 기념한다고 해도 좋으리라.

여기서 종문(宗門) 외의 사람들에게는 비교적 잘 알려지지 않은, 일본어로 된 짧은 법어 세 개를 예로 들어 정토문 대덕의 가르침을 기리고자 한다. 하나는 호넨 스님의 편지, 다른 하나는 쇼쿠 스님의 법어, 마지막 하나는 잇펜 스님의 편지에서 골랐다. 신란 스님의 것을 뺀 것은 이미 『탄이초』가 세상에서 널리 두터운 존숭을 받고 있어, 굳이 새삼스럽게 인용할 필요가 없기 때문이다.

첫 번째는, 호넨 스님의 『일지소소식(一紙小消息)』 혹은 짧게 『소소식』이라 불리는 것이다. 이것은 그 유명한 『일매기청문(一枚起請文)』과 함께 종문의 사람들에게는 매우 친숙한 글이다. 종조 호넨 스님이 구로다(黒田)의 성인(聖人)에게 보낸 것이라고 한다.

> 말세의 중생을 극락에 왕생할 근기라는 점에서 볼 때, 수행이 적다고 해서 (극락에 왕생하리라는 것을) 의심해서는 안 된다. 일념이나 십념으로도 충분하리라.
> 죄인이라 하더라도 의심해서는 안 된다. 죄의 뿌리가 깊다고 해서

　16　다음에 오는 '부록: 시종의 문헌들'에서 자세히 소개한다.

싫어하지 않는다고 말씀하셨다. 말법 시대가 되었다고 해서 의심해서는 안 된다. 법이 소멸하는 시대 이후의 중생 또한 왕생할 터인데, 하물며 요즘이겠는가. 자신이 악하다고 해서 의심해서는 안 된다. 스스로가 번뇌 많은 범부라고 말씀하셨다. 시방(十方)에 정토세계가 많아도 서방정토를 원하는 것은 십악과 오역죄를 저지른 중생들도 태어나기 때문이다. 모든 부처님 가운데 아미타불께 귀의하는 것은 삼념 내지 오념에 이르기까지, 스스로 마중 나와서 맞이해주시기 때문이다.

모든 수행법 중에서 염불을 채택한 것은 아미타불의 본원이기 때문이다. 이제 아미타불의 본원에 의지하여 왕생해서, 원으로서는 이루지 못한다고 할 일이 없다. 본원에 의지하는 것은, 신심이 깊음에 의지해야 한다. 받기 어려운 사람 몸을 받아서 만나기 어려운 본원을 만나고, 일으키기 어려운 도심(道心)을 발해서 떠나기 어려운 윤회의 마을을 떠나, 태어나기 어려운 정토에 나고자 하는 것은 기쁨 중의 기쁨이다.

십악과 오역죄를 지은 자도 태어난다고 믿고서는 (함부로 죄를 짓는 사람들이 있으나), 작은 죄라도 범하지 않겠다고 생각해야 한다. 죄인 또한 태어나거늘, 하물며 선인이겠는가.[17] 행은 일념이든 다념이든 헛되지 않다고 믿고서 끊임없이 닦아야 한다. 일념만으로도 태어나거늘, 하물며 다념이겠는가.

아미타불께서 '정각을 취하지 않으리라'는 말씀을 성취하여 현재 저 나라에 계신다면, 반드시 목숨이 다할 때에는 마중 와주시리

---

17 선인정기설(善人正機說)이라 할 만하다.

라. 석가모니부처님은 훌륭하시니, 당신의[18] 가르침에 따라서 생사를 떠남을 아셨고, 육방(六方)의 모든 부처님이 기뻐하시니 그분들의 진실한 증언[證誠][19]을 믿고서 후퇴하지 않는 정토에 태어남을 기뻐해주신다.

하늘을 우러러 기뻐하고 땅에 누워서 기뻐할지니, 금생에 아미타불의 본원을 만났음을. 길을 가든 머물든 앉든 눕든[行住坐臥] 보답해야 할지니, 저 부처님의 은덕(恩德)을. 의지하고 또 의지할 것은 '내지 십념'이라는 말씀이고, 믿고 또 믿어야 할 것은 '반드시 왕생한다[必得往生]'는 그 말씀이네.

한 종파의 강요(綱要)가 이 명문장에 핵심적으로 잘 집약되어 있다고 할 수 있다.

두 번째로 인용할 법어는 호넨의 뛰어난 제자로, 서산파의 개조인 쇼쿠의 말씀이다. 세간에는 『진권용심(鎭勸用心)』이라는 제목으로 알려져 있다. 고사가(後嵯峨) 천황의 관원(寬元) 원년(1243), 천태좌주(天台座主) 도카쿠(道覺) 친왕[20]의 요청으로 지어진 것으로 '차분하게

---

18   원본은 '我が'라고 되어 있다. '나의'라고 번역되는 말이다. 아마도 이 문맥은, 호넨의 저술이지만 실제로 말하는 주체는 아미타불이 아닌가 싶다. 정토불교에서 석가모니불의 존재는 아미타불의 본원을 설해주시는, 즉 증거해주시고 소개해주시는 분으로 생각한다. 아미타불은 구주(救主)이고, 석가모니불은 교주(敎主)다. 이 두 분을 높이 받드는 불교가 정토교라는 입장에서 선도는 '이존교(二尊敎)'라는 말을 썼다.

19   삼부경 중에서 『아미타경』이 다른 경전과 겹치지 않는 독자성은 바로 육방의 부처님들이 아미타불의 본원과 그에 따른 왕생의 방법인 칭명염불의 진실됨을 증언하셨다는 데 있다.

20   고토바(後羽鳥, 1204-1250) 천황의 왕자. 천태좌주는 천태종의 종정을 말하

용심(用心)하기를 권함'이라는 제목의 한 장(章)이다. 짧지만 정토의 법문을 잘 요약한 것이다.

> 잠을 자면서 하룻밤을 보내더라도 부처님께 감사하고 보은하려는 마음으로 보내고, 깨어서 하루를 살아도 아미타부처님의 구제[內證] 속에서 지내야 한다.
> 근기가 낮다고 비하해서는 안 되니, 하근기를 품어주시는 부처님의 서원이 있기 때문이다. 수행이 부족하다고 정토왕생을 의심해서는 안 되니, 경전에 '내지 십념만'이라는 말씀이 있기 때문이다. 열심히 수행하는 것도 기뻐할지니, 올바른 행을 증진(增進)하기 때문이다. (행업을) 좀 게을리해도 즐거울지니, 올바른 원인(正因)이 원만하기 때문이다.
> 헛되이 근기의 좋고 나쁨을 논하면서, 부처님과의 깊은 인연을 망각해서는 안 된다. 믿지 못하는 마음이 일어나더라도 본원을 믿어야 하고, 게을러지더라도 가히 부처님의 깊고 무거운 대비를 우러러야 한다.

이 외에도 쇼쿠 스님에게는 「백목(白木)의 염불」[21]이라는 잊을 수 없는 법어가 있다. '백목'이라는 두 글자는 독특한 표현이다.

세 번째는 『일편상인어록(一遍上人語錄)』에 실린 편지글의 하나로,

는데, 친왕이 스님이 되었음을 말한다. 이런 경우 '법친왕'이라고 부른다.

21 모든 군더더기가 다 제거된 가장 순수한 염불을 뜻한다. 잇펜의 '오직 하나인 명호[独一なる名号]'와 통하는 바가 있다.

코우간(興願) 승도(僧都)에게 보낸 것이다. 그 말의 깊이에 있어서, 족히 『소소식』이나 『진권용심』에 비견할 만하다. 여기서 가장 깊은 염불사상의 섬광을 볼 수 있다. 다행스럽게도 고사본의 두루마리 하나가 아이즈와카마츠(會津若松)의 코쵸지(弘長寺, 원래 東明寺)에 전해진다.

대저 염불행자가 마음을 어떻게 써야 할지에 대해 가르쳐달라는 말씀을 들었습니다. 나무아미타불을 부르는 것 외에 따로 마음 쓸 것이 없고, 이외에 또 덧붙여서 설명해야 할 깊은 그 무엇이 있는 것도 아닙니다. 많은 지자(智者)들이 제시한 여러 가르침이 있습니다만, 모두 여러 가지 의문에 대한 방편의 가르침입니다. 그러므로 염불행자는 그러한 가르침조차도 버리고 염불해야 할 것입니다.

옛날 쿠야(空也) 스님에게 어떤 사람[22]이 '염불은 어떤 마음으로 외워야 합니까'라고 여쭈자, '버릴 때야말로…'라고 말씀하셨고, 달리 아무 말씀도 하지 않으셨다는 일화가 사이교(西行) 법사의 『찬집초(撰集抄)』[23]에 실려 있습니다. 이는 참으로 훌륭한 말씀입니다. 염불행자는 지혜도 어리석음도 버리고, 선악의 경계까지도 버리고, 신분의 귀천도 버리고, 지옥을 두려워하는 마음도 버리며, 극락을 바라는 마음도 버리고, 또한 불교의 각 종파에서 설하

---

22 가모노 쵸메이(鴨長明)의 『발심집(發心集)』이라는 불교 설화집에 보면, '어떤 사람'은 '센칸(千觀)'이라는 스님이었다.

326 23 원서 본문(p. 241) 『選集抄(선집초)』는 『撰集抄(찬집초)』의 오자다.

는 깨달음까지도 버리며, 모든 것을 다 버리고서 염불해야 합니다. 이러한 염불이야말로 아미타여래의 본원에 부합하는 것입니다.

이와 같이 소리 내어 염불하고 또 염불하면 부처도 사라지고 나도 사라져서 부처와 내가 하나가 되며, 그 안에 어떠한 도리도 없게 되어 마침내 선악의 세계가 그대로 정토의 세계입니다. 밖에서 정토를 구해서는 안 되며, 이 세속의 세계를 싫어해서도 안 됩니다.

모든 생명 있는 것들은 산과 강, 풀과 나무, 바람소리, 파도소리조차도 염불의 경계가 아닌 것이 없습니다. 사람만이 미타의 시간을 초월한 대비의 본원으로 구원받는 것은 아닙니다. 또한 이와 같이 제가 말씀드리는 것도 납득하기 어려운 것이 있다면 납득하기 어려운 그대로 제가 말씀드린 것도 버리고서, 제가 말씀드린 것과 다른 이것저것 생각하지도 말고, 아미타불의 본원에 맡긴 채 염불을 읊는 것이 좋습니다.

염불은 안심을 해서 외우는 것이나 안심을 하지 못하고 외우는 것이나 그 어느 쪽이나 시간을 초월하는 타력의 본원에 어긋나지 않습니다. 아미타여래의 본원에는 부족한 것도 없고, 쓸데없는 것도 없습니다. 이 밖에 또 무엇을 더 마음 쓰라고 말해야 할 것이 있겠습니까. 다만 어리석은 자의 마음으로 돌아가서 그대로 염불하셔야 할 것입니다.

나무아미타불.

_잇펜

나는 이 글을 시종 제일의 법어로 받들고 싶다. 실로 염불의 요지를 더 이상 잘 말할 수 없다. 정토의 법문을 생각할 때마다 이 편지를 입에 올리지 않을 수 없고, 주옥같은 글이라 찬탄하지 않을 수 없다.

이러한 가나법어를 마지막에 소개하는 것은, 재미없는 나의 긴 논의에 향과 색을 더하고 싶은 소망 때문이다. 나무아미타불에 대해 쓸데없이 장황하게 서술한 것 같지만, 이 쓸모없는 말을 또 쓰는 것은, 끝을 모르는 인간의 참을 수 없는 희구(希求) 때문이다. 그러나 내가 말한 것이 재미없다고 생각되면, 거리낌 없이 모두 잊어주기 바란다. 다만 이 세 법어만은 잊으려 해도 못 잊을 법문임을 알아주었으면 좋겠다.

진심으로 마음을 다해 염불하는 것이 최상이다.
_교부츠보(敬佛房)

南 無 阿 彌 陀 佛

부록

시종時宗의

문헌들

수많은 가마쿠라 정토불교의 조사들 가운데 가장 중요한 인물임에도 불구하고 제대로 조명받지 못한 분이 잇펜 스님이다. 예를 들어 정토 사상을 기술한 모치즈키 신코(望月信亨, 1869-1948) 박사의 명저『정 토교리사(淨土敎理史)』에서도 잇펜 치신(一遍智眞)의 사상은 논하지 않고 있다. 최근 가마쿠라 불교의 위대함을 밝힌 스즈키 다이세츠(鈴 木大拙, 1870-1966) 박사의 명저『일본적 영성(日本的靈性)』에도 잇펜 스님은 등장하지 않는다. 선적(禪的)인 입장에서 보더라도 특별히 논 해야 마땅할 스님에 대해 다루지 않은[1] 것은 무슨 까닭일까? 생각해 보면 그 시대의 정토사상사를 살펴볼 때 호넨과 신란을 대표로 들고, 신란 스님에게서 그 최후의 발전을 보기 때문이다. 비교적 최근에 출 판된 가라사와 도미타로(唐澤富太郎, 1911-2004) 교수의 노작인『불 교교육사상연구』가 그 대표적인 사례라 할 수 있겠다. 이 책에는 시종 에 관한 짧은 절이 따로 있기는 하지만, 결코 시종에서 정토사상의 귀 결을 보고 있지는 않다. 다만 시종의 민중적 성격을 주제로 삼고 있을 뿐이다. 다른 대부분의 저자들과 마찬가지로 신란에게서 정토사상의 결론을 맺고 있다.

최근에 나온 이시다 미츠유키(石田充之, 1911-1991) 교수의『일본 정토교연구』또한 호넨 스님과 그 문하의 여러 스님들의 사상은 공평 하고도 간절하게 설하고 있으나, 참으로 이상하게도 잇펜 스님에 관해

---

1   스즈키 다이세츠는 야나기가 학습원 시절 영어를 배운 은사다. 스즈키 다이 세츠 역시 잇펜을 완전히 도외시한 것은 아니다. 묘코닌 아사하라 사이이치 (淺原才市)를 논하면서, 잇펜에 대해 잠깐 언급하고 있기는 하다.『일본적 영 성』은 선과 정토를 함께 다루고 있으므로, 양쪽 다 관련 깊다고 할 수 있는 잇펜에 대해 제대로 다루었어야 했다는 것이 야나기의 관점이다. 하나의 절 이나 항목으로서 다루어지지 않았다는 점에서는 이렇게 말할 수 있다.

서는 반 줄 정도만을 할애하고 있을 뿐이다.

주지하다시피, 오늘날 일본에 남아 있는 정토계의 종파는 넷이다. 첫째는 정토종이며, 둘째가 정토종 서산파, 셋째는 정토진종, 넷째가 시종이다. 즉 호넨, 쇼쿠, 신란, 잇펜, 이렇게 네 분을 그 각각의 종조로 모시는 종파다. 호넨 문하에서는 그 외에도 뛰어난 고승들이 많이 배출되었으나 일찌감치 맥이 끊겨 지금 남은 것은 이 네 종파뿐이다. 이 중에서 서산파는 정토종의 일파이지만, 정통을 자처하고 있는 진서파와는 아주 다르다. 사색적인 종파로, 앞으로 그 가치가 좀 더 논의될 것이다. 종파로서 미약한 현실 때문일까. 이 서산파에서 활발한 저작과 설법을 들을 수 없는 것[2]이 유감이다. 시종은 이 서산파에서 탄생했다. 특히 심초의와의 관련성은 주의해서 살펴봄 직하다.

많은 사람들에게 시종이 제대로 알려지지 않은 것은 두세 가지 분명한 원인이 있다. 앞 장에서도 서술했지만, 우선 종조가 저작을 손수 불태우고 말았기 때문에 의지할 본전(本典)이 없다는 점이다. 그것은 일체를 버리고 다만 '나무아미타불' 육자만을 남긴 엄격하고도 순수한 입장이다. 타력종이 가져야 할 본래면목이라고 할 수 있겠다. 바로 이 점에서 잇펜은 정토사상을 궁극의 지점까지 궁구하였다고 할 수 있다. 『선택집』이나 『교행신증』이나 모두 이 육자 앞에서는 한낱 그림자에 지나지 않는다. 육자 외에 무엇을 더 덧붙일 수 있겠는가. 스님의 견해는 참으로 철저한 점이 있다.

그러나 이것은 한 종파의 종의(宗義)를 확립하는 데는 마땅히 의지

---

2   실제 2018년 봄, 역자가 교토에서 공부할 때도 서산파나 시종에 관한 책들이 새롭게 출판된 것이 거의 없었다. 야나기의 시대나 지금이나 별반 변화는 없다고 할 수 있다.

해야 할 전거를 갖지 못했음을 의미하기도 한다. 어느 정도의 말씀과 행적이 제자들에 의해 전해져오고 있으나 그 양은 얼마 되지 않는다. 어쩌면 남아 있는 기록이 적다는 점이 사람들로 하여금 시종을 망각하게 한 원인일 수도 있겠다.

거기다 종조인 잇펜과 시종의 많은 고승들은 절을 떠나 행각하는 것을 관습으로 삼은 유행승이었다. 일정한 암자를 지키며 오랫동안 주석하는 경우가 별로 없었기 때문에 교학을 검토하는 일에 힘쓸 겨를이 없었다. 그리하여 저작이 적었다. 이 또한 일반인들로 하여금 시종을 잊어버리도록 한 원인의 하나는 아니었을까.

종조 잇펜과 2조 타아(他阿/他阿彌陀佛, 1237-1319) 스님의 시대에는 교화를 널리 떨쳐서 일세를 풍미할 만한 기개가 있었다. 그것은 오늘날 남아 있는 문서와 회화 등이 잘 보여주고 있는데, 진종의 초기 교단[3] 정도는 비할 바가 아니었다. 그러나 아시카가 시대에 이르러 신도와 대부분의 절이 렌뇨 휘하로 들어갔고, 또한 도쿠가와 시대에 일어났던 한 사건[4] 때문에 막부로부터 탄압을 받은 것이 마침내 이

---

3 진종의 초기 교단은 대단히 미약했다. 오늘날과 같은 거대 종단으로 성장하는 데 기틀을 놓은 것은 제8대 렌뇨(蓮如)의 시대였다.

4 이른바 '사타케(佐竹) 소동'/'아키타(秋田) 소동'이다. 에도시대에 히타치(常陸, 현 이바라키현)의 번주(藩主)는 사타케 가문이 맡았는데, 무슨 이유에서인지는 몰라도 막부로부터 다른 곳으로 가라는 명령을 받았다. 데와(出羽, 현 아키타현)라는 곳인데, 연수(年收)의 차이가 약 30만 석(石)이나 나기 때문에, 당연히 사타케 가문에서는 불만이 없을 수 없었을 것이다. 이에 가신(家臣) 중 일부가 당시 막부의 최고 실권자인 쇼군(將軍) 이에미츠(家光)를 암살하고자 하였다. 그러나 실패로 끝나게 되자, 그들이 숨어든 곳이 후지사와의 유교지였다. 당시 시종의 유행상인은 후코(普光, 제32대)였는데, 마침 사타케 출신이었기에 연루된 것이다. 막부로부터 단속이 나오자 후코는 미토(水戶)의 신노지(神應寺)로 몸을 숨기게 되는데, 유교지의 책임자가 할복을 하게 된

332

종파의 활동을 위축시키고 말았다. 현재는 아마 정토계의 네 종파 가운데 가장 규모가 작을 것이다. 전국에 겨우 4백여 개의 사찰이 있을 뿐이다. 후지사와(藤澤)의 유교지(遊行寺/清淨光寺)[5]는 대본산이지만, 이 역시 메이지 시대에 있었던 큰 화재 때문에 힘을 잃고 말았다. 게다가 효고현의 신코지(眞光寺)[6], 도쿄의 니치린지(日輪寺)[7] 등 인연 깊은 큰 사찰도 지금은 모두 전화(戰火)의 희생물이 되어버렸다. 이러한 사정으로 종파(시종)는 점점 쇠퇴하여 일반인들에게서 멀어지고 말았다.

나는 이 책에서 잇펜의 신앙이 정토계의 사상에서 얼마나 중요한 위치를 차지하는지 밝히고자 하였다. 즉 잇펜 스님에게 정당한 역사적 위치를 찾아드리는 것이 나의 임무였다. 종래에는 호넨에서 신란으로 나아가는 데 역사적 의의를 두었으나, 일본의 정토사상은 거기에서 잇펜으로 더 나아감으로써 그 사명을 완성했다고 할 수 있다.

시종의 종조가 오늘날까지 잊혀온 이유는 물론 시종의 쇠락에 기

다. 이 일로 인하여 전국의 시종 말사들은 탄압이 두려워 미리 다른 종파로 전종(轉宗)을 해갔다는 것이다. 주로 진종으로 갔다고 한다.

5   역자는 후지사와의 유교지를 여러 번 찾아갔다. 혼자도 가고, 순례단을 조직하여 인솔해서도 갔다. 그러나 언제였던가, 역자의 눈에는 유교지에서 행하는 '삼재(三災)풀이'가 눈에 들어왔다. 이 책에서 야나기가 그토록 높이 떠받드는 잇펜 스님의 삶과 가르침을 생각하면, 시종의 총본산에서 '삼재풀이'를 한다는 것은 도저히 이해할 수 없는 일이었다. 그 이후 아직까지 한 번도 간 일이 없다. 시종의 쇠퇴에 대해서는 역자 나름으로 생각해본 일이 있다. 김호성, 「왜 잇펜 스님의 시종은 쇠퇴하고, 신란 스님의 진종은 흥하게 되었을까」, 『일본불교사공부방』 제19호(일본불교사독서회, 2019) 참조.

6   잇펜의 입적지다.

7   아사쿠사에 있는 시종 사원이다.

인한 것이지만, 그 가르침이 너무나 철저[8]했던 점이라든지, 사람들 가까이에 그것을 알리는 문헌이 없었다는 점 또한 거론하지 않을 수 없다. 호넨이나 신란에 대한 저작물은 엄청난 데 비해, 잇펜 관련 저작물은 정말 미미한 형편이다. 네 권으로 이루어진 『시종성전(時宗聖典)』조차도 간행 부수가 너무 적었던 탓인지 지금은 구할 방법이 거의 없다.

그러나 스님의 감화가 위대했던 덕분일까. 그의 전기는 입적 후 얼마 되지 않아 직계 제자들에 의해 편집되어 12권으로, 혹은 10권으로 세상에 나오기도 했다. 이 점에서는 종조인 호넨 스님의 사례보다 훨씬 다행스러운 상황이다. 호넨 전기의 원천이 되는 『겐쿠성인사일기(源空聖人私日記)』는 불과 2천 수백 자에 지나지 않는 짧은 글이다. 유명한 『호넨스님행장회도(法然上人行狀繪圖)』[9] 전48권의 완성은 스님의 입적 후 백 년 남짓 지나고 난 뒤의 일이었다. 그리고 신란 스님은

---

8 야나기가 말하는 것처럼 잇펜 스님이 말하는 염불은 '나무(南無)'의 중생도 '아미타불'의 부처님도 다 버리고서 '오직 명호 하나'만 남아야 한다. 그것이 종교의 극치이고, 정토신앙의 궁극이라는 점은 동의할 수 있다. 역자 역시 그 점에 대해서는 많은 찬탄의 염을 가져왔다. 그렇기에 이 책을 번역한 것 아니겠는가. 그러나 생각해보면, 그것은 너무 어렵지 않은가 하는 한탄이 나오는 것도 사실이다. '나무아미타불'밖에 할 수 없는 하근기의 범부들에게는 말이다. 선과 하나가 된 정토사상이라는 점 역시 그렇지 않은가. 불이를 이루었으니 대승불교의 정수를 내보인 것이기는 하지만, 애당초 선을 감당할 수 없는 범부가 '나무아미타불'로 돌아온 것 아니던가. 이러한 고준함이 사람들을 그보다 더욱 편한 호넨의 '행의 불교'나 신란의 '믿음의 불교'로 내몰았다고 볼 수는 없을까? 역자도 '초판'에서는 이러한 점을 생각할 수 없었으나, 이번 '개정증보판'에 이르러서는 그런 점이 보이기 시작했다.

9 이 책에서는 『칙수어전(勅修御傳)』으로 불려왔다. 천황의 칙명으로 이루어진 것이므로 그렇게 부른다.

거의 한 권의 전기다운 전기조차 없는[10] 형편이다. 가쿠뇨의 『어전초(御傳抄)』는 스님이 입적하신 지 34년이 지나고 나서 나온 저작일 뿐 아니라, 그 역사적 가치가 매우 부족하다[11]는 것이 정설이다. 그런 점을 생각했을 때 잇펜이 입적한 후 곧바로 직계 제자들에 의해 세 종류의 전기를 편찬할 수 있었다는 것은 그 당시 시종이 얼마나 번성했는가를 이야기해주는 대목이다.

여기서 나는 일반 사람들을 위해, 스님에 관한 주요한 문헌을 들어 각각 짧은 설명을 덧붙여두고 싶다(종문의 사람들이나 불교학에 뜻을 둔 사람들에게는 쓸데없는 일이겠지만, 독자들의 요구를 생각하면 우선 소개라도 하기 위해 붓을 들어야 하지 않을까 생각된다). 스님의 전기에는 세 종류가 있다.

> 쇼카이본(聖戒本) 『잇펜성회(一遍聖繪)』 12권(存)
> 소슌본(宗俊本) 『잇펜스님연기(一遍上人緣起)』 10권(存)
> 신교본(眞敎本) 『잇펜스님전(一遍上人傳)』 10권(缺)

첫 번째는 스님의 사촌동생인 쇼카이(聖戒)가 쓴 스님의 일대기다.

---

10 가쿠뇨의 『어전초』 외에도 진종 고전파(高田派)와 불광사파(佛光寺派)에서 각기 독자적인 전기를 전승해오고 있다. 전자는 『신란성인정명전(親鸞聖人正明傳)』이고, 후자는 『신란성인어인연(親鸞聖人御因緣)』이다.

11 가쿠뇨가 만든 신란 스님의 그림전기는 정식 명칭이 『신란전회(親鸞傳繪)』로, 그림과 글이 함께 있다. 이 중에 그림만을 따로 떼어내서 쓸 때는 '어회전(御繪傳)'이라 부르고, 글만을 따로 떼어내서 쓸 때는 '어전초'라고 부른다. 이 그림전기는 본산(本山)에서 각 말사로 내려보내서 법회 시에 시청각 교재로 썼다.

다년간 스님을 수행하며 함께 유행했을 뿐만 아니라, 임종 때까지 곁에서 모셨던 제자이기도 한 쇼카이가 기록한 것이기 때문에, 설령 신심을 돋우기 위한 취지라 하더라도 가장 귀중한 사료가 포함되어 있음은 두말할 나위 없다. 이 두루마리 그림은 일반적으로 『육조연기(六條緣起)』라고 불리는데, 그것은 쇼카이가 창건한 교토 로쿠죠(六條)의 간키코지(歡喜光寺)[12]에 전해지고 있기 때문이다.

> 정히 이제 (잇펜 스님께서) 남겨주신 은혜를 양어깨에 짊어지고 있으면서도 감사하며 보답하기가 어렵고, 그 옛날을 돌아보면 잊어버릴 수도 없다. 그러는 동안 한 사람의 권유에 의해 이 그림을 그려서 일념의 신심을 불러일으키기 위해 스님의 행장을 쓴다.[13]

글 중에 '한 사람의 권유'란 관백(關伯)인 쿠죠 타다노리(九條忠教)를 가리킨다. 정안(正安) 원년, 서기로는 1299년에 완성된 것이니, 스님의 입적 후 불과 10년이 지나서였다. 그림은 엔이(円伊) 법안(法眼)이 그린 것으로 희귀하게도 비단에 그린 견본(絹本)이다. 가마쿠라 시대의 두루마리 그림으로는 가장 뛰어난 작품의 하나로 손꼽힌다. 특

---

12 교토는 당나라 장안을 모델로 한 '바둑판 도시'로, 동서 축을 위로부터 1조(條), 2조… 10조로 불렸다. 그중에 6조다. 서본원사와 동본원사는 다 6조와 맞물려 있다. '간키코지'는 지금은 6조에 있지 않다. 그저 한때 '이곳에 있었다'라는 안내 표지만 돌에 새겨져 있다. 나중에 우메하라 다케시(梅原猛)의 책을 통해서 알게 된 사실인데, 교토시에서 주차장을 짓는다고 절을 시외로 옮겨달라고 해서 옮겼다고 한다. 새로 옮겨 간 곳은 교토의 동쪽에 있는 야마시나(山科)라고 하는데, 가보지는 못했다.

13 『육조연기』(일명 『잇펜성회』) 제12권의 마지막 부분에 나오는 글이다.

히 그 배경을 이루는 풍물은 사실적이며, 미적으로도 역사적으로도 귀중한 작품이라 할 수 있다. 실은 내가 잇펜 스님에게 마음이 끌리게 된 최초의 동기[14]는, 젊었을 때 이 두루마리 그림의 아름다움이 내 마음을 움직였기 때문이다.

『육조연기』가 저술되고 나서 3년 후, 또 다른 전기가 세상에 출현한다. 카겐(嘉元) 2년(1304) 무렵이라는 것으로 보아 스님의 13번째 기일(忌日)[15]을 기념했을 터이다. 『잇펜스님연기(一遍上人緣起)』 혹은 『잇펜스님회사전(一遍上人繪詞傳)』이라고 일컫는다. 10권으로 되어 있지만, 처음 네 권만 스님의 전기이고 나머지 여섯 권은 2조인 타아(他阿)의 행적을 서술하였다. 그러니까 정확히 말하면 '잇펜과 타아, 두 스님의 연기[一遍他阿両上人緣起]'라고 불러야 할 책이다. 저자 소슌은 타아 신쿄(他阿眞教)의 직계 제자인데, 잇펜 스님에게서도 직접 가르침을 받은 제자였을 것이다. 여기에 보이는 잇펜의 사료는 분명히 『육조연기』에 의거하지만, 어느 정도는 새로운 자료가 더 보태어졌다. 그림은 토사 요시미츠(土佐吉光)가 그렸는데, 애석하게도 메이지 연간에 후지사와의 쇼죠코지(清淨光寺)[16]가 불타면서 함께 소실되고 말았다.

---

14 이에 대해서는 앞의 「연기」에서 서술한 바 있다.

15 일본에서는 제13회 기일을 특별하게 생각한다.

16 시종의 총본산으로, 통칭 '유교지(遊行寺)'로 부른다. 후지사와는 도쿄의 서남쪽에 있다. 가마쿠라와 후지사와 사이에 전차가 다닌다. 에노시마(江の島)라는 경치 좋은 바닷가 인근에 있다. 잇펜은 가마쿠라 안으로 발을 들여놓지 못했다. 어느 때 무리를 이끌고 가마쿠라로 들어가려고 했다. 공교롭게도 가마쿠라를 다스리던 최고 실권자가 사냥을 나가는 길에 잇펜 일행과 정면에서 만나게 된다. 사회 하층민을 다수 포함하고 있어서 행렬 자체가 불온하고 불안하게 보였을지도 모른다. 그 권력자가 잇펜 일행의 가마쿠라 출입을 금해서 잇펜은 가마쿠라를 우회할 수밖에 없었다. 그리하여 후지사와로 가게

순서나 차례를 보면, 역사적인 정확성을 기하기보다 오히려 시종의 정맥(正脈)을 잇고자 함이 그 취지였다. 종문에서 이 소슌의 전기를 얼마나 중요시했는지는 많은 사본이 남아 있는 것으로도 알 수 있다. 『육조연기』 사본이 겨우 하나밖에 남아 있지 않은 것은 쇼카이를 개기(開基)로 삼은 간키코지 계통이 정맥[17]이 아니었기 때문일까.

이상 두 종류의 두루마리는 잇펜 스님의 생애를 아는 데 필수 불가결한 작품이다. 다행히 양자를 합하여 『육조연기』라는 제목 아래, 아사야마 엔쇼(浅山円祥)가 편찬한 단행본이 출판되었다. 본문의 엄밀한 교정은 물론이거니와 자세한 주해도 곁들여져 있어, 이보다 더 나은 작품을 바랄 수 없을 정도다. 다행히도 소화 27년(1952) 재판의 증보본이 나오기에 이르렀다[東京都 本鄕의 山喜房佛書林 刊].[18] 스님을 연구하려면 반드시 한 권을 구비해야 할 것이다.

앞에서 말한 두 가지 외에 신쿄의 전기가 있다. 신쿄는 시종 제2조 타아미타불(他阿彌陀佛)[19]로, 잇펜 스님을 오랫동안 모신 뛰어난 제자이며, 시종을 계승한 스테히지리다. 조사의 전기를 묶어서 10권으로 만들고, 화공인 신쇼(心性) 및 그의 아들 아리시게(有重)가 그린 그림을 더하여 인연이 깊은[20] 구마노(態野) 신사에 봉납한 것인데, 애석하게도 사라져서 오늘날 구할 방법이 없다. 다만 카겐 4년(1306)에 쓰여

된 것이니, 후지사와에서 머물던 곳이 유교지가 되었다.

17 후지사와의 쇼죠코지가 교토의 간키코지보다는 시종 안에서 정맥으로 인정받았음을 알 수 있게 하는 서술이다.

18 초판은 1935년, 재판은 1952년, 그리고 개정증보 3판은 1976년에 나왔다.

19 시종에서 법명을 지을 때, 흔히 '○아미타불'이라 짓고, 줄여서 '○아'라고 부른다. 이러한 이름을 '아미호(阿彌號)'라 한다.

20 잇펜이 구마노 신사에서 신탁을 받아서 안심입명하였기 때문이다.

진 『봉납연기기(奉納緣起記)』 1권의 짧은 글만 알려져 있을 뿐이다. 참으로 천년의 한이라 하겠다. 이것이 오늘날 보존되어 있다면, 잇펜 스님의 전기를 훨씬 자세하게 알 수 있었을 것이다.

이 밖에 『잇펜스님연보략(一遍上人年譜略)』과 『잇펜上人행장(一遍上人行狀)』이 있는데, 약간의 사료를 얻을 수 있기는 해도 극히 간단한 기술에 지나지 않는다.

이상은 스님의 행장에 관한 것이고, 그 가르침을 알고자 한다면 귀중한 다음의 책을 살펴보아야 할 것이다.

1. 『파주법어집(播州法語集)』 1권

전하는 이야기에 따르면, 스님이 파주(播州)[21]에서 교화할 무렵 지아(持阿)라는 제자가 종문의 깊은 교의에 관한 문답을 기록하여 이 모음집을 편집했다고 한다. 스님 스스로 이미 모든 저술을 불태워버리고 다만 육자의 명호만을 남겼기 때문에, 오늘날 이 가나법어집이야말로 스님의 사상이나 체험을 엿볼 수 있는 가장 중요한 단서라 할 수 있다. 가마쿠라 말기의 것으로 보이는 옛 사본 하나가 가나자와 문고(金澤文庫)[22]에 소장되어 있지만, 판본은 뒷날 안에이 5년(1776)에 손뇨(尊如)에 의하여 처음으로 출판되었다. 그러나 이 판본은 아주 희귀본

---

21 하리마(播磨), 현재의 효고현 남서부.

22 현재 요코하마에 있다. 현재는 가나자와 현립 도서관이지만, 일본 최고의 도서관으로서 가마쿠라 시대부터 시작된다. 보조지눌의 저술 『화엄론절요』는 이 문고에서 소장하고 있는 것이 유일본이다.

[珍本]이어서, 시종의 학자들조차 그 존재를 아는 사람이 적다. 그래서인지 『시종성전(時宗聖典)』에조차 들어가 있지 않다. 내가 아는 사본은 2부로, 하나는 류코쿠(龍谷)대학에, 다른 하나는 교토의 콘코인(金光院)에 현존한다. 후자는 손코(尊光) 스님의 수택본(手澤本)이다. 다행히 앞에서 말한 옛 사본 및 판본이 모두 본원사파의 『종학원논집(宗学院論輯)』제19집에 실려 있다. 미야자키 엔쥰(宮崎円遵, 1906-1983)이 해설을 덧붙여 발표한 것이다.

이 『법어집』은 어느 시대인가 한역되었고, 또 점차 새롭게 순서를 고쳐서 『파주문답집(播州問答集)』이란 제목으로 세간에 유포되었다. 불가사의하게도 원본인 가나법어는 잊히고 이 한역이 세상에서 칭송받아 이를 기본으로 해서 주석서까지 나와 있다. 그 시대의 한문 중시는 정말 극심했던 모양이다. 게다가 문답체로 표현하기가 불가능한 부분은 생략하였기 때문에 원래의 가나법어집 그대로는 아니다.

그런 이유 때문인지 앞에서 말한 두 가지 전기와 이 가나법어집에서 주요한 소재를 모아서 편찬한 것이 있다.

2. 『잇펜스님어록(一遍上人語錄)』 2권

초판은 원래 잇카이(一海)의 발원으로 편찬된 것인데, 호레키 13년(1763) 엔이(円意) 거사의 뜻에 의해 상재(上梓)되었다. 2판은 메이와 7년(1770) 엔이의 아들인 고바야시 간페이(小林勘平)에 의해서, 3판은 분카 8년(1811) 또 간페이에 의해 상재되었다. 앞의 둘은 간행 직후 화재로 소실되어 판본이 거의 남아 있지 않다. 오늘날 가끔 항간에서 볼 수 있는 것은 세 번째의 분카판인데, 이는 정토종 서산파의 승려 슌보의 노력에 의한 개정판이다.

어록 두 권 중에서 상권은 화찬, 게송, 편지, 와카 등을 모은 것이며, 하권은 법어를 수록한 것이다. 다만 하권의 본문이 앞에서 말한 『파주법어집』과는 다른 계통의 사본에 기반해서인지는 몰라도 용어에 차이가 있다.

다행히도 이 『잇펜스님어록』은 쇼와 9년(1934) '이와나미문고(岩波文庫)'로 간행되었다. 후지와라 타다시(藤原正)의 편집에 힘입어 주석도 부가되었는데, 입문서로는 매우 훌륭하다. 앞에서 말한 아사야마(淺山)본 『육조연기』와 함께, 오늘날 독자들도 접근하기 매우 편리한 인쇄본이다. 다만 '이와나미문고본'의 편집자는 가나법어집의 존재나 어록 초판의 현존조차 몰랐던 것 같다.[23]

이외에 『시종성전』 4권이 있다. '시종 종학림(宗学林)'의 편찬으로 다이쇼 5년(1916)부터 10년에 걸쳐 조금씩 조금씩 간행되었다. 이는 후에 그대로 『대일본불교전서』 속에 수록되었으며, 각 책이 낱권으로 팔리기도 했다. 그러나 이 중요한 전집본도 일반인들의 수요가 없고, 간행 부수가 적어서인지 지금은 희귀서가 되어 구하기가 쉽지 않다. 그러나 이 중에는 앞에서 말한 『회전(繪傳)』류나 『어록』을 포함할 뿐 아니라, 몇 가지 중요한 문헌들을 싣고 있다. 예를 들어 슌보 찬술의 『잇펜스님어록언석(一遍上人語録諺釋)』 4권이나 『파주문답집』 주석본, 종문의 사람들에게 중요한 『기박론(器朴論)』, 『시종요의(時宗要義)』 등

23　이 서적은 절판되고, 현재 오오하시 슌노(大橋俊雄) 교주, 『잇펜스님어록, 付 파주법어집』(岩波文庫, 1985)이 새롭게 간행되었다.

을 모두 싣고 있으므로 연구자에게는 필수적인 책이다. 다만 아쉬운 것은 오식(誤植)이 꽤 많다는 점이다. 이외에 쇼와 8년(1933) 헤본샤(平凡社)에서 『시종종전(時宗宗典)』이 나왔으나 집록(輯錄)이 충분하다고 할 수는 없다. 진종에서는 성교전서(聖教全書)가 너무 많다고 할 정도인 데 비하면, (시종의 성전은) 매우 적막한 형편이어서 누군가 나서서 새롭게 '시종성교전서(時宗聖教全書)'[24] 사업에 힘써야 하지 않을까 싶다. 『어록』 같은 것도 다시 새롭게 편찬되어야 할 것이다.

현재까지 나온 잇펜의 사상에 관한 논문으로는, 단편적인 것이지만 주목해야 할 몇 편이 있다. 그중에서 아사야마 엔쇼(浅山円祥)가 전술(前述)한 『육조연기』의 권말에 부가한 두 편의 논문[25]은 가장 타당한 견해를 보여주고 있다. 쇼와 13년(1938) 교토 시종청년동맹에 의해 편집되어, 쵸지야(丁子屋) 서점에서 나온 『잇펜스님연구(一遍上人の研究)』는 훌륭한 참고서다.

스님에 관한 새로운 전기로는 요시카와 기요시(吉川 清)의 『잇펜스님(一遍上人)』과 『유행잇펜(遊行一遍)』이 좋다. 둘 다 쇼와 19년(1944)에 간행되었다.

초심자를 위하여 스님에 관한 문헌을 소개하는 것은 이것으로 충

---

24   새로운 성교전서는 『一遍上人全集』(春秋社, 1989)으로 나왔다. 두 종류의 전기, 『파주법어집』과 보유(補遺)로 이루어져 있다. 원문과 현대어 역을 함께 수록해놓았다. 다만, 전기에서는 그림이 제외되었다. 한편 근래 오치아이 토시노리(落合俊典)에 의하여 잇펜 저술로 생각되는 「용념불화찬(踊念佛和讚)」이 발견, 보고되었다. 落合俊典, 「잇펜의 새로 발굴된 법어와 화찬에 대하여(一遍の新出法語と和讚をめぐって)」 참조.

25   그 제목만 옮긴다면 「잇펜의 명호사상과 그 성격」, 「잇펜에게 있어서 명호와 귀명에 대하여」이다.

분하리라 본다.

마지막으로 시종의 심오한 뜻을 드러내는, 잊을 수 없는 시 두 편을 소개하면서 긴 글을 마치고자 한다.

십일불이송(十一不二頌)

십겁(의 과거에) 정각을 이루신 것은 중생계(를 위한 것)이니,
일념(으로) 왕생하리, 미타의 나라에
십겁과 일념이 둘이 아니니 태어남이 없음을 깨달아
미타국과 중생계가 평등한 큰 법회에 참여하리[26]
十劫正覺衆生界 一念往生彌陀國
十一不二證無生 國界平等坐大會

십겁이나 먼 과거에 아미타불이 정각을 얻어서 부처가 된 것과, 중생이 왕생을 얻는 것은 하나[不二]다(제1구). 그러므로 중생이 "나무아미타불"이라고 다만 일념으로 부를 때 왕생이 이루어지고, 이미 아미타불의 나라인 정토의 사람이 된다(제2구). 그러므로 십겁이나 되는 과거에 이루어진 아미타불의 정각과 현재 일념의 칭명은 둘이 아니므로, 그 자리에서 불생불멸의 생명을 깨달을 수 있다(제3구). 그때야말로 모든 장소는 아미타불의 국토든 중생의 세계든 평등해져서 누구라도 큰 연꽃이 피는 법회의 자리에 참여할 수 있는 것이다(제4구).

육십만인송(六十萬人頌)

육자의 명호는 일편의 법이고
십계의 의보와 정보는 일편의 몸이며
만 가지 행이 생각을 떠나는 것은 일편의 깨달음이니
사람들 중에 높고 높은 묘호화로다![27]
六字名號一遍法 十界依正一遍體
萬行離念一遍證 人中上上妙好華

    스님이 유행하며 사람들에게 목찰(木札)을 나누어주었을 때[28] "南無阿彌陀佛 決定往生 六十萬人"[29]이라 기록되어 있었다. 이 '육십만인'은 위의 4행시의 앞 글자를 하나씩 떼어 만들었다고 한다. 이 시는 그 속에 '일편'이란 글자가 자주 나오는 것에도 주의해야 한다. '일'은 일여(一如)이고, '편'은 편만(遍滿), 즉 일즉다(一卽多)라는 불이의 가르침을 암시[30]한다고 볼 수 있다. 이는 "오직 하나인 명호가 법계에 두루 퍼지다"라는 구절에서 나온 것이라고 할 수 있다. 어떤 것이든 '하나이면서 두루'라는 의미를 나타내는 것으로, 이보다 더 불법의 이념을 잘

---

27   『일편성회』 제3권.

28   이를 '후산(賦算)'이라 한다.

29   오른쪽에 있는 목찰 그림은 원서에는 없다. 다만 독자의 이해를 돕기 위해 역자가 만들어 넣었다. 언젠가 역자는 시종 총본산 유교지에서 종이로 된 것을 받은 적이 있다.

30   '일편'의 의미에 대해서 이러한 의미 설명도 가능하겠지만 역자의 생각은 '잇펜'은 '잇펜 스님 자신'을 가리키는 것으로 보아야 할 것으로 본다. 이 노래가 잇펜 스님에게는 자신의 법(불교)에 대한 표명일 것이기 때문이다.

나타낼 수는 없다. 그러므로 일편의 법은 육자의 명호 자체이고, 육자
가 곧 불법이라는 것이다(제1구). '십계의 의보와 정보'는 오늘날 사람
들에게는 통하지 않는 술어이다. 십계[31]는 미혹도 깨달음도 하나된 일
체의 경계라는 뜻으로 보면 된다. 의보와 정보는 우리가 가진 심신(心
身)과 그것을 둘러싼 일체의 물질계[32]를 의미한다. 그러한 세계가 바
로 부처의 몸에 즉한다[33]는 것이다(제2구). 그러므로 만 가지 행위가
만약 이원적인 개념을 떠나면 바로 불이, 즉 일편의 깨달음으로 변하
는 것이다(제3구). 그러한 사람이야말로 청정한 흰 연꽃과 견줄 수 있
는 묘코닌(妙好人)이라 기리고 싶다(제4구).

　이 「육십만인송」은 「히지리의 노래」로 존중되었다. 옛사람들은 시종

31　지옥·아귀·축생·수라·인간·천상의 여섯 갈래와 성문·연각·보살·불의 네 계
　　위를 합한 것이다.

32　전자가 정보이고 후자는 의보다.

33　여기서 '즉'의 의미는 '통한다, 하나가 된다'는 뜻이다.

교의의 진수로 여기고 이렇게 해석하는 것조차 삼갔다. 그렇게 하는 것이 더 좋은지는 알 수 없지만, 번뇌 속의 우리는 그것이 무엇을 의미하는지를 어느 정도는 알고 싶은 것이다. 다만 설명은 그저 우리에게는 빙산의 일각에 지나지 않는다는 것도 함께 알아야 한다.

지금까지 "나무아미타불"에 대해 여러 장광설을 거듭했지만, 나는 잇펜 스님이 다만 '명호'만을 남겼던 그 취지를 꿈에도 잊을 수 없다.

나무아미타불.

> 염불은 염불을 외는 수행자에게는
> 수행도 아니며 선행도 아니다.
> 나의 의도대로 행하는 것이 아니기에 수행이 아니라 말한다.
> 내 의도대로 선을 짓는 것이 아니기에 선행이 아니라 말한다.
> 다만 타력으로서 자력을 떠났기에,
> 염불을 외는 수행자에게는
> 수행도 아니고 선행도 아닌 것이다.
> _『탄이초』[34]

---

34 제8장의 내용이다.

야나기 무네요시의 눈

이 글은 「야나기 무네요시(柳宗悅)의 『나무아미타불』에 나타난 해석학적 안목」, 『한국불교학』 제74집(한국불교학회, 2015)에 발표된 것이다. 이 책의 '해설'로 실으면서, 가능하면 평이하게 문장을 고쳤으며 전문적인 각주는 생략하였다. 또한 현재(2026) 시점에서 그 사이 변화된 인식을 각주를 통하여 보완하였다.

인연

야나기 무네요시(柳宗悦, 1889-1961)를 아는 사람이 얼마나 될까? 안다고 하더라도 대개 그를 '민예' 개념을 만든 미학자 정도로 알고 있지 않을까? 그런 그가 『나무아미타불』이라는, 일본 정토불교에 관한 명저를 썼다는 사실을 알고 있는 사람은 또 얼마나 될까? 더 나아가 『나무아미타불』을 읽어본 사람은 과연 얼마나 될까?

일본인들 혹은 일본 불교학자들에게 이러한 질문을 제기한다면 그래도 상당히 긍정적인 답변이 나올지도 모른다. 하지만 한국의 불자들이나 불교학자들은 어떨까? 물론 이러한 질문을 제기하는 나도 예외는 아니다. 나 역시 그를 잘 몰랐다.

내가 처음으로 야나기를 알게 된 것은 그의 저서 『조선과 예술』의 우리말 번역본을 통해서였다. 미학자로서의 야나기를 소개받은 것이다. 당시 『조선과 예술』에 대한 서평을 남겼는데, 다음과 같은 감상을 고백한 바 있다.

처음 이 책을 읽은 것은 1993년 가을이었다. 아마 황룡사를 다녀오는 기차에서였을 것이다. 그때의 감동을 살려 이야기하자니 두려움이 앞선다. 솔직히 고백하건대, 그 두려움은 야나기 무네요시가 일본인이라는 데서 온 선입견이다. 그가 아무리 우리의 문화에 대해서 깊은 이해와 애정을 가졌다 하더라도, 일본인인데 혹시 식민사관의 영향이 다소라도 숨겨진 것은 아닐까 하는 미심쩍은 마음이 들었다.

지금은 당시 가졌던 '두려움' 같은 것은 없지만, 그때는 '두려움' 속에서 야나기를 조심스레 만났다. 그리고 유홍준이 "석굴암의 신비에 도전하여 그 신비의 한 겹이라도 벗겨서 우리에게 보여준"[1] 8인 가운데 한 사람으로 야나기를 손꼽았다. 외국인으로는 가장 이른 시기의 인물이었다.

그뿐이었다. 이내 나는 야나기를 잊었다. 그러다가 우연한 인연으로 다시 만났는데, 2007년 여름의 일로 기억한다. 그가 세운 도쿄의 일본민예관에 갔는데, 거기서 『나무아미타불』이라는 저작이 있음을 알게 되었다. 그야말로 수불석권(手不釋拳), 손에서 책을 놓을 수 없을 정도로 탐독했다. 그리고 에세이 한 편을 썼는데, 그 결론 중 일부를 소개하면 다음과 같다.

> 야나기는 조선과 일본의 민예에서 보편성을 보았다. 그러면서 그 민예의 정신사적 뿌리를 둔세승의 불교, 그중에서도 잇펜 스님에게서 찾았다. 불교미학의 중요한 한 측면인 정토미학이 그에 의하여 완성을 보게 되었다.
>
> 그러나 야나기는 『나무아미타불』에서 염불문의 사상이 "부사의하게도 조선에서는 큰 발전의 족적이 없고"라고 말하는 데서도 알 수 있듯이, 일본에서는 한국의 염불문이 그다지 알려지지 않은 상태다. 과연 한국의 염불문에는 큰 발달이 없었던 것일까.

---

[1] 유홍준, 『나의 문화유산답사기 2』, 1994, '야나기의 석굴예찬론'이라는 제목으로 다루고 있다. pp. 185-189 참조.

이렇게 맺음을 했다면, 당연히 한국의 염불문 전통에서도 나름의 큰 발달이 있었음을 찾아서 드러내는 작업을 했어야 마땅하다. 그러나 한국불교의 정토사상에 대해서 전혀 공부[2]를 진척시키지 못하였다. 솔직히 고백하건대, 그보다는 오히려 야나기의 『나무아미타불』이 풍기는 매력에 한층 더 이끌렸다. 그리고 마침내 한국어 번역을 발원하기에 이른다. 일단 나부터라도 야나기와 『나무아미타불』을 좀 더 깊이 이해해야 한다는 필요성을 느낌과 동시에, 야나기가 전하는 일본 정토사상의 세계와 한국의 그것이 얼마만큼 같은지 혹은 다른지를 확인하고 싶었다.

2007년 11월 24일 첫 역주 스터디(나무아미타불 독서회)를 개최한 이래 2012년 12월 14일, 정확히 5년 3주 만에 초벌 번역을 완료했다. 그리고 이후 2016년 7월 25일까지, 총 134회에 이르는 역주 스터디를 통해서 원문을 대조하며 수정과 윤문을 계속했다. 초벌 번역은 학생과 소장학자들 총 21명이 동참한 공동 번역이었다. 아직 미완이지만, 그 성과를 간헐적으로 발표해왔다.

서문~11. 일념 다념: 「법보신문」(2011년과 2012년에 걸쳐서 총 79회) 연재.

서문~6. 염불: 잡지 『일본불교사공부방』 6호(2008년 12월)~13호(2015년 1월) 연재.

---

2   이 글이 발표된 2015년이 지나서 나는 원효의 정토사상에 대한 논문을 현재까지 11편, 신라시대의 정토시(淨土詩) 「원왕생가」에 대해서 3편의 논문을 발표하였다.

『나무아미타불』 완역: 법공양판[3] 200부 발간(2015년). 「고유명사
소사전」, 『요카와(橫川) 법어』, 그리고 『일매기청문(一枚起請文)』의
번역을 부록함.

이러한 과정에서 야나기의 『나무아미타불』에 대하여, 즉 야나기가
일본의 정토사상사를 어떻게 이해하고 있는지, 그 독창성은 어디서
찾을 수 있는지에 대해 정리하고 싶은 마음이 점차 무르익었다. 그러
나 아직 공부가 깊지 못하여 차일피일하다가, 이제 거칠게나마 시도를
해야 할 시절인연[4]을 맞이하게 된 것이다.

특히 『나무아미타불』에 나타난 일본의 정토사상사 그 자체보다는
그것을 정리·평가·해석하는 야나기의 해석학적 안목(hermeneutical
imagination)에 초점을 맞추고자 한다. 말하자면 일본 정토사상사를
이해하는 그의 정토해석학에 대하여, 나 역시 나름대로의 해석학적
안목을 투영해보려는 것이다.

몇 가지 예비적 고찰

성립과 제목

---

3 이 법공양은 필자 선친의 49재를 맞이하여 후세보리(後世菩提)를 기원하는
   의미에서 복사·제본한 사간판(私刊版)으로, 200부 한정판이었다.
4 이 글은 애당초 일본 동양대학과 동국대 불교대학 사이의 공동 학술회의
   (2015년 3월 19일, 동양대학)에서 구두로 발표하고 토론한 바 있다.

이 글의 대상이 되는 『나무아미타불』의 성립 과정은 다음과 같이 정리할 수 있다.

- 최초 집필본: 1951~1952년, 그리고 1954년에 걸쳐서 불교잡지 『대법륜』(대법륜각 발행)에 21회에 걸쳐서 연재.
- 초판본: 최초 집필본을 수정·보완 후 1955년 대법륜각에서 발행.
- 전집 수록본: 『야나기 무네요시 전집 저작편 제19권』(筑摩書房, 1982)에 재수록.
- 문고본: 이와나미문고. 1986년 1월 16일 1쇄 발행.

문고본은 전집 수록본을 저본으로 삼고 초판본을 대교본으로 삼았다. 우리가 번역의 저본으로 삼은 것은 바로 이 문고본[5]이다. 다만 거기에는 『심게(心偈)』라는 야나기의 또 다른 저술이 부록으로 함께 실려 있으나, 그것은 번역하지 않았다.

아직 부분적이지만, 『나무아미타불』이 한국에 번역·소개되는 데 근 60년이 걸린 셈이다. 한국 불교인들이나 불교학자들이 야나기의 목소리에 귀를 기울이기 위하여 60년의 시간을 기다려야 했던가? 현대의 문화전파 속도를 생각해보더라도, 또 한국의 불교학계가 일본의 불교학을 이해하고 수입해온 속도에 비추어 보더라도 너무 뒤늦은 수용이 아닌가 생각한다. 왜 그렇게 되었던 것일까? 어쩌면 이 글 자체도 그러한 물음에 대한 해답의 일단을 추구하는 것일 수 있지만, 여기서는 성급한 추론을 자제하고 『나무아미타불』 그 자체에 집중

---

5   실제로는 제33쇄(2006년 8월 25일 발행)다.

하고자 한다.

우선, 눈에 띄는 것은 『나무아미타불』이라는 책의 제목이다. 야나기는 어느 누구도 생각해내지 못한(못할) 멋들어진 제목을 붙였다. 이 이상 더 멋있는 서명(書名)을 일찍이 본 적이 없다. '나무아미타불'이라는 명호를 감히 책의 제목으로 삼고 있는데, 이때 '나무아미타불'은 두 가지를 중의적(重意的)으로 상징하고 있다. 하나는 두말할 것도 없이, 일본 정토사상사의 다음과 같은 법맥을 나타낸 것일 터이다.

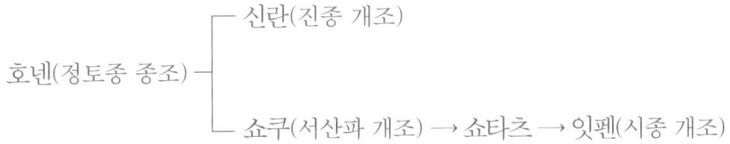

호넨(정토종 종조) ─┬─ 신란(진종 개조)
　　　　　　　　　└─ 쇼쿠(서산파 개조) → 쇼타츠 → 잇펜(시종 개조)

표1: 일본 정토사상사의 흐름

이 법맥에 등장하는 개조 네 분의 네 종파가 현재 일본불교 정토문의 주된 종파이거니와, 가히 야나기가 『나무아미타불』에서 논하고 있는 주요한 정토사상의 범위이기도 하다. 그들의 사상을 모두 포괄하는 공통분모로서 '나무아미타불'이라는 명호를 내세워서 책의 제목으로 삼은 것이다.

다른 하나는 『나무아미타불』이라는 제목을 통하여 일본 정토문의 마지막 절정인 잇펜의 사상을 드러내고자 한 것이다. 오직 "나무아미타불"만 존재한다는 것, 즉 명호를 외는 염불자도 그 명호를 통해서 구제를 베풀어주시는 아미타불(정토종적 아미타불)이나 염불 소리를 듣기도 전에 먼저 은총을 회향해주시는 아미타불(진종적 아미타불)조차도 모두 소멸되고 없음에 대한 공감 말이다. 이른바 '오직 하나[獨一]인 명호', 그것밖에는 없다. 명호 하나만 있으면 충분하다는 생각에서 잇펜이 다른 저술들을 다 소각했던 것처럼, 야나기 역시 그러한 심정으로 '나무아미타불'을 책의 제목으로 삼았을 터이다.

교실에서 떠들어대는 어린 학생들에게 선생님이 큰소리로 외친다. "조용히 해!" 그러나 선생님의 "조용히 해"라는 말씀 역시 침묵은 아니지 않는가. 일종의 모순이라 할 수도 있다. 이런 모순을 야나기 역시 범할 수밖에 없다. '나무아미타불'이라는 육자(六字)를 설명하기 위하여 장황하게 책 한 권을 썼기 때문이다. 잇펜은 소각하고, 야나기는 저술했다. 방법은 정반대지만 그 목적은 하나이다. '오직 하나인 명호'를 사람들에게 전하기 위해서다. 나 역시 그와 동일한 목적으로 이 책 『나무아미타불』의 번역을 시도했고, 또 이 글을 쓴다.

구성과 취지

야나기는 간단한 이치를 납득시키기 위하여 그동안 정토교학에서 문제가 되어온, 혹은 문제가 되어야 할 주요한 토론 주제들을 망라하여 다룬다. 그것은 바로 『나무아미타불』의 구성에 잘 나타나 있다. 그것이 바로 다음과 같은 '차례'에서 확인할 수 있다.

서문
취지
인연

1. 염불의 불교

2. 삼부경

3. 사문 법장

4. 아미타불

5. 제18원

6. 염불

7. 타력

8. 범부

9. 육자

10. 서방

11. 일념 다념

12. 회향 불회향

13. 내영 불래영

14. 왕생

15. 행과 믿음

16. 자력과 타력

17. 승·비승·스테히지리

18. 가나법어

부록: 시종의 문헌들

이러한 '차례'를 해석학적 방법의 하나인 과목(科目)으로 나누어 재정리해보면 다음 표2와 같다.

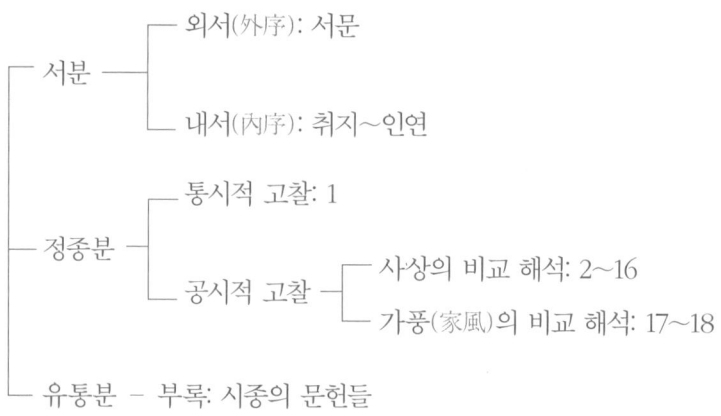

표2: 『나무아미타불』의 과목

물론 야나기가 이러한 삼분설(三分說)의 과목을 명시적으로 제시한 것은 아니다. 그러나 그의 사고 속에서는 이러한 나의 과목을 충분히 예상한 흔적이 읽힌다. 그 증거는 무엇인가? 그는 내가 정종분이라 평가한 부분에만 1에서 18까지 번호를 붙이고 있다는 점에서 찾을 수 있다. '차례' 앞에 위치하면서 책 전체에 대해서 말한 '서문[外序]'은 그렇다 치더라도, 왜 '차례' 이후 책 안으로 들어와서 집필의 '취지'나 '인연'을 말하는 부분[內序]에 일련번호를 붙이지 않았을까? '취지'에서부터 번호를 부여하지 않고 있다는 점은 예사롭지 않다. 그런 점은 유통분이라 평가할 수 있는 '부록: 시종의 문헌들' 역시 마찬가지다. 왜 19라는 번호를 부여하지 않고 다만 '부록'이라 말함으로써 한계를 분명히 지었을까? 야나기가 전체를 크게 셋으로 나누며, 1~18까지를 정종분으로 인식했기 때문이다.

먼저 서분과 유통분을 살펴보자. 서분에서 가장 중요한 것은, '서문'에서 그 스스로 저술의 취지를 다음과 같이 세 가지로 정리하고 있다[6]는 점이다.

① 어느 정도라도 지식이나 교양이 있는 젊은이들—아마 '나무아
미타불'이라는 말로부터 가장 인연이 먼 사람들—에게 육자의
의미를 알리기 위해서다.

② 일본의 정토사상에 마음을 쏟는 분들이 잇펜 스님의 역사적
위치를 좀 더 자세히 알아주었으면 해서다.

③ 타력문과 자력문의 만남에 관하여 새로운 이해를 제시하고 싶
어서다.

이 중에서 ①은 매우 보편적인 이유로 생각되지만, 실제로 『나무아
미타불』에서 다루는 내용은 불교에 대한 예비적인 지식이 어느 정도
쌓이지 않은 독자에게는 대단히 어려운 것임을 생각[7]해볼 때, 그렇게
피부에 와닿지 않는다. "'나무아미타불'이라는 말로부터 가장 인연이
먼 사람들"은 '나무아미타불'을 쉽게 이해하기 어렵다. 그렇게 생각하
면, 야나기가 실제로 『나무아미타불』을 저술한 의도[本音]는 ②와 ③
에 있음을 알 수 있다. 그러나 그 역시 하나로 줄이게 되면 ②가 된다.
왜냐하면 ③에서 말하는 자력과 타력의 문제도 어느 쪽을 선택하든
그것을 철저히 하면 서로 통하게 된다는 것, 즉 "정토 계통에서 이 진

---

6 이는 '서문'의 전체 셋 중에서 '2'에 해당하는 내용이다. '1'은 『나무아미타
   불』의 종요(宗要)라 할 수 있는데, 만고의 명문이라 생각된다. '3'은 출판에
   즈음한 감사 인사라 할 수 있다.

7 후술한 바와 같이 즉허현실(卽虛現實)의 미학과 관련해서는 ① 역시 중요하
   게 의식된 것도 사실이다.

리를 여실히 보여주는 사람이 잇펜"이라 말하고 있기 때문이다.

이렇게 세 가지 취지를 말하면서도 결국은 ② 하나로 수렴된다는 점은, 다시 나로 하여금 '부록: 시종의 문헌들'을 유통분으로 설정할 수 있게 하였다. 앞의 정종분에서 다루어지는 18개의 토론 주제는 모두 정토종의 개조 호넨, 진종의 개조 신란, 그리고 시종의 개조 잇펜의 입장을 공시적으로 비교 해석하고 있기 때문이다. 물론 이러한 과정을 통해서 결국에는 '정토종→ 진종→ 시종'으로 흘러가는 변증법적 과정을 통시적으로 보여주지만, 그렇다고 시종 하나만을 역설한 것은 아니다. 그렇기에 글을 마치면서 뭔가 미진한 바가 없지 않았다. 그 미진한 것을 독자들 스스로 해결해주었으면 하는 바람으로, 더 읽어야 할 시종의 문헌들에 대하여 안내하고 있다. 이는 정히 유통분의 성격에 부합하는 글쓰기가 아닐 수 없다.

다음, 정종분에 대해서 살펴보자. 이미 언급한 것처럼 정종분에서 다루는 토론 주제는 모두 18개지만 크게 둘로 나눌 수 있다. 하나는 통시적으로 일본의 염불문이 어떻게 발전해왔는가를 '1. 염불의 불교'에서 살펴본다. 먼저 통시적인 고찰을 통하여 좀 더 종학(宗學)적인 논의를 향해서 들어갈 수 있는 워밍업을 한 것이다. 그런 뒤에 정토문의 여러 토론 주제를 공시적으로 다룬다. 공시적 고찰은 '2. 삼부경'에서 '18. 가나법어'까지다. 이는 다시 둘로 나눌 수 있다. 세 분 조사들의 사상을 비교 해석하는 부분과 삶의 모습을 비교 해석하는 부분이 그것이다. 전자는 '2. 삼부경'에서 '16. 자력과 타력'까지이며, 후자는 '17. 승·비승·스테히지리'와 '18. 가나법어'이다.

여기서 주목하고 싶은 것은, 야나기가 단순히 세 분 조사의 사상만을 비교 해석한 것이 아니라 삶의 모습까지도 비교 해석하고 있다는 점이다. 이는 야나기가 염불문을 사상 내지 신앙의 문제로서만이 아니라 삶 내지 실천이라는 측면에서도 들여다보고자 했다는 것을 의미한다.

야나기의 해석학적 안목

탈종문의 종학

먼저 회통불교적 성격에 대하여 살펴보겠다. 일단 하나의 저술이 갖는 의미를 새로움(apūrvatā)에서 찾아야 한다면, 야나기의 『나무아미타불』은 존재해야 할 충분한 이유와 가치를 갖는다. 그만큼 새롭다. 일단 앞의 표1에서 본 것처럼, 일본 정토사상사의 주요한 종파 셋, 내지 넷을 함께 다루고 있다는 점이다. 이는 사실 쉬운 일이 아니다. 아니, 매우 놀라운 일이라 해야 할 것이다.

알다시피, 일본불교는 종파불교다. 지금 문제 삼고 있는 정토문의 종파들만 하더라도 가마쿠라 신불교의 일환으로 형성된 것들이 아닌가. 가마쿠라 시대 호넨을 비롯하여 그 제자인 신란이나 증손제자인 잇펜과 같은 조사들은 본인들의 의도 여하와는 무관하게 모두 개종(開宗)이라는 결과를 낳았다. 그만큼 조사 스님들은 사상과 수행법의 용광로 속에서 자신들의 길을 선택했다는 의미가 아니겠는가. 그것을 호넨은 '선택'[8]이라는 말로 불렀다. 세 분 조사 스님들은 다 나름으로 선택을 했다. 자기 스스로 선택한다는 것은 선택 이전에 수많은 고뇌

---

8   호넨의 주저(主著)가 바로 『선택본원염불집』이다.

를 겪었음을 의미한다. 고뇌를 거친 뒤의 선택이기에, 그 선택은 그만큼 힘이 넘쳤다. 선택 이후에 다시 뒤를 돌아볼 일이 없다. 앞으로 향해서 나아가기만 하면 된다.

그러나 지금도 그렇게 선택하고 있을까. 다시 선택할 필요가 있을까. 선택은 이미 옛날의 조사 스님들이 다 했으니, 이제 우리는 선택된 가르침을 그대로 잘 배우고 익혀서 계승하면 그만이라고 생각해도 좋을까. 만약 그렇다면 공부 범위는 조사 스님이 선택한 가르침을 넘어서기가 어렵다. 우리가 선택하지 않아도 된다는 말은 선택된 가르침에 갇히기 쉽다는 뜻이 아닐까. 그렇다면 이미 우리가 가진 스스로의 해석학적 안목 역시 선택될 당시에 정립되었거나 활용되었던 교판(敎判)을 벗어나기 쉽지 않을 것이다. 그래서 종학을 공부하게 된다. 아니, 어쩌면 종학만을 하는 것은 아닐까.

만약 내가 나의 의지와는 무관하게 종문의 후계자로 태어났다고 하자. 나 자신의 정체성에 대해서 의식을 했을 때는 이미 나의 종교적 정체성이 결정되어 있다고 하자. 종문에서 세운 종립대학에서 내가 배운 학문은 종학일 수밖에 없다. 그리고 나의 인식은 그러한 종문이나 종학 안에 갇히고 말 것이다. 타력불교의 한계를 멀리 벗어나 자력불교의 종학을 배우지 않는(못하는) 것은 두말할 나위 없거니와, 같은 타력불교의 한계 안에서라 하더라도 자종(自宗)이 아닌 타종(他宗)의 교학(종학)까지 폭넓게 배우고 사유를 진척시켜간다는 것은 쉽지 않은 일이다. 분명 대단히 어려운 일이다.

이러한 풍토라면 정토문 안에서라도 정토종의 호넨과, 진종의 신란,

그리고 시종의 잇펜을 함께 고찰[共觀]⁹하는 책이 나오기가 쉽지 않을 것이다. 그것도 따로 세 분 조사 스님을 말하고서 그 내용을 하나의 책에 합편하는 방식이 아니라, 동일한 주제에 대하여 세 분 조사 스님이 각기 어떻게 생각하고 있었는지 그 입장을 공시적으로 비교하는 방식의 저술이 아닌가. 그것은 더욱 희유(希有)하다. 그런 측면에서 『나무아미타불』은 참으로 드문, 귀한 저작이라 말하지 않을 수 없다. 그렇다면 야나기는 도대체 어떻게 이러한 책을 저술할 수 있었을까.

그 대답은 의외로 간단하다. 야나기가 종문의 사람이 아니었기 때문이다. 그의 말을 직접 들어보자.

행인지 불행인지, 나는 종문에서 자란 사람이 아니다. 그래서 아마도 몇 가지 문제는 기존 종학의 입장에서 행해진 해석과는 다른 견해가 제시될지도 모른다. 또 틀림없이 몇 가지 문제는 종문의 사람들에게는 자명(自明)한 점을 새삼스럽게 서술한 경우도 있을 것이다. 그러나 뭔가 나름대로 의미가 있을 것이다. 내가 종문의 교양을 갖추지 못한 건 약점이기도 하겠지만, 동시에 종학에 사로잡히지 않는다는 점에서 장점도 될 것이다. 오늘날 종학자에 대한 일반인들의 신뢰는 두텁다고는 말할 수 없다. 많은 독자는 내가 종문의 사람이 아니라는 점에 오히려 신뢰를 보내줄지도 모르겠다. 왜냐하면 나 같은 사람이 말한다면 반드시 '아전인수(我

---

9   이 말은 내가 새롭게 조어(造語)한 것인데, 다양한 사상이나 입장을 공시적 맥락에서 함께 고려하는 것을 말한다.

田引水)'라고 생각하지는 않을 것이기 때문이다.

종문의 사람이 아니기에 야나기는 자유롭다. 주어진 특정 교판에 사로잡힐 필요도 없으며, 전승되어온 법맥 같은 것에 구속될 필요도 없기 때문이다. 종문을 벗어나서 사유할 수 있기에, 표1에서 제시한 법맥을 내면화하는 것이 아니라 그 법맥 밖에서 그 전체를 대상화/객관화할 수 있었다. 그 결과 야나기는, 어떤 종문의 사람들에게서도 결코 쉽게 볼 수 없는 독창적인 해석을 제시할 수 있었다.

나는 이들 세 종파의 어디에도 속해 있는 사람이 아니다. 오히려 이들 세 종파를 떼어놓고 생각하지 않는 입장이다. 무슨 까닭인지 정토종 사람들은 진종에 대해 잘 말하려 하지 않는다. 아마도 질투[10]의 업이라 할까. 또한 진종의 사람들은 자기들 쪽이 정토종보다 앞서 있다는 식으로 생각하는 경우가 많다. 아마도 아만의 업에 의한 것이리라. 그러나 호넨 없이 신란 없고, 신란 없이 호넨의 도는 발전할 수 없었다. 따라서 이 두 분은 오히려 하나의 인격이 (서로 다르게) 표현된 것으로 보아야 할 것이다. 종파에 얽매이면 아무래도 그러한 관점이 가려질 수밖에 없으나, 그것은 오히려 종조들의 참뜻을 거스르는 것이다.

이 글에는 아직 잇펜이 등장하지 않는다. 야나기는 잇펜까지 함께 생각하면서, "호넨·신란·잇펜 세 분을 세 가지 서로 다른 위치에 두고 보

---

10   교세로 볼 때 정토종이 정토진종보다 약하다.

는 것이 아니라, 오히려 한 분의 내면적 발전의 과정"이며, "동일한 인격의 서로 다른 표현"으로 보고자 한다. 직접 그의 말을 더 들어보자.

> 나는 정토종보다 진종이 우월하다거나, 진종보다 시종이 우월하다는 식으로 강조하려는 것도 아니다. 세 분 가운데 한 분만 없더라도 서로 그 역사적 의의를 잃어버린다는 점을 서술하려는 것이다. 호넨이라는 초석 위에 신란이라는 기둥, 잇펜이라는 대들보가 세워져 있다. 그러므로 호넨 없이 신란이나 잇펜은 있을 수 없고, 또한 신란이나 잇펜 없이는 호넨도 그 존재 의미가 약화된다.

'정토문 야나기류(流)'라고 해도 좋을 야나기의 이러한 입장은 종파불교의 입장과는 다르다. 정토문 안의 회통불교라 평가할 수도 있다.[11] 그런 점에서 나는 야나기의 『나무아미타불』을 읽으면서 한없는 친밀감을 느끼지 않을 수 없었다.

회통불교로 불리는 한국불교의 한 특성에 대해서, 어떤 논자들은 비판적으로 평가하거나 극복해야 할 유산으로 생각하는 경향이 없지 않으나, 긍정적으로 평가할 부분도 분명히 있다. 어쩌면 내가 『나무아미타불』의 한국어 번역을 결심하게 된 것도, 바로 이 점에서 야나기의 불교관[12]과 한국불교, 내지 한국불교를 보는 나의 관점이 상

11 물론 야나기는 자력과 타력의 문제를 제기하면서 선과 염불 사이의 회통을 시도한다. 잇펜을 예시로 들고 있다.

12 회통이라는 점에서 확인되는 야나기의 불교관은 자력과 타력의 문제, 즉 선과 염불의 문제로 치환된다. 여기서 그는 '일종의 염불선'을 정립하는데, 주의해야 할 것은 그에게 자력과 타력의 문제, 즉 저술의 취지 중 ③은 행과 믿음의 문제가 아니라는 점이다. 아마 도시마로(阿滿利麿)는 「'미의 법문'을 이

통[13]할 수 있다는 확신이 있었기 때문인지도 모른다.

다음으로 계보학과 종학의 회통에 대해서 살펴보겠다. 이것은 세 종파를 전체적인 입장에서 바라보고 있는 야나기의 관점이 회통불교의 맥락과 상통하고 있다는 점 이상으로 중요한 또 하나의 측면이다. 바로 법맥과 같은 의사역사(擬似歷史)—물론 내면의 심성사(心性史)일 수도 있지만—를 탈피하고 해체한다는 점이다. 예컨대 보조지눌(普照知訥, 1158-1210)이 그의 『절요(節要)』 서문에서 한 말이 생각난다.

하택신회는 지해종사라서 비록 조계의 적자는 아니지만
오해가 고명하여 결택이 분명하다.

荷澤神會 是知解宗師 雖未爲曹溪嫡子 然悟解高明 決擇了然

보조지눌은 하택신회에 대한 당시의 평가를 알고 있었다. 그리 후

해하기 위하여」라는 글에서, 자력과 타력의 문제를 행과 믿음의 문제로 파악한 바 있다. 그러나 아마의 관점이 과연 야나기의 『나무아미타불』을 올바로 이해한 것인가 하는 점에 대해서는 다시 검토할 필요가 있을 것으로 보인다. 그런 부분도 없지는 않겠으나, 나로서는 그보다는 주체와 객체의 문제가 결정적이라 본다. 그렇기에 주체(염불자)와 객체(아미타불)의 불이(不二)를 이루는 기법일체(機法一體)에서 최고의 정점을 보는 것이다. 자타의 문제가 행이냐 믿음이냐 하는 문제라고 한다면 신란을 선택할 수밖에 없겠으나, 주객의 문제가 되었으므로 잇펜을 선택하게 되는 것이다. 그리고 그것은 진종 입장에서는 성도문(聖道門)을 수용하는 흔적으로 볼 수 있겠으나, 이는 진종의 입장에서 정토종 서산파를 평가하는 관점이다. 야나기는 그 점에 대해서는 전혀 개의치 않는다. 그가 특정 종문의 교판을 받아들이는 것에서 출발하지 않았기 때문이다.

13 야나기의 회통불교적 성격과 한국불교 사이의 상통만을 언급한다고 해서 일본불교 안에서는 회통불교적 성격을 조금도 확인할 수 없다는 것은 아니다. '범불교(汎佛敎)'라고 부르는 흐름이 있다.

한 평가는 아니었다. 지해종사라는 평판은 "알음알이를 내지 말라[莫存知解]"는 깃발을 높이 내건 선가(禪家)에서는 대단히 박한 평가이기 때문이다. 그런 평가와는 무관하게 자기 나름의 해석학적 안목으로 하택신회를 일으켜 세우고 자신 속으로 받아들인다. 이는 바로 미셸 푸코(Michel Foucault, 1926-1984)가 말한 계보학에 해당한다. 푸코가 말하는 계보학은, 법통설과 같은 계보를 중시하는 관점을 가리키는 것이 아니다. 오히려 그 정반대다. 그렇게 주류와 비주류를 나누고, 정통과 이단을 가르는 관점 그 자체를 해체하는 것이다. 야나기에게서 그런 계보학을 확인하게 된다. 그런 만큼 철저히 야나기는 종문 밖으로 행군한 자유인이었다고 할 만하다.

그렇다면 그의 학문을 무엇이라 부를까? 불교학? 불교철학? 아니다. 『나무아미타불』을 통해서 여실히 보여주는 그의 정토해석학 역시 종학이다. 종래와 같은 종파의 교의로서의 종학, 즉 종파불교적 종학에서는 탈피했으나 그 역시 종학을 지향하고 있다는 점을 간과해서는 아니 된다. 야나기는 자신의 종학을 정립하고 추구하고 있다. 그것은 바로 앞서 살펴본 것처럼, 서분과 유통분에서 공히 잇펜의 시종을 선양하려는 '저자의 의도'를 보여주고 있을 뿐만 아니라, 정종분 안에서도 18개의 주제를 논하면서 '호넨→ 신란→ 잇펜'으로 전개되는 과정을 보여주었다. 이를 통해서 볼 때, 『나무아미타불』의 주제(tātparya)[14]

---

14 힌두교의 해석학파인 미망사(Mīmāṁsā)에서는 한 텍스트의 주제를 결정하는 여섯 가지 기준(ṣaḍvidha liṅga)을 말한다. 그중에 첫째가 '시작(upakrama)과 맺음(upasaṁhāra)'이며, 둘째가 '반복(abhyāsa)'이다. 서분과 유통분은 '시작과 맺음'에 해당하며, 정종분은 '반복'에 해당된다. 야나기가 시종(始終) 두드러지게 내세우는 것은 잇펜의 시종(時宗)이었다.

는 정히 잇펜의 시종이었음을 알 수 있다. 호넨과 신란, 그리고 잇펜을 함께 회통하면서도 그 안에서는 잇펜을 궁극적 전개로 본다. 이런 입장은 단순히 3자를 일직선 위에 놓고, 그 사이에 화살표(→)를 놓는 것으로는 불충분해 보인다. 이에 필자는 다음과 같은 새로운 도표를 만들어보았다.

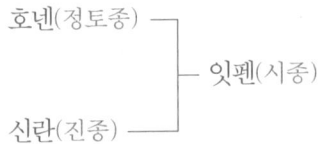

표3: 야나기의 종학적 지향성

이러한 야나기의 입장을 세 종파 사이의 평등적 회통이라 말하기는 어렵지만, 그렇다고 해서 차별적 회통[15]이라 말하기도 어렵다. 왜냐하면 그는 세 종파 사이의 관계를 '한몸'으로 파악하였기 때문이다.

또한 야나기는 『나무아미타불』 집필의 취지 중 ①에서 젊은이에게

---

15 회통되는 양자(내지 삼자) 사이의 관계가 평등할 때는 '평등적 회통', 차별성을 띨 때는 '차별적 회통'이라고 한다. 그 기준은 양자 사이에 계급성 여부에 있다. 예컨대 선과 염불 사이에서 양자의 회통을 말하면서, 선은 높은 차원의 법문, 염불은 낮은 차원의 법문이라고 한다면 계급성을 띠게 되는 것이니, 그런 입장이 바로 '차별적 회통'이다. 그러나 야나기는, '호넨(정토종)→신란(진종)→잇펜(시종)'으로 발전 과정을 전개하고 있기는 하지만, 그렇다고 해서 잇펜의 가르침보다 호넨이나 신란의 가르침이 낮은 수준이라 말하거나 우열을 나누는 것은 아니다. 적어도 그 스스로는 그러한 차별적 입장이 아님을 여러 차례 명시적으로 피력하고 있다. 교판에 입각한 종파주의의 폐해와 위험성을 그 스스로 잘 알고 있었기 때문이다. 그래서 세 분 조사 스님을 '한 인격의 서로 다른 표현'이라고 말하고 있는 것일 터이다.

육자의 의미를 알려주고 싶다고 하였다. 그것은 맞다. 그러한 태도는 이미 신심의 표현이 아니고 무엇이겠는가. 신심은 곧 권진심(勸進心)이다. 권진[16]하려는 마음이 없는 사람에게 신심이 있다고 할 수는 없다. 그러나 그보다 먼저 야나기로서는 자신의 '신앙 매뉴얼'을 만들고 싶었을 것이다. 호넨과 신란을 두 기둥으로 하고, 그 위에 잇펜이라는 지붕을 얹어서 야나기 자신이 머물 '집' 하나를 만들고 싶었는지도 모른다. 물론 그 '집'은 본인 혼자만의 '집'이라기보다는 더 많은 사람들, 특히 젊은이들의 '집'이 되기를 바랐을 것이다.

근대 불교학은 종학이 갖는 주관성을 타파한다는 명목 아래 종학이 갖는 신앙성 내지 지향성마저 내버렸다. 그렇지만 야나기가 뛰어넘어야 할 종학의 한계는 주관성이 아니라 종파성이었다. 그렇게 종파를 벗어난 그에게서 나는 다시 종파적 지향성을 읽어낸다. 잇펜으로 이르는 일본 정토사상사를 그 자신의 삶이나 신앙 안으로 끌어들였기 때문이다. 삶이나 신앙과 분리된 공간에 그 주소를 갖는 근대의 '불교학'과 야나기의 정토해석학, 즉 계보학적 종학이 대별되는 이유다. 야나기의 그것은 자신의 삶의 철학이자 삶의 예술이었다. 다시 종학이 새로운 얼굴을 하고서 등장한 덕분에 말이다.

---

16 권진은 우리 불교에서는 쓰지 않는 말이다. 문자 그대로는 정진을 권유한다는 의미인데, 일본불교에서는 어떤 불사의 총책임자를 권진이라 하거나 불사를 위해서 시주를 권유하는 화주(化主)를 권진이라 하기도 하였다. 물론 그러한 의미가 다 융합된 말이라 보아야 할 것이다. 나는 근래 우리나라에서 쓰는 '포교'나 '전법'이라는 말보다는 역사적인 뿌리가 있는 이 말을 선호해서 쓰고 있다. 원래『관무량수경』에는 '권진행자(勸進行者)', '권진기심(勸進其心)'이라는 말이 나온다.

즉허현실(卽虛現實)의 미학

야나기 무네요시라고 하면 '민예' 개념을 정립한 미학자로 널리 알려져 있다. 나 자신이 '민예'에는 문외한이기에 그에 대해서 자세히 논의할 입장은 아니다. 다만 그가 정립한 민예미학에 정토사상이 매우 중요한 역할을 했다는 점만을 언급해두고자 할 뿐이다. 실제로 『나무아미타불』에서도 그 점을 스스로 정리하고 있다. 서분에 속하는 「인연」에서 다루고 있다. 그중 하나만 언급해두기로 하자.

법장보살이 세운 오십이원[17] 중에서 야나기가 가장 주목한 것은 제4원으로, 종래 무유호추원(無有好醜願)으로 불리던 것이다. 불이(不二)[18]를 미의 세계에서 찾고자 할 때, 극락에는 아름다운 것과 추한 것의 대립이 존재하지 않는다는 무유호추원 속에서 '예술의 정토'를 읽을 수밖에 없었을 것이다. 야나기의 독창성이 빛을 발하는 또 하나의 측면이라 할 수 있다.

미의 법문[19]을 열어놓았다는 점에 대해서는 누구나 쉽게 공감할수 있다. 그렇게 놀랍거나 충격적인 것은 아니다. 하지만 야나기는 이

17　초판에서는 '사십팔원'이라 하였다. 종래 법장보살의 서원은 48가지로 말해졌다. 그러나 법장보살은 '사십팔원'을 세운 뒤 바로 이어서 '네 가지 서원[四誓]'을 더 말한다. 시의 형식으로 말이다. 이 역시 법장보살의 서원이 분명하기에 당연히 '오십이원'이라 말해야 옳다.

18　후지 요시나리(藤能成)는 야나기 사상의 정수를 이원대립을 뛰어넘는 불이에서 보고자 했다. 즉 안티테제(anti-these)의 의미를 갖는 '대사(對辭)'가 없는 무대사(無對辭)에서 보고자 했다.

19　야나기의 미학사상을 알 수 있는 또 하나의 저술 이름이기도 하다. 우리나라에도 번역되어 있다.

민예미학과 관련되는 측면에서만 미학을 제시했던 것은 아니다. 사람들의 눈에 쉽게 띄지 않는, 또 하나의 미학을 제시하고 있다. 그것이야말로 정토해석학에도 새로운 빛을 비추고 있는 것이 아닐까 싶다.

또 앞 절에서 서술한 것과 같은 탈종문(脫宗門)의 종학에 대해서는 높이 평가하지만, 그러한 입장이 야나기 특유의 관점만은 아니다. 일찍이 보조지눌이나 탄허(呑虛, 1913-1983)의 경우에서도 이미 확인할 수 있다. 나 또한 탈종문의 종학을 지향해왔다. 그러니 새롭게 야나기로부터 배운 것이라 할 수는 없다. 다만 지음(知音)을 만난 환희를 느꼈을 뿐이고, 그 점을 한 번 더 확인[20]하고 싶은 마음에 앞에서 자세히 논술했을 뿐이다.

그렇지만 이제 야나기의 미학사상 중에서 두 번째로 살펴볼 '즉허현실의 미학'은, 내가 미처 생각하지도 못했던 충격과 깊은 깨달음을 주었다. 나는 사실, 이제 소개할 야나기의 미학적 관점을 통해서 정토사상을 마음 깊이 받아들이게 되었다. 정토와 관련된 난문(難問, aporia) 하나를 해결해주었기 때문이다. 그렇게 나에게 충격과 깨달음을 준 야나기의 미학은 정종분에서 깊이 논의된 '3. 사문 법장' 부분이다. 야나기는 다음과 같은 질문을 제기한 뒤 해답을 제시한다.

> 여기서 자주 받는 질문이 있다. 법장보살은 가공의 인물이 아닌가? 그러한 보살을 묘사하는 것이 어떤 의미가 있는가? 그저 비유에 지나지 않는다면 미타라 하고, 정토라 하는 것이 무슨 확실성이 있는가?

---

20   이러한 확인은 변주라는 의미도 있을 것이고, 강화라는 의미도 있을 것이다.

법장보살은 아미타불의 전신이다. 법장보살이 아미타불이 됨으로써 서방에 극락세계가 존재하게 되었다. 그곳은 우리가 금생의 시간을 다 보내고 난 뒤 다음 세상에서 갈 수 있는 곳이다. 이렇게 말하는 것이 정토의 가르침이니, 이른바 정토삼부경은 바로 그러한 가르침을 전하고 있는 경전들이다.

그런데 야나기가 자주 받는다는 질문의 의미는 무엇인가? 법장이나 아미타불이 가공의 존재라면, 서방의 극락정토 역시 가공이 아니냐는 질문이다. 저 중세시대의 사람들은 극락도 실제로 존재하고 지옥도 실제로 존재한다는 것을 추호도 의심하지 않았다. '결정'이라는 개념이 바로 그것이다. 결정코 왕생한다는 것은, 극락의 존재에 대한 '결정'적 믿음이 존재하기 때문이다. 이러한 옛사람의 마음을 나는 '중세의 마음'이라 부른다.

문제는 우리 근대인/현대인들은 그런 '중세의 마음'을 갖고 있지 않다는 점이다. 현대는 차치하고 근대로 넘어오면서부터 그런 '중세의 마음'을 모두 내버리지 않았던가.[21] 그런 시대정신 속에서 새롭게 정립된 것이 바로 객관과 실증을 중시하는 '불교학'—유럽에서 일본으로 건너오고, 일본을 통해 한국까지 전해진—이다. 그러므로 근대에 형성된 '불교학'은 이 질문에 대답할 수 없다. 따라서 그러한 이야기가 담겨 있는 텍스트들은 배제할 수밖에 없었는지도 모른다. 대승비불설(大乘非佛說)론이 바로 그것이다.

야나기가 자주 봉착했던 이러한 질문은 근대 내지 현대의 '불교학'

---

21 물론 모든 근대인/현대인들에게서 '중세의 마음'이 더 이상 존재하지 않는다고 말하는 것은 어폐가 있을지 모른다. 그렇지만 여기서는 중세와 근대/현대를 대비하는 하나의 경향성을 도드라지게 하기 위해 이렇게 말한 것이다.

의 관점에서 정토삼부경에 설해진 내용의 진리성을 묻고 있다. 만약 우리가 "대승경전은 부처님 말씀이 아니다"라고 말하는 것 이상으로 앞으로 나아가지 못한다면, 정토삼부경의 세계를 진리로 받아들일 수 없게 된다. 그래서 이 질문이 중요한데, 야나기 역시 앞에서 제시한 질문에 이어서 이렇게 이야기한다.

> 대승의 많은 불전은 불멸 후 오랜 시간이 지나고 서서히 나타났기 때문에 붓다가 직접 설한 때로부터 멀리 떨어져 있다. 항상 '이와 같이 나는 들었다'라는 구절로 첫머리가 시작되지만, 그렇다고 해서 붓다의 설법을 직접 받아 적었다는 말은 아니다. 많은 설화는 그것이 교묘하면 할수록 인간의 상상력에 의해 창작된 것이라 해서 신뢰를 받지 못한다. 아미타여래의 이야기 역시 마찬가지로 창작이며 역사적인 사실이 아니니, 이러한 공상을 기반으로 해서 종교가 세워졌다는 것에 회의를 품는 사람도 나올 수 있을 것이다. 확실한 증거를 좋아하는 새로운 시대에는 걸맞지 않은 가르침이라 주장하는 사람도 있을 것이다.

역사적인 차원에서 말한다면 대승경전은 비불설이 맞다. 이 점을 부정할 수 있는 사람은 아무도 없을 것이다. 야나기 역시 마찬가지다. 그러나 그렇게만 말하고 만다면, 아미타여래의 이야기도 상상력에 의한 창작이며 공상에 기반한 '이야기'에 지나지 않게 될 터이다. 그러나 그렇게 해서 어떻게 신앙을 확립할 수 있는가 하는 점이 문제가 된다. 더욱이 '확실한 증거를 좋아하는 새로운 시대'를 사는 우리에게는 설득력을 확보할 수 없게 된다.

앞서 언급한 바 있지만, 확실한 증거를 추구하는 새로운 시대의 '불교학'에서는 이 문제에 답을 제시하지 못한다. 불설이라는 확실한 증거가 없으므로 대승경전은 불설이 아니라고 말하는 순간, 더 이상의 논의는 진척되지 못한다. 지금 한국불교 일각에서 불고 있는 '인간 붓다'라는 강풍 속에서, 정토삼부경의 가르침은 다 쓰러지고 만다. 존립할 수 없다. 이는 대승불교의 위기이자, 전통불교의 위기다. 과연 어떻게 회통할 수 있을까? 과문한 탓인지 알 수 없으나, 이 문제를 진지하게 제기하고 사색하는 불교학자 내지 종학자를 나는 아직 본 적이 없다.

야나기는 바로 그 점에 입각하여 정면에서 문제 삼는다. 앞서 소개한 바 있는, 세 가지 저술 취지 중에서 ①과 관련되기 때문이다. 젊은 이들에게 '나무아미타불'이라는 육자의 의미를 전달하려면 무엇보다 먼저 이 문제의 해명이 급선무가 아닐 수 없다. 야나기는 오히려 '불교학'의 상식과는 달리 대승경전이야말로 더욱 진실하다고 말한다.

> 사실 모든 대승경전은 깊은 법의 진리를 전달하고 있다. 가령 표피적인 역사로서는 꾸며진 것이라고 하더라도 내면적인 법의 역사로서는 이보다 더 진실한 이야기가 없다. 역사는 흐르지만 이야기는 흐르지 않는다. 이러한 의미에서 역사에 의거한 소승의 불전보다도 대승의 여러 경전이 더 진실한 법계를 나타낸다. 역사에는 과거 현재 미래의 시간이 있지만, 법의 이야기는 시간적으로 영원한 지금을 말한다. 그래서 법장보살의 이야기는 역사적인 인물보다 훨씬 더한 진실을 나타내고 있다고 할 수 있다.

초기경전이나 대승경전이나 모두 '법'의 이야기라는 관점은 야나기 이외에도 존재한다. 광덕(光德, 1927-1999)의 경우, 바로 그러한 관점으로 불교 교리의 '발달'을 부정하고 대승비불설론도 부정하면서 일음교(一音敎)를 주창했다. 이는 여래장(如來藏)·불성(佛性)사상의 입장에서 초기경전과 대승경전을 아우르려는 시도라고 할 수 있는데, 법장보살과 나 사이에 '법'이 상통(相通)한다는 관점이다.

이 밖에 초기경전과 대승경전이 상통하고 있음을 주장하는 또 하나의 논리가 있다. 바로 초기불교의 삼법인(三法印)과 반야의 공(空)사상의 입장에서 하는 말이다. 이 논리에 따르면, '법'으로서 법장보살의 이야기, 즉 법장보살의 존재가 더욱 리얼리티를 가지며 이를 의심하는 우리 인간들—근대인/현대인—의 존재가 비존재일 수 있다는 점이다. 이러한 시각(視角)의 역전이 가능해지는 것은 바로 '인간 붓다'가 설한 초기불교의 가르침에 입각할 때다. 야나기는 다음과 같이 말한다.

> 쇼토쿠 태자는 분명히 "이 세상의 일은 헛되고 임시적이며, 오직 부처만이 참되다"라고 말했다. 사람들은 역사적 사실을 정말 확실한 것으로 받아들이지만, 생각해보면 그것은 변천하는 현상으로서 생사를 넘어설 수 없는 하찮은 일로 끝난다.

우리는 현실이 참된 것이라 믿기 때문에 극락이니 아미타불이니 하는 이야기를 가공의 것이라며 도외시하고 만다. 그러나 과연 그럴까? 여기서 야나기는 쇼토쿠 태자의 말을 인용하고 있다. "이 세상의 일은 헛되고 임시적이라"는 진단이야말로 바로 초기경전에서부터 설해온 가르침이 아니었던가. 오늘날 한국불교 일각에서 '인간 붓다'를 주장/주창하고 있지만, 그 '인간 붓다'께서 말씀하신 것이야말로 바로 무상·고·무아의 세 가지 진리가 아니던가. 그리고 그 말씀에 입각한다면, 지금 우리의 삶은 곧 죽음이고, 우리가 살아가는 이 사바세계는 곧 비존재가 아닌가? 공이 아닌가?

우리가 그러한 인식에 투철할 수 있다면, 야나기가 말한 것처럼 가공이라 치부하기 쉬운 아미타불이나 극락의 이야기야말로 참된 것이 아니겠는가. 이렇게 초기경전의 삼법인이 존재함으로 인하여 비로소 대승경전(정토 경전)이 존재한다는 생각과 그 양자 사이에 일맥상통하는 바가 있다는 것까지 야나기가 직접적으로 지적하지는 않았다. 나는 쇼토쿠 태자의 말에서 초기불교의 가르침을 연상했다.

'인간 붓다'를 과도하게 주장하다 보면 초기경전이 참이고, 대승경전은 읽지 말아야 할 것으로 치부하기 쉽다. 근래 한국불교 일각에서는 그러한 현상이 나타나고 있는데, 야나기의 이러한 대승경전관이야말로 초기경전과 대승경전, '인간 붓다'와 대승불교를 화쟁할 수 있는 가능성이라고 생각[22]한다. 그것은 야나기가 비춘 불빛이 불교 해석학의 영역까지 크게 밝혀줄 수 있음을 의미한다.

그러나 야나기가 그러한 논증을 한 이유는 어디까지나 아미타불이나 극락이 바로 가공(架空)이기에 오히려 현실일 수 있음을 밝히고 싶었기 때문일 것이다. 이러한 야나기의 관점은 의상(義相, 625-702)이 『화엄일승법계도기』에서 말한, "시(詩)에 의지하는 것은 허구(fiction)에 입각하여 리얼리티(reality)를 나타내기 위해서다[所以依詩 卽虛現實故]"라고 한 말과 정확히 부합하고 있다. 비록 의상은 자신이

---

22 나는 이러한 야나기의 대승경전관에 의지하여 초기경전과 대승경전이 둘이 아니라 일음(一音)일 뿐임을 논술한 바 있다(『정토불교 성립론』, 조계종출판사, 2020).

시로써 진리를 나타내는 사실, 즉 굳이 시의 형식을 빌린 사실에 대한 이유를 밝히기 위해서였으나, 이 '시'를 예술 일반의 의미로 확대 해석하더라도 아무런 문제가 없다. 이러한 즉허현실(卽虛現實)의 미학을 이해할 수 없다면, 대승불교 공부는 불가능하고 정토신앙을 받아들일 수도 없다. 야나기의 『미의 법문』을 평론하면서, 아마 도시마로(阿滿利麿) 역시 다음과 같이 말한다.

> 아미타불 이야기 자체가 어찌하여 탄생했던가를 되돌아보면, 인간에게는 과학적 실증만이 모든 것이 아니고, 때로는 시나 신화, 이야기의 형식으로밖에 표현할 수 없는 진실이 있고, 그러한 진실에 의지해서 인생은 간신히 살아갈 수 있는 것이다.

야나기는 바로 근대인/현대인에게 정토신앙의 '아킬레스건'으로 인식되어온 문제에 대해 발상을 전환시켜서, 바로 거기에 정토신앙의 정수(essence)가 놓여 있다고 갈파(喝破)했다. 이는 내가 아는 한 종래의 어떤 종학자나 '불교학자'도 시도하지 못한 일을 해낸 것이다. 야나기가 그렇게 할 수 있었던 것은 예술에 대한 깊은 사색이 뒷받침되었기에 가능했을 터이다. 예술을 이해하지 못하고서는 대승불교, 특히 정토신앙을 이해할 수 없음을 새삼 느끼게 된다.

유통(流通)

야나기 무네요시의 『나무아미타불』은 일본 정토사상사에 대한 글이다. 야나기가 말하고 있는 호넨(정토종), 신란(진종), 그리고 잇펜(시종)이라는 세 종파의 전통에 대해서는 통시적·공시적으로 논의를 하고 있으나, 나는 직접적으로 그 내용적인 측면에 대해서 논의를 하려는 것은 아니다. 다만 야나기가 그러한 세 분 조사 스님과 세 종파의 이해에서 어떤 점에서 독창적인가 하는 점에 초점을 맞추고자 한다. 야나기만이 취하는 어떤 해석학적 안목이 존재하는 것으로 보고, 그것을 부각하는 것이 이 글의 목적이다. 그 결과 다음과 같은 네 가지 측면을 확인할 수 있었다.

첫째, 야나기는 세 종파의 세 분 조사 스님을 하나의 동일한 인격의 서로 다른 전개로 보고 있다. 그러면서도 궁극적으로는 잇펜(시종)의 불교를 지향하는 것으로 평가한다. 이러한 점은 우선 『나무아미타불』의 구성에서 볼 수 있는데, 서분과 유통분이 잇펜으로 수렴됨은 물론이고 정종분에서도 마침내는 잇펜에서 그 절정을 보고 있다.

둘째, 야나기가 세 분의 조사 스님을 통합적으로 살펴볼 수 있었던 것은 그가 특정한 종문에 소속되지 않았기에 가능했다. 만약 특정한 종문에 소속된 종학자였다면, 다른 두 분 조사 스님에 대해서 충분히 수긍할 수 없었을지도 모른다. 이런 점에서 그의 방법론은 종파불교를 특징으로 하는 일본불교보다는 회통불교의 전통이 뿌리 깊은 한국불교와 더 친연성(親緣性)이 있는지도 모른다.

셋째, 특정 종문을 중심으로 하는 이해가 아니라는 점에서 회통불교적 성격을 보임과 동시에, 법통이나 법맥에 구속되지 않고서 오히려 그러한 의사역사적 구속을 과감히 벗어나서 해체해나가는 입장을 보여준다. 이른바 계보학적 특성이라 할 수 있는데, 그렇다고 해서 그가 신앙적이거나 실천적 지향성을 갖고 있지 않다는 것은 아니다. 그 역시 그러한 지향성을 드러내고 있다. 그런 점에서 종학적 지향성이 엿보인다. 즉 법통이나 법맥을 해체하여 탈종문의 길로 나아가면서 동시에 내면적으로는 야나기 나름의 종학적 지향성을 띤다.

넷째, 야나기는 예술을 대상으로 사색하는 미학적 관점에서 정토사상에 대한 논의를 전개하고 있다. 그것은 바로 극락과 아미타불이 가공의 존재가 아니냐는 물음에 대하여, 이야기이기에 실재하는 역사보다 더 진실한 존재일 수 있다는 논증을 하고 있다. 나는 의상(義相)의 언어를 빌려서 그러한 논증을 '즉허현실의 미학'이라 명명한다. 바로 이 지점에서 야나기는 근대인/현대인들이 갖는 과학적/실증적 접근법으로는 정토신앙이 받아들여질 수 없음을 지적하고, 오히려 그러한 선입견을 역전시키고자 한다.

이 네 가지 특징 가운데 세 분 조사 스님의 정토사상을 하나로 보면서도 잇펜(시종)을 지향하고 있다는 첫 번째 특징은 일본 정토사상사를 이해하는 야나기 나름의 독창적인 관점이다. 그것은 그의 바람대로 잇펜을 클로즈업하는 데 큰 도움을 준 것이 사실이다. 그러나 이는 이미 널리 알려진 바이기 때문에 그것을 지적한다고 해서 나 자신의 논지에 어떤 새로움이 부가되는 것은 아니다. 다만 하나의 예비적 고찰로서 필요했기에 정리했다.

그러나 두 번째와 세 번째 특징은, 야나기 자신도 미처 생각하지 못했겠지만 어쩌면 일본불교보다는 한국불교와 더욱 친연성을 가질지도 모른다. 그것은 나 자신도 추구해온 바라서 지음으로서 공감하는 바가 컸다. 앞에서도 말했듯이 내가 『나무아미타불』의 한국어 번역을 시작한 것도 바로 이러한 점에서였다.

마지막 네 번째 특징은 『나무아미타불』을 통해서 야나기로부터 배운 것들 중에서 가장 의미 있는 것이다. 그것은 현대인일 수밖에 없는 나/우리로 하여금 극락이나 아미타불의 존재를 미학적으로 증명해주는 관점이다. 더하여 그러한 관점은 초기경전과 대승경전의 화쟁을 가능케 함으로써, 지금 한국불교 일각에서 불고 있는 '인간 붓다'론이 가져올 수 있는 여러 부작용을 극복할 수 있는 토대를 제공해줄 수도 있을 것으로 평가할 수 있다.

『나무아미타불』고유명사 소사전

가쿠뇨覺如(1270~1351) 정토진종의 개조인 신란 스님의 막내딸 가쿠신니覺信尼의 손자, 즉 신란 스님의 외증손자. 신란 스님을 호넨 스님의 후계자로 내세움과 동시에 본원사의 기초를 다졌다.『구전초』와『개사초』등을 지었다.

가쿠신覺心(1207~1298) 가마쿠라 시대의 임제종 스님. 시호는 홋토선사法燈禪師/法燈圓明國師. 송나라에 들어가서 무문혜개無門慧開(1183~1260) 등 여러 선사의 선을 이어받았다. 원래 진언종 승려였다. 나중에 고야산에 선밀겸수禪密兼修 도량인 금강삼매원金剛三昧院을 개창하는 등의 활약상으로 보아, 선사이면서 밀교와의 관련성을 유지했던 것으로 보인다. 그리고 잇펜 스님과 법문답을 통해서 잇펜 스님의 경지를 높이 이끌어주었다.

간키코지歡喜寺 시종 육조파의 총본산으로, 잇펜 스님의 사촌동생이자『일편성회』의 저자 쇼카이가 창건했다. 교토 시내 로쿠죠에 위치했기에, 흔히 '로쿠죠 도량'이라고도 하였다.

게다츠解脫(1155~1213) 법상종 죠케이貞慶의 시호. 나라의 고후쿠지興福寺에서 활동하였는데, 당시 "오직 염불만 하자"는 호넨 스님의 전수염불을 비판하는 글인『흥복사주장興福寺奏狀』을 써서 나라에 올렸다. 이는 호넨 스님과 그 문도들이 탄압당한 '죠겐의 법난'에 이론적 빌미가 된 것으로 평가된다.

겐신源信(942~1017) 헤이안 중기의 천태종 스님. 흔히 존칭인 에신승도惠心僧都로 불린다.『왕생요집往生要集』의 저자로서, 호넨 스님에게 영향을 미쳤다. 가마쿠라 신불교의 정토문 성립에 지대한 영향을 끼쳤다. 정토진종 7고승 가운데 제6조로 추앙받는다.

겐이/겐니顯意(1238~1304) 호넨→쇼쿠→류신의 맥을 잇는다. 선도의『관경소』에 대한 종래의 견해를 비판하면서 그 진의를 바로 잡았다.『관경소해정기觀經疏楷定記』36권,『정토종요집淨土宗要集』,『죽림초竹林鈔』2권 등의 저서가 있다. 정토종 서산파 심초의深草義를 체계적으로 완성하였다.

겐자源左(1842~1930) 에도시대 말기 돗토리현 이나바因幡 출신의 묘코닌. 제지업을 생업으로 하는 집안에서 태어났다. 18세 때 아버지를 여의고, 유언에 따라서 절에 다니기 시작, 30세에 아미타불의 자비를 느낀다. 이후 염불을 외면서 많은 보살행을 했으므로 묘코닌으로 불렸다. 야나기 무네요시가 이 겐자를 연구하여『묘코닌 이나바의 겐자』라는 책을 썼다.

겐쵸지建長寺 가마쿠라에 있는 임제종 건장사파의 대본산. 개산은 송나라에서 건너간 선승 란케이 도류蘭溪道隆로, 초기에는 송나라 출신 선승들이 역대 주지를 맡았다.

겐치源智(1183~1239) 정토종의 총본산 지온인知恩院의 2세 주지. 정토종을 중흥시킨 인물로서, 호넨 스님을 18년간 시봉하였다. 호넨의 임종을 지켰는데, 유서를 남겨달라고 부탁하여 글을 받았다. 그것이 바로 정토종의 핵심을 담고 있는 것으로 평가받는『일매기청문』이다.

겐치顯智(1226~1310) 애초에는 신란 스님의 제자 신부츠를 만나서 제자가 되었다. 신란 스님 말년에 병이 들자 교토로 올라와 신란 스님을 간병하였다. 신부츠 사후에는 센쥬지專修寺 제3대 주지가 되었다(진종 다카다파/高田派 3세).

겐쿠源空 → 호넨

겐쿠성인사일기源空聖人私日記 신란 집록.『서방지남초』에 실려 있는 한문체의 호넨 스님 전기.

호넨 스님의 전기 중 가장 오래된 것이다.

결의초決疑鈔 료츄의『선택전홍결의초選擇傳弘決疑鈔』5권의 약칭.

고야산高野山 진언종의 총본산이 있는 산 이름으로 현재 와카야마현에 있다. 일반적 개념의 산이라기보다 와카야마현 북부에 해발 약 1000미터 정도 되는 산들로 둘러싸인 해발 800미터 정도의 평탄한 분지형 땅이다. 그곳에 100개 이상의 절이 있다. 진언종 종조인 홍법대사弘法大師 쿠카이空海 스님이 수행하고 개창했으며, 종조의 입정신앙(종조가 현재 입정해 있을 뿐 열반에 든 것은 아니라는 신앙)이 깃들어 있는 진언밀교의 성지인 금강봉사를 지칭하는 말로도 쓰인다. 천태종 총본산 히에이잔比叡山 연력사를 통칭해서 히에이잔으로 부르는 것과 같은 예다.

곳탄 후네이兀庵普寧(1197~1276) 남송의 서촉 출신으로 도일했던 가마쿠라 중기의 임제종 스님. 가마쿠라의 겐쵸지 2대 주지가 되었으나, 1265년 다시 중국 명주로 돌아갔다.

교넨凝然(1240~1321) 가마쿠라 후기의 도다이지 학승. 화엄종이었으나『팔종강요八宗綱要』등 다수의 저작물을 남겼다. 특히 호넨의 문도들 상황을 전하는『정토법문원류장淨土法門源流章』은 귀중한 문헌으로 평가된다. 인도, 중국, 일본을 아우르는 불교사를 연구하고 일본불교를 포괄적으로 이해하는 저술 작업을 했다.

교부츠敬佛(13세기경 인물, 생몰연대 미상) 고야산에 올라 묘헨 문하에서 염불히지리가 되었고, 이후 상경하여 호넨 문하로 들어간다.『일언방담』에 교부츠의 법어 32개가 수록되어 있는데 '염리예토 흔구정토'를 이야기하고 있다.

교신敎信(?~866) 헤이안 전기의 스님. 나라 고후쿠지에서 법상종을 공부했으나 학문을 버리고 하리마播磨(현 효고현)에 은둔했다. 농부들에게 고용되어서 연명하고, 대처했으나 전수염불을 하며 비승비속의 생활을 하였다. 나중에 신란, 잇펜 등의 정토사상가들에게 주목받았으며, 이상적 염불히지리로 존경받았다.

교행신증敎行信證 신란 스님 지음. 정식 명칭은『현정토진실교행증문류顯淨土眞實敎行證文類』이다. 모두 6권. 정토 문헌들에서 중요한 말씀들을 가려 뽑고, 신란 스님 스스로의 견해를 덧붙였다. 대정장 83권에 수록되어 있다.

구로다니黑谷 원래 구로다니는 히에이잔 서탑에 있는, 호넨 스님이 수행하던 세이류지靑龍寺를 가리키는데, 여기서는 교토의 금계광명사金戒光明寺를 말한다. 호넨 스님이 히에이잔에서 교토로 내려온 뒤 처음 머문 곳으로, 히에이잔에서 수행하던 곳의 지명을 붙였다. 묘원墓園에는 '나무아미타불'이라 새긴 묘비들이 지금도 수없이 늘어서서 숲을 이루고 있다.

구마노熊野 현재 와카야마현에 있는 신도의 성지. 잇펜 스님은 이 구마노의 신사에서 머물다가 신탁을 받아 안심입명을 하게 된다.

구야空也(903~972) 헤이안 중기의 스님. 일본 구칭염불의 개조, 민간 정토교의 선구자로 불린다. 교토에서 민중들에게 "나무아미타불"을 외우게 하면서, 춤염불을 하여서 춤염불의 창시자로 불린다. 사회복지사업이라 할 만한 일을 많이 행하였으므로, '저자의 성인' 혹은 '아미타를 말하는 성인'이라 불렸다.

구전초口傳鈔 신란의 손자 뇨신如信이 신란에게 들은 가르침을 신란의 외증손인 가쿠뇨에게 전해주어서, 가쿠뇨가 기록한 책이다. 그렇기에『구전초』라 했다.

구카이空海(774~835) 헤이안 초기 스님으로 진언종의 개조. 804년에 당나라로 들어가 장안 청룡사의 혜과惠果로부터 당시 최신의 밀교를 배우고 806년 귀국. 교토의 도지東寺와 고야산에 진언종의 도량을 세웠다. 시호인 코우보弘法 대사로도 널리 알려져 있다.

구품사류九品寺流 호넨 스님의 제자 쵸사이가 교토 북쪽에 구품사를 열어서 교화했기에 그의 흐름을 구품사류라고 한다. 천태종의 영향을 받아서 염불 외 다른 수행도 모두 본원이므로 다른 수행을 닦아서도 왕생할 수 있다고 주장하였다.

금광명경金光明經 『인왕경仁王經』과 함께 호국불교 경전으로 평가된다. 일본에서는 스님이 되기 위해 『법화경』과 함께 반드시 암기해야 했던 경전이다.

남도南都 헤이안쿄平安京(현 교토)보다 남쪽에 위치한 나라奈良를 가리킨다. 수도를 나라에 두었던 시대에는 여섯 종파(六宗)가 있었다. 화엄종, 법상종, 율종은 모두 나라 시대에 성립된 종파들이다. 헤이안 후기로 내려오면서 남도에서 세력을 떨치던 고후쿠지를 '남도'라 하고, 교토의 히에이잔을 '북령'이라 하였다.

니치렌日蓮(1222~1282) 일련종의 개조. 원래 천태종으로 출가하였다. 오직 『법화경』만이 올바른 불법이라고 하였으며, 가마쿠라 막부에 『법화경』을 널리 펼치라는 상소를 여러 번 올렸다. 유배를 가기도 하는 등 탄압도 받았다. 다른 종파를 격렬하게 비난하면서 법화지상주의 불교를 수립하였다.

담란曇鸞(476~542) 중국 정토종의 조사. 불교를 자력교와 타력교의 둘로 나누고, 정토교는 타력이라 하였다. 천친의 『정토론』에 대한 주석서 『정토론주(왕생론주)』를 지었다.

덴교傳敎(767~822) 일본 천태종의 개조 사이쵸 스님. 중국에 유학한 뒤, 히에이잔에 엔랴쿠지延曆寺를 세우고 천태종을 일으켰다. 그리고 자신이 받은 도다이지東大寺 계단의 수계는 소승계라 하여 부정하며 엔랴쿠지에 범망계를 수계하는 대승계단 수립을 필생의 숙원으로 삼았다. 결국 그의 사후 7일째 허가되어 엔랴쿠지는 대승계단을 설립할 수 있었다.

도겐道元(1200~1253) 원래 천태종으로 출가하였으나, 진정한 불법을 배우고자 송나라로 들어간다. 조동종의 천동여정天童如淨(1163~1228) 선사의 법을 받아 귀국하여 일본 조동종의 개조가 되었다. 『정법안장』, 『보경기寶慶記』, 『전좌교훈典座敎訓』 등을 비롯한 많은 저서가 있다.

도작道綽(562~645) 당나라 때의 스님. 담란의 영향을 받았으며, 선도의 스승. 불교를 성도문과 정토문의 둘로 나누는 교판을 세웠으며, 저서에 『안락집安樂集』이 있다.

란케이 도류蘭溪道隆(1213~1278) 송의 서측 출신으로 13세에 성도成都 대자사大慈寺에서 출가하고 33세 때 일본으로 건너갔다. 1253년 가마쿠라 겐쵸지의 개산이 되었다. 몽고 스파이라는 혐의를 받아 지방으로 도망 다녔는데, 그것이 오히려 선을 지방에 전파하는 계기가 되었다.

렌뇨蓮如(1415~1499) 무로마치 시대 정토진종의 스님. 혼간지本願寺 중흥조로 추앙받는다(本願寺派 8세/大谷派 8代). 「편지글御文」을 통하여 신도들을 교화한 것으로도 유명하다.

료닌良忍(1073~1132) 헤이안 시대 후기의 천태종 스님으로 융통염불融通念佛의 개조. 한 사람이 모든 사람이므로, 한 사람이 염불하면 모든 사람이 다 염불하는 것이라는 융통염불을 주창하였다. 잇펜 스님에게도 적지 않은 영향을 끼쳤다.

료츄良忠(1199~1287) 정토종 2조인 진서파 쇼코의 제자로 호넨 스님의 손제자. 스승 쇼코의 권유로 가마쿠라 코묘지光明寺를 중심으로 관동지방에서 정토종의 가르침을 넓혔다.

류신立信(1213~1284) 정토종 서산파 심초의의 개조로 류신隆信이라고도 한다. 15세에 쇼쿠에게 입문해서 20년간 모셨다. 후카쿠사深草에서 교화를 펼쳤기에 그의 계통을 '심초의'라 한다. 저서에 『관경소기觀經疏記』 10권이 있으며, 제자에 겐니顯意가 있다.

류칸隆寬(1148~1227) 호넨 스님의 제자로 매일 8만4천 번의 염불을 했다고 한다. 평소 다념의 염불을 쌓음으로써 임종에 왕생할 수 있다는 다념의를 세웠다. 저서 『일념다념분별사一念多念分別事』에서 일념이냐 다념이냐 따지는 일을 경계하고 있다. 정토종 장락사파長樂寺派의 시조.

마명馬鳴 고대 인도의 승려. 『대승기신론』의 저자로 유명하다. 『대승기신론』에서 염불의 길을 설했다. 부처님의 생애를 노래한 『Buddhacarita(붓다차리타)』는 일찍이 담무참이 『불소행찬佛所行讚』이란 이름으로 한역했는데, 또 다른 마명의 작품이다.

말등초末燈鈔 신란 스님의 서간집. 교토로 귀경한 뒤 동국(관동 지방)의 문도들과 주고받은 편지글을 모은 것이다. 신란 스님의 증손녀 가쿠뇨의 차남 쥬카쿠從覺가 1333년에 흩어져 있던 신란 스님의 편지나 단편의 법어 22통을 모아서 2권으로 정리한 것이다.

명의진행집明義進行集 호넨 스님의 손제자 신즈이信瑞(?~1279)의 저술로, 호넨 스님과 그 제자들의 어록을 모은 것이다.

묘에明惠(1173~1232) 본문에는 明慧로 되어 있는데 明惠가 일반적이다. 교토 서북부의 교외 코잔지高山寺에서 활동하였다. 화엄종의 중흥조로 불린다. 실천화엄을 좋아해 화엄종에서는 방계라 하는 이통현李通玄(?~730), 종밀宗密(617~686), 원효元曉(617~686)와 의상義相(625~702)을 좋아하였다. 원효와 의상의 그림전기인 『화엄종조사회전華嚴宗祖師繪傳(화엄연기)』를 제작하였다. 호넨 스님의 '선택집'이 발표되자 "염불만 하면 된다"는 전수염불의 주장이 『화엄경』에서 강조하는 "보리심을 발해야 한다"는 교설을 부정하는 것으로 생각하여, '삿된 법륜을 꺾는다'는 뜻을 담은 저서 『최사륜摧邪輪』 전 3권을 발표하였다. 평생 꿈을 기록한 『몽기夢記』를 남긴 것으로도 유명하다.

묘젠明禪(1167~1242) 가마쿠라 시대 히에이잔에서 현밀을 공부하고 승위가 법인권대승도法印權大僧都에 이르렀던 천태종 스님으로, 만년에 호넨 문하로 들어가 전수염불(정토종)에 귀의했다.

묘헨明遍(1142~1224) 도다이지에서 삼론종을 공부하다가 50세 지나서 고야산에 들어가 진언종의 가르침을 배웠다. 그러다가 다시 호넨 스님의 문하로 들어갔다. 호넨 스님의 유골을 머리에 이고서 칭명염불에 힘쓴 햐쿠만벤 염불의 수행자였다. 아버지는 신제이信西.

무가쿠 소겐無學祖元(1226~1286) 송의 명주 출신으로 임제종 스님. 1279년에 일본에 건너가 겐쵸지에 머물다가 엔가쿠지圓覺寺를 창건했다.

무난無難(1603~1676) → 지도무난

무로노 토마리室の泊 효고현에 있는 지명. 유곽으로 유명했던 곳. 이곳의 한 유녀가 호넨 스님을 찾아와 정토왕생에 대한 문답을 나누었다.

반케이盤珪(1622~1693) 임제종의 선승 에이타쿠永琢를 말한다. 천황의 칙명으로 묘신지妙心寺에 머물렀다. 그의 선사상을 '불생선不生禪'이라 말한다.

뵤도인平等院 헤이안 시대에 창건된 사찰로 헤이안 후기의 불상, 건축, 불화, 정원 등을 볼 수 있다. 아미타불을 모시고, 좌우로 봉황의 날개처럼 회랑을 만든 봉황당이 유명하다. 봉황당 안에는 허공에 구름을 타고 날면서 음악 공양을 들려주는 비천상이 조각되어 있었다(지금은 박물관에 전시 중). 봉황당 앞에 연못을 파서 극락정토를 정원으로 구현(정토 정원)한 것으로 유명하다. 일본의 10엔 동전에 이 봉황당이 새겨져 있다.

북령北嶺 북령은 교토를 말한다. 수도를 교토에 두었던 헤이안 시대에는 천태종과 진언 종이 새로 생겼다. 이 헤이안 2종 가운데 진언종은 고야산에 터를 잡았기에 남산南山이라고 하고, 교토 서북쪽의 히에이잔을 북령이라고 지칭하기도 한다.

사이교西行(1118~1190) 무사였다가 출가하였다. 염불승이었으며, 전국을 방랑하면서 와카를 많이 지은 시인이기도 하다.

사이쵸最澄 → 덴교

삼경의소三經義疏 쇼토쿠 태자가 지었다고 전하는 세 권의 주석서로『법화의소法華義疏』(傳 615年),『승만경의소勝鬘經義疏』(傳 611年), 그리고『유마경의소維摩經義疏』(傳 613年)의 총칭이다.

삼국불법전통연기三國佛法傳通緣起 교넨의 저서로 총 두 권이다. 상권에는 인도와 중국 불교사를 간략히 정리하고, 하권에는 일본 불교사를 서술하였다. 이렇게 한국을 빼고서 인도, 중국, 일본의 불교만을 서술하는 사관을 이른바 '삼국사관'이라고 일본에서는 말한다.

삼부가명초三部假名鈔 「귀명본원초歸命本願鈔」, 「서요초西要鈔」, 「부자상영초父子相迎鈔」의 3 부로 이루어졌다. 호넨 스님의 정토사상을 유려하게 해설하고 있다.

상행삼매당常行三昧堂 줄여서 상행당常行堂. 히에이잔 서탑의 석가당 입구에 있다. 법화삼매를 닦는 법화당法華堂과 쌍으로 서 있다. 천태종의 상행삼매, 즉 "나무아미타불" 염불수행을 하는 곳이다. 신란 스님은 이 상행삼매당의 당승으로, 21년 동안 염불수행을 했다고 한다.

쌍권경雙卷經 『무량수경』이 상하 두 권으로 이루어져 이렇게도 부른다.

서산류西山流 → 서산파

서산파西山派 정토종의 개조 호넨 스님의 제자인 쇼쿠의 흐름을 말한다. 시종의 개조 잇펜 스님이 쇼쿠의 손제자에 해당한다.

선도善導(613~681) 중국 정토교의 스님.『관무량수경소』4권 등을 지었다. 일본불교 정토종의 개조 호넨 스님은 선도에게만 의지하여, 오직 염불만 하라는 전수염불 사상을 확립하였다.

선택본원염불집選擇本願念佛集 정토종 개조 호넨 스님의 저술로, 줄여서『선택집』이라고도 부른다. 오직 염불만 하라는 전수염불을 주장하여 많은 반향을 불러일으켰다.

세이잔西山(1177~1247) → 쇼쿠

세이카쿠聖覺(1167~1235) 쇼카쿠라고도 한다. 처음에는 천태종의 승려였으나, 뒤에 호넨 스님에게 귀의하였다. 1221년에『유신초』를 지었다. 일본불교의 승위 중에서 가장 높은 법인의 지위에 올랐다. 신란 스님은 이『유신초』를 좋아하여 주석서『유신초문의』를 지었다.

세친世親(4세기경) → 천친

소겐宗源(1168~1251) 호넨을 여러 해 동안 모시면서 법의法義를 여쭈었다. 도념道念을 감추고, 은둔하기를 좋아했다.

소소식小消息 → 일지소소식

쇼마庄松(1799~1871) 사누키(현 가가와현) 출신의 묘코닌. 가난한 농가의 아들로 태어나서 새끼나 짚신을 꼬면서 살았다. 스즈키 다이세츠에 의해서 널리 알려지게 되었다. 그의 언행을 모은 것이 『장송언행록』이다.

쇼묘紹明(1235~1309) 송나라에 들어가서 허당지우虛堂智愚(1185~1269)에게 참예하고, 귀국 후에는 가마쿠라의 겐쵸지建長寺에 주석했다. 가마쿠라 겐쵸지의 란케이 도류 밑에서 참선했다. 시호는 원통대응국사圓通大應國師.

쇼게이聖冏(1341~1420) 정토종의 제7조로 불린다. 많은 저술을 남겼으며 정토종의 전법제도를 확립하였다.

쇼코聖光(1162~1238) 법명은 벤쵸弁長, 호넨의 제자. 진서鎭西(큐슈) 지방에서 교화를 떨쳤다고 해서 그의 가르침을 진서파라 한다. 호넨 스님 사후 일념의와 서산의가 유행하는 것을 개탄하였다.

쇼쿠證空(1177~1247) 14세에 호넨 스님의 제자가 됨. 호넨 스님 사후에는 천태학을 배웠다. 범부의 자성은 법성진여를 갖춘 아미타불의 본체이며, 그러한 불성을 실현하는 것은 선행에 의해서라고 하였다. 모든 선행을 염불로 귀일시키면, 그것이 곧 왕생의 행이라고 보았다. 전수염불이 탄압받을 당시에도 안전하였다. 그의 문도들을 서산파라 하는데, 증손상좌 중에 잇펜 스님이 배출되었다.

쇼타츠聖達 잇펜 스님의 스승. 쇼쿠의 제자로서, 서산파의 정토교를 배웠다. 다자이후太宰府에서 교화하였으며, 사가佐賀의 치온지知恩寺를 개창하였다.

쇼토쿠聖德(574~622) 요메이用明 천황의 아들. 고모인 스이코 천황의 섭정으로 「17조 헌법」, 관위 12계階의 제정 등으로 일본을 고대국가로 발전시키는 데 기초를 쌓았다. 『법화경』 『유마경』 『승만경』에 대한 주석을 남긴 것으로 전한다. 태자신앙이라는 흐름이 있을 정도로 일본에서는 높이 신앙된다.

슌보俊鳳(1714~1789) 서산파로, 『잇펜스님어록』에 주석을 하였다.

슌죠俊芿(1166~1227) 교토 남부 센뉴지涌寺에서 활약하였으므로, 그의 계율사상을 '북경율'이라 한다. 메이지 시대 이전까지 황실과 밀접한 관계를 유지했던(황실 묘소) 진언종 센뉴지파의 시조. 본문에는 '율종'이라고 되어 있는데, 진언종 용천사(센뉴지)파는 슌죠 이래로 밀교(천태·진언)·선·율·정토의 4종을 겸수하는 독자적 종풍을 가졌다.

신권信卷 신란 스님의 주저 『교행신증』은 6권으로 이루어져 있는데, 제3권이 신권이다.

신란親鸞(1173~1262) 호넨 스님의 제자. 정토진종의 개조. '죠겐의 법난' 당시 에치고越後(현재 니가타현)로 유배를 갔다. 해배 이후 관동지방에서 20년 동안 포교한 뒤 교토로 돌아왔다. 『교행신증』 등 많은 저술이 있고, 그의 어록을 모은 책으로 『탄이초』가 있다.

신란전회親鸞傳繪 신란 스님의 증손 가쿠뇨가 신란 스님의 덕을 찬탄하기 위해 만들었다. 신란 스님의 생애를 글과 그림으로 나타냈는데, 글만을 추출하여 전하는 책은 『어전초』라고 하고, 그림만을 추출하여 전하는 책은 『어회전』이라고 한다.

신자쿠信寂(?~1204) 처음에는 호넨 스님의 스승 에이쿠를 모셨으나, 뒤에 호넨 스님에게 귀의. 도심이 견고하였으며 염불에 전념하였다.

신자쿠心寂 호넨에게 직접 배운 제자다. 묘에가 『최사륜』을 지어서 『선택집』을 비판하자, 그에 대한 반박 논리를 폈다. 그 논리는 "묘에 스님은 보살의 행해行解를 밝힌 것이고, 호넨은 범부의 왕생을 서술한 것이다"라는 것이었다.

신쿠信空(1146~1215) 처음에는 호넨 스님과 사형제였으나 나중에 사제관계를 맺었다. 56년 동안 호넨 스님을 모시면서 평생 스승에게 봉사하였다. 적극적인 제자들이 적어서 정토종의 5류五類에는 들지 못했다고 한다. 금계광명사 2세.

안심결정초安心決定鈔 저자는 알 수 없지만, 서산파의 스님이 지은 것으로 추정된다. 본권과 말권의 2권으로 이루어져 있으며 중심사상은 기법일체이다. 정토진종의 제8세 렌뇨의 지시로 정토진종에서도 중시된다. 아나기 무녜요시는 특히 이 책을 소중히 생각하고 있다.

어전御傳 호넨 스님의 전기인 『칙수어전』을 말한다. 『호넨스님행장도회法然上人行狀圖繪』 48권이 바로 이것이다.

에신惠心(942~1017) → 겐신

에신니 문서惠信尼文書 에신니惠信尼(1182~1268?)는 신란 스님의 두 번째 아내로, 에신니 문서는 신란 스님이 유배지 에치고에서 교토에 있는 막내딸 가쿠신니에게 보낸 편지다. 1921년 발견됨으로써, 전설적 인물로 여겨졌던 신란의 역사성이 확인되었다.

에이사이榮西(1141~1215) 요우사이라고도 한다. 일본 임제종의 개조. 송나라에 두 번 다녀옴. 임제종 황룡파의 허암회창虛庵懷敞 밑에서 선禪을 수행하고 귀국하여 겐닌지建仁寺를 중심으로 임제선을 넓혔으나, 그의 선은 밀교와의 겸수선兼修禪이라는 평가를 받고 있다.

에이잔叡山 천태종의 총본산 엔랴쿠지가 있는 산인데, 정확한 이름은 히에이잔이다.

에이쿠叡空(?~1179) 호넨 스님이 천태종 총본산 히에이잔의 구로다니에서 모셨던 스승. 호넨 스님은 구칭염불을 주장하였는데, 에이쿠는 관상염불을 주장하면서 사제가 대립하였다 한다.

에죠懷奘(1198~1280) 일본 조동종의 제2조. 원래 달마종에 출가하였으나 나중에 도겐에게 귀의하여 제자가 되었다. 스승 도겐보다는 나이가 2세 연상이었으나 극진히 시봉하면서, 스승의 말씀을 받아 적은 책『정법안장수문기』를 남겼다.

엔니圓爾(1202~1280) 송나라에 들어가서 무준사범無準師範의 가르침을 받았다. 교토 도후쿠지東福寺 1세 주지. 선禪 안에 천태와 밀교를 함께 받아들였다.

엔쇼円照(1139~1177) 묘렌과 형제. 『법화경』을 지송하였으나 염불에 전념하였다. 호넨 스님의 히에이잔 하산에도 영향을 주었다고 하는데, 임종의 선지식으로 호넨 스님을 맞이하였다.

오소노お園 에도시대 말기의 묘코닌. 지금의 아이치현 동부 타와라에서 살았다. 원래 시골 농가에서 태어나 자란 뒤 타와라로 시집갔다 한다. 정처正妻는 아니었다. 아들 둘을 잃고는 절에 다니면서 염불법문을 만나서 독실한 믿음을 갖게 되었다.

오하라大原 천태종의 총본산 히에이잔 뒤쪽 산록이며, 예부터 숨어서 염불하는 사람들이 많았다. 그 오하라의 중심이 되는 절이 산젠인三千院이다.

오하라문답 호넨 스님이 1188년 오하라의 쇼린지勝林寺에서 다른 종파의 학승들과 정토문의 교리와 신앙에 대해서 토론하고 문답한 내용을 엮은 책이다.

왕생요집往生要集 천태종 겐신의 저술. 예토를 싫어하고 정토를 구하라는 내용인데, 지옥에 대한 상세한 묘사 등으로 많은 영향을 끼쳤다.

요카와 법어横川法語 요카와는 천태종 총본산 히에이잔에서 가장 깊숙한 골짜기를 가리키는 지명이며, 천태종 염불수행의 중심이 된 곳이다. 세 단으로 이루어진 짧은 정토법문인데 저자는 알 수 없다.

용수龍樹(150~250년경) 대승불교 8종의 조사로 일컬어지는 인도의 논사. 저서 『십주비바사론』에서 염불이 이행도임을 밝혔다.

육조연기六條緣起 → 일편성회一遍聖繪

일매기청문一枚起請文 호넨 스님이 왕생 직전에 제자들에게 남긴 유언이라고 할 수 있다. "정토종의 안심과 기행은 이 한 장에 지극한 도리가 다 있다. 겐쿠(호넨)가 아는 바는 이 외에는 다른 것이 전혀 없다. 내가 죽은 뒤 바르지 못한 견해가 횡행하는 것을 막기 위하여 생각하는 바를 기록해 둔다"라는 후기가 붙어 있다. 일매一枚는 '한 장'이라는 뜻이고, 기청起請은 불교 용어로 원래는 제계制誡라는 뜻이다. 호넨은 "이 외에 다른 깊은 뜻이 있다면 이존二尊(석가모니불과 아미타불)의 대비와 동떨어진 것이며, 본원本願에도 맞지 않는 것이다." 또 "이 외에 달리 오의가 있다는 등 말한다면, 왕생은 불가능해진다"라고 제자들을 경계하였다.

일언방담一言芳談 가마쿠라 후기에 지어진 것으로 추정되는데, 저자는 알 수 없다. 호넨 스님을 비롯하여 염불행자 30인의 간략한 말씀들이 편집되어 있다. 모두 153조의 말씀들이 상하 2권의 체제로 되어 있다.

일지소소식一紙小消息 호넨 스님의 편지. 제목의 의미대로 '한 장에 쓴 짧은 편지' 속에 정토신앙의 요체를 담았다. 수신자는 정확히 알 수 없는데, 도다이지 대불을 보수하는 책임자였던 쵸겐이나 쵸겐의 제자 교켄이 아닐까 생각된다.

일편성회一遍聖繪 잇펜 스님의 제자 쇼카이에 의해서 저술된, 잇펜 스님에 관한 그림전기다. 화가 엔이円伊 법안이 그림을 그렸는데, 잇펜 스님 사후 10년 만에 완성된 것으로서 사료적 가치가 높다. 간키코지(환희광사)에 소장되어 있는데, 환희광사는 교토의 육조에 위치하고 있으므로 흔히 '육조연기'라고도 불린다.

잇펜一遍(1239~1289) 시종의 개조. 10세 때 정토종으로 출가, 1263년에 일단 환속했으나 1267년 다시 출가하였다. 1274년 고야산을 거쳐서 구마노熊野 본궁에 참예하여 신도의 신으로부터 신탁을 받아 안심을 얻는다. 이후 전국을 유행하면서 염불신앙을 널리 퍼뜨렸다. 춤염불을 하였다. 저서를 스스로 다 불태웠는데, 제자 쇼카이가 『일편성회』를 지었다.

정법안장正法眼藏 조동종 개조 도겐의 저술. 도겐사상의 모든 것을 담고 있는 대작이다. 12권본, 75권본, 95권본 등이 있다.

정신계正信偈 『교행신증』 제2 행권行卷에 나오는 신란 스님이 지은 게송이다. 정확히는 「정신염불게正信念佛偈」이다.

정토법문원류장淨土法門源流章 1권. 교넨이 1311년에 찬술. 인도, 중국, 일본에서 정토문이 어떻게 전해져왔는지 밝히고, 호넨 스님 문하의 여러 유파를 설명한 책이다.

정토종명목문답淨土宗名目問答 쇼코 지음. 저술 연대 불분명함. 정토종의 명목(전문용어)을 문답체로 해설한 책이다.

387

정토종약초淨土宗略鈔 호넨 스님 지음. 가마쿠라 막부의 미나모토노 요리토모源賴朝의 부인 마사코政子를 위해서 정토종의 핵심을 설한 책이다. 마사코가 비구니가 된 이후의 일로 추정된다. 특히 칭명염불의 공덕을 설하며 오직 전수염불에 힘쓸 것을 강조하였다.

젠쇼禪勝(1174~1258) 처음에는 천태학을 배웠으나, 나중에 호넨 스님에게 귀의한다. 왕생의 확신을 얻은 뒤에 고향으로 돌아가 염불교화에 힘썼다.

존카쿠存覺(1290~1373) 정토진종 본원사 3세 가쿠뇨의 아들. 나라의 고후쿠지, 도다이지, 그리고 히에이잔에서 법상, 화엄, 천태 등의 교학을 배웠다. 진종의 교학에 대하여 아버지 가쿠뇨와 견해가 달랐다. 그래서 한때 아버지와 의절하기도 했다. 가쿠뇨가 신란의 가르침을 교단화하는 데 매진한 것에 비하여, 존카쿠는『탄이초』에 나오는 것처럼 무교단無敎團주의의 입장을 취했다.『교행신증』의 주석서인『육요초六要鈔』와『정토진요초淨土眞要鈔』등 많은 저술을 남겼다.

지도무난至道無難(1603~1676) 에도시대 초기의 임제종 스님. 법호와 법명은 선종 3조인 승찬선사의『신심명』의 첫구 '지도무난 유혐간택至道無難 唯嫌揀擇'에서 취한 것으로 보인다.

지엔慈円(1155~1225) 천태종의 좌주를 여러 번 역임하였으며, 와카 시인으로도 명성을 날렸다. 신란 스님이 히에이잔에 출가하였을 때의 은사였던 것으로 전해진다. 역사서『우관초愚管鈔』를 지었다. 후지와라 가문 출신. 부친은 섭정, 관백을 지냈다.

천친天親(4세기경) 인도 대승불교의 조사.『무량수경』에 대한 주석서『무량수경우파제사원생게』(=『정토론』)를 지었다. 정토진종에서는 세친이라 하지 않고 '천친天親'이라고 한다. 유식사상가로서의 세친과 구별하기 위해서다.

쵸겐重源(1121~1206) 나라 도다이지 대불전 재건의 책임자로서도 왕성한 활약을 하였다. 원래 다이고지에서 선과 진언을 닦았으나, 호넨의 덕에 귀의하여 왕생을 발원하였다. '오하라문답' 당시에는 제자들 30명과 함께 참여하였다.

쵸사이長西(1184~1266) 시코쿠 출신으로 호넨 스님의 제자. 교토 북부에 구품사를 열어 교화했으므로 그의 가르침을 구품사파라 한다. 염불 이외의 모든 선행 역시 미타의 본원이므로, 선행을 닦음으로 모두 왕생이 가능하다는 제행본원의를 내세웠다.

칙수어전勅修御傳 호넨 스님의 그림전기인『법연상인행장회도法然上人行狀繪圖』를 가리킨다. 줄여서『어전』이라고도 한다. 14세기 전반에 성립된 호넨의 행장도, 호넨의 생애와 법어, 교설, 문하, 도속귀의자, 스님과 인연 있는 인물 등을 망라하여 서술한 48권으로 구성된 방대한 분량의 전기다. 통칭『48권전』이라고도 한다.

칸사이感西(1153~1200) 19세에 출가해서 호넨 스님의 제자가 되었다. 글씨를 잘 써서『선택본원염불집』이나 호넨 스님의 편지글을 대필하였다.

코사이幸西(1163~1247) 36세에 호넨 스님의 제자가 되었다. 천태의 영향으로 범부의 신심이 부처의 일념에 계합하면 왕생할 수 있다는 일념의를 주장하면서, 다념은 필요로 하지 않는다고 하였다. 곧 이단시되었으나 신란 스님에게 영향을 미친 것으로 알려져 있다.

코아向阿/向我(1265~1345) 가마쿠라 말기, 남북조시대 때 활약한 정토종 스님.

쿠아空阿(1156~1228) 호넨 스님에게 귀의하여 칭명염불에 전력했다. 한 곳에 머물지 않았으며, 목소리 좋은 48인의 승려들에게 염불을 권했다.

타아他阿 타아미타불. 잇펜 스님의 후계자로 시종의 제2조. 관동지방에서 집중적으로 교화를 하였다. 하지만 잇펜 스님과는 달리 한 군데 정착하기 시작하였다.

탄이초歎異鈔 '이단에 대한 개탄'이라는 뜻의 제목에서 드러나듯이, 신란 스님 사후 제자들 사이에 일어나고 있던 다양한 이설異說을 비판하는 책이다. 전체 18장으로 이루어져 있는데, 앞부분 10장은 신란 스님의 말씀을 기억하여 기록한 것이고, 뒤의 8장은 편저자 유이엔唯円의 찬술로 추정된다. 신란 스님과 정토진종에 대한 입문서로 널리 읽히고 있다.

탄쿠湛空(1176~1253) 금계광명사 3대 주지. 처음에는 현교와 밀교를 닦았으나, 뒤에 호넨 스님에게 귀의하였다. 호넨 스님과 신쿠로부터 원돈계圓頓戒를 받아서 금계광명사에서 전하였다.

파주법어집播州法語集 파주는 지금의 효고현을 가리킨다. 잇펜 스님은 거기서 교화하시다 가 왕생하였다. 나중에 제자들이 스님의 평소 말씀을 기억하여 만든 어록이『파주법어 집』이다. 후에 한문으로 번역된 것이『파주문답집』이다.

편지御文 정토진종 제8대 렌뇨가 문도들에게 보낸 편지 모음을 말하는데, 대곡파에서는 '오후미御文'라고 말하고 본원사파에서는 '고분쇼御文章'라고 달리 부른다. 염불에 의한 구제가 무엇인지, 염불행자가 가져야 할 신앙자세 등을 말하고 있다. 당시의 진종교단의 여러 가지 상황을 두루 알 수 있는 귀중한 사료로서 평가받는다.

한어등록漢語燈錄 호넨 스님 왕생 후 스님의 저술과 편지글, 법어 등을 편집한 책. 전체 18 권 중에서 10권까지는 한문으로 쓰여져 있기에 '한어등록'이라 한다.

햐쿠만벤百萬遍 교토에 있는 치온지를 가리킨다. 햐쿠만벤은 백만편 염불을 가리키는 말이다. 정토종에서 극락왕생을 비는 스님이나 신도가 10명씩 원을 만들어 염불을 외우는데, 1,080개짜리 큰 염주를 100번씩 외워서 순차적으로 회향한다. 합해서 총 108만 번의 염불이 된다.

화어등록和語燈錄 『흑곡상인어등록黑谷上人語燈錄』5권과『습유흑곡어등록拾遺黑谷語燈 錄』2권을 합하여 부르는 말이다. 모두 일본어로 되어 있으므로,『한어등록』에 대비하 여『화어등록』이라 불렀다.

화찬和讃 불보살, 경전, 교의, 조사의 공덕 등을 일본어로 찬탄한 노래. 일본 찬불가의 일 종. 특히 정토계통에서 민간 포교를 위하여 지었다. 4구 1장 형식이 대부분이지만 2구 1장을 혼용한 것도 있고, 후대로 갈수록 구의 수는 정형화되지 않았다. 이 화찬의 장르 는 신란 스님이 창시했다고 하는데,『정토화찬』,『고승화찬』,『정상말화찬』이 유명하다.

호넨法然(1133~1212) 정토종 개조. 9세 때 아버지가 살해당하자, 아버지의 유언에 따라서 출가했다. 1145년 히에이잔 엔랴쿠지로 들어가, 18세 때 히에이잔 안에서도 외진 구로 다니로 옮겨가서 스승 에이쿠를 모시고 수행했다. 대장경을 다섯 번 읽으면서 안심입명 의 길을 찾았다. 마침내 선도 대사의『관경소』를 통해서 전수염불을 확립하여『선택본 원염불집』을 지었으며, 많은 법어를 남겼다. 기라성 같은 제자들을 많이 배출하여 일본 정토불교의 기초를 놓았다.

호렌法蓮(1146~1215) → 신쿠

홋토法燈 → 가쿠신

히가시야마東山 교토 시내의 동쪽 산밑 지역.

회향 아닌 회향

1

혹 외람된 비유라고 생각되면 용서를 바랍니다. 달마대사는 소림굴(少林窟)에서 9년 동안 면벽을 하셨으며, 저는 목멱산(木覓山)에서 9년 동안 번역을 하였습니다. 달마대사나 저나 다 시절인연(時節因緣)을 기다리고 있었습니다. 다만, 달마대사가 기다린 시절인연은 밖에서 오는 인연이었습니다만, 제가 기다린 시절인연은 안에서 채워야 할 인연이었습니다. 달마대사에게는 혜가(慧可)가 찾아옴으로써 기다림이 해소되지만, 제가 안에서 채워야 할 인연은 아직 더 기다려야 합니다.

그럼에도 불구하고 이제 『나무아미타불』 번역을 일단락 짓고자 합니다. 미완성이라 볼 수도 있습니다만, 미완성이기에 출판을 합니다. 출판은 미완성입니다. 우리 인생과 마찬가지입니다. 완성해서 출판하려고 한다면 어떤 책도 영원히 나올 수 없습니다. 미완성인 줄 알면서도 출판하기에, 그 부족했던 2%를 채우기 위하여 다시 새로운 책의 출판으로 나아가게 됩니다.

『나무아미타불』을 처음으로 만나 독후감을 쓴 것이 2007년 여름입니다. 그 독후감 제목이 「둔세(遁世)의 미학과 조선」이었습니다. 그리고 그해 11월부터 『나무아미타불』의 번역을 위하여 독서회를 조직하였습니다. 130회가 넘게 모였습니다.

책 한 권을 번역하는 데 9년이 걸렸다고 하면 다들 놀랍니다. 다시 쳐다봅니다. 그러고는 묻습니다. 왜 그렇게 오래 걸렸는가? 이 질문은, 『나무아미타불』의 정식 출판은 언제 할 거냐는 질문과 늘 겹쳐 있습니다.

저 역시 많은 분들과 마찬가지로 한국불교의 아들입니다. 선(禪)의 분위기 속에서 불교를 만나고 공부해왔습니다. 그러므로 당연히(?) 정토사상을 제대로 읽거나 배운 일이 없습니다. 학부 시절에 '정토사상' 강의를 한 학기 듣기는 했습니다. 하지만 그런 정도의 예비지식으로는 『나무아미타불』의 세계를 깊이 이해하기는 턱없이 부족합니다. 제대로 이해하기가 어려웠습니다. 더욱이 그 세계는 일본불교사라고 하는 넓고도 깊은 또 하나의 우주를 그 배경에 갖고 있었습니다. 하나하나 공부하며 알아갈 수밖에 없었습니다.

번역문 역시 옮기고 또 옮기고, 읽어보고 또 고치고 할 수밖에 다른 도리가 없었습니다. 더욱이 인용되는 대부분의 글들이 지금 현대의 일본어가 아니었습니다. 저는 현대의 일본어를 조금 배웠을 뿐인데, 중세시대 스님들의 저서를 그대로 인용하고 있기에 더욱 난공불락(難攻不落)의 성처럼 우뚝 높았습니다.

그런 까닭에 9년 세월이 걸렸습니다. 아직도 부족한 점이 적지 않으리라 봅니다. 역자가 저자의 수준에 올라갔을 때, 비로소 훌륭한 번역이 나올 수 있다는 말을 흔히 듣습니다. 하지만 저는 이 『나무아미타불』에서 인용되는 수많은 정토사상 관련 전적을 아직 다 읽어보지 못하였습니다. 그 부분에 대해서는, 강호(江湖)의 눈 밝은 고수(高手)의

질정(叱正)을 기다릴 수밖에 없습니다.

그러면서도 이 미완성의 완성, 회향 아닌 회향을 결심한 까닭은 무엇일까요? 두 가지 이유에서입니다.

첫째는 우리나라에서 정토법문을 듣기가 너무나 어렵기 때문입니다. 정토에 관한 책이나 글을 만나기 쉽지 않고, 정토를 연구하는 학자도 드물고, 정토를 설하는 스님들의 목소리도 미약합니다. '나무아미타불' 염불을 하시는 분들이 적지는 않으리라 봅니다만, 정토에 대한 이야기가 너무 적지 않은가—선에 비하면 더욱더 왜소한 것 같습니다—하는 위기의식에서입니다. 아직 부족하지만, 아직 미완성이지만, 이 책으로라도 그 빈자리를 좀 메꾸어보고자 합니다.

둘째는 『나무아미타불』에서 한 걸음 더 나아가자는 생각 때문입니다. 『나무아미타불』은 총론(總論)입니다. 좀 더 각론(各論)으로 들어가야 한다고 생각합니다. 이 책에 인용된 수많은 정토 문헌들의 공부, 그리고 회향으로 나아가야 하겠다는 생각입니다. 정토삼부경은 물론, 인도, 중국, 우리나라, 그리고 일본의 정토 관련 문헌들을 더욱 깊이 공부하고 소개하는 일이 시급해서입니다. 언제까지 『나무아미타불』에만 붙잡혀 있을 수는 없다고 생각하였습니다.

2

『나무아미타불』이 정식으로 출생신고를 마칠 수 있기까지 오백억도 더 넘는 부처님의 빛이 제 몸을 비추어주었습니다. 『나무아미타불』에 등장하지 않는 빛에 대해서만 간략히 적기로 하겠습니다. 자세히 적으려면 한없기 때문입니다.

우선, 한일합작(韓日合作)의 이 불사를 위해서 일본 측으로부터 따스한 도움을 받았습니다. 저자 야나기 무네요시(柳宗悅) 선생이 건립하였으며, 현재도 선생의 민예운동을 이어가고 있는 일본민예관(日本民藝館)의 여러분들, 특히 전 학예관 오규 신조(尾久彰三) 선생에게 감사드립니다. 시종(時宗) 총본산 유교지(遊行寺) 보물관에서는 『일편성회(一遍聖繪)』에 나오는 사진─'인연'에 실린 사진─을 제공해주셨습니다. 협력해주신 보물관장 토야마(遠山) 스님께도 고마운 마음을 전하고 싶습니다. 이렇게 일본민예관과 유교지의 협력을 얻을 수 있도록 중간에서 다리를 놓아주신 분이 바로 가와세 유키오(河瀨幸夫) 선생입니다. 오규 선생과는 평생의 친구라는 인연이 있었고, 유교지에는 직접 편지·전화·방문 등으로 길고 긴 교섭을 이끌어주셨습니다. 『석보상절』의 일본어 번역을 행하시는 선생님께도 부처님의 가피가 있으시길 빕니다.

다음으로 초벌 번역, 그리고 윤문을 위한 재독(再讀)의 독서회에 참여해준 수많은 동행(同行)들이 있습니다. 그 이름을 일일이 거명할 수 없을 정도인데, 그래도 초벌 번역 과정에서 가장 큰 힘이 되어준 김숙이 선생님, 재독 과정 중에서 가장 열심히 동참해주신 이현옥 선생님의 이름은 잊을 수 없습니다. 또 무상심 보살이 중세 일본어의 해독을 맡아줄 수 없었다면 사실 이 번역의 출판은 불가능했을 것입니다.

마지막으로 출판을 맡은 '모과나무'와 독자 여러분께 감사 인사를 드리고 싶습니다. 몇 해 전, 「법보신문」에 연재할 때의 일입니다. 이재형 기자는 매주 원고를 받고 나서는 반드시 잊지 않고 격려 전화를 주었습니다. 그 인연이 모과나무로까지 이어져 독자 여러분들의 손에까지 이어지게 되었습니다. 모과나무 남배현 대표께 진심으로 감사드

럽니다. 진실로 부처님을 염하는 마음과 신심이 없고서야 어찌 '일본 정토사상사'라고 해도 과언이 아닐 이 책이 세상에 빛을 볼 수 있었겠습니까. 또한 윤문과 편집 과정에서 탁월한 안목으로 여러 가지 조언과 제언을 해준 박석동 편집장과의 대화는 또 하나의 기쁨이었습니다.

3

저도 모르는 사이 『나무아미타불』은 저의 '인생 책'이 되었습니다. 향 싼 종이에서 향기가 나듯이, 저도 모르는 사이 어느 순간인지 알 수 없지만, 제 마음속으로 '쑥' 들어왔습니다. 정토법문에 대한 믿음이 말입니다.

잇펜 스님은 '나무아미타불' 명호 하나만 있으면 된다며, 당신의 저술을 모두 불태워버렸습니다. 저 역시 이 책 『나무아미타불』 한 권 외에 다른 책은 다 버릴 수 있을 것 같습니다. 그래도 됩니다. '나무아미타불' 명호만 남아 있으면 다시 팔만대장경을 낳을 수 있고, 천칠백 공안을 낳을 수 있기 때문입니다.

또 어디선가 야나기 선생은 말했습니다. 호넨 스님이 『선택본원염불집』을 쓴 것은 『일매기청문(一枚起請文)』을 쓰기 위한 준비였다고 말입니다. 곰곰이 생각하면 그 말씀은 저에게도 해당됩니다. 지난 40년 동안 서른 권이 넘는 책을 쓰거나 옮겼습니다. 논문도 90편을 썼습니다. 그 모든 공부는 다 이 책 『나무아미타불』의 번역을 위하여, 『나무아미타불』을 만나러 가는 길이었습니다.

이러한 기쁨을 저 역시, 저 정토의 위대한 조사들이 시(詩)로서 춤춘 것처럼 시로 표현해보았습니다. 『나무아미타불』을 안 만났더라면 쓸 수 없었을 시였습니다. 이러한 시편들을 모은 시집 『꿈속에서 처음으로 염불춤을 추었다』는 『나무아미타불』의 자매시편(姉妹詩篇)으로서 정토시(淨土詩)의 존재를 알리기 위한 것입니다. 시절인연이 된다면, 독자 여러분의 손으로 날아갈 수 있을 것입니다.

이제 9년 불사를 회향하면서, 아니 불회향하면서 시 한 편을 바칩니다.

이정표

『나무아미타불』 번역을 불회향(不迴向)하며

길은 다 닦여졌다, 미끈한 고속도로다

곡선의 커브길은 아예 없다. ──→ 처럼, 곧장 곧바로

바로 거기까지 간다

음주운전이니 졸음운전이니, 할 사이조차 없다

시동 켜자마자, 바로 거기에 도착해 버리기 때문이다

휴게소의 호두과자도, 주유소도 없는 고속도로지만

그래도 출발선에 오르는 것조차

쉽지는 않다

난행(難行) 중 난행이다.

그래, 이정표 하나는 있어야 한다

그저, ──→ 하나로 족할까

──→ 서방, 이라 할까

──→ 십만억국토, 라고 할까

──→ 여기서 멀지 않다, 라고 할까

어떻든 나무로 만든 이정표 하나

세워두기로 한다

그것으로 내 의무를 다하기로 한다

회향이다, 아니 불회향이다

사실 나는 한 일이 아무것도 없기 때문이다

그곳으로 달려오라, 사람을

부른 것도 내가 아니고

직선 주로(走路)를 놓은 것도 내가 아니기 때문이다

출발선에 차를 올려놓기만 하면

찰나에 날아서 갈 텐데

출발선에 오르는 일, 그것만이 문제라서

이정표 하나 세우는 것

자임(自任)했을 뿐인데

어찌 나의 회향이라 말하겠는가

그분의 회향일 뿐

나는 회향할 수 없다

불회향이다

2017년 봄

목멱산(木覓山) 일우(一隅)에서 김호성 합장

역자 후기(개정증보판)

초판 독자 여러분께 바칩니다

『나무아미타불』(초판)은 2017년 4월에 발행되었습니다. 그 후 8년의 세월이 흘렀습니다. 하나둘, 오역이나 오류, 용어의 설명 필요성 등이 눈에 띄었습니다. 우선 중요한 것만 정리하여 「『나무아미타불』오역 (내지 오류) 수정사항」(『일본불교사공부방』제23호, 2022년)으로 공개한 바 있습니다. 그러나 그 목소리는 널리 퍼지는 데 한계가 있었습니다.

다행히 조계종출판사에서 개정증보판을 만들자고 제안해주셨습니다. 참으로 고마운 일이 아닐 수 없습니다. 우선, 작업 과정을 말씀드립니다.

첫째는 초판 편집 과정에서 소홀히 했던 저자 특유의 문체나 일본어적 표현의 뉘앙스 등을 가능한 복원하는 방향으로 수정하였습니다.

둘째는 원본 대조입니다. 아무래도 일본 중고시대 고어(古語)로 된 법어 등이 문제였습니다. 꼼꼼하게 원본을 대조하면서 몇몇 군데 오역을 바로잡았습니다.

셋째는 역자주가 대폭 늘어났습니다. 우리와 다른 일본불교 특유의 풍토와 정서 등의 문제로 불교 용어(술어)에 대한 해설과 보다 자세한 설명이 필요했습니다. 또 그동안 조금이나마 진전된 역자의 공부에 비례하여, 이 책에서 다루는 문제들에 대한 새로운 정보, 저자의 의견과는 달라진 역자의 견해 등도 가감 없이 말씀드렸습니다.

"개정증보판을 만들자"고 제안해준 조계종출판사에 감사드립니다.

이 개정증보판을 특히 초판을 읽어주신 독자 여러분께 바칩니다.

감사합니다. 나무아미타불.

2026년 2월 초안재(草安齋)에서

김호성 합장

야나기 무네요시柳宗悅

1889년 도쿄에서 태어났다. 1901년 기독교에 대한 관심이 싹텄다. 1907년 학습원(學習院)고등학교에 진학하여 스즈키 다이세츠(鈴木大拙), 니시다 기타로(西田幾多郎)의 가르침을 받았다. 1910년 『시라카바(白樺)』 창간, 동인이 되었다. 도쿄제국대학 철학과에 입학했다. 1914년 최초의 저서 『윌리엄 블레이크』를 간행했다.

1916년 불국사와 석굴암을 최초로 방문했다. 1919년 동양대학 종교학과 교수로 부임했고, 1921년 조선민족미술관 설립을 계획했다. 1924년 모쿠지키 불상(木喰佛) 연구를 발원했다. 정지용 시인이 재학 중(1923~1929)이던 도시샤(同志社)대학 영문과 강사로 부임했고, '민예'라는 말을 처음 만들었다. 1934년 일본민예협회 설립, 회장에 취임했다. 1936년 일본민예관을 개관했고, 1946년 염불문에 대한 관심이 커지면서 묘코닌(妙好人) 유적들을 방문했다. 1948년 『미의 법문』을 집필하고, 1950년 『묘코닌 이나바(因幡)의 겐자(源左)』를 간행했다. 1951년 『대법륜』에 '나무아미타불' 연재를 시작하여, 1955년에 『나무아미타불』을 간행했다. 1961년 왕생.

김호성金浩星

1978년 동국대 불교대학 인도철학과에 입학, 1996년 동국대 대학원 인도철학과에서 철학박사를 취득했다. 1997년 동국대 인도철학과 교수로 부임하여 2025년 8월 31일 동국대 불교대학 교수에서 정년퇴임했다. 현재 동국대 명예교수.

주요 학술 저서로 2020년 『정토불교성립론』, 2022년 『출가정신의 전개』, 2025년 『인도철학과 불교』 등이 있고, 110여 편의 논문을 발표하였다.

2002년 교토 붓쿄(佛敎)대학에서 객원연구원으로 지냈다. 이때 일본불교 공부의 필요성을 절감하고, 2005년 일본불교사독서회를 시작으로 현재까지 『일본불교사공부방』 26호를 발간했다. 2007년부터 『나무아미타불』 번역에 착수하여 2017년 초판을 출간했다. 2013년 시코쿠의 고치(高知)대학에서 객원연구원을 지내고, 2018년에는 정토진종 본원사와 종립 류코쿠(龍谷)대학에서 객원연구원을 지냈다. 이때 진종 대곡파의 신란교류관으로 매일같이 법문을 들으러 다녔다. 현재 정토문헌학회(회장 미탄 스님)의 상임고문으로 정토를 권진(勸進)하고 있다.

나무아미타불

초판 1쇄 발행 | 2017년 4월 27일
개정판 3쇄 발행 | 2026년 3월 25일

지은이   야나기 무네요시
옮긴이   김호성
발행인   담화

대표   남배현
본부장   모지희
편집   손소전 김옥자 정소연
디자인   정면
경영지원   허선아

펴낸곳   조계종출판사
주소   서울시 종로구 삼봉로 81 두산위브파빌리온 1308호
전화   02-720-6107
전송   02-733-6708
이메일   jogyebooks@naver.com
등록   제2007-000078호(2007.04.27)
구입문의   불교전문서점 향전(www.jbbook.co.kr) 02-2031-2070

ⓒ 김호성, 2026
ISBN 979-11-5580-265-6 03220

조계종
출판사   지혜와 자비의 눈으로 세상을 바라봅니다.